公判前整理手続を中心とする
書記官事務の研究

研 究 員

東京地方裁判所 前 田 　 洋

福岡地方裁判所 中 井 靖 夫

初版第3刷刊行に当たって

　本研究報告書は，裁判所職員総合研修所の許可をいただいて発行しているものですが，下記の点について，ご承知おきくださいますようお願いいたします。

2020年2月

一般財団法人　司　法　協　会

記

　本研究報告書は，平成21年に刊行されたものであり，法令，判例，運用等は，研究当時のものですので，ご留意ください。

は し が き

　公判前整理手続は，充実した公判審理を継続的，計画的かつ迅速に行うために，争点及び証拠を整理し，公判の審理予定を定めることを目的とした公判準備の制度として新たに創設され，平成17年11月からスタートしました。そこで，各庁においては，裁判員法施行後の裁判員裁判対象事件について公判前整理手続が必要的となることなどから，裁判員法施行前の段階から，相当数の事件で公判前整理手続が行われ，その円滑かつ迅速な実施に向けて様々な取組がされてきました。書記官事務についても，それらの取組が結実した事務処理例等が集積しつつあるものと思われます。

　ところで，公判前整理手続においても，公証官である書記官として，調書作成事務は中心的な書記官事務でありますが，段階的に手続を踏んで進行していく公判前整理手続においては，進行管理事務も同様に大変重要な書記官事務であると考えられます。そこで，本研究では，各庁での取組を踏まえて，公判前整理手続における中心的な書記官事務である，公判前整理手続調書の作成と進行管理事務を大きな柱として研究を行いました。

　まず，調書の記載（第4章）については，各庁から収集した調書を基に，期日での具体的なやりとりを類型化して，争点及び証拠整理の過程における経過的事項の記載の要否等を検討し，記載例をできるだけ多く掲載することを心掛けました。また，見やすく分かりやすい調書の構成とともに，「見出し」についても文言と使用する場面をできるだけ統一できるよう検討しました。併せて，効率的な調書作成のための方法論もいくつか提言しています。また，公判前整理手続における進行管理事務（第6章）については，自白事件を中心に，裁判官と共にチームの一員である書記官として，公判前整理手続の円滑かつ迅速な進行に向けてどのようなことができるかという視点から，起訴から公判前整理手続の終了に至るまで，その手続の経過に沿って，具体的な進行管理事務の在り方を検討しました。さらに，公判前整理手続の運用状況（第2章）の中で，運用の概況とともに打合せの活用状況や今後の活用の在り方などについて記述し，その他，書記官の事務処理（第3章）や現場でも関心が高いと思われる弁論の分離，併合に関する事項（第5章）についても記述しています。

　これまで述べた方針のもと，本研究報告書を記述するにあたっては，具体的記載例や書式例，参考となる工夫例をできるだけ数多く取り入れ，図や表を用いるなどし，さらに，調書や進行管理事務については，本文の構成が類型化された項目ごとの記述となったため，それらの記述を具体的にイメージできるように，シナリオ及び解説を掲載し，本文との関連を明示するなどして，より分かりやすく，かつ現場のニーズに合った実務的な研究報告書を目指しました。この研究報告書が，公判前整理手続における書記官事務を行う上での一助となれば幸いです。

　最後に，貴重な時間を割いてアンケート調査及び実情調査等に御協力いただいた各裁判所の皆様，懇切丁寧な御指導をいただいた裁判所職員総合研修所の教職員の皆様，最高裁判所事務総局総務局及び刑事局の皆様には，心から感謝し，厚くお礼を申し上げます。

　　平成21年3月

前 田 　 洋

中 井 靖 夫

凡　例

1　法令

法令名は，次のとおり略語を用いるとともに，項をⅠⅡ…と，号を①②…と表記した。

［略語］	［正式名］
法	刑事訴訟法
規	刑事訴訟規則
裁判員法	裁判員の参加する刑事裁判に関する法律
裁判員規	裁判員の参加する刑事裁判に関する規則
犯罪被害者保護法	犯罪被害者等の権利利益の保護を図るための刑事手続に付随する措置に関する法律

2　判例

判例及び裁判例については，一般の例により略記した。

3　通達

通達は次のように略記した。

記録編成通達	平成12年10月20日付け総三第128号事務総長通達「刑事訴訟記録の編成等について」
受付分配通達	平成4年8月21日付け総三第26号事務総長通達「事件の受付及び分配に関する事務の取扱いについて」
カード様式等通達	平成12年8月28日付け刑二第277号事務総長通達「証拠等関係カードの様式等について」
カード記載要領通達	平成12年8月28日付け刑二第278号刑事局長，総務局長依命通達「証拠等関係カードの記載要領について」

4　引用文献

引用した文献は以下のとおり略記した。

法解説⑴	辻裕教「刑事訴訟法等の一部を改正する法律（平成16年法律第62号）について⑴」（法曹時報第57巻7号）
法解説⑵	「同⑵」（法曹時報第57巻8号）
執務資料	最高裁判所事務総局（刑事裁判資料第285号）「刑事訴訟規則の一部を改正する規則の解説及び関係執務資料」
裁判員法・同規則解説	最高裁判所事務総局（刑事裁判資料第287号）「「裁判員の参加する刑事裁判に関する法律」及び「裁判員の参加する刑事裁判に関する規則」の解説」
刑訴規則逐条説明（公判）	法曹会編「刑事訴訟規則逐条説明　―第2編第3章―　公判」
カード解説	平成12年12月22日付け刑事局第二課長，総務局第三課長事務

- 凡例　1 -

	連絡「証拠等関係カード等に関する通達の解説」
総務局記載例	平成19年7月20日付け総務局第三課長書簡添付の「公判前整理手続調書の記載例」
被害者参加に関する書記官事務の手引	最高裁判所事務総局刑事局編「被害者参加制度及び被害者参加人のための国選弁護制度に関する書記官事務の手引」
書記官事務の指針	最高裁判所事務総局「刑事公判部における書記官事務の指針」
調書講義案	裁判所職員総合研修所（研修教材第2号）「公判手続と調書講義案（改訂版）」
大型否認事件の研究	司法研究報告書（第60輯第1号）「裁判員制度の下における大型否認事件の審理の在り方」
カード研究	平成5年度書記官実務研究「刑事事件における証拠等関係カードの記載に関する実証的研究」
訴訟進行管理の研究	平成8年度書記官実務研究「訴訟進行管理に関する書記官事務の研究」
否認事件進行管理の研究	平成10年度書記官実務研究「刑事否認事件における進行管理事務の研究」
被害者保護制度の研究	平成15年度実務研究「犯罪被害者等の保護のための諸制度に関する書記官事務の実証的研究」
大島論文	大島隆明「公判前整理手続に関する冊子の作成・配布について」（判例タイムズ№1192）
村田研究	村田昌三「公判前整理手続調書における記載事項等の研究」（会報書記官11号）
判タ	判例タイムズ

本研究におけるアンケート調査の実施について

　本研究においては，公判前整理手続における書記官事務の現状を把握し，併せて現実に生起した問題点や各庁独自の工夫例を把握するため，アンケート調査を実施した上，調書の記載例並びに各庁における事務処理要領及びマニュアル等の提供を受けた。これらのアンケート結果等については，適宜文中で取り上げたので，現場の執務の参考にしていただければ幸いである。また，御多忙の中，御協力いただいた各庁の担当者に，改めて深く感謝申し上げる。

◇　アンケート対象庁
　　全国高等裁判所本庁 8 庁
　　全国地方裁判所本庁50庁
　　裁判員裁判を実施する地方裁判所支部10庁
◇　アンケート実施時期
　　平成20年 7 月から 8 月まで

主要目次

第1章　はじめに
第1　この研究の目的及び方針 …………………………………………………… 1
第2　公判前整理手続の意義及び目的 …………………………………………… 2

第2章　公判前整理手続の運用
第1節　公判前整理手続の運用の概況 …………………………………………… 7
第2節　打合せの実施 ……………………………………………………………… 20
第3節　書面のみによる公判前整理手続 ………………………………………… 28

第3章　公判前整理手続の事務処理とその実際
第1節　公判前整理手続の流れ …………………………………………………… 38
第2節　公判前整理手続期日指定までの事務処理 ……………………………… 44
第3節　争点及び証拠整理並びに証拠開示等に関する事務処理 ……………… 64
第4節　その他関連事項 …………………………………………………………… 93

第4章　公判前整理手続調書
第1節　調書作成の指針 …………………………………………………………… 97
第2節　調書の構成 ………………………………………………………………… 112
第3節　調書の記載事項 …………………………………………………………… 118
第4節　調書作成に関するその他の関連事項 …………………………………… 197
第5節　証拠等関係カードの記載 ………………………………………………… 198
第6節　期日間整理手続調書の記載等 …………………………………………… 207
第7節　打合せ調書（メモ） ……………………………………………………… 209
第8節　調書の活用方法 …………………………………………………………… 214
第9節　シナリオに基づいた調書記載例 ………………………………………… 217

第5章　弁論の併合，分離に関する事項
第1　弁論の併合に関する事項 …………………………………………………… 229
第2　弁論の分離に関する事項 …………………………………………………… 236

第6章　公判前整理手続における進行管理
第1節　総論 ………………………………………………………………………… 237
第2節　事件類型別進行管理事務処理例 ………………………………………… 248
第3節　公判前整理手続に付されない事件（一般事件）の進行管理事務……… 310

第7章　新法施行に伴い検討すべき事項
第1節　裁判員法施行に伴い検討すべき事項 …………………………………… 312
第2節　被害者参加制度に関して検討すべき事項 ……………………………… 318

目　　　次

第1章　はじめに

第1　この研究の目的及び方針

1　この研究の目的 ……………………………………………… 1

2　この研究の方針

(1)　全体的な方針 …………………………………………… 1

(2)　研究のポイント

ア　公判前整理手続調書の作成について ………………… 2

イ　公判前整理手続の進行管理事務について ………… 2

第2　公判前整理手続の意義及び目的

1　公判前整理手続の意義 …………………………………… 2

2　公判前整理手続の導入の背景及び目的

(1)　導入の背景 ……………………………………………… 2

(2)　制度の目的

ア　充実した公判の審理の継続的，計画的かつ迅速な実施 ………………… 3

イ　裁判員制度との関係 …………………………………… 4

3　公判前整理手続の特色

(1)　制度の概要 ……………………………………………… 5

(2)　予断排除の原則との関係 ……………………………… 5

(3)　裁判の公開原則との関係 ……………………………… 6

第2章　公判前整理手続の運用

第1節　公判前整理手続の運用の概況

第1　はじめに ………………………………………………… 7

第2　公判前整理手続に付される事件

1　裁判員裁判対象事件 ……………………………………… 7

2　裁判員裁判非対象事件 …………………………………… 7

3　各庁の状況 ………………………………………………… 7

第3　公判前整理手続の運用スタイル

1　公判前整理手続の運用方式 ……………………………… 9

2　進行を定型化することの有用性 ………………………… 9

3　公判前整理手続の基本的な進行 ………………………… 10

4　運用パターンを決めるに当たっての考慮要素

(1)　弁護人期限と整理期日を決めるタイミング ………… 12

(2)　整理期日をどの段階で開くか

ア　検察官期限を決める前に開く場合 ………………… 13

- 目次 1 -

イ 検察官期限の後に開く場合 ……………………………………………… 13

ウ 弁護人期限の後に開く場合 ……………………………………………… 13

(3) 書面提出期限の長さ ………………………………………………………… 14

5 各庁における運用の実情

(1) 付決定の段階では検察官期限のみ決め，検察官期限後，弁護人期限，第1回整理期日を決めるパターン ………………………………………………………… 14

(2) 付決定の段階では検察官期限のみ決め，検察官期限後に第1回整理期日を開くパターン ………………………………………………………………………………… 14

(3) 付決定の段階で検察官期限，弁護人期限，第1回整理期日を決めるパターン … 15

6 運用パターンを決める上でのその他の考慮要素

(1) 第1回公判期日の予約 ……………………………………………………… 15

(2) 追起訴予定がある場合 ……………………………………………………… 15

7 アンケート結果から見た自白事件の平均的スケジュールとその分析

(1) 自白事件の平均的スケジュール …………………………………………… 16

(2) 現状分析と今後に向けた提言

ア 現状分析

(ア) 付決定までに日数を要している点 …………………………………… 16

(イ) 書面提出期限設定のあり方 …………………………………………… 17

(ウ) 公判前整理手続期日を複数回開催している点 ……………………… 17

イ 今後に向けた提言

(ア) 付決定及び各種書面期限決定を迅速に行う ………………………… 17

(イ) 検察官への早期の準備の依頼 ………………………………………… 17

(ウ) 弁護人への早期の準備の依頼 ………………………………………… 17

(エ) 裁判所から訴訟関係人への早期の促し ……………………………… 17

(オ) 早期に必要な情報を収集する ………………………………………… 18

第2節 打合せの実施

第1 総論

1 打合せの意義 ……………………………………………………………… 20

2 打合せの性質 ……………………………………………………………… 20

第2 打合せの活用状況

1 打合せの実施状況 ………………………………………………………… 21

2 打合せを行う目的 ………………………………………………………… 22

3 打合せと公判前整理手続期日の使い分け(特に争点整理に関する協議について) … 24

第3 打合せにおける書記官事務

1 打合せ調書（メモ）の作成 ……………………………………………… 26

2 打合せを円滑に行うための進行管理事務

(1) 訴訟関係人との連絡，調整 ……………………………………………… 27

(2) 訴訟関係人提出書面の期限管理等 ……………………………………… 27

第3節 書面のみによる公判前整理手続

第1 はじめに …………………………………………………………………… 28

第2　書面のみによる公判前整理手続の現状

1　実施状況とその現状分析

(1)　実施状況　…………………………………………………………　28

(2)　実施されない理由及び実施する上でのデメリット　…………………　28

(3)　実施する理由及び実施する上でのメリット　…………………………　30

2　今後の方向性　…………………………………………………………　30

第3　書面のみによる公判前整理手続の事務処理

1　事務処理の内容

(1)　概説　…………………………………………………………………　32

(2)　対象事件の選別　……………………………………………………　32

(3)　付決定及び検察官の証明予定事実記載書面等提出期限の定め　………　32

(4)　検察官請求証拠に対する被告人側の証拠意見，主張予定及び証拠調べ請求　…　32

(5)　証拠採否決定　………………………………………………………　33

(6)　審理計画の策定及び公判期日の指定　………………………………　34

(7)　裁判員裁判関連の決定事項等　………………………………………　34

(8)　争点及び証拠の整理結果，並びに公判の審理予定についての意見聴取　…　34

(9)　公判前整理手続の終了　……………………………………………　36

2　アンケート結果から見た平均的スケジュール　………………………　37

第3章　公判前整理手続の事務処理とその実際

第1節　公判前整理手続の流れ

第1　公判前整理手続の流れ　………………………………………………　38

第2　公判前整理手続チェックリストの利用　……………………………　39

第3　公判前整理手続の内容

1　公判前整理手続で行うことができる事項

(1)　法316条の5各号に列挙された事項　……………………………………　41

(2)　公判前整理手続に関する手続的事項　………………………………　41

(3)　法316条の5に列挙された事項を行う前提や手段として必要な事項又は付随して行う必要がある事項　…………………………………………………　41

(4)　裁判員裁判で審理する事件についてのみ行える事項　…………………　42

(5)　証拠調べの準備的行為　……………………………………………　42

2　公判前整理手続でできない又はする必要がない事項

(1)　証拠調べ　……………………………………………………………　42

(2)　被告人質問（事実関係に関するもの（法311））　…………………………　43

(3)　手続の更新　…………………………………………………………　43

第2節　公判前整理手続期日指定までの事務処理

第1　公判前整理手続に付する端緒及びその検討のためのポイント

1　裁判員裁判対象事件　………………………………………………　44

2　裁判員裁判非対象事件

(1)　端緒及び検討のためのポイント　……………………………　44

　　(2)　その他の考慮要素　………………………………………………　46

第2　公判前整理手続に付する旨の決定

　1　決定のための求意見

　　(1)　求意見の要否　……………………………………………………　46

　　(2)　求意見の方法　……………………………………………………　46

　　(3)　求意見の相手方　…………………………………………………　47

　2　付決定　……………………………………………………………………　49

　3　付決定の告知

　　(1)　告知に関する特則　………………………………………………　50

　　(2)　告知の対象　………………………………………………………　50

　　(3)　告知の方法　………………………………………………………　50

第3　公判前整理手続期日指定

　1　訴訟関係人の出頭

　　(1)　出頭を要する訴訟関係人等

　　　ア　検察官及び弁護人　……………………………………………　52

　　　イ　被告人　…………………………………………………………　52

　　　ウ　その他の出頭を要する者

　　　　(ア)　通訳人　……………………………………………………　52

　　　　(イ)　鑑定人　……………………………………………………　52

　　　　(ウ)　その他　……………………………………………………　53

　　(2)　被告人の出頭に関する問題点

　　　ア　被告人が裁判所から出頭を求められていない場合

　　　　(ア)　被告人の出頭意思の把握の必要性　…………………　53

　　　　(イ)　出頭意思確認の方法　…………………………………　53

　　　イ　裁判所が被告人に出頭を求める場合

　　　　(ア)　被告人の出頭を求める場合　…………………………　56

　　　　(イ)　被告人の出頭を求める場合の手続　…………………　56

　2　公判前整理手続期日を実施する場所　………………………………　57

　3　公判前整理手続期日の指定

　　(1)　公判前整理手続期日の指定に関して配慮すべき事項　………　59

　　(2)　期日指定の手続

　　　ア　期日指定の方法　………………………………………………　59

　　　イ　検察官，被告人及び弁護人への通知

　　　　(ア)　通知の対象者　…………………………………………　59

　　　　(イ)　通知の方法　……………………………………………　60

　　　　(ウ)　通知の記録化　…………………………………………　61

第4　公判前整理手続期日の変更

　1　規定の趣旨　………………………………………………………………　61

　2　期日変更の手続

⑴ 請求	……………………………………………………………………………	61
⑵ 求意見		
ア 求意見の対象	…………………………………………………………	62
イ 求意見の方法	…………………………………………………………	62
⑶ 命令書の作成	……………………………………………………………	62
⑷ 命令の告知		
ア 告知の方法	………………………………………………………………	63
イ 被告人に対する告知において注意する点	………………………	63

第3節　争点及び証拠整理並びに証拠開示等に関する事務処理

第1　検察官による証明予定事実記載書面の提出及びその証明に用いる証拠の取調べ請求

1 意義	……………………………………………………………………………	64
2 証明予定事実記載書面の記載内容等	………………………………	64
3 証明予定事実記載書面等の提出期限の定め		
⑴ 意義	……………………………………………………………………………	66
⑵ 求意見	…………………………………………………………………………	66
⑶ 期限決定とその告知		
ア 期限決定	……………………………………………………………………	66
イ 期限決定の告知	…………………………………………………………	66
⑷ 各庁の実情（期限決定とそのタイミング）	……………………	67
⑸ 書面提出後の事務	…………………………………………………………	68

第2　検察官請求証拠の開示

1 意義	……………………………………………………………………………	68
2 開示すべき証拠と開示時期	…………………………………………	68
3 開示の方法		
⑴ 証拠書類又は証拠物	………………………………………………………	69
⑵ 証人，鑑定人，通訳人又は翻訳人	……………………………………	69
4 証拠開示に関する裁定	………………………………………………………	69

第3　類型証拠の開示

1 意義	……………………………………………………………………………	69
2 開示の要件	………………………………………………………………………	69
3 請求に対する検察官の対応	…………………………………………	70
4 開示手続の進行状況把握	……………………………………………………	70
5 証拠開示に関する裁定	………………………………………………………	70

第4　検察官請求証拠に対する意見

1 意義	……………………………………………………………………………	71
2 期限の定め	………………………………………………………………………	71
3 意見の内容	………………………………………………………………………	71
4 書面提出後の事務	……………………………………………………………	72

第5　被告人側の予定主張の明示，証拠調べ請求及び取調べ請求証拠の開示

1 意義	……………………………………………………………………………	72

- 目次 5 -

2	期限の定め	……………………………………	72
3	明示義務ある主張の内容	………………………………	73
4	証拠調べ請求の内容	………………………………………	73
5	書面提出後の事務	…………………………………………	74

第6　被告人側の証拠調べ請求に対する検察官の意見

1	意義	…………………………………………………………	74
2	期限の定め	……………………………………………………	74
3	意見の内容及び書面提出後の事務	………………………	74

第7　主張関連証拠の開示

1	意義	…………………………………………………………	74
2	開示の要件	……………………………………………………	74
3	請求に対する検察官の対応	…………………………………	74
4	開示手続の進行状況把握	……………………………………	74
5	証拠開示に関する裁定	………………………………………	74

第8　主張の追加又は変更等

1	意義	…………………………………………………………	75
2	期限の定め等	…………………………………………………	75

第9　証拠開示に関する裁定

1	意義	…………………………………………………………	75
2	開示の時期，方法の指定等（法316の25）		
(1)	意義	………………………………………………………	75
(2)	対象となる証拠	……………………………………………	76
(3)	手続		
ア	請求		
(ｱ)	請求者	…………………………………………………	76
(ｲ)	請求方法	………………………………………………	76
イ	立件	……………………………………………………	76
ウ	記録の編てつ	…………………………………………	77
エ	求意見	…………………………………………………	77
オ	証拠開示に関する裁定のための証拠の提示命令		
(ｱ)	意義	……………………………………………………	77
(ｲ)	提示命令に関する事務処理	…………………………	77
(ｳ)	提示を受けた証拠の取扱い	…………………………	78
カ	裁定（決定）		
(ｱ)	意義	……………………………………………………	79
(ｲ)	決定	……………………………………………………	79
キ	決定の告知	……………………………………………	79
ク	即時抗告	………………………………………………	79
3	証拠の開示命令（法316の26）		
(1)	意義	………………………………………………………	80

⑵	開示命令の対象となる証拠 ………………………………………	80
⑶	手続	

　　　ア　請求

㋐	請求者 ……………………………………………………	81
㋑	請求方法 …………………………………………………	81

イ	立件 ……………………………………………………………	81
ウ	記録の編てつ …………………………………………………	81
エ	求意見 …………………………………………………………	81

　　　オ　証拠開示に関する裁定のための証拠の提示命令

㋐	当該証拠の提示命令 ……………………………………	82
㋑	証拠の標目一覧表の提示命令 …………………………	82

　　　カ　裁定（決定）

㋐	意義 ………………………………………………………	84
㋑	決定 ………………………………………………………	84

キ	決定の告知 ……………………………………………………	84
ク	即時抗告 ………………………………………………………	84

第10　争点及び証拠整理の結果の確認

1	意義 ………………………………………………………………	85
2	結果確認の方法等	
⑴	結果確認の方法 ………………………………………………	85
⑵	被告人の意思確認 ……………………………………………	85
3	公判前整理手続の終了 …………………………………………	87
4	公判前整理手続の「再開」 ……………………………………	87

第11　審理予定の策定

1	意義 ………………………………………………………………	88
2	策定すべき審理予定の内容 ……………………………………	89
3	審理予定案策定の時期及び手順 ………………………………	89
4	策定した審理計画の周知 ………………………………………	90

第12　公判期日の指定告知

1	公判期日指定を行う時期 ………………………………………	90
2	公判期日指定に伴う事務	
⑴	第1回公判期日の時期 ………………………………………	91
⑵	公判期日指定の方法 …………………………………………	91
⑶	公判期日の告知	

ア	告知の対象 ……………………………………………………	91
イ	告知の方法 ……………………………………………………	92

第4節　その他関連事項

第1　受命裁判官による手続

1	意義 ………………………………………………………………	93
2	受命裁判官が行うことができる手続 …………………………	93

3	受命決定 ………………………………………………………………	93
4	受命決定の告知 ……………………………………………………	93

第2 記録の編成

1	新通達の概要 ………………………………………………………	95
2	その他の書類等 ……………………………………………………	95
3	併合事件記録の扱い ………………………………………………	95

第4章 公判前整理手続調書

第1節 調書作成の指針

第1 基本的考え方

1 公判前整理手続調書の性質

⑴	公判前整理手続調書の意義 ………………………………………	97
⑵	公判前整理手続調書の性質	
	ア 公判前整理手続調書の性質に関する考え方 ………………	97
	イ 公判前整理手続調書の性質による記載の相違点	
	㈠ 冒頭部分 ……………………………………………………	99
	㈡ 手続部分 ……………………………………………………	99
	㈢ 結果調書説と折衷説の比較 ………………………………	99

2 公判前整理手続調書の役割

⑴	公判前整理手続調書の役割を考える意味 ……………………	100
⑵	公判前整理手続調書の役割	
	ア 公判前整理手続期日で行われた訴訟手続及びその内容の公証 ………	101
	イ 公判前整理手続の進行管理 …………………………………	101
	ウ 上訴審の審理に向けた手続の記録化 ……………………	101

3 記載の程度

⑴	問題の所在 …………………………………………………………	102
⑵	基本的な方針 ………………………………………………………	102
⑶	重要な経過的事項	
	ア 経過的事項の記載の検討における論点 …………………	103
	イ 重要な経過的事項とされる事項 …………………………	104
	ウ 経過的事項の記載の程度 …………………………………	106
⑷	経過的事項の記載に関する調書作成上の工夫 ………………	106

第2 調書作成の効率化のための工夫

1	調書作成の意義及び争点等の理解 ……………………………	107
2	裁判体との認識の共有	
⑴	調書作成に関する認識共有の意味 ……………………………	107
⑵	一般的方針 …………………………………………………………	107
⑶	個別の事件処理における効率化	
	ア 期日前段階 …………………………………………………	109

- 目次 8 -

イ　期日における確認 ………………………………………… 110

ウ　期日終了後における打合せ ……………………………… 111

第2節　調書の構成

第1　調書の構成についての考え方

1　概説 …………………………………………………………… 112

2　基本的な整理のあり方

(1)　各庁の現状 ……………………………………………… 112

(2)　それぞれの検討 ………………………………………… 113

第2　調書の構成に関するその他の工夫例 ………………… 115

第3　見出しについて ………………………………………… 115

第3節　調書の記載事項

第1　調書の記載事項の概要 ………………………………… 118

第2　必要的記載事項

1　冒頭部分

(1)　被告事件名及び被告人の氏名 ………………………… 118

(2)　公判前整理手続をした裁判所又は受命裁判官，年月日及び場所 … 119

(3)　裁判官及び裁判所書記官の官氏名 …………………… 119

(4)　出頭した検察官の官氏名 ……………………………… 120

(5)　出頭した被告人，弁護人，代理人及び補佐人の氏名 … 120

(6)　出頭した通訳人の氏名 ………………………………… 120

2　通訳人の尋問及び供述 …………………………………… 121

3　証明予定事実その他の公判期日において主張することを予定している事実上及び
法律上の主張

(1)　意義 ……………………………………………………… 122

(2)　主張の方法 ……………………………………………… 122

(3)　具体的記載事項

ア　具体的な証明予定事実等としての積極的な主張 …………………… 123

イ　個別の証明予定事実に対する認否 …………………… 126

ウ　証明予定事実等を追加，変更，撤回，訂正する場合 ………………… 127

エ　被告人に対する意思確認としての質問と被告人の陳述（法316の10）…… 129

オ　その他の事項

(ｱ)　訴訟関係人に対する求釈明及びそれに対する釈明内容等 ………………… 130

(ｲ)　争点に関する中間的確認事項 ………………… 132

(ｳ)　今後の主張の予定 ……………………………… 133

(4)　具体的整理法 …………………………………………… 134

4　証拠調べの請求，証拠意見等

(1)　意義 ……………………………………………………… 134

(2)　基本的方針 ……………………………………………… 135

(3)　具体的記載事項の検討

ア　証拠請求，法326の同意又は不同意の意見若しくは証拠意見 ………………… 136

イ 証拠の整理に関するやりとり
　　(ア) 証拠整理に関する考えられるやりとり ……………………… 137
　　(イ) 裁判所の求釈明及び検討の促し ……………………………… 138
　　(ウ) 訴訟関係人の対応 ……………………………………………… 138
　　(エ) 記載例 …………………………………………………………… 140
ウ 立証予定，証拠調べ請求の予定
　　(ア) 公判前整理手続においてする証拠調べ請求の予定 ………… 144
　　(イ) 公判前整理手続終了後の証拠調べ請求の予定 ……………… 145
　　(ウ) 個別の証拠について証拠請求をしない旨の陳述 …………… 146
　　(エ) 証拠請求が終了した旨の陳述 ………………………………… 147
エ 証拠意見に関する事項
　　(ア) 証拠意見の見込み ……………………………………………… 148
　　(イ) 証拠意見の補足 ………………………………………………… 150
5 その他の申立て …………………………………………………………… 151
6 法309条の異議申立て及びその理由 …………………………………… 151
7 訴因又は罰条の追加，撤回又は変更に関する事項等 ………………… 153
8 証拠開示に関する裁定に関する事項
(1) 意義 …………………………………………………………………… 155
(2) 具体的記載例 ………………………………………………………… 155
(3) 証拠開示の裁定請求に至る前の証拠開示に関するやりとり
ア 記載の要否について ……………………………………………… 157
イ 具体的にどのようなやりとりがあるか
　　(ア) 請求証拠開示(法316の14等)に関するもの ………………… 157
　　(イ) 類型証拠開示(法316の15)及び主張関連証拠開示(法316の20)に関するもの 157
　　(ウ) 裁定請求の予定に関するもの ………………………………… 158
ウ 具体的記載例 ……………………………………………………… 158
9 決定及び命令
(1) 証明予定事実記載書面等の提出期限等の定め ………………… 160
(2) 弁論の併合，分離決定 ……………………………………………… 162
(3) 証拠決定 ……………………………………………………………… 164
(4) 証拠調べに関する異議の申立てに関する決定 …………………… 164
(5) 公判前整理手続期日の指定及び変更 …………………………… 164
(6) 公判期日の指定 ……………………………………………………… 166
(7) 弁論併合された事件を公判前整理手続に付する旨の決定 ……… 166
(8) その他の決定
ア 公判前整理手続を受命裁判官にさせる決定 …………………… 167
イ 犯罪被害者関連 …………………………………………………… 167
ウ 裁判員裁判関連 …………………………………………………… 168
10 争点及び証拠の整理の結果の確認
(1) 構成 …………………………………………………………………… 168

（2）	記載及び整理の方法 ……………………………………………	168
（3）	記載の程度及び内容 ……………………………………………	168
（4）	訴訟関係人の「上記の結果に相違はない」旨の陳述 ………	169
（5）	記載例	
	ア　自白事件 ……………………………………………………	169
	イ　否認事件 ……………………………………………………	171

第3　記載相当事項等

1	冒頭部分の記載	
（1）	事件番号 …………………………………………………………	178
（2）	標題及び回数 ……………………………………………………	178
2	冒頭手続	
（1）	人定質問 …………………………………………………………	178
（2）	黙秘権の告知 ……………………………………………………	178
3	公判審理の予定に関する事項	
（1）	考えられるやりとり ……………………………………………	179
（2）	公判の進行等に関する事項	
	ア　記載の要否 …………………………………………………	179
	イ　記載の箇所 …………………………………………………	180
（3）	証拠調べの方法等に関する事項	
	ア　記載の要否 …………………………………………………	180
	イ　記載の箇所 …………………………………………………	181
4	公判前整理手続の進行予定に関する事項 …………………………	182
5	公判の審理予定	
（1）	構成及び記載の方法 ……………………………………………	186
（2）	記載の程度 ………………………………………………………	186
（3）	記載例 ……………………………………………………………	186
6	公判前整理手続終了の記載 …………………………………………	189

第4　決定，命令に際しての事実の取調べの記載

1	意義 ………………………………………………………………………	190
2	記載方法及び記載例 …………………………………………………	190

第5　公判前整理手続の結果顕出

1	意義 ………………………………………………………………………	194
2	方法 ………………………………………………………………………	194
3	書記官による顕出 ……………………………………………………	195
4	調書の記載例 …………………………………………………………	195

第4節　調書作成に関するその他の関連事項

第1	署名押印，認印 ……………………………………………………	197
第2	公判前整理手続調書の整理 ………………………………………	197
第3	公判前整理手続調書に対する異議申立て等	
1	絶対的証明力 …………………………………………………………	197

2 異議申立て
(1) 意義 ……………………………………………………………… 197
(2) 異議申立期間 ………………………………………………… 197
(3) 調書の記載 …………………………………………………… 197

第5節　証拠等関係カードの記載
第1　概説
1 記載の方法 ……………………………………………………… 198
2 証拠等関係カードの機能 …………………………………… 198
第2　一括記載 …………………………………………………………… 199
第3　カード記載に関する問題点
1 見やすさ，分かりやすさと効率的な作成の意識
(1) 意見欄，備考欄等が込み入った記載になるという点について ……… 202
(2) 標目欄の訂正について ……………………………………… 203
2 公判前整理手続終了後の証拠調べ請求に関する記載
(1) 公判前整理手続終了後の証拠調べ請求 ……………… 204
(2) カード記載上の問題点
ア 「やむを得ない事由」の疎明 ………………………… 205
イ 「意見」欄の記載 ……………………………………… 205

第6節　期日間整理手続調書の記載等
第1　期日間整理手続の概要 ……………………………………… 207
第2　期日間整理手続の進行等 ………………………………… 207
第3　期日間整理手続調書 ………………………………………… 208

第7節　打合せ調書（メモ）
第1　概説
1 打合せ調書（メモ）作成の意義 ………………………… 209
2 作成の要否 ……………………………………………………… 209
第2　記録化の方法
1 記載事項
(1) 様式及び標題部分 …………………………………………… 209
(2) 協議事項についての記載 ………………………………… 210
2 打合せ調書（メモ）の取扱い
(1) 記録編てつの要否及び編てつする場合の箇所 ……… 212
(2) 閲覧謄写の可否 ……………………………………………… 213
(3) 訴訟関係人への交付 ……………………………………… 213

第8節　調書の活用方法
第1　総論 …………………………………………………………………… 214
第2　訴訟関係人への送付
1 活用状況 ………………………………………………………… 214
2 活用方法 ………………………………………………………… 215
第3　その他の活用方法 ………………………………………………… 216

- 目次 12 -

第9節　シナリオに基づいた調書記載例 ……………………………………… 217

第5章　弁論の併合，分離に関する事項

第1　弁論の併合に関する事項

1　問題の所在 ……………………………………………………………………… 229

2　事務処理上の問題点

(1)　追起訴事件についての付決定の要否 ………………………………… 229

(2)　追起訴事件について公判前整理手続に付さない事例 ……………… 230

(3)　事務処理

ア　弁論併合決定 ………………………………………………………… 232

イ　追起訴事件を公判前整理手続に付することについての求意見及び付決定 … 232

ウ　検察官の証明予定事実記載書面の提出及び証拠調べ請求の期限に関する求意

見及び決定 ………………………………………………………… 232

3　調書の記載

(1)　一般的事例

ア　事件番号 ……………………………………………………………… 233

イ　標題，回数 …………………………………………………………… 233

ウ　事件名 ………………………………………………………………… 233

(2)　併合事件のうちに公判前整理手続に付さない事件がある場合の記載 ………… 233

(3)　期日間整理手続進行中の事件に追起訴があった場合 ……………… 234

4　証拠等関係カードの記載について ……………………………………… 235

第2　弁論の分離に関する事項

1　問題の所在 ……………………………………………………………………… 236

2　弁論分離決定と整理手続の関係 ………………………………………… 236

3　調書の記載 …………………………………………………………………… 236

第6章　公判前整理手続における進行管理

第1節　総論

第1　はじめに

1　あらためて，「進行管理」とは …………………………………………… 237

2　公判前整理手続における進行管理の重要性 ………………………… 237

3　公判前整理手続の進行管理を巡る現状 ……………………………… 238

第2　より充実した進行管理に向けて

1　裁判体との連携・協力態勢の必要性

(1)　進行管理の主体〜検討の前提として ………………………………… 238

(2)　裁判体との連携・協力態勢の確立の必要性 ………………………… 238

2　連携・協力態勢の確立のために

(1)　裁判体と書記官の認識の共通化 ……………………………………… 240

- 目次 13 -

⑵　認識共通化のための方策
　　　ア　一般的審理方針の策定 ……………………………………………… 240
　　　イ　ミーティングの活用 …………………………………………………… 241
　　　ウ　ＩＴ機器の利用 ………………………………………………………… 241
　　　エ　マニュアル等の作成 …………………………………………………… 241
　⑶　公判前整理手続の進行管理等に関する一般的審理方針
　　　ア　一般的審理方針の策定状況 …………………………………………… 242
　　　イ　一般的審理方針で定められる内容
　　　　㋐　進行スケジュールに関する事項 ………………………………… 242
　　　　㋑　公判前整理手続の進行方針（進行パターン） ………………… 243
　　　　㋒　書記官の進行管理事務の具体的内容 ………………………… 244
　　　ウ　一般的審理方針の形式 ………………………………………………… 244
　　　エ　公判前整理手続の事務処理にかかる一般的審理方針の参考例 ……… 244
　3　小括～今後の展望
　⑴　公判前整理手続の進行管理についての基本的な考え方 ……………… 246
　⑵　公判前整理手続の進行管理における書記官の役割 …………………… 246
　⑶　今後の展望 ……………………………………………………………………… 246
　第3　研究方針～各論に向けての導入 ……………………………………………… 247
第2節　事件類型別進行管理事務処理例
　第1　はじめに ……………………………………………………………………… 248
　第2　起訴後の情報収集と事件の振り分け
　1　起訴後の情報収集
　⑴　検察官からの情報収集
　　　ア　事件の振り分けに必要な情報
　　　　㋐　公訴事実に対する被告人の弁解 ………………………………… 248
　　　　㋑　検察官請求予定証拠関係 …………………………………………… 248
　　　　㋒　追起訴予定の有無並びに予定があればその時期及び事案の内容 ………… 248
　　　　㋓　公判前整理手続に付することについての意向 ………………… 248
　　　イ　その他進行上有益な情報
　　　　㋐　被害者保護関係 …………………………………………………… 249
　　　　㋑　共犯者の状況 ……………………………………………………… 249
　　　　㋒　警備関係での配慮の要否 ………………………………………… 249
　　　　㋓　要通訳事件かどうか ……………………………………………… 249
　⑵　弁護人からの情報収集
　　　ア　事件の振り分けに必要な情報
　　　　㋐　公訴事実に対する被告人の弁解及びそれを踏まえた上での概括的な弁護方
　　　　　　針 …………………………………………………………………… 249
　　　　㋑　弁護人請求予定証拠に関する事項 ……………………………… 249
　　　　㋒　証拠開示についての紛議の有無 ………………………………… 250
　　　　㋓　公判前整理手続に付することについての意向 ………………… 250

イ　その他進行上有益な情報

　　(ｱ)　情状立証の予定及びその進捗状況 ………………………… 250

　　(ｲ)　被告人の状況 ………………………………………………… 250

　　(ｳ)　警備関係での配慮の要否 ………………………………… 250

2　事件の振り分け ………………………………………………………… 252

第3　自白事件

1　付決定と各種書面提出期限決定に関する事務処理

　(1)　付決定のための求意見の工夫

　　ア　裁判員裁判対象事件について ……………………………… 252

　　イ　裁判員裁判非対象事件について …………………………… 253

　(2)　検察官の証明予定事実記載書面提出等期限を定めるための求意見の工夫

　　ア　裁判員裁判対象事件について ……………………………… 253

　　イ　裁判員裁判非対象事件について …………………………… 253

2　各種書面提出に関する事務処理

　(1)　提出書面期限管理及び準備状況の把握

　　ア　期限管理及び準備状況把握の重要性 ……………………… 253

　　イ　期限管理の方法 ……………………………………………… 254

　　ウ　期限を守らない当事者への対応 …………………………… 255

　　エ　期限が守られなかった場合の措置（規217の23）………… 256

　(2)　当事者提出書面の内容確認と任意の補正の促し

　　ア　書記官が取り組むことの意義及びそのために必要なこと

　　　(ｱ)　一歩先を見通して事務を行うことで，迅速かつ円滑な進行につながる … 256

　　　(ｲ)　各種書面の意義，要件と共に争点を理解する ……………… 257

　　　(ｳ)　裁判体との認識の共通化 …………………………………… 258

　　イ　具体的取組例

　　　(ｱ)　証明予定事実記載書面等の主張関連書面 ………………… 258

　　　(ｲ)　証拠調べ請求書及び証拠意見書等の証拠整理関連書面 …………… 259

3　証拠開示の進行状況把握

　(1)　検察官請求証拠の開示

　　ア　検察官からの情報収集 ……………………………………… 262

　　イ　弁護人からの情報収集 ……………………………………… 263

　(2)　類型証拠の開示

　　ア　類型証拠開示の手続の進行状況把握の方法

　　　(ｱ)　証拠開示のやりとりを把握する端緒 ……………………… 264

　　　(ｲ)　証拠開示の手続の進行状況の把握 ………………………… 265

　　イ　類型証拠開示請求書及び回答書の取扱い ………………… 265

　(3)　主張関連証拠開示 …………………………………………… 267

　(4)　被告人側請求証拠開示 ……………………………………… 267

4　審理予定案の策定

　(1)　一般的な自白事件 …………………………………………… 268

- 目次　15 -

(2)　事案により審理予定に加えるべき事項
　　　　ア　犯罪被害者関連 ……………………………………………………… 273
　　　　イ　要通訳事件の場合 …………………………………………………… 273
　　(3)　審理予定案の利用 …………………………………………………………… 274
　5　公判期日の調整 …………………………………………………………………… 274
第4　中・小規模否認事件
　1　争点及び証拠整理に向けて
　　(1)　はじめに ………………………………………………………………………… 275
　　(2)　証拠整理一覧表の作成
　　　　ア　作成の意義とその有用性 …………………………………………… 276
　　　　イ　事案に応じた記載内容 ……………………………………………… 276
　2　審理予定案の策定
　　(1)　策定に向けた書記官の役割 ……………………………………………… 278
　　(2)　具体的ポイント
　　　　ア　人証の取調べに関する事項 ………………………………………… 278
　　　　イ　採否留保の証拠がある場合 ………………………………………… 278
　　　　ウ　証拠制限（法316の32Ⅰ）に触れる証拠請求の扱い ………… 279
　　　　エ　公判期日指定（予約） ……………………………………………… 279
　　　　オ　他の部署との連絡，調整 …………………………………………… 279
第5　大規模事件等 …………………………………………………………………………… 280
第6　進行メモの工夫
　1　事前準備メモ
　　(1)　意義と目的 …………………………………………………………………… 280
　　(2)　事前準備メモに記載することが考えられる事項 …………………… 281
　　(3)　事前準備メモ等を利用した情報共有
　　　　ア　裁判体との情報共有 ………………………………………………… 282
　　　　イ　書記官室内での情報共有 …………………………………………… 283
　2　期日進行メモ
　　(1)　意義と目的 …………………………………………………………………… 284
　　(2)　作成の主体 …………………………………………………………………… 285
　　(3)　期日進行メモの活用
　　　　ア　裁判体との認識の共通化のための活用 ………………………… 285
　　　　イ　調書作成事務への活用 ……………………………………………… 285
　　　　ウ　進行管理事務への活用 ……………………………………………… 286
第7　具体的進行管理事務処理例
　1　はじめに …………………………………………………………………………… 289
　2　シナリオのポイント
　　(1)　自白事件の平均的スケジュールを踏まえて ………………………… 289
　　(2)　打合せの活用という面を踏まえて ……………………………………… 290
　シナリオ1　自白事件（裁判員裁判対象事件で公判前整理手続期日を開く場合）…… 291

シナリオ2　自白事件（裁判員裁判対象事件で公判前整理手続のみ書面で行った場合）………………………………………………………………… 297

シナリオ3　中・小規模否認事件 ……………………………………………… 303

第3節　公判前整理手続に付されない事件（一般事件）の進行管理事務

第1　一般事件の進行管理事務

　1　はじめに ………………………………………………………………… 310

　2　具体的事務処理例

　⑴　起訴後の情報収集とそれを踏まえた事件の振り分け ……………… 310

　⑵　請求証拠開示の状況把握 ……………………………………………… 311

　⑶　公訴事実に対する被告人の認否及びそれを踏まえた弁護方針の確認 … 311

　⑷　請求証拠に対する意見聴取，必要に応じた補正の促し …………… 311

　⑸　審理計画の立案 ………………………………………………………… 311

第7章　新法施行に伴い検討すべき事項

第1節　裁判員法施行に伴い検討すべき事項

第1　公判前整理手続調書の記載に関して検討すべき事項

　1　概説 ……………………………………………………………………… 312

　2　具体的記載事項

　⑴　裁判員等選任手続に関する記載事項 ………………………………… 312

　⑵　裁判員に対する配慮事項 ……………………………………………… 313

　⑶　第1回公判期日前の鑑定（裁判員法50）に関する事項等

　　ア　意義及び概要 ……………………………………………………… 314

　　イ　手続の流れと公判前整理手続調書の記載事項

　　　㈠　鑑定手続実施決定までの手続の流れ ……………………… 315

　　　㈡　手続調書への記載の要否 …………………………………… 315

　　　㈢　鑑定手続実施決定後の鑑定に関する手続 ………………… 316

　　ウ　裁判員裁判非対象事件について ………………………………… 316

第2　関連事件が係属した場合

　1　客観的併合の場合

　⑴　追起訴事件が非対象事件の場合 ……………………………………… 317

　⑵　追起訴事件も対象事件の場合 ………………………………………… 317

　2　主観的併合の場合 ……………………………………………………… 317

第2節　被害者参加制度に関して検討すべき事項

第1　はじめに ………………………………………………………………… 318

第2　公判前整理手続調書の記載に関して検討すべき事項

　1　被害者参加の申出，求意見及び決定（法316の33Ⅰ，Ⅱ）………… 318

　2　被害者参加人等の公判審理への手続参加に関する事項 …………… 319

第3　公判前整理手続の進行に関して検討すべき事項

　1　はじめに ………………………………………………………………… 320

－ 目次 17 －

2 情報収集に関して留意すべき事項
 (1) 必要に応じた情報収集 …………………………………………………… 320
 (2) 情報収集すべき事項等 …………………………………………………… 321
3 法廷の準備及び警備の検討 ……………………………………………………… 321

第1章　はじめに

第1　この研究の目的及び方針

1　この研究の目的

　　公判前整理手続は，充実した公判審理を継続的，計画的かつ迅速に行うために，事件の争点及び証拠を整理した上，公判の審理予定を定めることを目的とした公判準備の制度であり（法316の2Ⅰ，規217の2Ⅰ），裁判員裁判の実施には必須の手続である。そこで，公判前整理手続が施行された前後から，その審理の在り方について，様々な立場から研究，検討がされ，書記官事務の在り方についても検討が進められてきた。しかし，裁判員裁判における公判審理の在り方やそれに向けた公判前整理手続の運用の在り方という観点も加味した場合，現状においてもなお公判前整理手続の運用の在り方及び書記官事務の在り方については，議論が続けられている状況といえる。

　　そのような状況の下，本研究は，公判前整理手続に関する書記官事務について，これまで積み重ねられた議論やそれを踏まえた実務の状況について調査，分析した上，その結果を整理することによって書記官の円滑かつ充実した事務処理の便に供することを主たる目的とした。また，調査及び現状分析を踏まえ，今後の書記官事務の在り方についても提言することとした。

2　この研究の方針

(1)　全体的な方針

　　本研究においては，公判前整理手続の現状を示すという目的を踏まえ，アンケート調査等によって調査した実務例，工夫例をできるだけ多く紹介することを心がけている。

　　また，それとともに，初めて公判前整理手続に携わる書記官でも円滑に事務処理を行えるように，公判前整理手続の事務処理における基本的な知識と思われるものから，手続の進行に則して記載を進めることにした。そのような目的から，手続の進行についてチャート図を利用したり，手続の進行をイメージしたシナリオを挙げて，それに沿った事務処理を紹介するなどして，実際の事務処理のイメージを把握できるように工夫した。

　　なお，公判審理の充実，迅速化や継続的，計画的な実施を行うことを目的とした公判準備としては，第1回公判前に行われる公判前整理手続とともに，第1回公判後に行われる期日間整理手続も創設されたが，①裁判員裁判対象事件については，公判前整理手続を行うことが必要的とされていること（裁判員法49）も含め，現状又は今後の実務の状況を考えると，期日間整理手続よりも公判前整理手続を行うことの方がより一般的であると思われること，②期日間整理手続の手続については，原則的に公判前整理手続に関する規定が準用されている（法316の28Ⅱ，規217の27）ために，公判前整理手続の書記官事務に関することは，期日間整理手続にもそのまま当てはまることから，本研究では，公判前整理手続に関する書記官事務を中心に記述することにした。

(2)　研究のポイント

　　公判前整理手続の書記官事務においては，公判前整理手続調書の作成と公判前整理手続の進行管理事務が重要である。そこで，本研究においてもこれらの二つの項目を研究の柱とした上，それぞれについて次のような点を指針として研究を進めた。

－1－

第1章　はじめに

ア　公判前整理手続調書の作成について

　公判前整理手続調書については，その基本的な作成の指針から具体的な記載事項の在り方まで，これまでも最も多くの検討がされ，様々な成果が上げられているものと思われる。また，各庁あるいは各裁判体においては，調書作成についての共通認識が形成されつつあると考えられる。しかし，具体的に調書に何を記載すべきかについては，事案ごと，あるいは事件ごとに異なるものである。そこで，本研究では，各庁から公判前整理手続調書の実際の記載例をできる限り収集し，各庁の現状を調査，分析した上，その結果を類型別に整理して，具体的な記載例を多く提示することにより，より実践的な研究報告書にすることを目指した。

　また，効率的な調書の作成の観点から考えられる工夫についても検討を行い，各庁における工夫例等も紹介することにした。

イ　公判前整理手続の進行管理事務について

　公判前整理手続における書記官の進行管理事務については，事件の実質的な部分にどの程度関わるのかという点も含め，書記官の役割の観点から議論が積み重ねられてきたものと思われる。もとより，進行管理事務においては，書記官がどのような役割を果たすべきかについては，裁判体の意向にもかかわる事項であるが，本研究では，各庁における進行管理事務の実務例や工夫例を調査，分析し，事件類型別に分類して提示することにより，一般的な審理方針の策定等の参考に供することを目指した。

第2　公判前整理手続の意義及び目的

1　公判前整理手続の意義

　公判前整理手続は，平成16年5月21日に成立した「刑事訴訟法等の一部を改正する法律（平成16年法律第62号）」により新たに創設された公判準備のための手続であり，後に述べるように裁判員裁判の円滑な公判審理を一面において支えるという意味においても，裁判員裁判対象事件以外の事件の充実した迅速な審理を実現する意味においても，非常に重要な制度である。

　公判前整理手続について，刑訴法は，「充実した公判の審理を，継続的，計画的かつ迅速に行うため」，「第一回公判期日前」に行う，「事件の争点及び証拠を整理するための公判準備」の手続（法316の2Ⅰ）とし，刑訴規則は，「裁判所は，公判前整理手続においては，」「公判の審理予定を定めなければならない。」（規217の2Ⅰ）と定めている。これらのことから，公判前整理手続とは，「充実した公判の審理を継続的，計画的かつ迅速に実施することを目的に，第1回公判期日前に行う，事件の争点及び証拠を整理し，公判の審理予定を定める公判準備の手続」と定義することができる。

2　公判前整理手続の導入の背景及び目的

(1)　導入の背景

　刑事裁判の迅速化については従前から議論されていたところであるが，制度としての新たな公判準備の手続の創設が具体的に検討されるに至った直接の端緒になったのは，平成13年6月に司法制度改革審議会（内閣の下に設置された審議会）が内閣に提出した意見書による。

　この意見書では，刑事裁判の実情として，「通常の事件についてはおおむね迅速に審

理がなされている」としつつも，一部の特異重大な事件における審理の長期化に注目し，そのような刑事裁判の遅延が「国民の刑事司法全体に対する信頼を傷つける一因ともなっている」とした上で，「刑事裁判の充実・迅速化を図るための方策を検討する必要がある。」とされている。さらに，この刑事裁判の充実・迅速化の要請については，「一部の刑事事件の訴訟手続に国民参加の制度を新たに導入することとの関係で，」「一層顕著な」ものになるとした上で，「第一回公判期日の前から，十分な争点整理を行い，明確な審理の計画を立てられるよう，裁判所の主宰による新たな準備手続を創設すべきである。」と提言されている。

　以上のことから，公判前整理手続の導入については，刑事裁判全体の充実・迅速化の要請が背景に存在したのはもちろんであるが，さらに裁判員制度の導入がこの手続の導入の要請に拍車をかけたものといいうると思われる。その意味で，公判前整理手続は裁判員制度を支える制度として創設された制度であるともいえる[*1]。

(2)　制度の目的

ア　充実した公判の審理の継続的，計画的かつ迅速な実施

　刑訴法では，「充実した公判の審理を継続的，計画的かつ迅速に行うため必要があると認めるときは，」事件を公判前整理手続に付することができるとして，公判前整理手続の目的を，「充実した公判の審理を継続的，計画的かつ迅速に行うため」と規定している（法316の2 I）[*2]。

　充実した審理を迅速に行うためには，争点ではない事項については，同意書証を活用するなどして，効率的な審理を行うとともに，争点となる事項については集中的に主張，立証を行っていくといったメリハリのある審理を行う必要があるとされるが，そのためには，公判審理が始まる前に，何が事件の争点であるのかを十分整理した上

[*1]　公判前整理手続の創設に至るまでの経過

　　公判前整理手続については，司法制度改革審議会意見書においてその創設が提言されたことを受けて，平成13年12月に内閣に設置された司法制度改革推進本部において法案化が検討されることになった。同本部では，同事務局に，法学者，有識者，法律実務家等をメンバーとする「裁判員制度・刑事検討会」を設け，裁判員制度と併行して刑事裁判の充実・迅速化について検討を進め，その結果，平成16年3月2日，「刑事訴訟法等の一部を改正する法律案」として閣議決定の上，第159回国会に法案が提出された。同法案は，国会における審議を経て，同年5月21日に成立し，同月28日公布されるに至った。

　　そして，同法のうち，公判前整理手続に関する部分については，平成17年11月1日に施行された。

　　その他，公判前整理手続の創設に至るまでの経過については，法解説(1)1ページ以下に詳しい。

[*2]　「充実した」公判の審理とは，争点ではない事項については効率的に審理を行って無駄な審理を避け，明確化された争点に集中して審理を行うことをいい，「継続的，計画的かつ迅速に行う」とは，事前の審理計画に従って，集中的・連日的に，短期間のうちに行うことをいうとされている（法解説(1)77ページ）。

第1章　はじめに

で，争点となる事項，争点でない事項のそれぞれについて，どのような証拠を取り調べるかを定める必要があると考えられる。

さらに争点に集中した審理を行うにしても，その審理のペースが例えば月1回であれば，全体として迅速な審理を達成することができないことから，公判審理を連日的（継続的）に行うことが重要になろうが，そのためには，公判審理が始まる前に公判で取り調べるべき証拠，その取調べ順序，方法を決定した上で，必要な回数の公判期日をあらかじめ指定して公判審理のスケジュールを明確にしておくことが必要であると思われる。

このようなことから，公判前整理手続を行うことによって，刑事裁判の充実・迅速化及びその継続的，計画的な実施を実現することが制度の目的といえよう*1*2。

イ　裁判員制度との関係

アで述べたような刑事裁判の充実・迅速化については，裁判員裁判において，さらにその重要度を増す。

裁判員裁判が，一般の国民に一旦その職業生活や社会生活から離れてもらい，公判に立ち会い，評議を行った上で，量刑を含めた判決を考えてもらうという制度である以上，裁判員の負担を必要最小限にすることと，裁判員の裁判への主体的，実質的関与を確保することを両立しなければならない。

そのためには，公判審理に要する期間を最小限にするとともに，いつからいつまで裁判所に拘束されるのかを明確にし，その期間内のスケジュール（審理計画）を綿密に立て，それを守ることが重要であろう。また，日常，刑事裁判に触れていない（場合によっては関心も薄い）国民が刑事裁判の審理に実質的に関与するためには，分かりやすい裁判が実現されなければならないが，そのためには，判決を考える上で，どの点が真の争点であり，どの事実が重要な事実であるかという意味で争点を明確化し，それはどの証拠を検討すればよいのかが整理されていることが必要となる。

これらのことを実現させるためには，訴訟関係人が公判審理の前にあらかじめ，争点及び証拠を十分に整理した上で，綿密な審理計画を立てる手続としての公判前整理手続が不可欠である。そうしたことから裁判員裁判対象事件においては公判前整理手

---

*1　公判前整理手続の創設の目的については，法解説(1)55ページ以下参照。
*2　公判前整理手続自体が迅速に行われず，その結果公判の審理の開始が遅延することになれば，全体として迅速な裁判を実現することはできない。そのため，裁判所は，「公判前整理手続において，十分な準備が行われるようにするとともに，できる限り早期にこれを終結させるように努めなければならない。」とされ，訴訟関係人に対しても，「相互に協力するとともに」，公判前整理手続の実施に関して，「裁判所に進んで協力しなければならない。」ものとされた（法316の3）。

続が必要的とされている（裁判員法49）[*1]。

3 公判前整理手続の特色

(1) 制度の概要

　　公判審理を充実させ，迅速に行うためには，その準備である公判前整理手続についても，争点及び証拠整理が十分になされつつ，これがいたずらに長期化することのないようにする必要があるものと思われる。その意味で，公判前整理手続自体が充実し，迅速に行われるものでなければならないといえよう。

　　そこで，刑訴法では，公判前整理手続における争点及び証拠の整理に関して，訴訟関係人が行うべきことを定め，その手順等を明らかにする（法316の13，316の16，316の17，316の19等）とともに，従前証拠開示に関し存在したルール（法299Ⅰ，なお，証拠調べに入った後の訴訟指揮権に基づく証拠開示命令に関して最決昭44・4・25刑集23・4・248）について，これを拡充し，ルールを明確化した（法316の14，316の15，316の18，316の20等）ものである。

(2) 予断排除の原則との関係

　　公判前整理手続は，受訴裁判所が主宰者となって，第1回公判前に行う手続である。そこで，公判前整理手続に付された事件については，裁判所が第1回公判前に当事者双方の主張等を知ることになり，その点で予断排除の原則（法256Ⅵ等）に抵触するのではないかという問題が生じうる。

　　予断排除の原則とは，被告人に対する公平な裁判を実現するために，裁判所が捜査機関の心証を引き継ぐこと等によって，公判開始前にあらかじめ事件の実体についての心証を形成した上で（予断を持った上で）審理に臨むことを防止しようという原則である。そのために，「起訴状には，裁判官に事件につき予断を生ぜしめる虞のある書類その他の物を添附し，又はその内容を引用してはならない。」とされている（法256Ⅵ）。

　　これに対して公判前整理手続は，①裁判所が，当事者双方に対して，公判においてすることを予定している主張を明らかにさせたり，証拠調べ請求をさせるなどするが，これは審理計画の策定に向けた公判準備の行為であり，それによって事件についての心証形成を目的にするものではなく，実際に心証を形成することもない，②証拠能力の判断や証拠開示に関する裁定のために証拠自体に触れることもあるが，それによって証拠の信用性を判断するものではない，③当事者双方（場合によっては被告人も）が出頭し，または双方から書面を提出することによって進められる手続であるので，捜査機関の心証を裁判所が一方的に引き継ぐことによる不公平な裁判の危惧は生じないものと考えられる。

　　したがって，受訴裁判所が公判前整理手続を主宰しても，予断排除の原則に抵触する

[*1]　裁判員裁判における公判前整理手続の重要性については，大型否認事件の研究14〜15ページで「公判前整理手続は，裁判員制度を実施するための不可欠の前提となるものであり（中略），同手続が法の想定するとおりに機能するかどうかは，裁判員制度が成功するかどうかの鍵の一つになっているといえよう。」とされるなど，いくつかの文献で言及されている。

第1章　はじめに

ことにはならないとされている[1]。

(3)　裁判の公開原則との関係

　　公判審理については，刑訴法282条により公判廷で行うこととされていることから，公開の法廷で行うことが求められているが，公判前整理手続については，その手続について公開を求める明文の規定がなく，また，手続の性質も公判準備であることから，同条の適用はないと考えられる。さらに，勾留理由開示のような特別の規定（法83）もないので，公判前整理手続は公開の法廷で行うことを要しないと解される。当然，被告人が出頭して行う場合も同様である。

　　ところで，公判前整理手続を公開の法廷で開くことを要しないとすることが，そもそも憲法82条1項で規定されている裁判の公開原則に抵触することがないのかが一応検討の対象となり得るだろう。

　　この点，憲法82条1項の「対審」とは，裁判過程の中核にあたるものをいうとされており[2]，刑事訴訟においては，裁判手続の核心である公判手続がそれに当たると思われる。したがって，公判前整理手続は，「充実した公判審理を継続的，計画的かつ迅速に行う」ための公判準備であるから，「対審」には当たらないと考えられる。

　　以上から，公判前整理手続には，憲法82条1項の適用がなく，これを非公開としても裁判の公開原則に抵触しないものと解される[3]。

---

[1]　公判前整理手続と予断排除の原則の関係につき，法解説(1)70ページ以下参照。

[2]　野中俊彦ほか「憲法Ⅱ（第4版）」254ページ参照。

[3]　公判前整理手続と裁判の公開原則との関係につき，法解説(1)71ページ以下参照。

第2章　公判前整理手続の運用

第1節　公判前整理手続の運用の概況

第1　はじめに

　本節では，本研究に際して実施したアンケートの回答等を基に，各庁における公判前整理手続の運用状況を分析し，その現状を明らかにするとともに，適正かつ円滑な公判前整理手続の進行という観点から，いくつかの提言を試みたい。

第2　公判前整理手続に付される事件

1　裁判員裁判対象事件

　裁判員裁判対象事件（裁判員法2Ⅰ，以下「対象事件」という。）については，公判前整理手続に付することが必要的であるが（同法49），対象事件に該当する事件であっても，裁判員法施行[*1]前に係属した事件については，同法2条1項の適用はないため（同法附則4Ⅰ前段），公判前整理手続に付することが必要的ではなく，公判前整理手続に付するかどうかは，もっぱら各裁判体の意向による。

2　裁判員裁判非対象事件

　裁判員法施行前に係属した事件及び同法施行後に係属した事件のうち対象事件に該当しない事件（以下，これらの事件を，単に「非対象事件」という。）については，公判前整理手続に付することが必要的ではないため，公判前整理手続に付するかどうかの振り分けを検討する必要がある。

　どのような事件を公判前整理手続に付するかについては，同手続は，充実した公判審理を継続的，計画的かつ迅速に行うという目的（法316の3Ⅰ）に向けて争点及び証拠整理を行うものであるから，それらを行うにふさわしい事件ということになろう。したがって，例えば，公訴事実について争いがあり，争点が多岐にわたる事件，罪体関係での証人尋問が多く予定されるような事件等が，公判前整理手続に付するかどうかの検討対象になると思われる（具体的な検討のためのポイント等については，第3章　44ページ参照。）。

3　各庁の状況

　本研究に際して行ったアンケートの回答や送付を受けた各庁の一般的審理方針等によると，各庁の公判前整理手続の利用状況については，裁判員法施行前の状況ではあるものの，対象事件に該当する事件については，原則全件を公判前整理手続に付する方針を定めてい

[*1]　平成21年5月21日に全面施行される（平成20年政令第141号）。なお，裁判員法については，一部先行して施行されている規定もあるが（裁判員法附則1但書各号），本研究では，特に断らない限り，「裁判員法施行」とは，同法の全面施行を指すこととする。

第 2 章　公判前整理手続の運用

　　る庁も相当数見られ[*1]，また，非対象事件についても，合議事件に限らず，単独事件にお
　　いても，否認事件を中心にして整理手続が利用されていることが窺われた（公表されてい
　　る司法統計から見た整理手続の利用状況については【表 2 − 1】参照）。

【表 2 − 1】平成19年度通常第一審事件の終局総人員−公判前整理手続及び期日間整理手続の
実施状況別合議・単独，自白の程度別−全（地方・簡易）裁判所（最高裁ＨＰより転載）

裁　判　所				終　局　総　人　員	うち公判前整理手続に付された被告人	うち期日間整理手続に付された被告人
全 国 総 数				82,092	1,249	169
	自		白	74,967	671	27
	否		認	5,553	576	142
	そ	の	他	1,572	2	−
地 裁 総 数				70,610	1,243	165
	自		白	64,441	670	27
	否		認	5,016	571	138
	そ	の	他	1,153	2	−
合 議 総 数				5,155	1,156	95
	自		白	3,508	648	24
	否		認	1,555	506	71
	そ	の	他	92	2	−
法 定 合 議				4,456	1,098	67
	自		白	3,122	636	19
	否		認	1,249	460	48
	そ	の	他	85	2	−
裁 定 合 議				699	58	28
	自		白	386	12	5
	否		認	306	46	23
	そ	の	他	7	−	−
単 独				65,455	87	70
	自		白	60,933	22	3
	否		認	3,461	65	67
	そ	の	他	1,061	−	−
簡 裁 総 数				11,482	6	4
	自		白	10,526	1	−
	否		認	537	5	4
	そ	の	他	419	−	−

注）否認には一部否認及び黙秘を含み，その他には被告事件についての陳述を聞く段階に至らずに終局し
　　たものが計上されている。

─────────────────────────────

＊1　検察庁は，平成19年 4 月からは，対象事件に該当する事件については，原則全件公判前整理手続に付する
　　旨の上申をする方針をとっており，それを受け，また，裁判員法施行を見据えた意味からも，このような方
　　針を定めているものと思われる。

第3　公判前整理手続の運用スタイル

1　公判前整理手続の運用方式

　　公判前整理手続の実施方法については，訴訟関係人を出頭させて陳述させる方法と，訴訟関係人に書面を提出させる方法とがあり（法316の2Ⅱ），アンケート回答と共に送付された各庁の一般的審理方針等を見ても，各庁においては，公判前整理手続期日を開いた上，その期日の前，又は期日間に，訴訟関係人から書面を提出させ，さらに打合せ期日を併用するなどの方法により公判前整理手続を実施していることが窺える。また，基本的な進行スケジュールを定め，更にそれを事件類型等に応じて使い分けている例も見られる。

　　そこで，以下，本項では，一般的な進行方式であると思われる，期日を中心として適宜書面を提出させる方式を中心に，その運用について現状を整理し，分析を試みることとする。

　　なお，公判前整理手続期日を開かずに，訴訟関係人提出書面のやりとりのみで公判前整理手続を行う例も見られる（以下，このような実施方法を「書面のみによる公判前整理手続」と称することとする。）が，その具体的内容については，本章第3節参照。

2　進行を定型化することの有用性

　　公判前整理手続は，公判準備としての争点及び証拠整理が中心となるため，事案により進行は様々である。ただ，自白事件はもとより，否認事件であっても，公判前整理手続に付する旨の決定から検察官による証明予定事実記載書面等の提出，弁護人の予定主張記載書面等の提出，第1回公判前整理手続期日開催の段階までであれば，どのような事案であれ，ある程度，進行を定型化することは可能であろうと思われる。

　　この点，公判前整理手続をどのように進めていくかは，もっぱら裁判体の意向に関わるものであるが，ある程度進行を定型化し，更に進んで事件類型などに応じてパターン化できれば，公判前整理手続の迅速かつ円滑な進行に資するものであるし，手続の流れを頭に描きながら様々な事務を行うことができるので，書記官としても進行管理事務等を進める上で有益である。

　　アンケート結果を見ても，公判前整理手続の運用方式については，基本となるスケジュールを設定している裁判体が多く見られ，また，さらに，事件類型に応じたパターンを設定し，起訴後の情報収集により，事件類型の振り分けとともに，進行方式についても振り分けを行っている裁判体も見られた。そのように，進行方式等の振り分けを意識した起訴後の情報収集を行うことで，事件の進行についての見込みを早期に付けることができれば，迅速かつ円滑な公判前整理手続の進行に資するものと思われる。

　　そこで，以下，公判前整理手続の基本的な進行，各種期限等を定めるに当たっての考慮事項等について概説した上で，各庁から得られたアンケート結果等を踏まえて，各庁での公判前整理手続の運用方式を分類，整理して紹介する。

第2章　公判前整理手続の運用

3　公判前整理手続の基本的な進行

　　まず，運用パターンを分析するに先だって，公判前整理手続の基本的な進行を整理して
みると，

> ①　検察官の証明予定事実記載書面の提出（法316の13Ⅰ）及び証拠調べ請求（同
> 　　条Ⅱ）により，**検察官立証の全体像を明らかにし**
> ②　証拠開示手続を絡めながら
> ③　検察官の証拠調べ請求に対する被告人側の証拠意見（法316の16）並びに主張
> 　　明示及び証拠調べ請求（法316の17）により，**被告人側の主張を明らかにし**
> ④　**主張の追加，変更（法316の21等）等を経て**
> ⑤　**争点及び証拠整理がなされた結果，審理予定が定まる**
> 　**（以上をイメージした図は【図2－1】参照）**

というものであるから，訴訟関係人双方の書面の提出[*1]のタイミングに合わせて，適宜，
公判前整理手続期日や打合せ期日などの当事者出頭の期日を設けるなどして，公判前整理
手続を進めていくのが一般的であろう。

　　したがって，運用パターンの設定は，訴訟関係人からの書面提出期限と期日の組合せ方
及びそれらをどのタイミングで決めるかということを主要な要素にして定まるものと思わ
れる。以下，それらの点を中心に説明を加えることとする。

＊1　被告人側の主張明示等は，法文上，書面提出を求められているものではない。しかし，被告人側の予定主
　　張明示期限等（法316の17Ⅲ）を定めているのであれば，予定主張記載書面の提出を求めている運用が前提
　　と解され，この点，アンケート回答によると，被告人側の予定主張明示期限を定めている庁は85回答中64
　　（複数回答）あり，多くの庁で，この期限決定がされていることが窺える。

－ 10 －

第1節　公判前整理手続の運用の概況

【図2－1】公判前整理手続における争点及び証拠整理の流れ

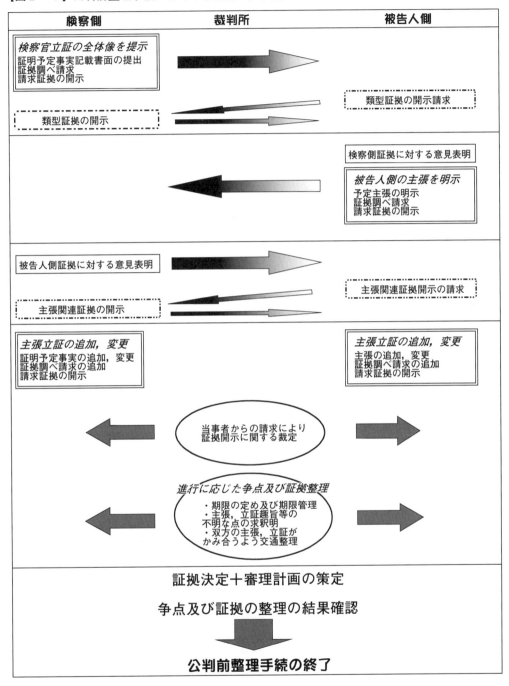

第2章　公判前整理手続の運用

4　運用パターンを決めるに当たっての考慮要素

以下，公判前整理手続に付する旨の決定を「**付決定**」

検察官の証明予定事実記載書面提出及び証拠調べ請求期限を「**検察官期限**」

検察官請求証拠に対する被告人側の意見，被告人側の予定主張記載書面の提出及び証拠調べ請求期限を「**弁護人期限**」

公判前整理手続期日を「**整理期日**」とそれぞれ略する。

　　これまで述べたように，公判前整理手続の運用として，期日を中心として適宜書面を提出させる方式であれば，書面提出期限と整理期日をどう組み合わせるかによって，運用方式を分類することができると考えられる。

　　このうち，検察官期限については，これが，公判前整理手続の実質的な出発点となるものであり，アンケート結果によっても，ほとんどの裁判体（回答数85中75）で付決定と同時，又はその直後に期限が決められていた[1]。

　　したがって，問題となるのは，以下の2点についてであろう。

⑴　弁護人期限と整理期日を決めるタイミング

　　いずれについても，早期に（最も早ければ，付決定と同時に）決めることができれば，早い段階で公判前整理手続の進行について見通しを立てることができるので，迅速かつ円滑な進行という観点からは有用であろう。ただし，これについては，訴訟関係人（特に，弁護人）の対応等を考慮する必要もあろう[2]。

　　これらの点についてのアンケート結果は以下のとおりであり，検察官期限と同時期に弁護人期限及び第1回整理期日を指定する例も相当数見られる。

---

[1]　また，証拠開示時期と併せて，期限の長さを含めた一般的な取扱いを，担当検察官との間で決めている裁判体も多いようである。

[2]　弁護人の対応等に関して考慮すべき事項としては，具体的に以下の点が考えられる。

a　起訴時に弁護人が選任されていること

　　起訴後に弁護人が選任された場合（起訴近くになって選任された場合も同様であろう。）は，事案の概要や被告人の弁解状況などについての情報が弁護人には皆無であろうから，弁護人期限についての意向を早期に確認することは難しいと思われる。

b　事実関係か重要な情状関係に争いがないこと

　　自白事件で，重要な情状関係にも争いがなければ，整理手続の進行の見通しも立ちやすく，また，証拠開示についての紛議もあまり想定されないものと思われる。

c　弁護人がある程度手続に慣れていること

　　弁護人が公判前整理手続に不慣れであれば，弁護人期限について求意見しても，検察官からの証拠開示を受けてからというような返答になってしまうであろう。

d　弁護側立証の準備も支障なくなされる見込みであること

　　被告人側の証拠調べ請求については，特に，被害弁償に向けた被害者との協議に時間を要し，その見込みが分かりかねるため，期限についても意見を述べにくいという弁護人もいると思われる。

- 12 -

（アンケート２－１）

弁護人期限を定める時期はいつですか（回答数６２【複数回答】）

　ア　検察官期限とともに定める　　３０

　イ　検察官期限の後に定める　　２９

　ウ　その他　　４

（アンケート２－２）

第１回整理期日を指定する時期はいつですか（回答数８５【複数回答】）

　ア　検察官期限前（付決定直後，検察官期限を定めるときなど）　　４９

　イ　検察官期限後弁護人期限前　　１４

　ウ　弁護人期限後　　１５

　エ　その他　　１３

　　・　自白は「イ」，否認は「ウ」

　　・　自白は「ア」，否認は「イ」もしくは「ウ」など

※　なお，上記設問１，２とも「ア」の回答（すなわち，検察官期限と同時期に弁護人期限及び第１回整理期日を定めるという回答）は２７であった。

(2)　整理期日をどの段階で開くか

　　　これは，整理期日の位置付けをどのように考えるかによる。なお，整理期日ではなく打合せにより以下の内容の協議を行う運用もあり，それぞれのメリット，デメリットを勘案して使い分けていることが窺われる（打合せの実情等については，本章第２節参照）。

　ア　検察官期限を決める前に開く場合

　　　付決定後すぐに整理期日を開く場合であるので，事案が複雑であるとか，事実や証拠量が多数であるなどのため，整理期日で検察官期限や検察官請求証拠開示時期を調整する場合であろう。また，否認事件については，付決定後に打合せの場を設けて，各種書面期限の調整及び第１回整理期日の予約をし，併せて，弁護人の概括的な弁護方針を確認する運用を採っている例も見られる。

　イ　検察官期限の後に開く場合

　　　検察官の証明予定事実記載書面提出や証拠調べ請求，証拠開示を受けて，整理期日において，弁護人の大まかな弁護方針を確認し，弁護人期限を調整する場合であろう。なお，この場合であれば，検察官期限の決定と同時に第１回整理期日を指定することも可能であろう。

　　　事件類型としては，やはり，罪体に関して被告人側の主張が予想される否認事件や証拠開示に関して紛議が予想される事件などが想定されるが，自白事件でも，弁護人が不慣れであるとか，起訴後に選任された場合で，まだ事案の概要把握や弁護方針が定まっていない事案などはこのような進行もありえよう。

　ウ　弁護人期限の後に開く場合

　　　被告人側の主張が明らかになった後に整理期日を開く場合であるので，否認事件の場合でも，まず，双方の主張を書面で明らかにさせて，整理期日で争点を詰めていくような場合が想定される。また，自白事件の場合も，整理期日を１回で終了させるこ

第2章　公判前整理手続の運用

とを念頭に置いた運用を行う場合にはメリットがある。

(3) 書面提出期限の長さ

書面提出期限と整理期日との組合せやその決定のタイミングとともに，期限の長さをどの程度とするかということも，運用方針を決める上で重要な要素となる。また，それらを予め運用方針として決めておくことで，期限決定に関する求意見や決定をスムーズに行うことができるので，有用である。この点，アンケート結果から見た，各庁の状況は以下のとおりである。

まず，検察官期限については，多くの裁判体では，期限決定から概ね二，三週間後とされている（アンケート回答数85中，39が「期限決定後2週間」，30が「同3週間」との回答である。）が，起訴日を基準にして二，三週間後としている裁判体も見られる[1]。また，証拠開示時期と併せて，担当検察官との間で書面提出期限について一般的な取り決めがされている例も見られ，効率的な事務処理の点から望ましいといえる。

さらに，弁護人期限については，検察官期限と同時に期限を設定する運用と，検察官期限後に期限設定する運用とでは，期限決定から期限までの期間がおのずと異なることにはなるが，いずれにおいても，検察官期限から二，三週間後を期限として設定される運用が多いようである[2]。

5 各庁における運用の実情

これまで述べた観点から，各庁から寄せられたアンケート結果を基に，比較的多く見られる運用パターンを分類すると，以下のように整理することができる。

(1) 付決定の段階では検察官期限のみ決め，検察官期限後，弁護人期限，第1回整理期日を決めるパターン

検察官からの書面提出及び請求証拠開示を受けてから，弁護人期限を決めるもので，弁護人の対応状況を踏まえた上で，後の進行を決めることが可能となる。この場合は，弁護人からの書面提出後に第1回整理期日を開くので，双方当事者の主張を書面で明らかにさせてから，期日で争点等を整理していくことが可能となる。

なお，検察官期限後に打合せを実施して，弁護人の概括的な弁護方針を確認し，併せて，弁護人期限及び第1回整理期日を調整する運用としている裁判体も相当数見られる。

(2) 付決定の段階では検察官期限のみ決め，検察官期限後に第1回整理期日を開くパターン

検察官からの書面提出後に第1回整理期日を開き，当該期日において弁護人の概括的

---

[1] 特に，対象事件は，公判前整理手続が必要的であるから，付決定を待たずに，証明予定事実記載書面の作成準備に掛かってもらうこともできよう（後述17ページ参照）。

[2] アンケート結果を見ても，法316の16Ⅱ等により弁護人期限を決めている裁判体のうち，検察官期限到来後に弁護人期限を決める裁判体にあっては，約7割の裁判体が弁護人期限の長さを期限決定から二，三週間としており（29回答中20），検察官期限と同時に弁護人期限を決める裁判体にあっても，検察官期限は期限決定から二，三週間，弁護人期限は同様に一か月もしくはそれ以上（したがって，検察官期限到来後，二，三週間程度となろう）としている裁判体が6割近く見られた（30回答中17）。

弁護方針を確認し，弁護人期限等を決める場合である。検察官期限の決定と同時に第1回整理期日の指定を行う裁判体も見られる。

上記(1)とは，弁護人期限よりも第1回整理期日を先行させる点で異なるが，上述のとおり，検察官期限後の打合せで弁護人期限等を決める運用としている裁判体もあり，その運用とは，整理期日か打合せかの違いにとどまる。

(3) **付決定の段階で検察官期限，弁護人期限，第1回整理期日を決めるパターン**

早期に公判前整理手続の進行の見通しを立てることができるので，そのような目処が付きやすい自白事件において，このパターンにより運用している裁判体もあるが，自白事件に限らず，全件このパターンで運用している裁判体もある。また，第1回公判期日を付決定の段階で予約しているという例も見られた。

このうち，弁護人期限については，事実上の期限として，第1回整理期日の数日前までに書面の提出を求めるのみとしている裁判体もある。

自白事件においては，第1回整理期日で公判前整理手続を終える例も多く見られるが，その場合，このパターンにより整理期日を指定（予約）するにあたっては，裁判所の証拠採否の方針や大まかな審理予定の検討のための時間を考慮する必要がある[1]。また，このような運用によるためには，訴訟関係人の理解と協力は不可欠であろう。

6 運用パターンを決める上でのその他の考慮要素

(1) **第1回公判期日の予約**

自白事件については，公判前整理手続にそれほど日数を要しないと思われるし，また，進行についての見通しも付けやすいので，早期に第1回公判期日を予約することも可能であろうと思われる[2]。そのようにすることで，裁判所を始め訴訟関係人に，公判期日という，いわば公判前整理手続の目標（ゴール）が意識され，その目標に向けた進行という意識が醸成される。

また，第1回公判期日を起訴から一定の期間内に指定することを前提にして，書面提出期限や整理期日をその中に収まるように定めるという運用方針をとっている裁判体も見られるが，同様の意識に基づくものといえよう。なお，具体的な指定（予約）時期の実情等については，後述（第3章　90ページ，及び第6章　274ページ）を参照されたい。

(2) **追起訴予定がある場合**

公判前整理手続進行中の被告人に追起訴事件が係属し，追起訴事件も併合審理する場

---

[1] 請求証拠の採否の方針や大まかな審理予定を策定するために訴訟関係人に対して証拠の絞り込みやスケジュール調整のための検討を指示することもあるので，それらに要する日数も考慮する必要がある。なお，事情変更により，各種書面提出期限等のスケジュールを修正する必要がある場合に備えて，付決定段階では整理期日は予約に止め，ある程度手続の進行に見込みが付いてきた時点で，整理期日を正式に指定するということも考えられる。

[2] 第1回公判期日についても，正式に期日指定する時期については，整理期日と同様のことが言え，事情変更によりスケジュールを修正することを考慮して，ある程度の段階までは予約にとどめ，また，整理期日の続行が必要な場合には，予約した公判期日を整理期日に振り替えることも考えられる。

第2章　公判前整理手続の運用

合は，当該追起訴事件が裁判員裁判非対象事件であれば，当該事件を公判前整理手続に付するかどうかが検討されることもあろうし，また，付する場合は，追起訴事件についても，各種書面提出期限等を本起訴事件とは別に定めることになるなど，事件全体の進行にあたって配慮を要することとなろう[*1]。なお，裁判員裁判対象事件の追起訴事件については，併合の要否について別途検討が必要であろう（後述　第7章　316ページ参照）。

7　アンケート結果から見た自白事件の平均的スケジュールとその分析

⑴　自白事件の平均的スケジュール

　これまで，公判前整理手続の運用方式をいくつか分類，整理してきたが，そのうちの一つの類型を基に一連の流れを示すことにより，具体的なイメージが共有でき，また，各庁の公判前整理手続の実施状況について，その平均的な姿を示すことができると考え，アンケート調査において，起訴から判決言渡しまでに要した日数等を聴取した。それにあたっては，進行にあまり差が生じないと思われる，自白事件で，追起訴のない事案を前提にサンプル調査した。

　その結果を手続の流れに沿って一覧表化したものが【図2－2】であるが，あくまで，アンケート結果で得られた日数の平均を取ったものであり，一つのモデルとなるものを示すものではない。また，この表は，裁判員法施行前のものであり，同法施行後の対象事件については，裁判員等選任手続期日の呼出状の発送と同期日との間を6週間空けなければならない（裁判員規19）ことに注意を要する。

⑵　現状分析と今後に向けた提言

　さらに，以下では，公判前整理手続のより円滑かつ迅速な進行という視点から，上記⑴の平均的スケジュールを分析し，その結果浮かび上がった問題点の改善に向けたいくつかの提言を試みたい。

ア　現状分析

　上記⑴で示した自白事件の平均的スケジュールを見ると，起訴から公判前整理手続の終結まで8週間程度要し，その結果，起訴から第1回公判期日まで10〜11週間程度要しているが，公判前整理手続に付していない事件であれば，合議事件であっても，起訴から2か月以内に第1回公判期日を開き，かつ，1回の公判で結審する事案もあり，自白事件としては，やや時間を要しているのではないかとも思われる。

　そのように，時間を要している原因として，平均的スケジュール等を基に分析すると，以下のような点を指摘できる。

㈎　付決定までに日数を要している点

　平均的スケジュールを見ると，起訴から付決定まで1週間程度要しているが，起訴状の受理から担当部への配てん，起訴状の内容確認などの事務処理が必要だとしても，裁判所から訴訟関係人に働きかけをすることにより，付決定等までの期間を短縮することが可能な場合もあるものと思われる。

[*1]　ただ，本起訴事件の公判前整理手続がまだ最初の段階であれば，事案によっては，追起訴事件の書面提出期限は本起訴事件で定めた書面提出期限に合わせるなど，適宜な進行も可能となろう。

(イ) **書面提出期限設定のあり方**

　検察官の書面提出期限は，起訴から3週間程度後に設定されているが，裁判員裁判対象事件であれば，公判前整理手続は必要的なのであるから，例えば，検察官の証明予定事実記載書面の作成についても，付決定を待たずに準備に取り掛かってもらうことにより，期限を短くすることも可能となろう。

　同様のことは弁護人についてもいえ，弁護人の書面提出期限は，検察官の書面提出期限から2週間程度後に設定されているが，被疑者段階から選任されている弁護人であれば，立証準備などに早期に取り掛かってもらうことにより，期限を短くすることもできよう。

(ウ) **公判前整理手続期日を複数回開催している点**

　アンケート回答によると，公判前整理手続期日を複数回開いている例も相当数見られる。もちろん，拙速になってはならないが，充実した事前準備事務を行えば，より少ない回数の期日で公判前整理手続を終えることができる。

イ　**今後に向けた提言**

　公判前整理手続においては，訴訟関係人は主張明示や証拠調べ請求の準備などに一定の時間を要することにはなるが，ただ単に訴訟関係人に対する書面提出期限を短く設定するだけではなく，効率的な事務処理や適時かつ効果的な訴訟関係人への促しにより，迅速かつ円滑な公判前整理手続の進行が可能になるのではないかとの問題意識から，以下のとおり，いくつか具体的な提言をし，第3章以下の各章の記述につなげることとしたい。なお，これまでの分析及び以下の提言は，書面のみの公判前整理手続に関する平均的スケジュール（後述37ページ参照）にも当てはまるものである。

(ア) **付決定及び各種書面期限決定を迅速に行う**

　起訴後の情報収集を兼ねて，付決定及び期限決定のための求意見を早期に行い，求意見後直ちに決定を行うなど，事務処理を効率的かつ迅速に行うことで，公判前整理手続の迅速な進行につながるものである。

(イ) **検察官への早期の準備の依頼**

　裁判員裁判対象事件であれば，公判前整理手続は必要的なので，検察官の証明予定事実記載書面等の作成については，付決定を待たずに着手してもらうことが可能であろう。具体的には，書面提出期限は，「付決定から」ではなく，「起訴から」2週間などという取決めにすれば，提出までの期間を短縮することが可能となろう。

(ウ) **弁護人への早期の準備の依頼**

　弁護人に情状立証の予定があれば，早期に準備に着手してもらうよう促すことなどである。また，被疑者段階から選任されている弁護人であれば，なおさら早期の着手を要請しやすいと思われるので，書面提出期限も短縮することが可能となろう。具体的には，弁護人の書面提出期限を検察官の書面提出期限から1週間後などとすることも可能なのではないかと思われる。

(エ) **裁判所から訴訟関係人への早期の促し**

　自白事件であっても，量刑を巡る主張について整理の必要がある場合もあろうから，訴訟関係人の提出した書面を早期に内容確認し，必要な求釈明や争点の絞り込み又は証拠厳選に向けた検討の促しを早期に行うことなどが考えられる。

第2章　公判前整理手続の運用

㋐　**早期に必要な情報を収集する**

例えば，早期に，審理予定を立てる上で必要な情報収集（証拠調べに要する時間，被害者参加の予定など）や公判日程の調整（特に弁護人に対しては，早期に期日を確保しておく必要性が高い）をすることである。

【図2－2】公判前整理手続に付した自白事件の起訴から判決宣告までの平均的スケジュール

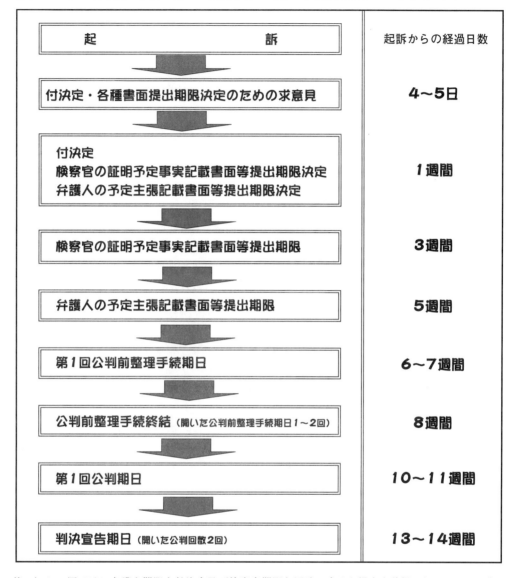

注1）この図では，弁護人期限を付決定及び検察官期限と同時に定めた場合を前提にしているが，弁護人期限を検察官期限後に定める裁判体にあっても，弁護人期限は，起訴から概ね5週間後とされていた。

注2）今回のアンケートでは，起訴時に弁護人が未選任の場合も併せて調査したが，回答結果は，概ね，弁護人選任までに要する期間（起訴から1週間程度であった）を上記のそれぞれの期間に付加した期間であった。

第2章　公判前整理手続の運用

第2節　打合せの実施

第1　総論

1　打合せの意義

　公判前整理手続の創設以前においても，否認事件及び大規模事件などでは，第1回公判期日前に裁判所を含めた訴訟関係人が会して，訴訟の進行等について協議を行うケースが比較的多く見られた。このような進行に関する協議について，法文上の根拠を求めるとすると，刑訴規則178条の10に規定された「検察官，弁護人との事前の打合せ」になろう。

　これに対して，公判前整理手続が施行されている今日においては，第1回公判期日前に訴訟関係人が会して，あるいは書面のやりとりを通じて，公判審理における争点及び証拠の整理や公判の審理予定を定める制度として，まさにこの手続が設けられているのであるから，第1回公判前の段階においてこのような協議を行う必要がある場合には，事件を公判前整理手続に付した上で，公判前整理手続期日の中で協議を行えばよいとも思える。しかし，刑訴規則においては，公判前整理手続に付された事件についても，事前の打合せに関する同規則178条の10の規定が除外されていない（規217の18参照）。このことは，公判前整理手続に付された事件についても，規則178条の10の事前の打合せを行う場面のあることが想定されており，むしろこれが効果的に活用されることが期待されているとも考えられるのである（執務資料43ページ参照）。

　そこで，本項では，公判前整理手続に付された又は付する予定の事件について，事前の打合せをどのように活用することが考えられるのか，アンケート結果に見られる各庁の実情に基づいて考察していくこととしたい。

　以後，この研究報告書において検討する「打合せ」を，公判前整理手続（期日間整理手続も含む。）の実施（付する旨の決定の前後を問わない。）を前提にした，訴訟関係人（裁判所，検察官及び弁護人）が会した進行に関する協議と定義して検討を進める。

2　打合せの性質

　打合せとは，そもそも訴訟関係人による進行に関する協議である（規178の10Ⅰ本文参照）。したがって，打合せにおいて証拠採否の決定，各種期限を定める決定等を行うことは，公判前整理手続とは異なり法文上の規定もないのでできない[*1]。また，公判前整理手続期日には被告人が出頭する権利がある（法316の9Ⅰ）が，打合せには被告人が出頭する権利についての法的根拠はない[*2]。打合せを行う場所についても特に定めはないので，準

[*1]　打合せ期日で各種期限等を事実上定める運用があり得るが，この場合も手続上は期日外になされた決定として，別途書面による決定書の作成が必要になる。ただし，決定（付決定及び各種書面提出期限決定等）に当たっての求意見は，打合せ調書（メモ）に記載して記録化することで，意見聴取結果とすることはできよう。

[*2]　刑訴規則逐条説明（公判）26ページによると，規178の10の打合せについては，特段の事情がある場合には，裁判長の裁量により被告人の出頭を許すことができるとされているが，公判前整理手続の実施を前提とした打合せの場合には，被告人に出頭の機会を与える必要があるなら，公判前整理手続期日を開催すればよいのであるから，実際上被告人が出頭する場面は考えづらいだろう。

- 20 -

備室や裁判官室などの適宜の場所で行うことができる。

第2 打合せの活用状況

1 打合せの実施状況

　最初に，現状における打合せの実施状況について，アンケート結果を基に分析していくこととしたい。

　まず，公判前整理手続の運用に際して，打合せを実施するかどうかアンケート調査をした結果は次のとおりである。

（アンケート2-3）

　公判前整理手続に付した又は付する見込みの事件について，公判前整理手続期日以外の訴訟関係人との打合せ（当事者双方出頭による進行等に関する協議）を行うケースはありますか（回答数85）

　　ア　全事件について打合せを行っている　　22

　　イ　事案に応じて打合せを行っている　　47

　　ウ　打合せは行わない　　16

　アンケート結果のうち，ア又はイと回答したものが打合せを行う場合があるとの回答だと考えると，回答のうち，約81パーセントの裁判体で打合せを行うケースがあることが分かる。さらに，約26パーセントの裁判体では打合せを必ず行っているという回答である。このことから，多くの裁判体が，公判前整理手続を行う場合であっても，何らかの形で打合せを介在させることが有用であると考えていると言えよう。

　なお，事案に応じて打合せを行う旨の回答をした裁判体について，更にどのような事案で打合せを行っているのかアンケートをした結果は次のとおりである。

（アンケート2-4）

　どのような事案で打合せを行っていますか（回答数47【複数回答】）

　　ア　選任された弁護人が公判前整理手続の実施に消極的又は不慣れな事案　　27

　　イ　大規模事件，多数の追起訴が予定される事件等で公判前整理手続又は公判審理に
　　　　長期間を要する可能性がある事案　　35

　　ウ　社会的注目を集める事案　　17

　　エ　その他　　13

　　　・　否認事件

　　　・　事案複雑等の理由から，整理手続期日前に双方の主張を確認する必要がある事案

　　　・　公訴事実につき求釈明の必要があるような事案

　　　・　8条併合により他庁から事件を受理する事案

　　　・　被告人の主張が変遷するなど進行が流動的な事案

　　　・　弁護人の弁護方針が不明確で審理予定を立てにくい事案

　　　・　要通訳事件

第2章 公判前整理手続の運用

　この結果を見ると，打合せを行うかどうかを判断する要素として，事案自体の内容に関するもの（アンケート2－4のイ，ウ等）と訴訟関係人の対応に関するもの（アンケート2－4のア等）に分類ができそうであるが，「その他」の回答内容も含めて総じて見ると，公判前整理手続の当初から期日を開いたり，書面のやりとりを始めたりするのにやや難がありそうな事案について打合せを行う例が多いと言えるのではないだろうか。実務としては，書記官が行う起訴後の情報収集や事前準備事務によって得た情報又は訴訟関係人の意向をもとに，裁判体においてそれらの要素を総合的に検討して，手続の進行方針を定めることになろう。

2　打合せを行う目的

　次に，打合せを行う目的という観点から実務における打合せの活用状況を検討してみたい。この点についてアンケートを行った結果は次のとおりである。

（アンケート2－5）
訴訟関係人との打合せを行う目的はどのようなものですか（回答数69【複数回答】）
　ア　整理手続に付するかどうかの判断をするために当事者の意向を確認するため
　　21
　イ　あらかじめ訴訟関係人と裁判所との間で整理手続の進行等に関して協議をしておくため　　64
　ウ　整理手続期日を少ない回数で終わらせるために争点及び証拠等の整理を事実上行うため　　24
　エ　その他　　3

　この結果を見ると，打合せをする目的としては，公判前整理手続の進行等についてあらかじめ協議しておくためという回答が最も多いことが分かる。収集した調書の記載例を見ても，打合せでの協議事項として，各種書面提出期限や公判前整理手続期日の予約（事案によっては複数期日の予約），追起訴予定の有無及び時期などが挙げられる。更に先に見たアンケート2－3（打合せを実施するか否か）の結果も併せてみると，次表のとおりである。

第2節　打合せの実施

【表2－2】アンケート2－3，2－4及び2－5の回答の対比

アンケート2－3（実施の有無）の回答	アンケート2－4（事案の内容）の回答（複数回答）	アンケート2－5（実施の目的）の回答（複数回答）	回答数	回答した割合
ア（全件実施）【回答数22】		ア	7	31.8%
		イ	19	**86.4%**
		ウ	7	31.8%
		エ	1	4.5%
イ（事案に応じて実施）【回答数47】	ア（弁護人が消極的・不慣れ）【回答数27】	ア	11	**40.7%**
		イ	27	**100.0%**
		ウ	11	40.7%
		エ	2	7.4%
	イ（長期間にわたる可能性がある）【回答数36】	ア	11	30.6%
		イ	35	**97.2%**
		ウ	15	41.7%
		エ	1	2.8%
	ウ（社会的注目を集める）【回答数17】	ア	5	29.4%
		イ	17	**100.0%**
		ウ	6	35.3%
		エ	0	0.0%
	エ（その他）【回答数13】	ア	4	30.8%
		イ	12	**92.3%**
		ウ	5	38.5%
		エ	2	15.4%

※　「回答した割合」とは，次の数値を示す。
【アンケート2-3の回答がアの場合】
アの回答数22に対するアンケート2-5の各選択肢の回答数の割合
【アンケート2-3の回答がイの場合】
アンケート2-4の各選択肢ごとの回答数に対するアンケート2-5の各選択肢の回答数の割合

ア　付するかどうかの意向確認のため
イ　整理手続の進行についてあらかじめ協議を行うため
ウ　事実上争点及び証拠の整理を行うため
エ　その他

　　打合せを常に行うか，事案に応じて行うかを問わず，行う目的としては，公判前整理手続の進行についてあらかじめ協議するためという回答（アンケート2－5のイの回答）が多い。

　　公判前整理手続では，その手続内において，検察官及び弁護人に対してそれぞれ主張予定を書面で提出することや証拠調べ請求をすることが求められ，それらについて必要的又は任意的に提出期限を定めるといった，どちらかと言えば，厳格な手続という側面がある。これに対して打合せについては，形式ばらずに自由な雰囲気の中で意見交換が可能である。このような打合せの特性を利用して，正式な公判前整理手続による公判準備を進行させる前の段階で，その進行をより円滑に行うための準備あるいは導入として，必要に応じて打合せを有効に活用することで合理的な訴訟運営を図るという実務の現状が表れていると言える[*1]。

　　なお，アンケート2－5によると，公判前整理手続期日を少ない回数で終わらせるため

＊1　なお，表2－2によると，アンケート2－4でア（選任された弁護人が公判前整理手続の実施に消極的又は不慣れな場合）と回答した庁については，アンケート2－5でア（整理手続に付するかどうかの判断をするために当事者の意向を確認するため）と回答した割合が比較的多いことが見て取れる。これは，手続の初期の段階で，まず手続に不慣れな弁護人に対して手続についてのレクチャーも含めた意向確認のための打合せを実施することで，事件を公判前整理手続のレールに乗せることを試みるという運用が行われていることを示すものといえよう。

－ 23 －

第2章　公判前整理手続の運用

に事実上の争点整理を打合せにおいて行うという例も相当数見られる。この点については，次の項で言及する。

3　打合せと公判前整理手続期日の使い分け（特に争点整理に関する協議について）

　これまで見たとおり，公判前整理手続の中で，まず準備的段階として打合せを行って，あらかじめ公判前整理手続期日における争点及び証拠の整理のための下準備をしておくという運用が広く行われている状況が窺われるが，実務においては，更に進んで打合せにおいて事実上，争点や証拠の整理の中身に関わる事項についても協議をする運用がされている例がある。

　この点について，先のアンケート2-5においてウと回答した裁判体に注目して，更に打合せで事実上争点整理を行うことのメリットをアンケートした結果は次のとおりである。

　なお，このアンケートでは，回答者に自由記載の方法で回答を求めているので，回答のうちの代表的なものを掲げることにする。

（アンケート2-6）

　整理手続期日を開かずに打合せで事実上争点整理を行うメリットはどのようなものですか（回答数22）

- 　争点整理の初期の段階では，当初から厳格な手続で争点整理をすると争点が多岐にわたってしまうことがあるが，事実上の争点整理であればより柔軟な対応が可能になる。
- 　まず弁護人の弁護方針を聞き，その上で弁護人に詳しく補充すべき点について，早い段階で指示することが可能になる。
- 　証拠開示等がなされておらず，弁護人，検察官が書面を提出した上での主張ができない状況でもおおよその争点を確認することができ，その後の進行がスムーズになる。
- 　争点についての実体法上，手続法上の問題点についてあらかじめ裁判所，検察官，弁護人間で議論しておくことができる。
- 　特に外国人事件の場合に通訳人の手配を必要としないなど，争点整理をより機動的に行うことが可能になる。

　これらのメリットとして挙げられた事項から考察すると，争点の中身に関する事項を打合せで事実上協議をするねらいとしては，およそ次のとおりに分類することが可能であると思われる。

①　公判前整理手続による争点整理における主張，立証の中心的問題点をある程度絞っておくケース（実体法上，手続法上の問題点について，あらかじめ被告人を除いた訴訟関係人間で議論しておくことも含む。）

②　書面による主張予定の提示前の段階で，当事者双方の粗い主張を出させて，公判前整理手続における争点のおおよその見込みを立てるケース

③　争点整理をより機動的に行うために利用するケース

　そして，これらのいずれのケースも，結果としては公判前整理手続期日を少ない回数で

- 24 -

行うことにつながっていくものと思われる。

これらの打合せの運用について分析するに，上記の①や②のケースについては，公判前整理手続における争点整理のポイントを定めて争点の拡散を防いだり，あらかじめ争点の概要を把握することで争点整理の目算を立てるために，公判前整理手続期日より制約が少なく，自由に議論できる場を設ける趣旨で打合せが行われていると解することが可能であり，後に公判前整理手続期日や書面の提出が行われることが前提であるとすると，公判前整理手続の準備として打合せが行われていると位置づけることも可能であろう（その意味で，先に見たアンケート２－５のイの回答（あらかじめ公判前整理手続の進行に関して協議をするため）と目的としては同様である。）。また，公判前整理手続期日を重ねることが，トータルで見てかえって公判前整理手続段階に時間を要することになる場合には，③のケースのように打合せを効果的に活用することによって迅速に公判準備を進めることが可能となろう。これに加えて，打合せにおいては，公判前整理手続期日のように，被告人が出頭した場合の開催場所の確保や押送の都合といった事情に拘束されることがなく，要通訳事件についても，通訳人を介する必要がないなどといったより機動的な公判準備という観点からの利点もあり，これを意識した運用もあり得よう。

ただ，一方で，打合せを行うことのデメリットとして，アンケートにおいて次のような回答が寄せられていることに配慮しなければならない。

（アンケート２－７）
打合せを行うことのデメリットはどのようなものがありますか（回答数２４）
・ 打合せ調書（メモ）において期限決定等をすることができずに別途決定書を作成する必要がある
・ 被告人の出頭の機会が保障されていないために，被告人の権利保護にやや欠けると言わざるを得ない
・ 被告人によっては，自分が不在のまま手続が進められることに不信感を抱く場合がある。また，既に決まった内容を弁護人が被告人に伝えるということになり，弁護人と被告人の信頼関係を損なう危険をはらんでいる
・ 行った内容が手続上不明確とならないかとの懸念がある（手続の透明性を欠く場合がある）
・ 打合せで実質的なことまで詰めてしまうと，公判前整理手続期日が打合せで決まった内容を確認する形式的な手続になり，ある意味で公判前整理手続が形骸化し，公判前整理手続自体が結果顕出の場になってしまう危険性がある
・ 打合せ調書（メモ）を作成する作業にかえって時間を要する

確かに，公判前整理手続期日であれば被告人は同期日に出頭する権利を有しており（法316の９Ⅰ），訴訟関係人を出頭させて公判前整理手続をするときは，公判前整理手続期日を定めなければならない（法316の６Ⅰ）とされていることから，打合せにおいて実質的な争点整理を行うことについては，上記のアンケート２－７の結果に指摘されたような問

第2章　公判前整理手続の運用

題があることも考えられる[*1]。

　このようなデメリットや，公判前整理手続が充実した公判審理を継続的，計画的かつ迅速に行うための公判準備として設けられた制度であることを踏まえると，第1回公判期日前における争点及び証拠の整理は，公判前整理手続を中心に進めることが原則であると思われる。しかし，公判前整理手続の進行についての協議や争点整理の準備などの目的で，公判前整理手続の進行を補うものとして，前述したようなメリットを活かした打合せの有効な活用の方策も検討されるべきものと思われる。そのような打合せの活用の一例としては，これまでの分析を総合すると，起訴直後の情報収集によって，争点が多岐に渡りそうであったり，検察官請求証拠の量が膨大であることが見込まれる場合などに，まず打合せの機会を設けて，公判前整理手続の進行を協議したり，訴訟関係人双方の大まかな主張の方針を聴取して争点整理にある程度の道筋をつけた上で，公判前整理手続を軌道に乗せるということも考えられよう[*2]。また，後述のように，裁判員裁判対象事件では，争点及び証拠の整理や公判の審理予定の策定については，公判前整理手続により協議を進め，裁判員等選任手続の進行等に関しては，打合せで協議をするといった運用も考えられるだろう（本章 31ページ脚注1参照）。

　このように打合せを有効に活用するためには，打合せの運用方針について，裁判体との間であらかじめ一般的に定めておくことが考えられるほか，書記官としても，打合せを実施することの当否も含めた訴訟関係人の進行に関する意向を把握し，裁判体と密に連携することで，円滑で的確な審理の進行に寄与すべきであると思われる。

第3　打合せにおける書記官事務

　これまで述べたような打合せを実施する場合の書記官事務について，以下検討する。

1　打合せ調書（メモ）の作成

　公判前整理手続期日を開いた場合には，書記官が立ち会わなければならず（法316の12 Ⅰ），調書も作成しなければならない（同条Ⅱ）が，打合せについては，書記官の立会いや調書作成についての規定がない[*3]。

　しかし，打合せは争点整理の前段階として，あるいはその流れの中のひとつの手続として行われることを考えると，書記官が立ち会うことが相当な場面は多いであろう。また，

[*1] 　大島論文9ページには，「当事者を出頭させて実質的には公判前整理手続期日と同様の行為をしながら，単なる打合せであると称して，被告人を排除する形で手続を進めたりすれば，公判前整理手続の潜脱であるとの批判を招きかね」ないと指摘されている。

[*2] 　なお，打合せを行うに際しては，前述したようなデメリットがあることも考慮すると，被告人の権利保護の面に配慮し，打合せを行うに際して弁護人の了承を得ることが相当であると考えられるほか，打合せを重ねることで長期間が経過することは適当ではないと思われるので，できるだけ早期に公判前整理手続期日に切り替えたり，打合せが継続している段階でも適宜のタイミングで被告人出頭の公判前整理手続期日を開いたりする工夫が必要であると思われる。

[*3] 　打合せ調書（メモ）は，調書の形式を採るものの，公判調書や公判前整理手続調書のような公証力はない。

事案によっては打合せの中で争点整理に関して重要な事項が協議される場合もあり得る。そのような場合には，調書等の方法で協議の内容（協議の結果）について記録化しておくことが有益な場合が考えられる。

この点，打合せ調書の作成状況に関するアンケートの結果は次のとおりである。

（アンケート2－8）

打合せを行った後，担当書記官は，その経過又は結果をまとめた書面（調書又はメモ）を作成していますか（回答数68）

ア　常に作成している　　35

イ　行われた打合せの内容によっては作成している　　25

ウ　作成していない　　8

以上のとおり，多くの庁で打合せ調書（メモ）を作成する実績があるという回答である。その反面，先に見たアンケート2－7の回答の中にもあるとおり，打合せ調書（メモ）の作成が書記官事務としては一定の負担になっている実情も見られる。

そこで，打合せ調書（メモ）の作成については，別途項を設けて記載事項等について検討することにしたので，第4章（209ページ以下）を参照されたい。

2　打合せを円滑に行うための進行管理事務

第2で検討したとおり，公判前整理手続の実施に際して打合せを行う具体的な目的は事案により様々であることが考えられる。しかし，いずれの場合も充実した公判前整理手続を迅速に行うことを目的にするものであるとも言いうるであろう。そのような観点からは，書記官としては，打合せを実施する場合においても一定の進行管理事務又は事前準備事務を行うことが必要であると思われる。具体的には以下のような事務が考えられる。

(1)　訴訟関係人との連絡，調整

公判前整理手続の実施を前提にした打合せを行う場合には，これまで述べたとおり，打合せを行う目的が事件に応じて様々であることが考えられる（22ページのアンケート2－5参照）が，訴訟関係人が打合せの目的を理解することなく，又は事前の準備，検討なしに打合せに出頭すれば，対応を留保するなどの結果になり，打合せを行う目的を達せられないことも考えられる。

そこで，書記官としては，裁判体と連携して打合せを行う目的を正確に把握する必要があると思われる。その上で，これを訴訟関係人に伝達して，打合せの目的に沿った事前の準備，検討を促すなどして打合せの期日が円滑に行えるように努めることが重要になるものと思われる。

(2)　訴訟関係人提出書面の期限管理等

打合せを利用して争点及び証拠の整理をある程度進行させる場合には，公判前整理手続期日の場合と同様，訴訟関係人が提出する予定の書面の準備状況把握や提出期限の管理といった進行管理事務も必要になろう。

第2章　公判前整理手続の運用

第3節　書面のみによる公判前整理手続

第1　はじめに

　公判前整理手続の実施方法については，前述（本章第1節第3の1）のとおり訴訟関係人を出頭させて陳述させる方法の他に，訴訟関係人に書面を提出させる方法もあり（法316の2Ⅱ），公判前整理手続期日を開かずに，訴訟関係人提出書面のやりとりのみで公判前整理手続を終えることも法文上許容されており，各庁において，いくつかの実施例が見られる。その実施例は，以下に述べるとおり，まだそれほど多くはないものの，後述（第2の2）のとおり，今後，事案等によっては，その活用が有用な場面もあろう。

第2　書面のみによる公判前整理手続の現状

1　実施状況とその現状分析

(1)　実施状況

　各庁における書面のみによる公判前整理手続の実施状況については，以下のとおりで，特定の裁判体を除き，実施例も限られたものとなっているのが現状である。

（アンケート2－9）

書面のみによる整理手続を行った事例はありますか（回答数85【複数回答】）

　ア　ある　　　　　22

　（件数）1件　　　14

　　　　　2～4件　　6

　　　　　10件　　　1

　　　　　30件以上　1

　イ　ない　　　62

　ウ　行おうとしたが，途中から別の方式に切り替えた　　2

　（理由）　公訴事実を一部争う見込みが出てきたため

　　　　　　期日を開いて争点を整理する必要が出てきたため

（アンケート2－10）

書面のみによる公判前整理手続を行ったのはなぜですか（回答数22【複数回答】）

　ア　遠隔地の弁護人で出頭が困難であった等の物理的理由　　3

　イ　事件の内容が書面のみによる整理手続に適していた　　20

　　㋐　自白事件であった　　20

　　㋑　自白事件以外の事件であったが，争点が明らかで，かつ少なかった　　3

　　㋒　その他

　　　・　要通訳事件のため

　ウ　その他

　　　・　期日間整理手続で，迅速に進行させるべき事案であった

---

(2)　実施されない理由及び実施する上でのデメリット

　この点についてのアンケート結果は以下のとおりである。

第3節　書面のみによる公判前整理手続

（アンケート２－11）

　書面のみによる整理手続を行わないのはなぜですか（回答数６２【複数回答】）

　ア　書面のみによる整理手続を行わなくても，当事者出頭の整理手続期日を開けるので問題がない　　３９

　イ　当事者出頭による整理手続期日を開いた方が，その場で細かい点まで確認ができ，争点等の整理が行いやすい　　５６

　ウ　公判審理を円滑に進めるためには両当事者と裁判体が顔を合わせる機会を設ける方がよい　　３７

　エ　当事者との連絡調整に手が掛かり，かえって事務処理が煩瑣になりそうである　　２２

　オ　弁護人が公判前整理手続に不慣れである　　２８

　カ　その他

　　・書記官の経験が少ないため

　　・従前，書面のみによる整理手続で足りるような事件は公判前整理手続に付さないことが多かった

　　・出頭被告人に整理手続の趣旨を理解してもらうため

　　・適当な事案がない

（アンケート２－12）

　書面のみによる整理手続を行って苦労した点や行うことのデメリットはありましたか

（回答数２２【複数回答】）

　ア　書面の提出期限管理や当事者への照会等の書記官の事務負担が増えた　　９

　イ　検察官，弁護人の協力を得るのに苦労した　　３

　ウ　特にない　　９

　エ　その他

　　・個別事情であるが，十分に整理が行われたとは考えにくい内容となっている

　　・公判期日において，認否の変更があった

　　・実務例が乏しく，また，書式もなかった

　　また，公判前整理手続終了後の証拠調べ請求が制限される(法316の32）など，公判前整理手続における審理計画の策定には厳格さが存し，それは裁判員裁判対象事件にあってはなおさらのことであるから[1]，書面のみで公判前整理手続を終了させることには不安があるので，期日において，訴訟関係人出頭の上，協議する場を設けたいとの意見もあった。

　　いずれにしても，期日を開いた方が，公判前整理手続を円滑かつ効率的に進める上でも，また，訴訟関係人との対応上も有益であるし，書面のみの公判前整理手続を行う必要性も見いだしがたいなどの理由により，多くの庁で，書面のみの公判前整理手続が実

---

[1]　裁判員等を選任し公判を開いた後に，審理予定を変更する必要が生じて，期日間整理手続に付するというようなことは，できるだけ避けなければならない。

第2章　公判前整理手続の運用

施されておらず，また，実施した庁にあっても，書記官の事務負担の増加を指摘する回
答が挙げられている。

(3) 実施する理由及び実施する上でのメリット

各庁のアンケート結果は以下のとおりである。

（アンケート2−13）

**書面のみによる整理手続を行って良かった点や行うことのメリットはどのようなもの
がありましたか**（回答数22【複数回答】）

ア　整理手続が短期間で終結した　　　13

イ　書記官が積極的，主体的に関与することができた　　　12

ウ　期日を開く場合に比べて書記官の事務負担が減った　　　6

エ　その他

・弁護人が裁判所に出頭しないで済んだ

・消極的な弁護人を取り込むことはできたといえる

結果的に公判前整理手続が短期間で終結したことに加え，期日を開かないことにより，
期日調整や調書作成等の負担が軽減されるというメリットも挙げられており，それは，
期日を開くことによる訴訟関係人等の負担（期日の出頭，被告人の押送等）の軽減にも
つながるものである。特に，訴訟関係人（とりわけ弁護人）が遠方の場合などは，期日
出頭の負担の軽減効果は大きいであろう。また，書面のみの公判前整理手続を行ったこ
とで苦労した点やデメリットは特にないとする回答（アンケート2−12の回答「ウ」）
も相当数見られるところである。

更に，これらに加え，訴訟関係人とは，期日外でのやりとりになるため，書記官とし
て積極的，主体的に関わることができたという回答も多く見られ，そのような副次的な
効果もあったといえよう[1]。

2　今後の方向性

書面のみの公判前整理手続についての現状は，上記アンケート結果のとおりであり，ま
た，裁判員法施行後しばらくの間は，対象事件にあっては，裁判員が参加する公判審理の
進め方などを公判前整理手続の中で協議する必要性が高く，自白事件であっても，公判前
整理手続を書面のみで行って，公判で初めて訴訟関係人が顔を合わせるといったことは難
しいのではないかと思われる。

ただ，その一方で，対象事件は公判前整理手続が必要的（裁判員法49）となることで，
裁判員法施行前と比べて，公判前整理手続に付する事件が増加することが予想され，また，
裁判員裁判においては，連日的開廷（法281の6Ⅰ）が原則となろうから，公判前整理手
続においても，期日の確保が難しくなる場面も予想されるが，そのような状況下で公判前
整理手続期日を開くことの訴訟関係人及び裁判所の負担や，公訴事実等について全く争い

---

[1]　本手続の最終段階で訴訟関係人に示す整理案を書記官が作成した例が，半数以上の庁において見られた
（具体的なアンケート結果は，アンケート2−15（後述34ページ）参照）。

のない事件についてまで，訴訟関係人が出頭する期日を開く必要があるのかどうかなどの
点も考えると，それら事実関係や重要な情状関係に争いのない事件などについては，期日
を開くことなく，機動的に手続を進めることができる，書面のみの公判前整理手続の利用
を検討する場面もあるのではないかとも思われる[*1]。

　そのためには，この手続を利用しやすいものとすべく，後に紹介する具体的な事務処理
例を基に，各庁において，具体的な事務処理の在り方を検討し，裁判体との間で明確に処
理要領等を定め，更に，より効率的な事務処理を模索した上で，訴訟関係人の理解と協力
を得られるようにする必要がある[*2]。

　この手続は，当然のことながら，書面のやりとりのみによって進行していくものである
から，手続の進行全般に関して，書記官として主体的に関わることのできるものである[*3]。
また，手続の性質上，扱う事案としては，自白事件が中心になると思われるが，単独事件
はもとより合議事件においても，自白事件については，書記官の事前準備事務が確立して
いると言っても過言ではないと思われるので，その延長線上にあるものとして，これまで
培ってきた事前準備事務での取組を活かして，書記官として積極的に関わっていくことも

[*1] 　この点，協議を行う時間や場所等が弾力的に設定でき，自由な雰囲気で協議できる打合せと組み合わせる
ことで書面のみの公判前整理手続を活用することも考えられる。その場合の打合せの活用の場面として，以
下のものが考えられる。
　① 　訴訟関係人の意思確認の場としての活用
　　　前述（29ページ参照）のとおり，公判期日で認否を翻されることは避けねばならないため，書面のみの
　　公判前整理手続によることに不安があり，訴訟関係人出頭の上での協議の場を設けたいとの意見も見られ
　　る（アンケート２-12の回答を見ても，書面のみの公判前整理手続を行って苦労した点などとして，公判
　　期日において認否の変更があったとする回答も見られる。）。
　　　争点及び証拠整理を行うに当たっては，当然，訴訟関係人の主張等が十分に反映されたものでなければ
　　ならない。そこで，事案によっては，例えば，訴訟関係人提出書面の記載内容について確認したい点があ
　　るが，特に期日を開くまでもないようなものであれば，打合せを利用して説明等を求め，主張を十分に把
　　握することにより，上述のような不安を解消するといったことが考えられる。
　② 　裁判員等選任手続の進行等の協議の場としての活用
　　　公判前整理手続終了後，裁判員等選任手続期日の呼出状の発送から同期日まで６週間程度日にちが空く
　　ことを活かして，裁判員等選任手続の進行（例えば，進行手順の確認，質問事項等についての協議）など，
　　その間に協議できる事項を公判前整理手続終了後の打合せで協議すれば，公判前整理手続は書面のみで行
　　うことができ，また，公判前整理手続で協議すべき事項が絞られるので，整理手続の迅速化につながるの
　　ではないかと考えられる。
[*2] 　手続に不慣れな弁護人に対する手続教示として，弁護人に対する説明用の文書を配布している例も見られ
る。また，期日を開かないので，被告人との意思疎通を十分に図ってもらうよう促す必要もあり，特に意思
確認の必要があれば，弁護人と被告人との連名の書面（法316の10）を活用することも考えられる。
[*3] 　ただし，書面のみの公判前整理手続による場合でも，証拠採否決定は裁判体によりなされるため，証拠の
絞り込みや証拠の厳選に向けた検討は，裁判体の判断に依らざるを得ない。

第2章　公判前整理手続の運用

検討されるべきではないかと思われる[*1]。

第3　書面のみによる公判前整理手続の事務処理
1　事務処理の内容
(1)　概説

　　書面のみの公判前整理手続に関する事務処理手順は，整理期日を開いて行う場合のうち，訴訟関係人の書面提出を先行させ，期日に向けて証拠整理や審理予定案の策定のために訴訟関係人に準備を促し，期日を1回だけ開いて，公判前整理手続を終結するという自白事件について実務上よく見られる運用方法と大差はなく，証拠採否の決定や争点及び証拠整理等の結果確認などを整理期日で行うか，期日外で行うかが大きな違いであるにすぎない。

　　以下，実施した庁の事務処理手順を参考にしながら，具体的な事務処理方法を紹介するが，期日を開いて行う場合の事務処理と共通する部分についての説明は，それぞれ本書の当該箇所に譲り，それとは異なる部分を中心に説明することとする。

　　なお，本項においては，訴訟関係人出頭の期日を設けることなく，全て書面のやりとりのみで公判前整理手続を行う場合を前提に記述するが，整理期日もしくは打合せの場を設けて争点及び証拠整理を行い，争点及び証拠整理の結果確認のみ期日を開かずに行う例などもいくつかの庁で見られるところであり，そのような進行により手続が進められた場合などにも，それぞれの場面であてはまる事務を行うに当たっては，同様の事務処理となろう。

(2)　対象事件の選別

　　整理期日を開かないで公判前整理手続を行うため，自白事件で，弁護側立証も情状のみといった事案が挙げられよう。したがって，争点が多岐に渡る事件や証拠開示に関して紛議が見込まれる事件などは，整理期日を開催して争点及び証拠整理を行っていくことになろう[*2]。

(3)　付決定及び検察官の証明予定事実記載書面等提出期限の定め

　　期日を開く事件と特に異なる点はない。ただ，書面のみの公判前整理手続により行うことについては，訴訟関係人に説明した上で，異議がない旨を確認するのが相当であろう（なお，特に異議がなければ，訴訟関係人の意見を記録化する必要はないであろう。）。

　　また，付決定等の通知に，書面のみの手続で行うことを付記する取扱いもある。

(4)　検察官請求証拠に対する被告人側の証拠意見，主張予定及び証拠調べ請求

[*1]　書面のみの公判前整理手続の実施例がない庁の中でも，「今後，書面のみによる公判前整理手続を行うことを検討している。」とのアンケート回答をした庁が，61庁中18庁見られた。

[*2]　アンケート回答を見ても，書面のみの公判前整理手続により行われた事件は，自白事件が大多数であり，中には，自白事件については全件書面のみの公判前整理手続により行う方針とする裁判体もあった。一方，否認事件についても実施例はわずかながら見られたが，争点が単一で典型的な否認事件（例えば，争点が殺意の有無のみ）であれば，将来的にも書面のみの公判前整理手続によることが考えられてよいものと思われる。

第3節　書面のみによる公判前整理手続

　　これも，期日を開く事件と特に異なる点はない。自白事件で，弁護側立証も情状のみという事案がほとんどであろうから，予定主張も，情状として立証する事実に関する主張のみであろうし，証拠調べ請求もその主張に則したものになるであろう。したがって，これらの書面提出等に関する期限決定をせずに（法316の17Ⅲ等。そもそもこれらに関する期限決定は任意的である。），事実上の期限を設定するという扱いも可能であろう[*1]。

(5)　証拠採否決定

　　書面のみの公判前整理手続においては，期日外で証拠採否決定をする必要があるが，公判前整理手続において，期日外で証拠採否決定をした場合，その決定の告知は送達による必要はなく，通知のみで足りる（規217の13）。通知の方法は適宜なものでよいが，決定書（【参考書式２−１】）を作成する必要があるし，証拠調べ請求を却下する場合もあろうから，決定謄本を送付するか，別途通知書を作成するのが相当であろう。

　　なお，書面のみの公判前整理手続においても，期日を開く場合と同様，証拠の絞り込みなどの証拠整理がなされるであろうから，証拠採否に先立って，証拠厳選（その意義等は，後述第６章　260ページ参照）の観点から，重複証拠などについては，請求者に対してその必要性について釈明を求めるなどのやりとりがなされることもあろう。

【参考書式２−１】期日外の証拠採否決定

平成○○年（わ）第○○○号
被告事件名　住居侵入，強盗致傷

決　　　定

被　告　人　○　○　○　○

　　上記の者に対する標記の被告事件について，当裁判所は，検察官及び弁護人の意見を聴いた上，次のとおり決定する。

主　　　文

１　検察官請求証拠番号甲第１号証ないし同第９号証，同第１１号証，同乙第１号証ないし同第７号証を採用し，同甲第１０号証については，請求を却下する。

２　弁護人請求証拠番号第１号証ないし第３号証を採用する。

３　弁護人請求の証人○○○○を採用し，平成○○年○月○日午後○時○○分の第１回公判期日において取り調べる。

　　　　平成○○年○月○○日
　　　　　　○○地方裁判所第○刑事部

[*1]　弁護人請求証拠に対する検察官の意見表明期限の決定も同様であろう。なお，検察官からの意見聴取の際，証人尋問について特に異議がなければ，採用された場合の反対尋問の予定時間（被告人質問についても同様）を聴取すると効率的であろう。

第2章　公判前整理手続の運用

裁判長裁判官	○	○	○	○
裁判官	○	○	○	○
裁判官	○	○	○	○

(6)　**審理計画の策定及び公判期日の指定**

　　期日を開いて公判前整理手続を実施した場合には，当該期日で訴訟関係人の了解を得た上で，審理計画を策定し，公判期日の指定及び告知を一連の手続として行うことが可能であるが，書面による場合には，公判期日の指定を期日外で行い，訴訟関係人に別途告知することになるから，この点において期日を開く事件と異なることとなる。なお，審理計画を策定するにあたっては，証拠調べについて，書証の取調べ方法（全文朗読か，要旨の告知か）及び所要時間，証人尋問及び被告人質問については，その順序及び反対尋問（質問）を含めた予定時間を審理予定に盛り込む必要がある。また，冒頭陳述，論告，弁論の所要時間及び被害者の意見陳述の予定の有無なども聴取し，審理予定に盛り込むべきである。

(7)　**裁判員裁判関連の決定事項等**

　　該当するものとしては，裁判員等選任期日の指定，必要な人員の補充裁判員を置く決定，補充裁判員を置かない決定等が考えられる（詳細は，後述第7章　312ページ参照）。また，質問事項などについても，訴訟関係人から意見があれば，聴取し適宜記録化することが相当な場合もあろう。

(8)　**争点及び証拠の整理結果，並びに公判の審理予定についての意見聴取**

　　意見聴取の方法としては，裁判所がこれらをまとめた書面を作成して，双方当事者に送付し，書面（**【参考書式2－2，2－3】**）もしくは電話により回答を求めることになる。整理案についての意見聴取の方法及び整理案の作成者についての各庁のアンケート結果は以下のとおりである。

（アンケート2－14）

争点及び証拠の整理結果等の意見聴取をどのような方法で行っていますか（回答数22）

　ア　整理案を送付し，それについて電話聴取している　　10

　イ　整理案を送付し，それについて異議がない旨の書面を出させている　　10

　ウ　その他

　　・　争点案を送付し，それについて異議がない旨を打合せで確認し，打合せ結果をメモとして残した

（アンケート2－15）

裁判所が双方当事者に示す整理案は，誰が作成していますか

　・　争点及び証拠整理案の作成者　　裁判官　9　書記官　13　（回答数22）

　・　審理予定案の作成者　　　　　　裁判官　7　書記官　14　（回答数21）

第3節　書面のみによる公判前整理手続

【参考書式2－2】争点及び証拠整理の結果確認のための求意見及び意見書

平成○○年(わ)第○○○号
被告事件名　住居侵入，強盗致傷
被告人　○　○　○　○

平成○○年○月○○日

□　○○地方検察庁　検察官　殿
□　弁護人　○　○　○　○　殿

公判前整理手続における争点及び証拠の整理の結果等を
確認する書面の送付について

○○地方裁判所第○刑事部
裁判所書記官　○　○　○　○

上記事件について，公判前整理手続を終了するにあたり，別紙のとおり公判前整理手続における争点及び証拠の整理の結果等を確認する書面を提示します。
ついては，上記整理結果等及び公判前整理手続を終了させることに対する意見を以下に記入（該当する数字に○印を付し，所要事項を記載）していただき，○月○○日までに当裁判所に必着するよう，この書面を返送してください。

意　　　見

○○地方裁判所第○刑事部　御中

別紙のとおり，争点及び証拠の整理の結果等を確認し，公判前整理手続を終了することに

1　異議はない。

2　意見がある。
　（意見の内容を記載してください。）

平成　年　月　日
　　　　□　検察官　　　　　　　　　　　　　　　㊞
　　　　□　弁護人　　　　　　　　　　　　　　　㊞

別紙の内容により，公判前整理手続を終了した旨を通知した[*1]。
平成　年　月　日　裁判所書記官

注）この書式は，書記官名で発出している例である。

───────────────────────────────

＊1　公判前整理手続が終了した旨の通知をした場合の付記である。

- 35 -

第2章　公判前整理手続の運用

【参考書式2－3】訴訟関係人への求意見のための争点及び証拠整理並びに審理予定案（【参考書式2－2】の別紙）

（別紙）
　　　　　　公判前整理手続における争点及び証拠の整理結果等の確認

1　争点の整理の結果
　　公訴事実について，争いはない[*1]。

2　証拠の整理の結果[*2]
　(1)　検察官請求証拠番号甲第1号証ないし同第9号証，同第11号証，同乙第1号証
　　　ないし同第7号証を採用し，同甲第10号証については，請求を却下した。
　　　　なお，同甲第12号証は，検察官において，既に請求を撤回済みである。
　(2)　弁護人請求証拠番号第1号証ないし第3号証を採用した。

3　公判審理の予定
　(1)　第1回公判（平成〇〇年〇月〇日午後〇時〇〇分）
　　ア　冒頭手続
　　イ　証拠調べ手続
　　　・　検察官の冒頭陳述（10分）
　　　・　弁護人の冒頭陳述（5分）
　　　・　公判前整理手続の結果顕出
　　　・　採用した検察官請求の甲号証，乙号証の取調べ（20分）
　　　　　なお，全文朗読するものは・・・・
　　　・　採用した弁護人請求証拠の取調べ
　　　・　証人〇〇〇〇の尋問（主尋問30分，反対尋問15分）
　　　・　被告人質問（主質問30分，反対質問20分）
　　ウ　被害者の意見陳述（5分）
　　エ　弁論手続
　　　・論告求刑（10分）
　　　・弁論（10分）
　　オ　被告人の最終陳述
　(2)　第2回公判（平成〇〇年〇月〇日午後〇時〇〇分）
　　　判決宣告

　　　　　　　　　　　　　　　　　　　　　　　　　　　　　　　　　以　上

---

(9)　公判前整理手続の終了

　　　公判前整理手続の終了に関して裁判所の決定を要するという見解に立てば，当該決定につき別途決定書が必要であろうが，そうでなければ，双方当事者から裁判所作成の整理案について異議がない旨の意見を聴取した時点で公判前整理手続は終了となる。なお，終了に関する決定を要しない場合でも，終了した旨を訴訟関係人双方に通知する取扱いもある。

[*1]　なお，弁護人側で主張する被告人に関する情状事実についても記載する例が見られる。
[*2]　裁判所作成の整理案を示すのは，証拠採否決定の告知と同時になることが多いであろうから，その場合は，「本日付け証拠採否決定（もしくは証拠採否決定通知書）のとおり」で足りるであろう。

2 アンケート結果から見た平均的スケジュール

今回の研究に際して，書面のみの公判前整理手続実施庁に，起訴から第1回公判期日までのスケジュールを聴取したので，その回答結果を紹介する（【図2－3】）。

なお，この表も，アンケート結果で得られた日数の平均を取ったものであり，また，裁判員法施行前のものであり，同法施行後の対象事件については，裁判員等選任手続期日の呼出状の発送と同期日との間を6週間空けなければならない（裁判員規19）ことに注意されたい。

【図2－3】書面のみの公判前整理手続に付した自白事件の起訴から第1回公判期日までの平均的スケジュール

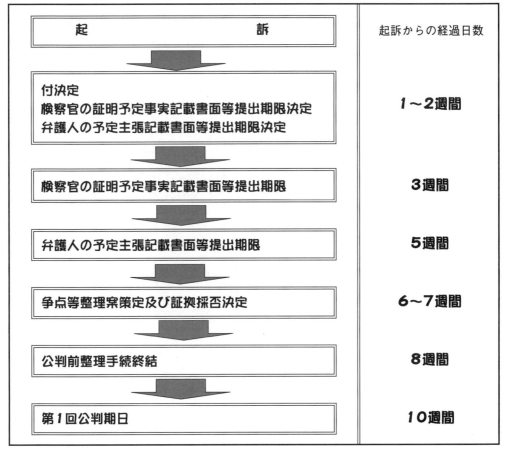

注1）この例は，弁護人期限を，付決定及び検察官期限と同時に定めた場合を前提にしているが，弁護人期限を検察官期限後に定める裁判体にあっても，弁護人期限は，平均して起訴から概ね5週間後とされていた。
注2）公判前整理手続終結の日は，裁判所作成の争点等整理案について，検察官及び弁護人から了承を得られた日とした。

第3章 公判前整理手続の事務処理とその実際

第3章 公判前整理手続の事務処理とその実際

本章では，公判前整理手続の進行に沿って，書記官が行うべき事務処理について，アンケートの結果に見られる各庁の実情や，事務処理の参考になる書式を示しつつ検討していくことにしたい。

第1節 公判前整理手続の流れ

第1 公判前整理手続の流れ

まずここでは，公判前整理手続の流れとそれに伴う書記官事務を図式化したものを示して，その全体像をイメージとして捉えることにしたい。

【図3－1】公判前整理手続の流れと書記官事務

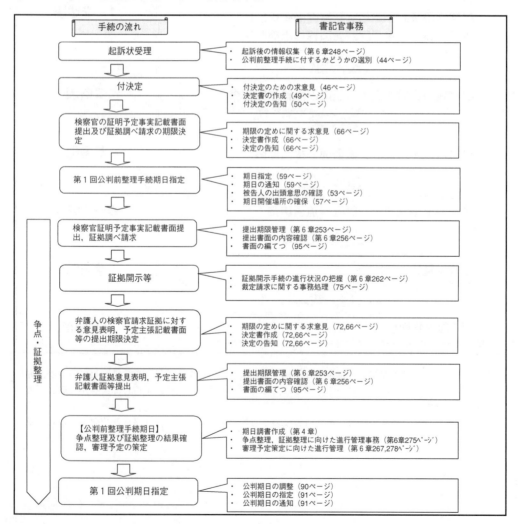

第1節　公判前整理手続の流れ

　なお，【図3－1】で示した手続の流れは，1つの例であり，公判前整理手続の進行においては，そもそも期日を開かない場合があるほか，裁判体の審理方針や事件類型等によって，手続の手順や進行パターンが異なることは前述のとおりである（第2章　14ページ以下参照。）。また，裁判員裁判対象事件については，裁判員等選任手続に関する事務が加わることにも留意されたい。

第2　公判前整理手続チェックリストの利用

　公判前整理手続は，争点及び証拠整理の手続が段階的に行われるものであるために，手続の進行状況を正確に把握することが的確な進行管理事務の第一歩となるものである。そのためには，手続のチェックリストを利用することも有益な方法であろう。また，これを利用することで，公判前整理手続で行うべき書記官事務を遺漏なく行うことも可能になろう。さらに，記載事項を工夫することによって，チェックリストを裁判体との，あるいは書記官室内での情報共有のためのツールにすることも考えられる。

　そこで，アンケートの際に寄せられたチェックリストの書式例を参考に挙げておく。

第3章　公判前整理手続の事務処理とその実際

【参考書式3－1】公判前整理手続チェックリスト

公判前整理手続チェックリスト

手続		求意見		決定	通知			結果
公判前整理手続に付する旨の決定		検察官 □ 弁護人 □		整理手続に付する決定 ／	決定の通知	検察官 □ 弁護人 □ 被告人 □		
期限の管理	検察官の証明予定事実等	検察官 □ 弁護人 □		記載書面の提出期限 ／	期限の通知	検察官 □ 弁護人 □		提出日 ／
		検察官 □ 弁護人 □		証拠調べ請求期限 ／	期限の通知	検察官 □ 弁護人 □		提出日 ／
	弁護人の証拠意見	検察官 □ 弁護人 □		証拠意見の明示期限 ／	期限の通知	検察官 □ 弁護人 □		提出日 ／
	弁護人の証明予定事実等	検察官 □ 弁護人 □		証明予定事実等の明示期限 ／	期限の通知	検察官 □ 弁護人 □		提出日 ／
		検察官 □ 弁護人 □		証拠調べ請求期限 ／	期限の通知	検察官 □ 弁護人 □		提出日 ／
	検察官の証拠意見	検察官 □ 弁護人 □		証拠意見の明示期限 ／	期限の通知	検察官 □ 弁護人 □		提出日 ／
					期限の通知	検察官 □ 弁護人 □		提出日 ／
					期限の通知	検察官 □ 弁護人 □		提出日 ／
					期限の通知	検察官 □ 弁護人 □		提出日 ／
				／	期限の通知	検察官 □ 弁護人 □		提出日 ／
					期限の通知	検察官 □ 弁護人 □		提出日 ／
				／	期限の通知	検察官 □ 弁護人 □		提出日 ／
公判前整理手続期日	第1回公判前整理手続期日 ／				期日の通知 付記 □	検察官 □ 弁護人 □ 被告人 □		被告人出頭　□有　□無 召喚　□要　□否 開廷場所（　　　）
	第2回公判前整理手続期日 ／				期日の通知 付記 □	検察官 □ 弁護人 □ 被告人 □		被告人出頭　□有　□無 召喚　□要　□否 開廷場所（　　　）
	第3回公判前整理手続期日 ／				期日の通知 付記 □	検察官 □ 弁護人 □ 被告人 □		被告人出頭　□有　□無 召喚　□要　□否 開廷場所（　　　）
	第4回公判前整理手続期日 ／				期日の通知 付記 □	検察官 □ 弁護人 □ 被告人 □		被告人出頭　□有　□無 召喚　□要　□否 開廷場所（　　　）
公判期日	第1回公判期日 ／				期日指定　済 □ 期日の通知　検察官 □ 付記 □　弁護人 □			被告人　□　期日の告知 　　　　□　召喚

－ 40 －

第1節　公判前整理手続の流れ

第3　公判前整理手続の内容

　公判前整理手続は，充実した公判審理を，継続的，計画的かつ迅速に行うために，第1回公判期日前に行う，事件の争点及び証拠の整理をするための公判準備である（法316の2Ⅰ）。このような公判前整理手続の性質から，公判前整理手続で行うことができる事項及び行うことができない又は行う必要がない事項は次のように分類できる。

1　公判前整理手続で行うことができる事項

(1)　法316条の5各号に列挙された事項

　法316条の5には，争点の整理等のために公判前整理手続で行う必要があると思われる事項や行うことが適当と思われる事項が次のとおり列挙されている。

① 訴因・罰条の明確化（1号）
② 訴因・罰条の追加，変更等の許可（2号）
③ 争点の整理（3号）
④ 証拠調べ請求（4号）
⑤ 立証趣旨，尋問事項等の明確化（5号）
⑥ 証拠調べ請求に関する意見の確認（6号）
⑦ 証拠決定（7号）
⑧ 証拠調べの順序及び方法を定めること（8号）
⑨ 証拠調べに関する異議の申立てに対する決定（9号）
⑩ 証拠開示に関する裁定（10号）
⑪ 被害者参加の決定等（11号）
⑫ 公判期日の指定等（12号）

(2)　公判前整理手続に関する手続的事項[*1]

　法316条の5には列挙されていないが，刑訴法の「第一款　公判前整理手続（316条の2から316条の27まで）」に規定されている手続的事項については，公判前整理手続で行うことができるのは当然である。例えば次のような事項である。

① 公判前整理手続期日の指定，通知及び変更（法316の6）
② 証明予定事実記載書面の提出期限等各種期限を定める決定（法316の13Ⅳ等）
③ 国選弁護人の選任（法316の8）
④ 被告人への供述拒否権の告知（法316の9Ⅲ）など

(3)　法316条の5に列挙された事項を行う前提や手段として必要な事項又は付随して行う必要がある事項

　法316条の5に列挙された事項を行う前提や手段として必要なこと又は同条に列挙された事項に付随して行う必要があることは，刑訴法や刑訴規則等の規定に基づいて，公判前整理手続で行うことができ，具体的には，次のようなことが挙げられる。

① 「公判期日においてすることを予定している主張を明らかにさせて事件の争点を整理する（3号）」ために，裁判所が，検察官，被告人，弁護人に対してその主張の不明確な点等について釈明を求めること（規208）

＊1　法解説(1)84ページ参照。(3)の記載についても同様。

- 41 -

第 3 章　公判前整理手続の事務処理とその実際

②　「証拠調べをする決定又は証拠調べの請求を却下する決定をする（7号）」ために，必要な事実の取調べを行い（法43Ⅲ，規33Ⅲ），証拠書類又は証拠物の提示を命ずること（規192）

(4)　**裁判員裁判で審理する事件についてのみ行える事項**

裁判員裁判対象事件の公判審理や必要な手続を円滑に行うために，裁判員裁判で審理する事件については，公判前整理手続において次のことができる。

①　鑑定の手続（鑑定の経過及び結果の報告以外のもの）（裁判員法50Ⅲ）[1]

②　裁判官1人及び裁判員4人から成る合議体を構成して審理及び裁判をする旨の決定に関する意見聴取（裁判員法2Ⅳ）

③　裁判員等選任手続に関する決定等[2]

(5)　**証拠調べの準備的行為**

公判前整理手続では2(1)のとおり，証拠調べ自体をすることはできないが，そのための準備的行為を公判前整理手続で行うことは公判審理の円滑化に寄与するものといえる。そのような観点から次のような事項は公判前整理手続において行うことができるものと解される。

①　公務所等に対する照会（法279）[3]

②　書類の取寄せ

2　**公判前整理手続でできない又はする必要がない事項**

(1)　**証拠調べ**

公判前整理手続は，公判において取り調べる証拠を整理する公判準備の手続であり，これにより心証を得ることは許されないから，公判前整理手続において，以下のような証拠の取調べをすることはできない。

①　書証及び証拠物の取調べ

②　証人尋問（事実の取調べ（法43Ⅲ，規33Ⅲ）を除く。）

③　鑑定の手続（裁判員法50Ⅲの場合を除く）[4]，検証

---

[1]　詳細は第7章（314ページ）参照。

[2]　補充裁判員の員数等及び呼び出すべき裁判員候補者数に関する決定（裁判員法26Ⅰ，Ⅱ）並びに裁判員等選任期日の指定（同法27Ⅰ本文）などがあげられる。

[3]　公務所等への照会は証拠調べの準備行為的な性格を有するものであるとされている（調書講義案135ページ参照）。したがって，公務所に対して報告を求める決定は証拠決定ではなく，同様に報告を求める行為も証拠調べの実施ではないので，公判前整理手続の段階で照会を実施することも可能であると考えられる。むしろ訴訟関係人は，照会に対する回答書や報告書の内容を吟味して証拠調べ請求を行うか否かを決するものであるから，公判前整理手続の段階で実施しておく必要があるとも言える（各庁から寄せられた調書の記載例によると，公判前整理手続において公務所等への照会を実施した例が見られる。）。ただし，公務所への照会の結果，証拠調べ請求がされる可能性のある文書等の現物が裁判所に公判審理前に送付されることになるので，予断排除の観点からの配慮は必要であろう。以上のことは，書類の取り寄せについても同様である。

[4]　第7章（314ページ）参照。

- 42 -

第1節　公判前整理手続の流れ

⑵　**被告人質問（事実関係に関するもの（法311））**

　　上記⑴と同様の趣旨で，公判前整理手続において事実関係に関する被告人質問を行うことはできない。ただし，裁判所は，弁護人の陳述又は弁護人が提出する書面について被告人の意思を確かめる必要があると認めるときは，公判前整理手続期日において被告人に対して質問をすることができる（法316の10）。

⑶　**手続の更新**

　　公判前整理手続中に受訴裁判所の構成が変わったとしても，公判手続の更新に準じた手続を採る必要はない（公判手続の更新は，口頭弁論主義，直接主義の要請に基づくものである。）。

- 43 -

第3章　公判前整理手続の事務処理とその実際

第2節　公判前整理手続期日指定までの事務処理

第1　公判前整理手続に付する端緒及びその検討のためのポイント
1　裁判員裁判対象事件

　　裁判員裁判対象事件（裁判員法2条1項各号に掲げる事件。以下「対象事件」という。）については，公判前整理手続に付することが必要的となるため（裁判員法49），起訴状の内容確認の際，対象事件にあたるかどうか[*1]の確認を正しく行う必要がある。

2　裁判員裁判非対象事件
(1)　端緒及び検討のためのポイント

　　裁判員法施行[*2]前に係属した事件及び同法施行後に係属した事件のうち対象事件に該当しない事件（以下，これらの事件を，「非対象事件」という。）については，公判前整理手続に付することが必要的ではないため，当該事件を公判前整理手続に付するかどうかの選別が必要となる[*3]（法316の2Ⅰ）。

　　そこで，選別に当たって考慮すべき点を考えると，公判前整理手続の目的は，充実した公判の審理を継続的，計画的かつ迅速に行うために争点及び証拠の整理を行い，審理計画を策定することにあるので，公判前整理手続に付する事件は，それらを行うにふさわしい事件ということになろう。したがって，争点が多岐に渡る事案，罪体関係での証人尋問が多く予定されるなど証拠調べ手続に時日を要する事案，証拠開示に関する紛議

---

* 1　この点については，事例は多くないであろうが，特別法犯（例えば，覚せい剤の営利目的輸入等の罪（覚せい剤取締法41Ⅱ，Ⅰ））等にも注意する必要がある。また，訴因変更等により，非対象事件が対象事件に該当することになった場合も，裁判員の参加する合議体による裁判を行うことになり，公判前整理手続に付する必要がある（裁判員法・同規則解説40，182ページ）ので，同様の注意が必要である。
* 2　本研究においては裁判員法の全面施行を指すことは，前述（第2章　7ページ脚注）のとおりである。
* 3　非対象事件も，対象事件との併合（裁判員法施行前に係属した事件については同法附則4Ⅱ，同法施行後に係属した対象事件に該当しない事件については同法4Ⅰ）により，裁判員の参加する合議体による裁判が行われる場合もあるが，その場合でも，非対象事件については，法316の2Ⅰにより公判前整理手続に付するかどうかを裁判所が判断することとなる（裁判員法・規則解説181ページ）。

が予想される事案[*1]などが，公判前整理手続に付するかどうかの検討対象になると思われる。

　なお，公判前整理手続に付するかどうかを検討するための判断材料としては，具体的に，次のものが考えられる。

---

① 　争点及び証拠整理の必要性について訴訟関係人から収集した情報[*2]

② 　公判前整理手続を行うことでのメリット，デメリット[*3]を踏まえた上での訴訟関係人の意向

③ 　公判前整理手続を行うことで，審理に要する全期間を通して，審理の迅速化につながるのかどうか

　これらの情報収集や意向確認は，起訴後，できるだけ早期に行うことが望ましい。被疑者の国選弁護人（法37の2）の対象事件が拡大される[*4]ことから，今後，非対象事件においても，起訴時に弁護人が選任されている事例も増えるのではないかと思われるので，早い段階での情報収集等を経た上での事件の選別は，よりやりやすくなるのではないかと思われる。

　なお，公判前整理手続に付するかどうかは，もっぱら裁判体の意向によるが，公判前整理手続に付するかどうかの基準を裁判体から一般的な方針として示されていれば，訴訟関係人から情報収集する際に，公判前整理手続に付するかどうかについての意向も併せて徴することができ，その後の手続の進行も円滑に進むものと思われる。

---

*1　この点，公判前整理手続において定められた証拠開示に関するルールは，従前判例によって認められていた訴訟指揮権に基づく証拠開示命令に代わるものとして整備されたものであるとの理解から，①公判前整理手続において，この証拠開示のルールによれば開示の要件に該当しない証拠の開示を，訴訟指揮権に基づき命ずることは基本的には許されない，②第1回公判期日前に公判前整理手続以外において訴訟指揮権に基づき証拠開示を命ずることはできない，③第1回公判期日後においても，証拠開示について争いが生じた場合には，事件を期日間整理手続に付した上で，刑訴法の開示の規定に沿って証拠開示の手続を行わなければならないとする見解がある（法解説(1)74ページ）。これに対しては，②，③の点について，証拠開示の問題があるという一事のために必ず公判前整理手続を行わなければならないのかという観点から，「一般的な訴訟指揮権に基づく証拠開示命令・勧告の権限は改正法によって制限されないと解する立場も十分考えられる。」という見解もある（大島論文22ページ以下）。

*2　公訴事実についての認否，その認否から予想される証人の数，証拠開示に関する紛議の有無等が挙げられよう。なお，進行管理事務としての起訴後の情報収集については，後述第6章　248ページ参照。

*3　例えば，弁護人にとっては，証拠開示の手続を利用できることはメリットであろうが，主張明示の義務が課されることなどは負担となろう。

*4　被疑者国選弁護人の対象となる事件として，それまで，法定刑が「死刑又は無期若しくは短期1年以上の懲役若しくは禁錮に当たる事件」とされていたものが，「死刑又は無期若しくは長期3年を超える懲役若しくは禁錮に当たる事件」と改正され，平成21年5月21日に改正法が施行される。

第3章 公判前整理手続の事務処理とその実際

(2) その他の考慮要素

　　公判前整理手続中の被告人について追起訴事件が係属した場合，公判前整理手続中の事件が対象事件の場合には，まず，追起訴事件を弁論併合すべきかどうかについての検討が必要であり，また，追起訴事件が非対象事件の場合は，弁論併合した場合であっても，当該追起訴事件の事案によっては，同事件を公判前整理手続に付さないという選択もありえよう。いずれの点についても裁判体の意向によるが，書記官としても，追起訴事件に関する情報収集は，進行管理上重要な情報として，常に留意する必要がある（なお，弁論併合と公判前整理手続との関係については後述第5章　229ページを，また，特に，対象事件に関する記述は第7章　316ページ以下をそれぞれ参照されたい。）。

第2　公判前整理手続に付する旨の決定
1　決定のための求意見
(1) 求意見の要否

　　対象事件については，公判前整理手続に付することが必要的であるため（裁判員法49），公判前整理手続に付する旨の決定（以下，「付決定」と略する。）にあたっての求意見は不要である。一方，非対象事件[*1]については，付決定にあたって，求意見をする必要がある（法316の2Ⅰ）。

(2) 求意見の方法

　　求意見の方法については，法文上規定はなく，電話もしくは書面等[*2][*3]の適宜な方法ですれば足りるが，聴取した意見は，記録上明らかにする。

　　なお，公判前整理手続においては，付決定及びその後の訴訟関係人に対する各種書面提出期限の決定並びにその決定のための求意見がなされるが，それぞれについて決定書や電話聴取書等を作成するのが原則ではあるものの，記載事項はいずれも定型的なものが多いため，それらをまとめた一覧表形式の書式を各庁で工夫している例も多く見られる。以下，一例を紹介するので，参考にされたい（【参考書式3－2】）。

[*1]　なお，対象事件と共に非対象事件となる事実が起訴されている場合でも，例えば，同一機会での強盗致傷と住居侵入のように公訴事実の同一性（単一性）のある両事実については，審判の対象としての訴因は一つであるから，非対象事件となる事実があっても，その事件について付決定のための求意見は不要であろうが，例えば，同一の被害者に対する殺人と死体遺棄など，対象事件と非対象事件との間に公訴事実の同一性がなければ，それらが一通の起訴状で起訴されており，併合審理されるとしても，非対象事件について，公判前整理手続に付するかどうかの判断を適切に行うためにも，付決定のための求意見は通常必要であろう。

[*2]　大型事件や複雑困難な事件などは，早期に打合せ期日を開き，訴訟関係人に対して，公判前整理手続に付するかどうかの意向確認をすることもあろう。

[*3]　起訴の際，検察庁から新件連絡票の送付を受ける扱いになっていれば，それに公判前整理手続に付するかどうかの意見を記載してもらうこともでき，実際，そのような取決めにしている庁も見られる。なお，新件連絡票の送付を含めた，起訴後の情報収集に関しては，後述（第6章　248ページ以下）参照。

第2節　公判前整理手続期日指定までの事務処理

⑶　**求意見の相手方**

　　検察官及び被告人又は弁護人である（法316の2Ⅰ）。

　　なお，弁護人未選任の段階で，被告人に対して付決定のための求意見をするか，弁護人が選任されてから弁護人に求意見するかは裁判体の意向によるが，求意見に対する回答にあたっては，公判前整理手続を行うことでのメリット，デメリットを踏まえた上で，公判前整理手続により争点及び証拠整理が必要かどうかを考慮することになるし，また，争点及び証拠整理を円滑に進めていくためにも弁護人の理解と協力は欠かせないので，やはり，弁護人選任の上，弁護人に求意見するのが相当であろう[1]。

＊1　アンケート回答を見ても，被告人に対して付決定のための求意見をした事例はほぼ皆無であった。なお，被告人に対して求意見する場合は，手続説明を加えるなどの配慮は必要であろう（求意見書の参考書式として，執務資料79ページ）。

－ 47 －

第3章　公判前整理手続の事務処理とその実際

【参考書式3－2】付決定及び各種期限決定並びに決定に当たって聴取した意見等が盛り込まれた一覧表形式の書式

公 判 前 整 理 手 続【平成　　年（わ）第　　　　号】		
求意見	電話聴取書【検察官】　　　　　　　　　　　　　　【発信】 平成　年　月　日午前・後　時　分　　　　書記官印 内　容 本件を公判前整理手続に付することに については，	電話聴取書【弁護人】　　　　　　　　　　　　　【発信】 平成　年　月　日午前・後　時　分　　　　書記官印 内　容 本件を公判前整理手続に付することに については，
決定	**本件を公判前整理手続に付する。** 　　　　平成　　　年　　　月　　　日 　　　　　　　地方裁判所第　刑事部 　　　　　　　　裁判長裁判官 　　　　　　　　　　　裁判官 　　　　　　　　　　　裁判官	即日，検察官，被告人及び弁護 人に通知した。 　　　　　　裁判所書記官

| 検察官証明予定事実記載書面等提出 | 証明予定事実記載書面及び証拠調べ請求書を提出すべき期限の求意見

電話聴取書【検察官】　　　　　　　　　　　　　　【発信】
平成　年　月　日午前・後　時　分　　　　書記官印
下記期限の指定については

電話聴取書【弁護人】　　　　　　　　　　　　　　【発信】
平成　年　月　日午前・後　時　分　　　　書記官印
下記期限の指定については

証明予定事実記載書面及び証拠調べ請求書を提出すべき期限を，
　　　　平成　　　年　　　月　　　日と定める。

　　　　　　平成　年　月　日

裁判長印　　　裁判官印　　　裁判官印
即日検察官及び弁護人に通知した。
　　　　　　　裁判所書記官
　提　出　日　｜　平成　　年　　月　　　日 | 被告人側予定主張記載書面等提出 | 予定主張記載書面，証拠調べ請求書及び検察官請求証拠に対する意見を明らかにした書面を提出すべき期限の求意見

電話聴取書【弁護人】　　　　　　　　　　　　　【発信】
平成　年　月　日午前・後　時　分　　　　書記官印
下記期限の指定については

電話聴取書【検察官】　　　　　　　　　　　　　【発信】
平成　年　月　日午前・後　時　分　　　　書記官印
下記期限の指定については

予定主張記載書面，証拠調べ請求書及び検察官請求証拠に対する意見を明らかにした書面を提出すべき期限を，
　　　　平成　　　年　　　月　　　日　と定める。

　　　　　　平成　年　月　日

裁判長印　　　裁判官印　　　裁判官印
即日検察官及び弁護人に通知した。
　　　　　　　裁判所書記官
　提　出　日　｜　平成　　年　　月　　　日 |

公 判 前 整 理 手 続 期 日		
指定した日	期　　　　　日	裁判長印　｜　通知日　｜　書記官印
・　・	平成　　年　月　　日午前　後　　時　　分	検・　・ 弁・　・ 被・　・
被告人の出頭状況確認欄	備考欄	
・　　・ ・　　・		

第2節　公判前整理手続期日指定までの事務処理

2　付決定

　　非対象事件については，検察官及び被告人又は弁護人からの意見聴取後，必要と認める
ときは，裁判所は，決定により事件を公判前整理手続に付することができ[*1]（法316の2
Ⅰ），対象事件については，公判前整理手続に付さなければならない（裁判員法49）。
　　決定書の書式については，【**参考書式3－3**】のとおり。なお，付決定に当たっての検
察官及び弁護人の意見欄等と一体になった決定書等の書式については，前掲の【**参考書式
3－2**】のとおり。

【参考書式3－3】公判前整理手続に付する旨の決定

平成○○年（わ）第○○○号
被告事件名　住居侵入，強盗致傷

決　　　　　定

被　告　人　　○　○　○　○

上記の者に対する標記の被告事件について，当裁判所は，次のとおり決定する[*2]。

主　　　　　文

本件を公判前整理手続に付する。

　　　　平成○○年○月○○日
　　　　　　○○地方裁判所第○刑事部
　　　　　　　裁判長裁判官　　○　○　○　○
　　　　　　　　裁判官　　○　○　○　○
　　　　　　　　裁判官　　○　○　○　○

	通知の日		裁判所書記官印
上記手続に付する旨を通知した。	検察官	月　　日	
	弁護人	月　　日	
	被告人	月　　日	

[*1]　非対象事件にあっては，訴訟関係人から公判前整理手続に付することを求める意見が出ても，その必要が
　　ない事案であるとの判断がされる場合もあろう。訴訟関係人には公判前整理手続に付することを求める請求
　　権がなく，公判前整理手続に付するかどうかは裁判所の職権により判断されるものであるが，付さないとい
　　う判断をした場合には，公判前整理手続に付することを求める訴訟関係人の意見書（もしくは上申書）に
　　「職権発動せず」として裁判体の押印を受けるなどして，記録上明確にする取扱いもある。

[*2]　対象事件については，付決定のための求意見は不要と解されるので，対象事件（科刑上一罪の関係にある
　　事実が含まれる場合も同様。）のみ公判前整理手続に付する場合の付決定書（【**参考書式3－3**】）につい
　　ては，「検察官及び弁護人の意見を聴いた上」との文言は不要となる。

－ 49 －

第3章　公判前整理手続の事務処理とその実際

3　付決定の告知

(1)　告知に関する特則

公判前整理手続に付する旨の決定は，送達することを要しない[*1]（規217の3）。ただし，決定の告知自体を不要とする趣旨ではないから，付決定があったときは，その旨を訴訟関係人に通知する必要がある。

(2)　告知の対象

検察官，弁護人及び被告人である[*2]。

(3)　告知の方法

告知の方法については，法文上規定はなく，電話もしくは書面（通知書の書式は，**【参考書式3－4】，【同3－9[*3]】**）等の適宜な方法ですれば足りるが，通知したことは，記録上明らかにしなければならない（規298Ⅲ）。

なお，実務上まれではあると思われるが，弁護人選任未了の段階で付決定された場合には，被告人に対して，付決定の告知に加えて，弁護人がなければ公判前整理手続を行うことができず（法316の4Ⅰ），更に，刑訴規則177条に規定する事件[*4]以外の事件については，弁護人がいなければ開廷できない（法316の29）旨の告知もしなければならない[*5]（規217の4）。

[*1]　付決定については，その後引き続いて行われる手続からその決定の存在が明らかになること，訴訟関係人の攻撃・防御の利益を害するおそれがなく，不服申立ても認められていないことから，原則的な決定告知の方法である裁判書謄本の送達を不要としたもので，刑訴規則34条ただし書の「特別の定」に当たる（執務資料21ページ）。

[*2]　公判前整理手続における決定の告知の対象としては，「検察官及び被告人又は弁護人」とされているものが多く（規217の21等。なおその趣旨については，後述66ページの脚注1参照），そのような場合は，検察官及び弁護人に告知されているのが通例であろうが，付決定に関しては，弁護人と共に被告人への告知も必要である。

[*3]　後述67ページ参照。なお，この書式は，付決定と検察官の証明予定事実記載書面の提出期限等決定が同時にされることを前提にしているが，実務上はそのような運用が通例であろう。

[*4]　死刑又は無期若しくは長期3年を超える懲役若しくは禁錮にあたる事件である。

[*5]　その場合の通知書の書式は，執務資料80ページを参照。

第2節　公判前整理手続期日指定までの事務処理

【参考書式3−4】被告人用に手続説明を付加した付決定の通知書

平成○○年○月○○日

平成○○年(わ)第○○○号
事件名　住居侵入，強盗致傷
被告人　○　○　○　○

被　告　人　　○　○　○　○　殿

　　　　　　　　　　　○○地方裁判所第○刑事部
　　　　　　　　　　　　裁判所書記官　○　○　○　○

通　　知　　書

1　標記の被告事件について，平成○○年○月○○日，公判前整理手続に付する決定がされましたので通知します。

2　公判前整理手続とは，充実した公判の審理を継続的，計画的かつ迅速に行うために，第1回公判期日前に事件の争点及び証拠を整理する手続です（刑訴法316条の2第1項）。この手続は，第1回公判期日前に，起訴された事実について争いがあるのかどうか，ある場合はどの点に争いがあるのかを確定し，争いのある点についてどのような証人等を公判期日で調べるかを決める手続です。本件は，裁判員の参加する合議体により裁判が行われる事件（裁判員の参加する刑事裁判に関する法律2条1項）に該当し，この裁判をするにあたって必要となる手続です（同法49条）。

3　なお，この手続は，裁判所が必要と認めるときは，検察官や弁護人等に裁判所に出頭を求めて公判前整理手続期日を開催しますが，公判前整理手続期日を開催せずに書面のやりとりだけで手続を進める場合もあります。
　公判前整理手続期日を開催することになり，その期日が指定されましたら，あなたに対して期日を速やかに通知します。
　公判前整理手続期日は，上記のとおり第1回公判期日前に事件の争点及び証拠を整理する手続ですから，必ずしもあなたが出頭する必要はなく，弁護人に任せることも可能ですので，公判前整理手続期日に出頭するかどうかについては，弁護人とよく相談して決めてください。ただし，裁判所があなたの出頭を必要と認めた場合は出頭することとなります。

以　　上

第3章　公判前整理手続の事務処理とその実際

第3　公判前整理手続期日指定

1　訴訟関係人の出頭

(1)　出頭を要する訴訟関係人等

ア　検察官及び弁護人

検察官及び弁護人の出頭は必要的である（法316の7）[*1]。

イ　被告人

被告人は，公判前整理手続期日に出頭する権利があるのみであり，原則として出頭の義務はない（法316の9Ⅰ）[*2]。

ただし，裁判所は，必要と認めるときは，被告人に対し，公判前整理手続期日に出頭することを求めることができる（法316の9Ⅱ）。この場合，被告人には出頭の義務が生じる。

ウ　その他の出頭を要する者

(ア)　通訳人

日本語を解さない被告人が期日に出頭する場合にも，公判期日の場合と同様，通訳人選任の手続が必要である。この場合，事前に又は被告人が最初に出頭した公判前整理手続期日において，通訳人尋問，宣誓，選任といった一連の手続を行うことになる（調書の記載については，第4章　122ページ参照）[*3]。

公判前整理手続期日において通訳を行う場合には，同期日が訴訟関係人間の協議として柔軟な進行をたどることが想定されるため，通訳をすべき内容，通訳をするタイミング等，通訳の方法を裁判所を中心に訴訟関係人間であらかじめ調整した上，通訳を行うことに配慮した進行（例えば，話題の区切りごとに，話し合われた内容を裁判官がまとめて，その内容を通訳する等）をする必要があろう。また，通訳人に対して公判前整理手続の流れや用語を説明することや，通訳人の事案の理解に資するために，検察官の証明予定事実記載書面や弁護人の予定主張記載書面等の写しを通訳人に送付する運用も考えられる。

(イ)　鑑定人

裁判員裁判対象事件については，①公判前整理手続において鑑定を行うことを決

[*1]　当事者双方の出頭が，公判前整理手続が予断排除の原則に抵触しない根拠のひとつになっていることにつき，第1章5ページ参照。

　なお，弁護人の出頭を欠く場合，又は欠くおそれのある場合につき，法316の8参照。

[*2]　被告人の出頭が必要的ではないとされた理由として，①公判前整理手続は，争点及び証拠の整理を行う手続であるので，被告人側の対応は，弁護人が被告人との打合せを踏まえて行えば十分である場合が多いこと，②被告人の出頭を必要的だとすると，被告人が身柄拘束されている場合には，期日を常に法廷で行ったり，被告人を押送したりする必要が生じる等，期日を機動的に行うことができなくなること，③公判前整理手続における主張は，法的に整理された形でなされなければ，効果的な争点整理等ができないこと，が挙げられる（法解説(1)94ページ参照）。

[*3]　期日に通訳人の出頭を確保するか否かを判断するためには，被告人が公判前整理手続期日に出頭する意向なのかどうかを確認する必要がある（後述53ページ参照）。

－ 52 －

定した場合で，②当該鑑定の結果の報告がなされるまでに相当の期間を要すると認めるときに，検察官，被告人若しくは弁護人の請求又は職権により，公判前整理手続において鑑定の経過及び結果の報告以外の鑑定の手続を行う決定をすることができる（裁判員法50Ⅰ）[1]。

そこで，鑑定人の宣誓，鑑定人尋問等を公判前整理手続期日で行うこととした場合には，鑑定人が公判前整理手続期日に出頭することになる。

㋑　その他

「証拠調べをする決定又は証拠調べの請求を却下する決定」（法316の5⑦）や裁定請求に対する決定（法316の25，同316の26）を行うための事実の取調べ（法43Ⅲ，規33Ⅲ）として，証人尋問を実施することもあり，これを公判前整理手続期日において行う場合には，証人が出頭することになる（この証人尋問を実施した場合の調書の記載例は第4章　191ページ参照）。

なお，犯罪被害者又はその法定代理人で被告事件の手続への参加を許された者（被害者参加人）及び被害者参加人から委託を受けた弁護士が，公判前整理手続に参加することは許されていない[2]。

⑵　被告人の出頭に関する問題点

ア　被告人が裁判所から出頭を求められていない場合

㋐　被告人の出頭意思の把握の必要性

被告人の公判前整理手続期日への出頭は，原則として被告人の権利であるとされているので，出頭するかどうかは被告人の任意である。しかし，裁判所としては，身柄拘束中の被告人が期日に出頭する場合には，逃走防止の観点などから，法廷を確保することが必要になり[3]，また，被告人が日本語を解さない場合には通訳人の出頭を確保することが必要になるなど，被告人の出頭に向けて相応の準備が必要になる。

したがって，刑訴法や刑訴規則の規定には被告人が期日に出頭するかどうかの確認をする定めはない（期日の通知が必要であるとされるのみである（法316の6Ⅱ）。）ものの，実務の運用としては，被告人に出頭の意思があるのかどうかあらかじめ把握する必要がある。

そこで，以下，被告人の出頭意思確認の方法等について検討する。

㋑　出頭意思確認の方法

被告人の出頭意思の確認をする方法として，次のような方法が考えられる。

①　公判前整理手続期日の通知とともに，回答期限を定めた照会回答書を被告人に送付するなどして，被告人から直接意向を聞く（その場合の書式例は【参考書式

---

[1]　詳細は，第7章（314ページ）参照。

[2]　白木功ほか「犯罪被害者等の権利利益の保護を図るための刑事訴訟法等の一部を改正する法律（平成19年法律第95号）の解説⑵」（法曹時報60巻10号）63ページ参照。

[3]　公判前整理手続期日に身柄拘束中の被告人が出頭する場合には，法廷を利用して期日を行うことが適切であると思われる（後述57ページ参照）。

第3章　公判前整理手続の事務処理とその実際

　3－5】のとおり）。

　②　弁護人に接見の際等に被告人の意向を聴取してもらい，その結果を弁護人から報告してもらう。

　③　被告人の勾留先の留置担当官に被告人の意向を確認してもらい，その結果を収容施設から報告してもらう[*1]。

　意向確認を行う場合には，被告人と弁護人との関係，収容施設との連携関係等の事情を考慮して，各地の実情に応じて最も適切な方法を柔軟に選択すればよいと思われるが，確認した結果については，何らかの方法で記録上明らかにしておくことが有用ではないかと思われる。

　なお，被告人の出頭希望の有無の把握方法に関するアンケートの結果は次のとおりである。

（アンケート3－1）

　被告人の公判前整理手続期日への出頭希望の有無をどのように把握していますか（回答数85【複数回答】）

　ア　被告人本人に書面で確認している　　**20**

　イ　弁護人に確認してもらっている　　**45**

　ウ　被告人の勾留先である収容施設から聴取している　　**43**

　エ　その他　　**4**

　　・　被告人が出頭希望の場合には収容施設から連絡がある

　　・　アイウの方法の併用

　アンケートの結果では弁護人から聴取する方法を採っているとの回答が最も多かったが，被告人の収容先を通じて情報収集する取扱いも多い。被告人が勾留されている場合には，被告人の出頭に伴って身柄の押送事務が生ずることから，収容施設としても被告人の出頭希望の有無については把握しておく必要がある。そこで，収容施設との間で連携を取って，被告人の出頭希望の有無を確認するという手法が多

[*1]　収容施設との連絡については，平成17年10月21日付け法務省矯正第7395号矯正局長通達がある。これによると，被告人の希望に基づく公判前整理手続期日の出頭については，①裁判所から拘置所又は警察署（以下，「拘置所等」という。）に期日通知書が送付され，②被告人が出頭希望を拘置所等に申し出た場合で，③裁判所から期日及び実施場所について確認が取れた場合には，身柄押送の根拠となる文書の発出が不要であるとしている。

　これを受けた平成17年10月26日付け刑事局第二課長，家庭局第二課長事務連絡「被告人の公判前整理手続期日への出頭等に関する取扱いについて」では，被告人の押送等が円滑になされるように，書記官は，①拘置所等から期日の日時及び実施場所の照会を受けた場合は，速やかに回答すること，②裁判所が被告人又は弁護人から，公判前整理手続期日への出頭希望の申し出を受けた場合は，拘置所等に対し，速やかにその旨及び期日の日時及び場所を連絡すること，③出頭希望の撤回の意向を受けた場合も②と同様の措置をとること，としているので留意する必要がある。

- 54 -

く用いられているものと思われる。

　また，この観点からは，裁判所が収容施設以外から被告人の出頭に関する情報を把握した場合にも，収容施設との間でその情報を共有する（収容施設に情報を漏れなく伝達する。）ことが必要になろう。そのような趣旨で，前ページ脚注1の文書が発出されているが，アンケートの回答によると，さらに個々の裁判所と収容施設との間で事務処理レベルでの具体的な取決めをしている例も見られた。例えば，期日の数日前までに被告人が勾留されている収容施設から裁判所に対して被告人の出頭の意向の有無についての電話連絡がなされることになっているという庁もあった。

【参考書式3－5】被告人に対する公判前整理手続期日への出頭希望の有無の確認書面（公判前整理手続期日通知を兼ねたもの）

平成○○年(わ)第○○○号　　　　　　　　　　　　平成○○年○月○○日
被告人　○　○　○　○　殿

　　　　　　　　　　　　　　　　　○○地方裁判所第○刑事部
　　　　　　　　　　　　　　　　　裁判所書記官　○　○　○　○

公判前整理手続期日通知書

　被告人に対する住居侵入，強盗致傷被告事件について，平成○○年○月○○日午後○時から○○地方裁判所第○○○号法廷において，公判前整理手続が行われますので，通知します。

　被告人は，公判前整理手続期日に出頭する義務はありませんが，出頭することもできます。

　ついては，被告人が上記の期日に出頭を希望するかどうかを確認しますので，別添の回答書に所要事項を記入の上，○月○○日までに裁判所あて返送してください。

(別添)
　　　　　　　　　　　　　　　　　　　平成　　年　　月　　日
○○地方裁判所第○刑事部　御中
　　　　　　　　　　　　　　　　被告人　　　　　　　　　　㊞
私は，平成○○年○月○○日午後○時から行われる公判前整理手続期日に出頭することを
　(1)　　　希望します。
　(2)　　　希望しません。
　　　※　該当する方を○で囲むこと。

第3章　公判前整理手続の事務処理とその実際

イ　裁判所が被告人に出頭を求める場合

裁判所は，必要と認めるときは，被告人に対し，公判前整理手続期日に出頭することを求めることができる（法316の9Ⅱ）。

㋐　被告人の出頭を求める場合

公判前整理手続において十分な争点整理等を行うために必要な場合に，被告人の出頭を求めることになろうが，そのようなことが考えられる場合としては，①弁護人の陳述又は弁護人が提出した書面について被告人の意思を確かめるための質問を行う場合（法316の10），②公判前整理手続の終了に当たり，事件の争点及び証拠整理の結果を被告人本人とともに確認する場合などがあり得る[*1]。

㋑　被告人の出頭を求める場合の手続

a　求意見

法律上，被告人の出頭を求める場合に検察官及び弁護人に対して意見を求めることは規定されていない。したがって，裁判所が，訴訟関係人の意見を聴くことなく，それまでの状況等を勘案して，被告人の出頭が必要だと判断することができる。しかし，実務上は，裁判所の判断の参考とするために，訴訟関係人の意見を聴くことは多いと思われる（執務資料27ページ，注2参照）。

なお，この求意見は，事実上の手続であるが，訴訟関係人の意見を聴いた場合には，これを記録に残すことも考えられる。

b　決定等

被告人に対し公判前整理手続期日への出頭を求める裁判所の判断は，決定である。しかし，公判前整理手続期日外に判断が行われた場合の裁判書の作成やその謄本の送達は不要である[*2]。

一方，公判前整理手続期日において，被告人の出頭を求める旨の決定をした場合は，公判前整理手続調書に記載する（記載例につき第4章　164ページ参照）。

c　検察官及び弁護人への通知

裁判所が被告人に公判前整理手続期日への出頭を求めた場合には，速やかにその旨を検察官及び弁護人に通知しなければならない（規217の10）[*3]。

通知の方法については定めがないので，電話等適宜の方法でよいが，通知した場合は，これを記録上明らかにしなければならない（規298Ⅲ）。被告人に対する召喚状の写しを作成しておき，その写しに「○月○日，検察官及び弁護人に通知済み」等と記載し，記録（第4分類）に編てつする方法等が考えられる（執務資料27ページ）。

[*1]　法解説(1)96ページ参照。

[*2]　この判断に基づいて行われる召喚状の送達により，出頭を求める旨の判断があったことが明らかである上，被告人の出頭が訴訟関係人の利益を害することがないからである（執務資料27ページ参照）。

[*3]　弁護人が知らぬ間に被告人が召喚され，期日前の打合せもできなかったという事態が生じることは好ましくないからである。また，検察官に対しては，一方当事者のみに通知することが相当でないことから通知しなければならないものとされた（執務資料26ページ）。

なお，公判前整理手続期日において被告人の出頭を求める旨の決定をした場合には，期日に立ち会った検察官及び弁護人には改めて通知することは不要である（規217の12）。

d 被告人の出頭確保

被告人の身柄拘束の有無にかかわらず，被告人に対し，召喚状を送達して行う（法57，65Ⅰ）方法が一般的であろう。その他，勾引（法58）等の方法によることができるのは，公判における被告人の出頭確保の場合と同様である[1]。

2 公判前整理手続期日を実施する場所

公判前整理手続は公判準備であるので，期日を開く場合であっても公開の法廷で行う必要がなく（第1章 6ページ参照），むしろ非公開で行うことが一般的である。したがって，公判前整理手続期日を開く場合，その場所については必ずしも法廷である必要はなく，会議室，準備室，公判前整理手続室等といった法廷以外の場所で行うこともももちろん可能である。

ただし，身柄拘束中の被告人が出頭する場合には，裁判所構内の被告人の移動経路や期日中の被告人の身柄戒護の点を考慮すると，法廷を利用することが適切であるといえるであろう[2][3]。

実務上も，検察官及び弁護人のみが出頭し，身柄拘束中の被告人が出頭しないケースでは，会議室や準備室で，身柄拘束中の被告人が出頭するケースでは，法廷で期日を開く取扱いが一般的であると思われる（事案に応じて臨機応変に使い分ける必要があることは言うまでもない。）。

身柄拘束中の被告人が出頭する公判前整理手続期日を行う場合には，通常の事件で利用する法廷のほか，ラウンドテーブル法廷を利用することも考えられる。公判前整理手続が，訴訟関係人間の協議であり，当事者間の自由な意見交換が行われることを考えると，ラウンドテーブル法廷の利用も十分に考慮すべき選択肢といえよう。そこで被告人が出頭する公判前整理手続期日においてラウンドテーブル法廷を利用した事例の有無についてアンケートをしたところ，次のような結果であった。

---

[1] 法解説(1)96ページ参照。ここでは，召喚，勾引のほか，出頭又は同行命令を発し，勾引（法68）することができると解されるとされている。

[2] 被告人に出頭を求めていない期日であっても，被告人が期日直前に出頭意思を示した場合に備えて，あらかじめ法廷を確保しておく必要があろう。その意味で，被告人が期日に出頭を求められていない場合であっても，出頭の意思の有無を確認することが有益であると言える。

　なお，被告人の身柄戒護の必要性がない場合（在宅起訴，保釈中）は，被告人が出頭する場合であっても法廷以外の場所で公判前整理手続期日を行うことも可能であろう。

[3] 公判前整理手続は非公開であるから，法廷において行う場合には，傍聴人が入廷しないような措置（出入口の施錠，覗き窓の遮へいや傍聴できない旨の張り紙等）が必要になる。

第3章　公判前整理手続の事務処理とその実際

> （アンケート3－2）
> 　被告人が出頭する公判前整理手続期日をラウンドテーブル法廷で開いたことがありますか（回答数85）
> 　ア　ある　　19
> 　イ　ない　　66

　アンケートの結果によると，多いとまではいえないものの，実施している例もある。
　ラウンドテーブル法廷を利用して被告人出頭の公判前整理手続期日を行う場合には，被告人の着席位置を考慮することが必要になる。特に被告人が身柄拘束中の場合には，被告人の身柄戒護のための職員も出廷するため，それも含んだ法廷内の配置を検討する必要がある。そこで，ラウンドテーブル法廷における訴訟関係人等の配置についてアンケートをしたところ，概ね【図3－2】に挙げた例のとおりに分類することが可能であった。

【図3－2】ラウンドテーブル法廷内における訴訟関係人の位置関係の例

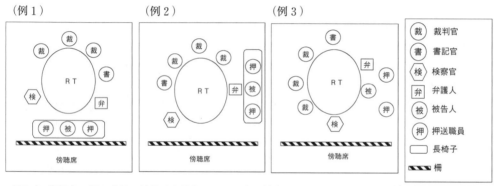

（例1）傍聴席の柵の内側に長椅子を置き，その中央に被告人，両側に押送職員が着席する。（回答数7）
（例2）ラウンドテーブルの弁護人席の後ろに長椅子を置き，その中央に被告人，両側に押送職員が着席する。（回答数6）
（例3）被告人はラウンドテーブルの弁護人の隣に着席し，被告人の後方左右に押送職員が着席する。（回答数2）

　ラウンドテーブル法廷は，法廷の広さ，ラウンドテーブルの配置，傍聴席の位置などに各庁ごとに違いがあることから，ラウンドテーブル法廷内の配置方法を一律に分類することが難しい面もあるが，例1から例3の分類は，被告人の配置や弁護人席と被告人席の距離及び位置関係等の観点から分類を試みたものである。このうち，例2に分類したものは，ラウンドテーブルの周囲に被告人席を設ける点では例1と同様であるが，アンケートの回答の記載内容から，特に被告人と弁護人の距離及び位置関係を法廷内のレイアウトを決める主な要素にしているものと思われるものである。
　ラウンドテーブル法廷において身柄拘束中の被告人が出頭して公判前整理手続期日を行う場合には，法廷の広さ等による物理的制約はあるものの，被告人と弁護人との距離及び位置関係，出入口の場所，当該期日において予定している手続の内容等の要素を考慮する

必要があると思われる。そのような観点からは，例えば，例2のように，被告人席と弁護人席が近接していれば，期日中に弁護人と被告人が相談することが容易になるというメリットが考えられる。また，当該期日において，被告人を出頭させて意思確認（法316の10）を行ったり，争点及び証拠整理の結果確認（法316の24）を被告人とともに行ったりする場合など，被告人が発言することが想定される場合には，例3のように被告人をラウンドテーブルに着席させることも考えられる。逆に被告人の戒護という観点からは，例1のような裁判長（体）から被告人を見通せる配置が適切な場合も考えられる。

　このように考えると，ラウンドテーブル法廷に身柄拘束中の被告人が出頭する場合の配置については，裁判体と相談しつつ，訴訟関係人の意向も踏まえながら，個別の事件ごとに検討していく必要があると思われる。

3 公判前整理手続期日の指定

　公判前整理手続について，訴訟関係人を出頭させて陳述させる方法を選択した場合には，公判前整理手続期日を開く必要がある（法316の6Ⅰ）。

(1) 公判前整理手続期日の指定に関して配慮すべき事項

　公判前整理手続期日を定めるについては，その期日前に訴訟関係人がすべき準備を考慮しなければならない（規217の5）。期日を開くことを中心に公判前整理手続を進める場合には，期日の空転を避ける意味で当然のことである。

　公判前整理手続を進めるに当たって，期日をどのタイミングで指定し，開催するかは，期日をどのように位置付けるかによることになり，それは，手続の運営方針との関係で裁判体によって様々であり，また事案によって異なることになろう。したがって，公判前整理手続期日をいつ指定するのか，あるいは公判前整理手続期日をいつ開くのかについては，裁判体と連携を取りながら，その審理方針に従って決めていく必要がある。この点については，第2章（12ページ以下）を参照されたい。

(2) 期日指定の手続

ア 期日指定の方法

　公判前整理手続期日の指定は，裁判長が行う（法316の6Ⅰ）。受命裁判官によることも可能である（法316の11参照）。

　指定の方法としては，公判前整理手続期日で指定する場合には，これを調書に記載し（第4章　164ページ参照），期日外で指定する場合は，期日指定書を作成する方法や一覧表形式の期日指定欄（48ページの【参考書式3－2】）を利用する方法が考えられる。

イ 検察官，被告人及び弁護人への通知

㋐ 通知の対象者

　公判前整理手続期日を指定した場合は，これを検察官，被告人及び弁護人に通知しなければならない（法316の6Ⅱ）。検察官，弁護人のほか，被告人にも期日を指定する都度通知をしなければならない点に注意が必要である[*1]。

＊1　また，被告人があらかじめ包括的に期日には出頭しない意思を表明している場合であっても，被告人に対して期日の通知はしなければならない（大島論文11ページ）。

第3章　公判前整理手続の事務処理とその実際

　　なお，公判前整理手続期日において次回の公判前整理手続期日を指定した場合には，当該期日に出頭した訴訟関係人には改めて期日を通知する必要がない（規217の12）。

(イ)　**通知の方法**

　　通知の方法は，法文上の定めはなく，適宜の方法で行えばよい。したがって，検察官及び弁護人に対しては，電話等で行えば足りる。

　　被告人に対しては，被告人の出頭を求めない期日の場合は，通知書を送付し（この場合，通知書とともに，被告人の出頭意思の有無の照会・回答書を同封することも考えられる。53ページ参照），被告人の出頭を求める期日の場合は，召喚状の発送をもってこれを兼ねる。

　　なお，被告人に対して公判前整理手続期日の通知を行う場合には，手続を開く場所について，「○○地方裁判所刑事第○○号法廷（又は○○準備室等）」等と通知書に具体的に記載する例が多い（**【参考書式3－5】，【参考書式3－6】**）。

【参考書式3－6】公判前整理手続期日通知書（被告人の期日への出頭の意思確認を兼ねていない書式）

平成○○年（わ）第○○○号

公判前整理手続期日通知書

　　　　　　　　　　　　　　　　　　　　　　平成○○年○月○○日

被告人　　○　○　○　○　　　殿

　　　　　　　　　　　○○地方裁判所刑事第○部
　　　　　　　　　　　　裁判所書記官　○　○　○　○

　　被告人○○○○に対する住居侵入，強盗致傷被告事件について，下記のとおり通知します。

記

公判前整理手続期日　　平成○○年○月○○日午後○時○○分

場　　　　　　　所　　○○地方裁判所第○○○号法廷

　注意　裁判所が必要と認めて出頭を求めた場合以外は，被告人には公判前整理手続期日に出頭する義務はありません。

- 60 -

第2節　公判前整理手続期日指定までの事務処理

　(ウ)　通知の記録化

　　　期日を通知した場合は，その旨を記録上明らかにしなければならない（規298Ⅲ）。その方法としては，期日指定の方法に応じて，①期日指定一覧表に期日通知欄を設け，書記官が押印する方法（【参考書式3－2】参照），②期日指定書の余白に通知済みの付記をする方法，③公判前整理手続期日において期日指定をした場合には，期日指定をした公判前整理手続調書の余白に通知済みの付記をする方法【参考書式3－7】が考えられる。

【参考書式3－7】不出頭の被告人への次回期日の通知を公判前整理手続調書に付記した例

```
　　指定した次回期日
　　　　　　平成○○年○月○○日午後○時○○分

　　　　　平成○○年○月○○日
　　　　　　　　　○○地方裁判所第○刑事部
　　　　　　　　　裁判所書記官　○　○　○　○　　㊞

　　　　　　　　　　┌─────────────────┐
　　　　　　　　　　│上記指定した次回期日は，　　　　　│
　　　　　　　　　　│　平成○○年○月○○日　　　　　　│
　　　　　　　　　　│被告人に対して通知済み　　　　　　│
　　　　　　　　　　│　　　　裁判所書記官　　㊞　　　　│
　　　　　　　　　　└─────────────────┘
```

第4　公判前整理手続期日の変更

1　規定の趣旨

　　裁判長は，検察官，被告人若しくは弁護人の請求により又は職権で，公判前整理手続期日を変更することができる（法316の6Ⅲ）。この規定を受けて，刑訴規則では，変更請求の時期，方法等が具体的に規定されている（規217の6Ⅰ）。

　　しかし，公判前整理手続は，公判審理の充実，迅速化を目的に行われるものであるところ，公判前整理手続期日が軽々に変更されたり，変更が繰り返されることがあっては，公判前整理手続の迅速な進行が阻害され，ひいては手続の遅延を招くことになる。そこで，裁判長は，訴訟関係人から公判前整理手続期日の変更請求があった場合には，「やむを得ないものと認める場合」以外は請求を却下しなければならず（規217の6Ⅱ），職権で期日変更する場合もまた「やむを得ないと認める場合」でなければ変更することができない（規217の9）とされている（不変更の原則）。

2　期日変更の手続

　(1)　請求

　　　訴訟関係人は，公判前整理手続期日の変更を必要とする事由が生じたときは，直ちに，その事由とその事由が継続する見込期間を具体的に明らかにして，期日の変更を請求し

－ 61 －

第3章　公判前整理手続の事務処理とその実際

なければならない（規217の6Ⅰ）[*1]。なお，職権により期日変更する場合もあることは，前述のとおりである。

(2) 求意見

ア　求意見の対象

請求による場合には，相手方又はその弁護人に，職権による場合には，検察官及び被告人又は弁護人に意見を聴かなければならない（法316の6Ⅲ後段，規217の7）[*2]。

イ　求意見の方法

電話等適宜の方法による。聴取した結果を記録に残しておくこと，変更後の新期日の日程を併せて聴取することといった実務上の取扱いについては，公判期日変更の場合と同様である。

(3) 命令書の作成

公判前整理手続期日の変更は，裁判長による判断であるので，「決定」ではなく「命令」である。受命裁判官によることも可能である。

命令書の書式は【参考書式3－8】のとおり。

[*1]　公判期日の変更請求については，「やむを得ない事由」及び「それが継続する見込の期間」を明らかにするほか，「診断書その他の資料によりこれを疎明」して請求しなければならないとされている（規179の4Ⅰ）が，公判前整理手続期日の変更請求については，「診断書その他の資料」により疎明することまでは求められていない。これは，公判前整理手続が公判準備の段階であるので，公判期日の変更ほどは厳格な手続を求める必要はないと考えられるためである。ただし，裁判長は必要に応じて，「やむを得ない事由」の疎明を求めることができ，その場合には，訴訟関係人がそれに応じて，期日変更を必要とする事由について疎明しなければならない（執務資料23～24ページ参照）。

[*2]　求意見の手続は急速を要する場合であっても省略することはできない。これは，公判前整理手続期日の変更を定めた法316の6Ⅲに，法276Ⅱただし書（公判期日の変更に関して，急を要する場合は求意見を省略できる旨の規定）と同趣旨の規定が置かれなかったことから，刑訴規則上も規180ただし書に対応する規定が置かれなかったことによる（執務資料25ページ）。

第2節　公判前整理手続期日指定までの事務処理

【参考書式3－8】公判前整理手続期日変更命令

平成○○年（わ）第○○○号

公判前整理手続期日変更命令

　　　　　　　　　　　　　　　　　　被告人　　○　　○　　○　　○

　被告人に対する住居侵入，強盗致傷被告事件について，当裁判所は，さきに指定した公判前整理手続期日を弁護人の請求により，検察官の意見を聴いた上，次のとおり変更する。

　さきに指定した公判前整理手続期日　　平成○○年○月○○日午後○時

　新たに指定した公判前整理手続期日　　平成○○年○月○○日午後○時

　　　　　　　　　平成○○年○月○○日
　　　　　　　　　○○地方裁判所第○刑事部
　　　　　　　　　　　　裁判長裁判官　○　　○　　○　　○

⑷　命令の告知
　ア　告知の方法
　　　公判前整理手続期日の変更に関する命令は，送達することを要しない（規217の8）。変更請求却下命令のみならず期日変更命令も送達を要しない趣旨である。
　　　ただし，適宜の方法により通知をすることは必要であり，通知をした場合には，その旨を記録上明らかにしなければならない（規298Ⅲ）。
　イ　被告人に対する告知において注意する点
　　　被告人の出頭を求めていた公判前整理手続期日を変更する場合には，実務上，期日変更命令の通知とともに，変更後の期日の召喚を行う必要がある。
　　　これは，公判期日と異なり，公判前整理手続期日には原則として被告人に出頭義務がないことから，期日変更前の召喚（又は出頭命令）の効力が変更後の期日に及ぶのかどうかが，被告人や刑事施設等の職員に一見して明確ではないからである。したがって，実務上は，公判前整理手続期日変更命令謄本と召喚状を同封して被告人に対して特別送達をする扱いになろう。

第3章　公判前整理手続の事務処理とその実際

第3節　争点及び証拠整理並びに証拠開示等に関する事務処理

第1　検察官による証明予定事実記載書面の提出及びその証明に用いる証拠の取調べ請求

1　意義

　　検察官は，事件が公判前整理手続に付されたときは，証明予定事実（公判期日において証拠により証明しようとする事実をいう。）を記載した書面を裁判所に提出し，かつ，被告人又は弁護人に送付し（法316の13Ⅰ前段），また，証明予定事実を証明するために用いる証拠の取調べを請求しなければならない（同条Ⅱ）。

　　公判前整理手続において，十分に争点及び証拠の整理が行われるよう，その出発点として，起訴状記載の公訴事実のみならず，検察官の主張立証の全体像が明らかになるようにしようとするものである（法解説(2)20ページ）。

2　証明予定事実記載書面の記載内容等

　　証明予定事実記載書面は，公判前整理手続において争点及び証拠を整理し，審理予定を策定する出発点となるものであるから，検察官は，証明予定事実を記載するについては，事件の争点及び証拠の整理に必要な事項を具体的かつ簡潔に明示しなければならない（規217の19Ⅰ）ものとされている。

　　具体的には，構成要件事実，重要な情状事実などの主要事実のほか，事実に争いがある場合（例えば，被告人が事件への関与を否認しているとき）には，これを裏付けるべき間接事実（例えば，犯人性を裏付ける事実），被告人が捜査段階から具体的弁解を述べている場合にはこれを否定すべき事実についても記載すべきであろうとされる（大島論文16ページ）。

　　書面の体裁については，欄を左右に分け，左側に証明予定事実，右側に対応する証拠を記載するなどして，事実と証拠との対応関係を明示し，事実に関する部分は物語式に記述する例が多く見られるが，間接事実レベルでの争点整理が必要な事案などは，事実構造式のものも見られる（記載例は，【参考例3－1】）。

　　裁判所は，争点及び証拠整理をし，公判の審理予定を立てるために必要であれば，証明予定事実記載書面の記載内容について不明確な点について，検察官に釈明を求め，証明予定事実を具体的に明らかにさせることもできる（執務資料45ページ）のであるから，書記官としても，証明予定事実記載書面を十分に閲読し，裁判体の意向を踏まえた上で，検察官に対して疑問点の照会や任意の補正の促しをすることが，適正かつ円滑な公判前整理手続の進行につながるものである（なお，進行管理事務としての当事者提出書面に対する任意の補正の促しについては，後述第6章　256ページ参照）。

- 64 -

第3節　争点及び証拠整理並びに証拠開示等に関する事務処理

【参考例3－1】事実構造式証明予定事実記載書面の例

（事案の概要）

　被告人は，言い争いになった被害者に対し包丁で切り付け，さらに，顔面を手拳で殴打して同人を路上に転倒させるなどの暴行を加えて同人に鼻出血等の傷害を負わせ，転倒により意識喪失した被害者が自らの鼻から出た血を吸引して窒息死したという傷害致死の事案で，「被害者の死亡の事件性」と「被告人の犯人性」等が争点となっている。

被害者は，人に攻撃されたことにより死亡したこと	被害者の死因は，血液吸引による窒息死であること	実況見分調書（甲3）死体検案書（甲4）〇〇〇〇の供述調書（甲8）
	被害者には犯人に切り付けられた際にできた防御創があること	死体検案書（甲4）〇〇〇〇の供述調書（甲8）
	被害者が着ていた長袖シャツは，無理矢理引っ張られ，頭から脱がされた状態になっていること	捜査報告書（甲6）写真撮影報告書（甲7）
被告人が本件の犯人であること	犯行現場付近路上から被告人及び被害者の血痕が検出されたこと	実況見分調書（甲12）捜査報告書（甲26）
	被害者の爪に被告人の人体組織片が付着していたこと	捜査報告書（甲26）
	被告人の右手には，人を殴打した痕跡が認められること	写真撮影報告書（甲23）〇〇〇〇の供述調書（甲33）
	被害者の着衣には被告人の血液が付着していたこと	実況見分調書（甲12）捜査状況報告書（甲37）
	犯行現場付近路上から発見された包丁の刃の部分には被害者の血痕が付着し，柄の部分には，被害者及び被告人の血痕が付着していたこと	鑑定嘱託書（甲13）鑑定書（甲14）捜査報告書（甲30）
	本件犯行に使用した包丁は，被告人の実家にあったものであること	検証調書（甲27）〇〇〇〇の供述調書（甲33）被告人の供述調書（乙7）
	被害者の血液が被告人の着用していたシャツに付着していて，その血液が〇〇〇〇のセーターにも付着していたこと	写真撮影報告書（甲25）鑑定嘱託書（甲17）鑑定書（甲18）

－ 65 －

第3章　公判前整理手続の事務処理とその実際

3　証明予定事実記載書面等の提出期限の定め

(1)　意義

　　裁判所は，検察官及び被告人又は弁護人の意見を聴いた上で，検察官の証明予定事実記載書面の提出及び送付並びに証拠調べ請求期限を定める（法316の13Ⅳ）。検察官の証明予定事実記載書面等の提出が，公判前整理手続の実質的な出発点であることから，期限の定めが必要的とされたものである。

(2)　求意見

　　求意見の対象は，「検察官及び被告人又は弁護人」とされており，弁護人が選任されていれば，検察官及び弁護人に対して求意見されているのが通例であろう。また，求意見の方法については，法文上規定はなく，電話もしくは書面等の適宜な方法ですれば足りるが，聴取した意見は記録上明らかにする。

　　なお，進行管理事務としての，期限設定に向けた効率的な事務処理については，後述第6章　253ページ参照。

(3)　期限決定とその告知

ア　期限決定

　　上述したように，検察官の証明予定事実記載書面の提出及び証拠調べ請求は，公判前整理手続の実質的な出発点となるものであるから，期限決定は必要的とされている。

　　期限決定は，公判前整理手続期日もしくは期日外のいずれでも行いうるものであるが，期日でなされた場合は，公判前整理手続調書の必要的記載事項（規217の14Ⅰ⑯）となり（調書の記載例については，後述第4章　160ページ参照），期日外でなされた場合は，決定書を作成することになる。

イ　期限決定の告知

　　期限を決定した場合は，検察官及び被告人又は弁護人に通知しなければならない（規217の21）。

　　告知の相手方については，「検察官及び被告人又は弁護人」とされ[*1]，実務上，検察官及び弁護人のみに告知されているのが通例であろう。

　　また，告知の方法も裁判書謄本の送達によらず，通知で足りる[*2]（通知書の書式として【参考書式3－9】）が，通知したことは記録上明らかにしなければならない（規298Ⅲ）。なお，公判前整理手続期日で決定された場合は，重ねて通知する必要は

---

*1　立証活動は，通常，弁護人に一任されていると考えられること，検察官の証明予定事実記載書面等の送付先やその提出期限についての求意見の相手方も「被告人又は弁護人」とされていることなどからも，被告人と弁護人が十分な打合せをした上で，公判前整理手続に臨むことが当然の前提とされているものと考えられることによる（執務資料47ページ）。

*2　これらの期限の定めは，できる限り速やかに告知されることが望ましいこと，また，期限の定め自体には失権効はなく，不服申立ても認められないことなどから，通知で足りるものとされたもので，刑訴規則34条ただし書きの「特別の定」に当たる（前同）。

－ 66 －

第3節　争点及び証拠整理並びに証拠開示等に関する事務処理

ない*1（規217の12）。

　　なお，期限決定後は，書面提出期限管理を怠りなく行う必要があるが，具体的な進行管理事務としての期限管理については後述第6章　253ページ参照。

【参考書式3－9】付決定及び検察官の証明予定事実記載書面等の提出期限決定の通知書

平成○○年○月○○日

平成○○年（わ）第○○○号
事件名　　住居侵入，強盗致傷
被告人　　○　○　○　○

■　○○地方検察庁　検察官　殿
■　弁護人　○　○　○　○　殿

○○地方裁判所第○刑事部
裁判所書記官　○　○　○　○

通　知　書
1　標記の被告事件について，平成○○年○月○○日，公判前整理手続に付する旨の決定がされましたので通知します。

2　（■検察官，□弁護人）に対して，下記①，②の書面の提出期限が，平成○○年○月○○日までと定められましたので，併せて通知します。提出を求められた訴訟関係人は，できるだけ速やかに提出してください。
記
①　証明予定事実記載書面
②　証明予定事実を証明するために用いる証拠の取調べ請求書
③　相手方請求証拠について，刑訴法326条の同意をするかどうか又はその取調べの請求に関し異議がないかどうかの意見を記載した書面
④　証明予定事実その他の公判期日においてすることを予定している事実上及び法律上の主張を記載した書面

⑷　**各庁の実情（期限決定とそのタイミング）**

　　訴訟関係人の各種書面の提出期限をどのタイミングで決めるかは，公判前整理手続の進行方式を定めるに当たってポイントとなるものであるが，検察官の証明予定事実記載書面の提出及び証拠調べ請求については，これらが公判前整理手続の出発点となるべきものであることから，アンケート結果を見ても，期限決定のための求意見及び期限決定は，概ね，付決定と同時にされている例が多い。

　　また，期限の長さについては，多くの庁では，期限決定から概ね二，三週間後とされているようであるが，起訴日を基準にして二，三週間後としている庁も見られる（いず

---

*1　検察官及び弁護人の双方が出頭しなければ公判前整理手続期日の手続を行うことはできない上（法316の7），期限決定の告知は，上述のとおり検察官及び弁護人にすれば足りるので，被告人が出頭しない期日で期限決定がなされても，被告人に期限決定を告知する必要はない。

- 67 -

第3章　公判前整理手続の事務処理とその実際

れについても，詳細は，前述第2章　14ページ参照。)。

(5) **書面提出後の事務**

　　書面提出後，記載内容を確認し（進行管理事務としての，内容確認と任意の補正の促しについては，後述第6章　256ページ参照），記録に編てつする*1。当初提出書面に追加する事項がある場合などは，期日で提出される場合もあるが，その場合の調書の記載等については，後述第4章　122ページ参照。

　　なお，書面の送付先は，「被告人又は弁護人」とされており（法316の13Ⅰ），実務上も弁護人にのみ送付されるのが通例であろう。また，検察官から弁護人に直送されることも多いと思われるので，その場合，弁護人へ受領確認をするとよいであろう*2。

第2　検察官請求証拠の開示

1　意義

　　検察官は，取調べを請求した証拠については，速やかに，被告人又は弁護人に対し，下記3記載の方法による開示をしなければならない（法316の14）。公判前整理手続の出発点として，前述の証明予定事実記載書面の提出とともに，請求証拠の開示をすることで，検察官立証の全体像を明らかにしようとするものである（法解説(2)24ページ）。

2　開示すべき証拠と開示時期

　　開示すべき証拠は，証明予定事実を証明するために用いる証拠として取調べを請求する証拠（法316の13Ⅱ）である。

　　なお，開示時期としては，法文上，「取調べを請求した証拠については，速やかに」として，証拠調べ請求後，速やかに開示しなければならないものとされている*3。また，証明予定事実記載書面等の提出期限とともに，請求証拠の開示時期についても，担当検察官との間で一般的な取り決めがなされている例も見られる（この点，検察官請求証拠の開示時期についてのアンケート結果は以下のとおり（アンケート3−3）である。)。

> **（アンケート3−3）**
>
> 　公判前整理手続に付された事件について，検察官の請求証拠の開示時期は，起訴から概ねどのくらいですか（回答数84）
>
> 　ア　1週間　　　　　6
> 　イ　2週間　　　　3 8
> 　ウ　3週間　　　　3 3

＊1　記録の編綴箇所については，後述95ページ参照。

＊2　受領確認をしたことを記録上明確にする意味で，提出書面の欄外余白に受領確認した旨付記する例も見られる。また，受領確認の際，開示を受けた請求証拠を閲覧したかどうかも併せて聞くとよい。

＊3　この点，公判前整理手続に付さない事件については，証拠調べ請求前に予め開示しなければならないものとされている（法299Ⅰ）が，これは，公判期日での証拠調べ請求を念頭に置いて，同じ期日で証拠意見を述べ，採否決定，証拠調べができるよう，予め開示することとされたものである（法解説(2)24〜25ページ）。なお，公判前整理手続に付した事件についても，弁護人が証拠の検討を早く始められるように，証拠開示を証拠請求より早く行う例も見られる。

第3節　争点及び証拠整理並びに証拠開示等に関する事務処理

```
エ　2〜3週間　　　1
オ　4週間　　　　　5
カ　5週間　　　　　1
```

　いずれにしても，開示の状況について，検察官，弁護人双方に対して，適宜状況確認や必要に応じた促しを行うことが円滑な公判前整理手続の進行に向けて重要である（進行管理事務としての開示状況の把握等については，後述第6章　262ページ以下参照。）。

3　開示の方法

(1)　証拠書類又は証拠物（法316の14①）

　被告人に対しては，当該証拠書類又は証拠物を閲覧する機会を，弁護人に対しては，閲覧及び謄写の機会を与えることである。

(2)　証人，鑑定人，通訳人又は翻訳人（法316の14②）

　証人等の氏名及び住居を知る機会を与え，かつ，それらの者の供述録取書等のうち，それらの者が公判期日において供述すると思料される内容が明らかとなるもの（ただし，当該供述録取書等が存在しないとき，又はこれを閲覧させることが相当でないと認めるときは，その者が公判期日において供述すると思料する内容の要旨を記載した書面）について，被告人に対しては閲覧する機会を，弁護人に対しては閲覧及び謄写の機会を与えることである。

4　証拠開示に関する裁定

　検察官請求証拠に関して証拠開示に関する裁定請求をする場面としては，その開示時期等の指定，又は条件の設定を求めて，検察官が裁定請求する場合[1]（法316の25），及び開示すべき証拠の開示を受けていないとして，被告人側が裁定請求する場合（法316の26）がある。いずれについても，裁定請求手続については，項を改めて記述する（後述75ページ以下参照）。

第3　類型証拠の開示

1　意義

　特定の検察官請求証拠の証明力を判断するために重要と認められる一定の証拠についての開示手続について定めたものである（法316の15）。

　検察官から証明予定事実記載書面とともに取調べ請求証拠が開示されて，検察官の主張立証の全体像が明らかになると，引き続いて，被告人側が，検察官請求証拠に対する意見表明（法316の16Ⅰ）並びに主張明示（法316の17Ⅰ）及び証明予定事実を証明するための証拠調べ請求（同条Ⅱ）をすることになるが，それにあたり，検察官請求証拠の証明力を適切に判断できるようにするためのものである。

2　開示の要件[2]（法316の15Ⅰ）

---

[1]　特定の検察官請求証拠につき，開示の方法として弁護人の閲覧のみとすることを求めて，検察官が裁定請求した例も見られる。

[2]　この点については，法解説(2)31ページ以下が詳しい。

第3章　公判前整理手続の事務処理とその実際

① 開示されうる証拠に該当すること（類型該当性，法316の15Ⅰ各号）
② 特定の検察官請求証拠の証明力を判断するために重要であると認められるものであること（重要性）
③ 開示の必要性の程度と開示によって生じるおそれのある弊害の内容及び程度との比較衡量（開示の必要性と弊害との勘案）
④ 被告人又は弁護人から開示の請求があること

3　請求に対する検察官の対応

　被告人側には，検察官に対する開示請求権が認められ，検察官は，請求に応答する義務があるため，上記2の要件を満たし，開示相当と判断したときは，検察官は速やかに証拠開示をしなければならない。

　開示されうる証拠は，開示をした検察官請求証拠以外の証拠であり[*1]，その開示の方法は，刑訴法316条の14第1号に定める閲覧，謄写の方法による（法316の15Ⅰ前段）。また，開示に際して，その時期，方法等を指定し，又は条件を付することができる（法316の15Ⅰ後段）。

　なお，検察官が開示をしないとの判断をしたときには，その理由を請求者に対して告知しなければならない（規217の24）。

4　開示手続の進行状況把握

　証拠開示に関するやりとりは訴訟関係人間でなされるため，裁定請求がされるまでは裁判所が直接関与することはないが，検察官請求証拠に対する被告人側の証拠意見表明並びに被告人側の主張明示及び証拠調べ請求をするにあたっての前提となるものであるから，その進捗状況を把握することは，公判前整理手続の円滑な進行のために重要である（なお，進行管理事務としての，開示手続の進行状況把握については，後述第6章　263ページ参照）。

5　証拠開示に関する裁定

　類型証拠開示に関して裁判所に裁定請求する場面としては，開示請求に対して，検察官が不開示の判断を示した場合の他に，開示請求を受けていながら，検察官が合理的な期間を超えて開示に対する判断を示さなかった場合にも，請求者は不開示の判断があったものとして裁定請求（法316の26）ができると解されており（法解説⑵59ページ），これらの事例が考えられる[*2]。なお，裁定請求手続については，項を改めて，まとめて記述する（後述75ページ以下参照）。

＊1　この点，開示の対象となる証拠が，検察官が現に保管する証拠に限られるのかが問題になるが，「必ずしも検察官が現に保管する証拠に限られず，当該事件の捜査の過程で作成され，又は入手した書面であって，公務員が職務上現に保管し，かつ，検察官において入手が容易なものを含むと解するのが相当である。」（最決平19.12.25，刑集61-9-895）ものとされている。

＊2　裁定請求に関する裁定例をいくつかまとめた文献として，田野尻猛「証拠開示に関する裁判例等について」（判タNo.1254・5ページ以下）などがあるので参考にされたい。

第3節　争点及び証拠整理並びに証拠開示等に関する事務処理

第4　検察官請求証拠に対する意見

1　意義

　　被告人又は弁護人は，検察官から，証明予定事実記載書面（法316の13Ⅰ）の送付を受け，かつ，請求証拠（法316条の14）及び類型証拠（法316条の15Ⅰ）の開示を受けたときは，検察官請求証拠について，意見を述べなければならない（法316の16Ⅰ）。

　　公判前整理手続において，十分な争点及び証拠の整理を行うためには，請求証拠に対する相手方の意見が明らかにされることが必要であることから，証拠意見の明示が義務付けられたものである（法解説(2)62ページ）。

2　期限の定め

　　期限の定めは必要的ではないが，期限を定める場合は，検察官及び被告人又は弁護人の意見を聞いた上で裁判所が決定する（法316の16Ⅱ）。なお，本条に基づく期限決定がされているかどうかについてのアンケート結果は以下のとおり（アンケート3－4）である。

（アンケート3－4）

　検察官請求証拠に対して弁護人が意見を述べる期限（法316の16Ⅱの決定によるもの）を定めていますか（回答数85【複数回答】）

　　ア　定めている　　　61（「事案に応じて」との留保付き2箇部あり）

　　イ　定めていない　　25（「事案に応じて」との留保付き1箇部あり）

　　アンケート結果を見ても，7割を超える庁で，本条に基づく期限決定がされていた。なお，本条に基づく期限決定がされない場合でも，事実上の期限を定めている例がほとんどであろう。

　　その他，求意見，期限決定及び決定の告知方法等については，検察官の証明予定事実記載書面等の提出期限の定め（前述66ページ参照）で述べたとおりである。

　　なお，期限決定のタイミングについては，法文上，検察官請求証拠に対する意見は，検察官の証明予定事実記載書面の提出を受け，かつ請求証拠及び類型証拠の開示を受けてからとなっていることから，検察官からの上記書面提出後に期限決定するという運用の庁も相当数見られるが，早期に手続の見通しを立てることなどから，検察官の証明予定事実記載書面等の提出期限と同時に定めるという運用の庁も見られる（詳細は，第2章　12ページ以下参照）。また，検察官請求証拠に対する証拠意見は，被告人側の当該事件に関する主張との関連性が高いため，実務上，被告人側の予定主張明示（法316の17Ⅰ）及び証拠調べ請求（同条Ⅱ）期限と同一の期限にされることが多い。

　　ところで，期限の長さについてであるが，概ね検察官の証明予定事実記載書面等提出期限から二，三週間後とされている庁が多いようである（この点についても，詳細は，第2章　14ページ参照）。

3　意見の内容

　　被告人側が明らかにしなければならないのは，「法326条の同意をするかどうか又はその取調べ請求に関し異議がないかどうかの意見」である。

　　「その取調べ請求に関し異議がないかどうかの意見」とは，証拠意見としての異議，いわゆる意見異議であり，具体的には，請求証拠の証拠能力，関連性，取調べの必要性等の

- 71 -

第3章　公判前整理手続の事務処理とその実際

点について異議がないかどうかである。

　また，「法326条の同意をするかどうかの意見」は，概念的には証拠調べ請求に対する意見とは異なるものの，実務上は，請求証拠に対する意見の中で述べられるのが一般的であるし，同意の有無は，証拠整理をする上で重要であることから，被告人側が明らかにしなければならないものとされたものである（以上，本項のこれまでの記述につき，法解説(2)63〜64ページ）。

　なお，明示を求められるのは，「同意するかどうか」，及び「異議がないかどうか」であるが，争点及び証拠整理を十分に行うためにも，不同意及び取調べに異議ある場合は，それぞれにつき具体的な理由を明らかにしてもらうことが望ましい（法解説(2)64ページ）ものと考えられるので，「不同意」意見の場合等で，その具体的な理由が十分に表明されていない場合には，書記官としても，弁護人に対して，裁判体の意向を踏まえた上で，不同意等の理由の補充（例えば，任意性を争うのか，違法収集証拠の主張なのか，作成の真正（法321Ⅲ等）も争うのかどうかなど）を求めるよう促すことが，公判前整理手続の円滑な進行につながるものであろう（進行管理事務としての任意の補正の促しについて，後述第6章　261ページ参照）。

4　書面提出後の事務

　記載内容を確認の上，記録に編てつし，意見内容を証拠等関係カードに記載する。なお，書面提出は必要的ではないため，公判前整理手続期日で意見が述べられる場合もあり，その場合は，意見の内容等により，証拠等関係カードもしくは公判前整理手続調書に記載する（意見の予定としての陳述や意見内容についての釈明のやりとりなどもあるため，それらの記載の要否，程度等について問題となるが，その点については，後述第4章　148ページ参照。）。期日外で意見が述べられた場合の証拠等関係カードの記載についても同様である。

第5　被告人側の予定主張の明示，証拠調べ請求及び取調べ請求証拠の開示

1　意義

　被告人又は弁護人は，検察官の証明予定事実記載書面（法316の13Ⅰ）の送付を受け，かつ，検察官請求証拠（法316条の14）及び類型証拠（法316条の15Ⅰ）の開示を受けた場合において，その証明予定事実その他の公判期日においてすることを予定している事実上及び法律上の主張があるときは，裁判所及び検察官に対し，これを明らかにしなければならず（法316の17Ⅰ），その証明予定事実を証明するために用いる証拠の取調べを請求し（同条Ⅱ），その証拠は，速やかに，検察官に対し，開示しなければならない（法316の18）。

　公判前整理手続において十分な争点及び証拠の整理を行うためには，検察官の主張に対する反論としての被告人側の主張及び取調べ請求証拠が明らかにされなければならないので，予定主張の明示及び証明予定事実がある場合の証拠の取調べ請求が義務付けられたものである（法解説(2)65〜66ページ）。

2　期限の定め

　予定主張の明示及び証拠調べ請求の各期限の定めは必要的ではないが，期限を定める場合（法316の17Ⅲ）の求意見，期限決定，その告知については，検察官の証明予定事実記載書面等の提出期限の定めの項（本節　66ページ参照）で述べたところと同様である。

- 72 -

第3節　争点及び証拠整理並びに証拠開示等に関する事務処理

3　明示義務ある主張の内容

被告人側が明らかにしなければならないのは,「証明予定事実その他の公判期日においてすることを予定している事実上及び法律上の主張」である[1]。

そのうち,「事実上の主張」とは,裁判所による認定を要する事実に関する被告人側の主張をいい,積極的な事実主張（例えばアリバイの主張など）のほか,検察官が明示した個別の証明予定事実に対する否認の主張も含まれる[2]（法解説(2)66ページ）。

また,「証明予定事実」とは,被告人側が公判期日において証拠により証明しようとする事実を指し,反証のために,その存在を証拠により裏付けようとする事実も含まれる[3][4]。なお,証明予定事実には,一般情状に属する事実も含まれるので,被害弁償や今後の更生可能性などを,公判において書証や証人尋問等で立証しようとする場合には,その主張も必要である。

さらに,「法律上の主張」とは,法令に関する主張で,刑罰法令の解釈,合憲性,法令の適用などに関する主張である（法解説(2)71ページ）。

4　証拠調べ請求の内容

被告人側も,証明予定事実があるときは,その証明のために用いる証拠の取調べ請求をしなければならない。情状立証についても同様であり,やむを得ない事由がある場合を除き,公判前整理手続終了後は,証拠調べ請求をすることはできない（法316の32Ⅰ。なお,この証拠制限についての詳細は,後述第4章　204ページ以下参照。）。

また,ここでいう「証拠調べ」は狭義の証拠調べを意味するので,被告人質問は含まれないが,被告人質問の有無,質問予定時間等は,審理計画を立てる上で重要な事項である

---

*1　主張明示義務が課されるのは,「公判期日においてする予定の主張」についてであり,それを公判期日から前倒しして公判前整理手続において主張を求められているだけであるから,被告人の供述拒否権（法311Ⅰ）には触れないものとされている（法解説(2)73ページ）。

*2　この点については,検察官の明示した証明予定事実に逐一認否する必要があるかどうかが問題となるが,間接事実や補助事実を含めて否認する主張を明らかにする義務があるとする見解（法解説(2)67ページ）がある一方,公訴事実に対する認否に加えて,重要な間接事実に対する認否を最低限明らかにすれば,逐一認否する必要はないとする見解（大規模否認事件の研究9～10ページ）などもある。

*3　具体的には,①違法性阻却事由や責任阻却事由等に該当する事実,②積極否認のための事実（アリバイの主張など）,③検察官請求証拠の証拠能力を否定する事実（供述調書に任意性がない旨の主張,違法収集証拠の主張など）,また,その証明力を減殺する事実などがある（法解説(2)69ページ）。

*4　また,明示の程度については,抽象的,項目的な主張にとどまるのではなく,公判期日においてする場合と同様の具体性を持った主張が求められる。ただ,当初の主張は具体性を欠くものであっても,主張関連証拠開示（法316の20）を受けて,更に主張が具体化するといったこともあろう（法解説(2)71ページ）。

この他,主張の対立を明らかにするために,弁護人がその主張する事実経過（アナザーストーリー）を書面で提出させ,これにより,検察官の証明予定事実記載書面と対比させながら争点整理を進めるという方法もある（大島論文18ページ）ものとされる。

- 73 -

第3章 公判前整理手続の事務処理とその実際

から，被告人質問を予定している場合は，質問予定時間，質問事項等を明らかにするよう促すべきである（法解説(2)73ページ）。

5 書面提出後の事務

検察官の証明予定事実記載書面等の項（本節 68ページ参照）で述べたとおりである。

第6 被告人側の証拠調べ請求に対する検察官の意見

1 意義

検察官は，被告人側請求証拠の開示を受けたときは，その請求証拠についての意見を明らかにしなければならない（法316の19Ⅰ）。

2 期限の定め

期限の定めは必要的ではなく（同条Ⅱ），実務上，本条に基づく決定としてこの期限を定めている例は少ないものと思われる。ただ，事実上の期限の定めはなされるであろうから，期限管理は怠りなくする必要がある。なお，期限を定める場合の求意見，期限決定，その告知については，検察官の証明予定事実記載書面等の提出期限の定めの項（本節 66ページ参照）で述べたところと同様である。

3 意見の内容及び書面提出後の事務

いずれも，検察官請求証拠に対する意見の項（本節 71ページ参照）で述べたとおりであるので，該当箇所を参照されたい。

第7 主張関連証拠の開示

1 意義

被告人側が刑訴法316条の17第1項の規定により明らかにした主張に関連する証拠についての開示手続を定めたものである（法316の20）。この開示を受けることにより，争点及び証拠整理並びに被告人の防御の準備が更に深められるようにしようとするものである（法解説(2)77ページ）。

2 開示の要件[*1]（法316の20Ⅰ）

① 被告人側の明示した主張（法316の17Ⅰ）に関連すると認められること（関連性）

② 上記①の関連性の程度その他被告人の防御の準備のために当該証拠を開示することの必要性の程度と開示によって生じるおそれのある弊害の内容等を比較衡量して，開示が相当と認められること（開示の必要性と弊害との勘案）

③ 被告人又は弁護人から開示の請求があること

以下，項目3から5については，いずれも類型証拠開示の項（いずれも本節 70ページ）で述べたとおりであるので，それぞれについての該当箇所を参照されたい。

3 請求に対する検察官の対応

4 開示手続の進行状況把握

5 証拠開示に関する裁定

[*1] この点については，法解説(2)77ページ以下が詳しいので，参照されたい。

第3節　争点及び証拠整理並びに証拠開示等に関する事務処理

第8　主張の追加又は変更等

1　意義

検察官は，法316の13から法316の20までに規定する手続が終わった後，証明予定事実の追加，変更の必要があれば，その追加，変更された証明予定事実記載書面を提出，送付し，その証明予定事実を証明するために用いる証拠を追加する必要があればその取調べを請求し，かつ開示しなければならない（法316の21）。被告人及び弁護人についても同様である（法316の22）。

訴訟関係人双方が，相手方の主張を受け，必要に応じて，それぞれの主張立証を追加し又は変更することを繰り返しながら，争点及び証拠整理を更に進めていこうとするものである（法解説(2)86ページ）。

2　期限の定め等

主張の追加及び変更に併せて，証明予定事実記載書面及び予定主張記載書面の提出並びに証拠調べ請求がなされ，また，必要に応じて請求証拠等の開示手続がなされることもあろうが，その具体的な事務処理等については，本節のそれぞれの該当箇所を参照されたい。

第9　証拠開示に関する裁定

1　意義

訴訟関係人間に，証拠開示をめぐって争いが生じた場合に，裁判所がそれについて判断をする制度として，刑訴法に証拠開示に関する裁定制度が設けられている。証拠開示がルールに沿って適正かつ円滑に行われるようにするとともに，開示をめぐる争いが紛糾し，円滑な手続の進行の妨げにならないようにすることが目的である。

刑訴法で定められた裁定請求には，2つの態様がある。すなわち，

① 証拠調べ請求をした者が，当該証拠の開示（法316の14，316の18等）の時期，方法の指定や条件の付加を求めるもの（法316の25）

② 証拠の開示を受ける者が，開示されるべき証拠が開示されていない等として，裁判所の開示命令を求めるもの（法316の26）

である。

なお，これとともに，請求に対する判断をするために必要なときは，裁判所が当該証拠の提示を命じ（法316の25及び同26の請求の場合），又は裁判所が指定する範囲の検察官保管証拠の一覧表の提示を命ずる（法316の26の請求の場合のみ）ことができることとされた（法316の27）。

2　開示の時期，方法の指定等（法316の25）

(1)　意義

証拠請求をした訴訟関係人が，当該証拠の開示の時期，方法等の指定や開示に条件を付すことを求める請求である。

例えば，次のような例が考えられる。

① 取調請求した証人の供述調書の開示（法316の14②等）に際して，開示によって被告人やその関係者から証人威迫等を受けるおそれを考慮して，証拠開示の時期を証人の転居後に指定することを求める場合

② 被害者である証人の供述調書について，弁護人の閲覧謄写は許すが，被告人には被

第3章　公判前整理手続の事務処理とその実際

害者の住居，電話番号欄部分を閲覧させてはならないとの条件を付す場合

③　謄写又は撮影等を行うと，当該証拠が破損ないし変質するために，開示の方法として，閲覧及び筆写のみを認めることを求める場合

(2)　**対象となる証拠**

検察官又は被告人若しくは弁護人が取調請求をした証拠である。すなわち，次のとおりである。

①　取調請求をした証拠書類，証拠物（法316の14①，316の18①，316の21Ⅳ，316の22Ⅳ）

②　取調請求をした証人，鑑定人，通訳人又は翻訳人の氏名及び住居。さらに，その者の供述録取書等のうち，その者が公判期日において供述すると思料する内容が明らかになるもの（法316の14②，316の18②，316の21Ⅳ，316の22Ⅳ）

(3)　**手続**

ア　**請求**

㋐　**請求者**

当該証拠の取調請求をした者，すなわち検察官請求証拠については検察官，被告人側の請求証拠については，被告人又は弁護人である。

㋑　**請求方法**

書面により請求しなければならない（規217の25Ⅰ）[*1]。

ただし，公判前整理手続期日において裁定請求をする場合には，裁判所は口頭により請求することを許すことができる（規217の25Ⅲ）。この場合，請求については，公判前整理手続調書の必要的記載事項（規217の14Ⅰ⑮）となる（調書の記載例は，第4章　155ページ参照）。

イ　**立件**

裁定請求については，雑事件で立件を要する（受付分配通達別表第3の18⒃）。

書面により請求された場合は，当該請求書をもって立件すればよい。一方，公判前整理手続期日において，口頭での請求があった場合には，次のような方法で立件することが考えられる。

①　当該期日の公判前整理手続調書又は同調書の謄抄本による立件

②　証拠開示裁定申立通知書による立件（**【参考書式3－10】**）[*2]

[*1]　請求をした者は，相手方又はその弁護人に，速やかに請求書謄本を送付しなければならない（規217の25Ⅱ）。

[*2]　証拠開示裁定申立通知書により立件した場合，この通知書の編てつ箇所については，忌避申立通知書の場合と同様に考えて，第1分類の公判調書（手続）群に編てつするのが相当であると思われる。

- 76 -

第3節　争点及び証拠整理並びに証拠開示等に関する事務処理

【参考書式3－10】証拠開示裁定申立通知書

```
                                          平成○○年○月○○日

  刑事訟廷事件係　御中

                    ○○地方裁判所第○刑事部

                    裁判所書記官　○　○　○　○


              証拠開示裁定申立通知書

  ┌─────┬─────────────────────────┐
  │ 申 立 日 │ 平成　　　年　　　月　　　日           │
  ├─────┼─────────────────────────┤
  │ 申 立 人 │ 弁　被　検                           │
  ├─────┼─────────────────────────┤
  │ 事 件 番 号 │ 平成　　　年　（わ）第　　　号       │
  ├─────┼─────────────────────────┤
  │ 被 告 人 名 │                                  │
  └─────┴─────────────────────────┘
```

ウ　記録の編てつ

　　裁定請求書，決定書は，記録の第1分類の公判調書（手続）群に編てつする（記録
編成通達第1の1(2)ア）。なお，相手方の意見書（求意見書を含む）等も同様の扱い
となろう。

エ　求意見

　　裁判所は，裁定請求について決定するときは，相手方の意見を聴かなければならな
い（法316の25Ⅱ）。したがって，検察官からの請求の場合は弁護人，弁護人からの請
求の場合は検察官に対して求意見を行う。

オ　証拠開示に関する裁定のための証拠の提示命令

(ア)　意義

　　裁判所は，裁定請求について決定するに当たり，必要があると認めるときは，裁
定請求した者に対し，当該証拠の提示を命ずることができる（法316の27Ⅰ前段）。

(イ)　提示命令に関する事務処理

　　提示命令は，公判前整理手続期日においてなされる場合と，期日外でなされる場
合がある。

　　公判前整理手続期日においてなされた場合には，当該期日調書に記載する（「証
拠開示に関する裁定に関する事項」（規217の14Ⅰ⑮）として，必要的記載事項であ
る。記載例については，第4章　156ページ参照）。

　　期日外で行う場合には，提示命令書を作成する方法（**【参考書式3－11】**）や，
裁定請求書の余白等記録中の適宜の場所に，「下記提示を命ずる。平成○年○月○

第3章　公判前整理手続の事務処理とその実際

　日　○○地方裁判所刑事部　裁判長裁判官○○　裁判官○○　裁判官○○」のような記載をした上で，裁判官の押印を徴することが考えられる。

【参考書式3−11】証拠の提示命令書

平成○○年（わ）第○○○号

提　示　命　令

　　　　　　　　　　　被告人　　○　○　○　○
　　　　　　　　　　　　昭和○○年○月○日生

　上記の者に対する住居侵入，強盗致傷被告事件について，平成○○年○月○○日，検察官が申し立てた刑訴法316条の25第1項の請求について，当裁判所は，その審理を行うにあたり，同法316条の27第1項に基づき，検察官に対し，次のとおり命ずる。
主　　文
　○○○○の司法警察員に対する平成○○年○月○○日付け供述調書（甲証拠番号○○）の提示を命ずる。
　　　　　　　平成○○年○月○○日
　　　　　　　○○地方裁判所第○刑事部
　　　　　　　　　　裁判長裁判官　　○　○　○　○
　　　　　　　　　　裁判官　　　　　○　○　○　○
　　　　　　　　　　裁判官　　　　　○　○　○　○

　なお，期日外で提示命令を発した場合の告知方法については特に規定はないが，この命令自体によって訴訟関係人の利益を害することはないと考えられるので，裁定請求者及びその相手方又は弁護人に対して適宜の方法で通知し，その旨を記録上明らかにしておくことになろう。

(ウ)　提示を受けた証拠の取扱い

　裁判所は，提示を受けて保管している証拠について，何人にも，その閲覧又は謄写をさせてはならない（法316の27 I 後段）。

　裁定請求がなされている証拠については，請求者又は相手方において，当該証拠の開示によって何らかの弊害が生じることが危惧されていることが考えられるため，その弊害が現実化しないための規定である。

　「何人にも」とされていることから，弁護人，被告人，検察官以外の者[1]にも閲覧させてはならない趣旨である。

　通常は，当該書類等は速やかに提示者に返還されるべきであるので，閲覧謄写の問題が生じることは稀であろうが，誤って閲覧謄写に供されることの無いよう，保管に留意する必要がある。

＊1　裁定に対する即時抗告があった場合についても，即時抗告が係属する抗告裁判所においては，別に提示命令を発することができることになっている（法316の27Ⅲ）ことから，その取扱いには注意を要する。

第3節　争点及び証拠整理並びに証拠開示等に関する事務処理

カ　裁定（決定）

㋐　意義

裁判所は，証拠の開示の必要性の程度，証拠の開示によって生じるおそれのある弊害の内容及び程度その他の事情を考慮した上，必要と認めるときは，当該証拠の開示の時期若しくは方法を指定し，又は開示に関する条件を付す決定をする（法316の25Ⅰ）[*1][*2]。

㋑　決定

公判前整理手続期日において決定をするときは，期日調書に記載する（必要的記載事項（規217の14Ⅰ⑮）。調書の記載例は，第4章　155ページ参照。）。

また，期日外において決定をする場合の決定書の参考例を示したものが，**【参考例3－2】**である。

なお，請求に理由がないと認めるときは，請求を棄却することとなる。

キ　決定の告知

裁定決定の告知は，後述のとおり決定に対して即時抗告が認められる関係で，告知時期を明確にする必要があるため，証拠採否決定等の告知に関する特則（規217の13）は適用されず，原則どおり，決定謄本を検察官，被告人及び弁護人に送達する必要がある（規34）。一方，公判前整理手続期日において決定をしたときは，期日に立ち会った訴訟関係人には送達又は通知をする必要はない（規217の12）が，当該期日に被告人が出頭していなかった場合には，被告人に対する送達が必要である。

ク　即時抗告

裁定請求に対する決定に不服がある場合には，即時抗告をすることができる（法316の25Ⅲ）。

[*1]　本条の対象となる証拠は取調請求のされた証拠であるので，開示自体は必要である。本項にいう「証拠の開示の必要性の程度」とは，時期や方法の指定あるいは条件のない開示をする必要性をいうとされている（法解説(2)96ページ）。

[*2]　裁判所は，請求において当事者が求めた開示の時期，方法，条件に拘束されることなく，より制限的でない方法等の指定が可能であり，かつ適当であると認められる場合には，その方法等を指定することができると解されている（法解説(2)97ページ）。

- 79 -

第3章　公判前整理手続の事務処理とその実際

【参考例3－2】裁定決定（法316の25）

平成〇〇年（わ）第〇〇〇号　住居侵入，強盗致傷被告事件

決　　　定

被告人　〇　〇　〇　〇
昭和〇〇年〇月〇日生

　上記の者に対する頭書被告事件について，平成〇〇年〇月〇〇日，検察官から，刑訴法３１６条の１４の規定により開示をすべき証拠について，同法３１６条の２５第１項に基づき裁定の請求があったので，当裁判所は，弁護人の意見を聴いた上，次のとおり決定する。

主　　　文

　〇〇〇〇の司法警察員に対する平成〇〇年〇月〇〇日付け供述調書（甲証拠番号〇〇）について被告人又は弁護人に対する証拠開示の時期を，平成〇〇年〇月〇〇日と指定する。

理　　　由

　本件請求の趣旨及び理由は，検察官作成の平成〇〇年〇月〇〇日付け裁定請求書記載のとおりであるからこれを引用する。
　そこで検討すると，・・・・・・・・
　そこで，刑訴法３１６条の２５第１項により，主文のとおり決定する。

平成〇〇年〇月〇〇日
〇〇地方裁判所第〇刑事部
裁判長裁判官　〇　〇　〇　〇
裁判官　〇　〇　〇　〇
裁判官　〇　〇　〇　〇

3　証拠の開示命令（法316の26）

(1)　意義

　　裁判所は，検察官又は被告人若しくは弁護人が証拠開示のルール（法316の14等）にしたがって開示すべき証拠を開示していないと認めるときは，相手方の請求により，当該証拠の開示を命じなければならない。この場合，裁判所は開示の時期若しくは方法を指定し，又は条件を付することができる（法316の26Ⅰ）。

　　証拠開示が円滑に行われるようにするとともに，開示に関する紛争が手続の円滑な進行を阻害することのないようにするための手続である（法解説(2)99ページ）。

(2)　開示命令の対象となる証拠

　　本条により開示を命ずることができる証拠は次のものである。

① 　検察官に対するもの

・　検察官が取調請求をした証拠（法316の14①，②の証拠・検察官請求証拠）[1]

・　検察官請求証拠以外の証拠であって，特定の検察官請求証拠の証明力を判断するた

---

[1]　法316の14②により検察官が開示した，証人等の供述録取書又はその要旨を記載した書面の内容が，「公判期日において供述すると思料する内容が明らかになるもの」又はその要旨として不十分であると考える場合にも，被告人側は法316の26Ⅰの裁定請求ができると解されている（法解説(2)99ページ）。

めに重要な一定類型の証拠（法316の15Ⅰの証拠・類型証拠）[*1]

・　被告人又は弁護人の主張に関連する証拠（法316の20の証拠・主張関連証拠）

② 被告人又は弁護人に対するもの

・　被告人又は弁護人が取調請求をした証拠（法316の18の証拠・被告人側請求証拠）

(3) 手続

ア　請求

(ア)　請求者

証拠の開示を求める訴訟関係人である。すなわち，検察官に対して証拠の開示を求める場合については，被告人又は弁護人，被告人側に対して求める場合には検察官である。

(イ)　請求方法

原則として書面によること，公判前整理手続期日においてする場合は口頭ですることを許すことができること等，開示の時期，方法等に関する裁定請求と同様である（規217の25）。

イ　立件

雑事件で立件する。立件方法等は前項（76ページ）で述べたところと同様である。

ウ　記録の編てつ

前項（77ページ）で述べたところと同様であるので参照のこと。

エ　求意見

請求の相手方（すなわち，証拠の開示を求められている者）に対して行う。したがって，被告人側の請求については検察官，検察官の請求については弁護人である。

オ　証拠開示に関する裁定のための証拠の提示命令

開示命令を求める裁定請求については，その決定をするに当たって命ずることができる提示命令について，以下の2つのメニューが用意されている。

① 当該証拠の提示命令（法316の27Ⅰ）

② （被告人又は弁護人がする裁定請求の場合のみ）検察官が保管する証拠であって，裁判所の指定する範囲に属するものの標目を記載した一覧表の提示命令（法316の

[*1]　類型証拠，主張関連証拠については，次のような場合にも開示命令を請求できるとされている。

① 検察官が弁護人から開示請求を受けたにも関わらず，合理的な期間を超えて開示又は不開示の判断を示さなかったとき。

② 検察官は，開示に際して，開示の時期，方法を指定し，又は条件を付することができるとされている（法316の15Ⅰ後段，法316の20Ⅰ後段）が，これにより指定された時期，方法や付加された条件に不服があるとき（法解説(2)100ページ）。

第3章　公判前整理手続の事務処理とその実際

27Ⅱ）[*1]

（ア）　当該証拠の提示命令

　　　裁判所は，裁定請求について決定するに当たり，必要があると認めるときは，当該証拠の開示を求められている者に対し，当該証拠の提示を命ずることができる（法316の27Ⅰ）。

　　　提示命令の事務処理，提示を受けた証拠の取扱いについては，前項（77,78ページ）のとおり。

（イ）　証拠の標目一覧表の提示命令

　　a　意義

　　　　裁判所は，被告人又は弁護人がする法316の26Ⅰの裁定請求について，必要があると認めるときは，検察官に対し，その保管する証拠であって，裁判所の指定する範囲に属するものの標目を記載した一覧表の提示を命ずることができる（法316の27Ⅱ前段）[*2]。

　　b　提示命令の事務処理

　　　　標目一覧表の提示命令に関する事務処理についても，当該証拠の提示命令と同様である（77ページ参照）。なお，調書の記載例については，第4章　156ページ，期日外で発せられた場合の命令書の書式は【参考書式3－12】のとおり。

　　c　標目一覧表

　　　　標目一覧表には，証拠ごとに，その種類（供述調書，捜査報告書，鑑定書等の別），供述者又は作成者及び作成年月日のほか，法316の27Ⅰの規定による証拠の提示を命ずるかどうかの判断のために必要と認める事項を記載しなければならない（規217の26）。

　　　　標目一覧表からだけでは開示命令の当否について判断できなかった場合には，法316の27Ⅰの規定により同一覧表に記載された証拠自体の提示を命じてこれを判断することになる。そこで，証拠を特定，識別するための事項のほか，証拠自体の提示命令をするかどうかの判断のために必要と認める事項を記載しなければ

---

*1　②の標目一覧表の提示命令は，類型証拠開示（法316の15）又は主張関連証拠開示（法316の20）が問題となっている場合に想定される（したがって，被告人側の裁定請求の場合にのみ問題となる。）。これらの証拠開示を請求するに当たっては，開示の請求を識別するに足りる事項を示す必要があるが（法316の15Ⅱ①等），例えば「被害者の死因に関する他の鑑定書」，「犯行状況の他の目撃者の供述調書」といった特定で足りるとされているので（法解説(2)56ページ），これに該当する証拠が複数存在することも考えられる。

　　そこで，被告人側からの裁定請求（裁定請求の際も同程度の特定でなされると考えられる。）に対して，どの証拠の開示を命ずるのかを判断するために，裁判所が指定する範囲に属する証拠の標目を記載した一覧表を提示させて，検察官がどのような証拠を保管しているか把握できるようにしたものである（法解説(2)103ページ参照）。

*2　アンケートによると，証拠の標目一覧表の提示命令を行った事例は2例あった。

- 82 -

第3節　争点及び証拠整理並びに証拠開示等に関する事務処理

ならないものとするものである[*1]。

d　提示を受けた標目一覧表の取扱い

裁判所は，何人にも，提示された標目一覧表を閲覧又は謄写させてはならない（法316の27Ⅱ後段）[*2]。

閲覧謄写が禁じられた趣旨に鑑みると，検察官から提示を受けた標目一覧表については，事件記録に編てつすることなく，裁判所において目的が済み次第，速やかに検察官に返却するなどして，取扱いには十分に注意すべきである。

【参考書式3−12】証拠標目一覧表の提示命令書

平成○○年（わ）第○○○号

提　示　命　令

被告人　○　○　○　○

昭和○○年○月○○日生

上記の者に対する住居侵入，強盗致傷被告事件について，平成○○年○月○○日，弁護人○○○○が申し立てた証拠開示命令請求について，当裁判所は，その審理を行うにあたり，刑訴法316条の27第2項に基づき，検察官に対し，次のとおり命ずる。

主　　文

本件犯行状況を目撃した者の供述録取書のうち，既に検察官が弁護人に開示した分を除いた証拠の標目を記載した一覧表の提示を命ずる。

平成○○年○月○○日

○○地方裁判所第○刑事部

裁判長裁判官　○　○　○　○

裁判官　○　○　○　○

裁判官　○　○　○　○

[*1]　「法316の27Ⅰの証拠の提示を命ずるかどうかの判断のために必要と認める事項」とは，
　①　弁護人において，犯行状況を目撃した者のうち検察官が取調べを請求していない者の供述調書の開示命令を求める裁定請求をしたのに対して，検察官が存在しない旨主張している場合において，裁判所が「犯行現場に居合わせた者の供述録取書等」と範囲を設定して証拠標目一覧表の提示を命ずる場合を想定すると，各供述録取書等について供述者の立場あるいは供述事項を記載すること，
　②　鑑定書について，鑑定対象事項を記載すること，
　③　証拠物について，被押収者の氏名や押収された場所を記載すること，
　などが考えられる（執務資料53ページ）。なお，証拠の内容について，例えば，「○○から『…』の旨聴取したことが記載されている。」，「被害再現状況についての説明」等と，具体的かつ実質的な内容にわたらない程度に，ごく簡潔に記載している例もある。
[*2]　例えば，一覧表が被告人側に開示されることによって，これが証拠探索目的に使用されること，取調請求をしていない供述者の名誉・プライバシーが侵害され，また供述者に対する不当な目的による接触がされること，氏名が公表されることを危惧した供述者の捜査協力が得られなくなることといった弊害を防止する目的があるとされる（法解説(2)104ページ）。

- 83 -

第3章　公判前整理手続の事務処理とその実際

カ　裁定（決定）

㋐　意義

裁判所は，検察官又は被告人若しくは弁護人が開示すべき証拠を開示していないと認めるときは，当該証拠の開示を命ずる決定をする。この場合，開示の時期，方法を指定し，又は条件を付することができる（法316の26Ⅰ）。

㋑　決定

公判前整理手続期日において決定するときは，期日調書に記載する（必要的記載事項（規217の14Ⅰ⑮））。

また，期日外において決定する場合の決定書の参考例を示したものが**【参考例3－3】**である。

なお，請求に理由がないときは，請求を棄却することとなる。

キ　決定の告知

決定の告知については，開示時期，方法等の指定を求める裁定請求の項で述べたところと同じである（79ページ参照）。

ク　即時抗告

裁判所の決定に対して即時抗告ができることは，開示時期，方法等の指定を求める裁定請求の項で述べたところと同じである（法316の26Ⅲ。79ページ参照）。

【参考例3－3】裁定決定（法316の26）

平成○○年（わ）第○○○号　住居侵入，強盗致傷被告事件

決　　　　　定

被告人　　○　○　○　○
昭和○○年○月○日生

上記の者に対する頭書被告事件について，平成○○年○月○○日，弁護人○○○○から，刑訴法316条の15第1項の規定により開示を求めた証拠について，同法316条の26第1項に基づき裁定の請求があったので，当裁判所は，検察官の意見を聴いた上，次のとおり決定する。

主　　　　　文

1　検察官に対し，被告人の取調べに係る○○警部補作成の取調べメモ（手控え），備忘録等の開示を命じる。
2　その余の本件証拠開示命令請求を棄却する。

理　　　　　由

本件請求の趣旨及び理由は，弁護人作成の平成○○年○月○○日付け裁定請求書記載のとおりであるからこれを引用する。

そこで検討すると，・・・・・・・・

そこで，刑訴法316条の26第1項により，主文のとおり決定する。

平成○○年○月○○日
○○地方裁判所第○刑事部
裁判長裁判官　　○　○　○　○
裁判官　　○　○　○　○
裁判官　　○　○　○　○

- 84 -

第3節　争点及び証拠整理並びに証拠開示等に関する事務処理

第10　争点及び証拠整理の結果の確認

1　意義

　　裁判所は，公判前整理手続を終了するに当たり，検察官及び被告人又は弁護人との間で，事件の争点及び証拠の整理の結果を確認しなければならない（法316の24）[*1]。

　　公判前整理手続は，公判審理における争点及び証拠の整理を行う手続であるから，ここで整理された事柄は，公判審理における審理内容の基礎となるべきものであるといえる。したがって，この結果の確認を行うことなく，公判前整理手続を終了させることはできないと解される（法解説(2)93ページ）。

　　また，公判前整理手続を終了させるに当たって確認すべき争点及び証拠整理の結果とは，おおむね次の事項が考えられる[*2]。

　　①　各当事者が公判においてする予定の主張内容
　　②　双方の予定する主張を照らし合わせた結果明らかになった争点
　　③　公判において取り調べる証拠及びその取調べの順序，方法（書証の取調べは，要旨告知か全文朗読か等），並びに採否が留保になっている証拠の有無等

　　なお，この他，公判前整理手続を終了するに当たって，審理計画や法廷警察権の行使に関する事項など，争点及び証拠の整理の結果以外の事項についても確認することができる（法解説(2)94ページ）。

2　結果確認の方法等

(1)　結果確認の方法

　　争点及び証拠整理の結果確認は，公判前整理手続期日において行うことができるのはもちろんであるが，前述のとおり書面のやりとりを通して，期日外に行うことも可能である（第2章　34ページ参照）。

　　公判前整理手続期日で結果確認が行われた場合には，期日調書の必要的記載事項となる（規217の14Ⅰ⑰，調書に記載する事項や記載例は，第4章　168ページ参照。）。一方，書面のみによる公判前整理手続など期日外で結果確認を行う場合には，争点及び証拠整理案を裁判所で作成し，これを求意見等の方法で検察官及び弁護人に送付した上で，その内容に異論のない旨の確認を行うという方法が考えられる。その場合には，訴訟関係人に送付した争点及び証拠整理案並びに訴訟関係人の意見を記録に残して（第1分類の公判調書（手続）群），争点及び証拠整理の結果を記録上明らかにしておく必要があろう（書面のみの公判前整理手続については，第2章　28ページ以下参照。）。

(2)　被告人の意思確認

　　公判前整理手続においては，被告人の期日への出頭義務はない（法316の9Ⅰ）ので，多くの場合，被告人側の主張は，弁護人の期日での陳述や提出する書面等によって，弁護人を通じて行われることになる。弁護人は，被告人と接見を繰り返してその意向，言い分を把握し，それを法律的に構成し直して主張することが通常であるから，被告人本

[*1]　公判前整理手続の終了時に争点及び証拠の整理の結果を確認し，それによって訴訟関係人の認識を共通にし，公判前整理手続の実効性を確保しようというものである（法解説(2)93ページ）。
[*2]　法解説(2)93ページ参照。

第3章　公判前整理手続の事務処理とその実際

人と弁護人の主張が異なるケースはあまり想定されないだろう。

　しかし，公判前整理手続を経て行われる公判審理は，公判前整理手続で整理された争点及び証拠に基づいて審理され，策定された審理予定に従って進行すべきであるし，特に裁判員裁判において公判における被告人の主張が公判前整理手続で整理した主張と異なることによる審理計画の組替えは，進行上大きな支障をきたすことになる。

　そこで，公判前整理手続における争点及び証拠の整理の結果確認に際して，被告人本人の意思確認も行う運用例も見られる。具体的には，

　①　被告人を期日に出頭させて，法316の10の被告人の意思確認として当該期日において争点及び証拠整理の結果の確認を被告人とともに行う方法[1]
　②　争点及び証拠整理案を書面で作成の上，これを被告人に提示し，同書面について異議のない旨を弁護人と被告人との連署の書面（法316の10）で提出させる方法[2]

などが考えられる。

　この点についてアンケートを行った結果は次のとおりである。

（アンケート3－5）

　争点及び証拠整理の結果の確認に際し，被告人を出頭させて，又は被告人と弁護人の連署の書面を提出させることにより，被告人にも確認した事例がありますか（回答数85【複数回答】）

　ア　被告人を出頭させたことがある　　　17
　　（理由）
　　　・　弁護人又は被告人からの出頭の希望があったため　　　7
　　　・　公判前整理手続における被告人の主張に変遷が見られたなどの理由から，被告人の主張を明確にすることが必要であったため　　　5
　　　・　整理した結果を被告人に正確に理解させ，円滑な審理につなげるため　　4
　　　等
　イ　被告人と弁護人の連署の書面を提出させたことがある　　　1
　ウ　いずれの事例もない　　　68

　アンケートの結果では，争点及び証拠整理の結果確認に際して被告人も関与させた事例は多いとまではいえないが，事案に応じてそのような運用がなされているものと思われる。特に，アンケートの回答にもあるように，公判前整理手続における被告人の主張に変遷が見られたような場合には，被告人に期日への出頭を求めて，被告人から直接主張を聴取した上で，争点及び証拠整理の結果確認を被告人とともに行うことが効果的な場合があることが考えられる。

---

[1]　争点及び証拠整理の結果確認の際に法316の10の被告人の意思確認を行った場合の被告人の陳述は，必要的記載事項としての被告人側の主張（規217の14Ⅰ⑧）に該当する場合があると解される。その記載例は，第4章　177ページ参照。

[2]　弁護人と被告人の連署の書面が提出された場合には，この書面は，第1分類の公判調書（手続）群に編てつするのが妥当であろう。

第3節　争点及び証拠整理並びに証拠開示等に関する事務処理

　　なお，被告人と弁護人の連署の書面を提出を求めた事例はほとんどないのが実情である。これは，被告人の意思確認が必要な場合については，被告人の期日への出頭を求めて，直接意思確認をした方がより実効的である上，被告人に出頭を求めても，手続上もそれほど煩瑣ではないことによるのではなかろうか。

3　公判前整理手続の終了

　　公判前整理手続の終了について，裁判所の訴訟行為（終結決定）が必要であるかどうかについては規定が置かれていない。

　　そこで，終結決定が必要だと解した場合には，公判前整理手続期日において公判前整理手続を終了した事案では，終結決定を調書に記載し（規217の14Ⅰ⑯），期日外に終了した事案では，決定書を作成するなどして，終結決定を明示的に行う必要があるのではないかとも思われる。しかし，期日において公判前整理手続を終了した場合については，終了に当たって，事件の争点及び証拠の整理の結果を確認することが定められており（法316の24），当該確認手続が行われたことが期日調書に記載される（規217の14Ⅰ⑰）ことにより，終結決定の存在が推認されるので，終結決定を記載しない扱いも差し支えないと考えられる[1]。一方，期日外に争点及び証拠の整理の結果を確認した場合については，裁判所が示した争点及び証拠の整理案に対して訴訟関係人双方から異議がない旨の意見を聴取した後に，手続を明確にするために，やはり終結決定を行う必要があると考えられる。

　　これに対して，終結決定をする必要がないと考えた場合には，公判前整理手続期日において公判前整理手続を終了した場合は当然その旨を調書に記載する必要はないし，期日外で終了した場合でも，裁判所の示した整理案に対して訴訟関係人双方から異議がない旨を聴取した時点で公判前整理手続は終了する。

　　この点，各庁から寄せられた調書の記載例等を見ると，公判前整理手続調書に裁判長の公判前整理手続を終了する旨の発言を記載する例や期日外で結果確認を行い，併せて公判前整理手続の終結決定をする例が若干数見られた。また，期日外で結果確認を行った場合については，終結決定はしないものの，手続が終了したことを訴訟関係人に通知する例も見られる（第2章　36ページ参照）。

　　なお，訴訟関係人が意見や主張を明らかにすべき期限及び証拠調べ請求の期限（検察官の証明予定事実記載書面の提出と証拠調べ請求の提出期限を除く。）を守らない場合について，裁判所が，公判の審理を開始するのを相当と認めるときは，公判前整理手続を終了することができる（規217の23）[2]。この場合，裁判所は，期限を守らなかった側の意見，主張及び証拠調べ請求はないものとして，それまでに明示された意見，主張及び取調べ請求のあった証拠に基づき，争点及び証拠整理の結果確認をし，公判の審理予定を定めた上で公判前整理手続を終了することになる[3]。

4　公判前整理手続の「再開」

　　公判前整理手続終了時（結果確認時）には発見し得なかった証拠が公判審理前に発見さ

＊1　総務局記載例32ページ参照。
＊2　この規定の意義等については第6章　256ページ参照。
＊3　執務資料49ページ参照。

第3章　公判前整理手続の事務処理とその実際

れ，新たに証拠請求をする必要が生じた場合など，公判前整理手続をいったん終了した後，再度争点及び証拠整理を行う必要が生ずる場合があり得る。公判審理については，弁論終結後に新たな証拠請求をする必要が生じた場合は，弁論の再開決定（法313Ⅰ）を行うことになるが，公判前整理手続は，このような公判前整理手続の再開に関する規定がない上，争点及び証拠整理の結果確認を行うことで手続が終了していることから，争点及び証拠整理の手続を「再開」する必要がある場合には，手続の明確性を考慮して，再度公判前整理手続に付する旨の決定をする必要があると解される＊1。

　公判前整理手続が終了した事件について，新たな証拠請求をする必要が生じた場合には，新たに発見した証拠について，公判審理の中で「やむを得ない事由」を疎明して証拠請求を行うこと（法316の32）も考えられるが，そうなると場合によっては，公判前整理手続において策定した審理計画を変更せざるを得ない場合もあり得る。そこで，むしろいったん公判前整理手続が終了した事件について，再度公判前整理手続に付することによって，公判前整理手続を「再開」して，再度新証拠の取調べを含んだ新たな審理計画を策定し，それに基づいた公判審理を行った方が，充実・迅速な訴訟運営に結果的には資することもあり得よう。

第11　審理予定の策定

1　意義

　裁判所は，公判前整理手続においては，充実した公判の審理を継続的，計画的かつ迅速に行うことができるように公判の審理予定を定めなければならない（規217の2Ⅰ）。公判前整理手続の目的が，「充実した公判審理の継続的，計画的かつ迅速」な実施にあることはこれまでも述べたとおりである。そしてそのために裁判所は，同手続の中で争点及び証拠を整理するとともに，それを踏まえた審理計画を定める義務を負うこととされたものである。

　一方，裁判所以外の訴訟関係人も，刑訴法及び刑訴規則に定める当事者の義務を履行す

＊1　法解説(2)94ページ参照。なお，このように再度公判前整理手続に付する旨の決定をする必要があると考えた場合，公判前整理手続を「再開」した後に開かれた公判前整理手続期日の回数が問題になる。この点については，「再開」後の公判前整理手続期日は，改めてなされた付決定に基づいて開かれるものではあるが，形式的には，当該事件の第1回公判前に行われるという意味で「再開」前の公判前整理手続期日と同様のものと考えられ，また，「再開」後の公判前整理手続期日の内容も，「再開」前の公判前整理手続の内容を補充，追加するものとなることが考えられることから，「再開」前の公判前整理手続期日と連続性があると解される。さらに，調書記載の観点からは，「再開」後の公判前整理手続期日について，再度「第1回」期日とすると，「再開」前の期日と「再開」後の期日の区別に混乱が生じるおそれがある（特に証拠等関係カードの記載に問題が生じるものと思われる。）。したがって，「再開」後の公判前整理手続期日の回数は，「再開」前の公判前整理手続期日の回数に連続する回数を付するべきものと考える。

第3節　争点及び証拠整理並びに証拠開示等に関する事務処理

ることにより，裁判所の審理予定の策定に協力しなければならない[*1]（規217の2Ⅱ）とされており，審理予定の策定に訴訟関係人の協力が不可欠であることを明らかにし，裁判所への協力が訴訟関係人の義務であるとされている。

2　策定すべき審理予定の内容

　審理予定の策定が裁判所の義務とされたのは，充実した公判審理の継続的，計画的かつ迅速な実施のためには審理予定の策定が不可欠だからである。したがって，策定されるべき審理予定の内容は，現実に行われる手続を盛り込んだものであり，また，具体的かつ詳細なものである必要がある。

　殊に裁判員裁判対象事件については，職務従事予定期間が明示されて裁判員候補者の呼出がなされる（裁判員規18）という意味で，事実上審理のタイムリミットが設定されているともいえるのであるから，策定される審理予定は，審理当日のタイムスケジュールに近いものであることが要請される場合もあろう。

　このようなことから，策定すべき審理予定としては，事案の性質，特に裁判員裁判対象事件であるか否かによって程度の差はあろうが，実際に法廷で行われることが想定される手続をできるだけ取り入れ，かつ，各手続に要する時間まで設定した詳細なものが理想的であると思われる。そのためには，例えば，被害者の意見陳述（法292の2），被害者参加人等（法316の33Ⅰ）による証人尋問や意見陳述等（法316の36，同37，同38）が行われるかどうかについても情報収集しておくことが必要になる。審理予定の策定に関して，書記官が進行管理事務として行うこと等については第6章（267ページ）を参照されたい。

3　審理予定案策定の時期及び手順

　公判の審理予定は，争点及び証拠整理の結果を踏まえて策定される必要があることから，通常は公判前整理手続の最終段階で策定される。公判前整理手続期日で策定される場合には最終の期日，書面のみの公判前整理手続を行う場合等，公判前整理手続期日外で策定する場合には争点及び証拠整理の結果案とともに審理予定案を訴訟関係人に送付して意見を求めるという手順になろう。

　なお，審理予定が公判前整理手続期日で策定された場合には，策定された審理予定は期日調書の必要的記載事項ではないが，その重要性に鑑み，期日調書に記載するのが相当である（調書の記載例は，第4章　186ページ参照。）。同様に，公判前整理手続期日外で審

[*1]　規則では，訴訟関係人の審理計画策定への協力の方法として，「法及び規則で定めた義務を履行すること」を挙げている。

　具体的には，第1に各自の主張や取調請求をする証拠を十分に検討する等の準備を十分にかつ速やかに行うこと，第2に証明予定事実等の明示，証拠の取調請求，証拠開示，証拠意見の明示等，法の規定に定められている行為を適切に履行すること，第3に公判前整理手続期日の適切な指定に協力するなど公判前整理手続の円滑な進行に協力することなどが含まれるとされている。また，その他規則に定められている具体的な義務として，訴訟の準備の進行に関する問い合わせなどに応じる義務（規178の9），証人尋問に要する見込み時間の申出義務（規188の3），請求証拠を厳選する義務（規189の2），期限厳守義務（規217の22）等が挙げられている（執務資料20ページ）。

- 89 -

第3章　公判前整理手続の事務処理とその実際

理予定が策定された場合も，訴訟関係人に送付した審理予定案及びこれに対する訴訟関係人の意見を記録に残す（第1分類の公判調書（手続）群）などして，最終的に確定した審理予定を記録上明確にしておく必要があろう。

4　策定した審理計画の周知

期日調書その他の書面に記載された審理予定について，訴訟関係人間での認識を共通のものにするためなどに，期日調書を活用するなどの工夫例が多く見られる。詳細は，後述第4章　214ページ以下参照。

第12　公判期日の指定告知

1　公判期日指定を行う時期

公判前整理手続進行中の事件について，公判前整理手続終了後の第1回公判期日をどの段階で指定（又は訴訟関係人と調整）するのかについては，公判前整理手続の進行具合や終了の見通し，確保すべき回数等の要素を考慮しつつ，訴訟関係人や裁判体の意向を踏まえ，事案に応じて適時に訴訟関係人と調整していく必要があるが，事案によっては，ある程度早期の段階で公判期日の予定を設定しておき，それに向けて公判前整理手続を進めるといった運用も考えられる[*1]。

なお，公判期日を各訴訟関係人に打診する時期についてのアンケート調査の結果は次のとおりであった[*2]。

（アンケート3－6）

第1回公判期日（期日間整理手続においては，整理手続後の公判期日）はどの段階で訴訟関係人に打診（予約）していますか（回答数85【複数回答】）

ア　公判前整理手続に付する決定についての意見聴取時　　16

イ　検察官からの証明予定事実記載書面等提出時　　5

ウ　弁護人からの証拠意見等提出時　　19

エ　争点等整理案提示時　　30

オ　最終の公判前整理手続期日（審理計画策定時）　　61

カ　その他　　15

アンケートの結果では，公判前整理手続の終了の目処が立った段階で公判期日の調整を始める運用が最も多かったが，手続の初期の段階で公判期日の予約をする例も見られた。

[*1]　ただし，裁判員裁判対象事件については，裁判員候補者に対する呼出状に職務従事予定期間を記載する必要がある（裁判員規18）こととの関係で，公判期日の日程が確実なものになるまでは，期日指定を行うのは事実上難しいだろう。しかし，一方で，裁判員裁判は，制度上連日的開廷が前提とされているため，公判期日のための日程を早い段階で確保（予約）しておくことが適正・迅速な訴訟運営にもつながることも考えられる。例えば，公訴事実に争いのない自白事件等は，比較的手続の初期の段階で公判期日までのスケジュールが見通せるケースもあり得よう。

[*2]　裁判員法施行前のアンケート結果である。

第3節　争点及び証拠整理並びに証拠開示等に関する事務処理

上記アンケートのアのような手続の初期の段階で公判期日を予約する事例は，多くの場合，公判前整理手続の進行の見通しが早期の段階で立ちやすい自白事件であると思われる。これに対して，公判前整理手続期日を数期日行う必要がある否認事件などの場合は，ある程度期日を重ねて公判前整理手続の終了の目処が立った段階にならないと第1回公判期日の打診をすることが困難であると考えられる。実務でも，このように事案に応じて適時に第1回公判期日の指定を行っているものと思われる（自白事件における公判期日の調整に関する書記官の進行管理事務については，第6章　274ページ以下参照。）。

2　公判期日指定に伴う事務

(1)　第1回公判期日の時期

第1回公判期日をいつにするのかについては，公判に向けた訴訟関係人の準備期間，予定されている公判回数や審理予定，訴訟関係人の意向，裁判体の意向や一般的審理方針等を考慮して指定することになろうが，特に配慮することが考えられる事情としては次のものが挙げられるであろう。

・　裁判員裁判対象事件については，裁判員候補者に対する呼出状の発送を選任手続期日の6週間前までにしなければならないとされていること（裁判員規19）

・　出頭すべき訴訟関係人（弁護人，証人，通訳人について考慮する必要がある。）の出頭を確実に確保する必要があること（事案によっては，犯罪被害者参加人又はその委託を受けた弁護士が検察官を通じて公判期日の希望日を伝えてくる場合もあろう[*1]。）

・　裁判員裁判対象事件等，連日的開廷を行う必要がある場合には，立会書記官の態勢（複数の書記官が立ち会うかどうか。），法廷で使用する機材等の空き状況，法廷警備上の都合等の法廷の運営面にも配慮する必要があること

(2)　公判期日指定の方法

公判前整理手続期日で指定した場合には期日調書に記載する（記載例は，第4章166ページ参照）。期日外で指定した場合は，記録表紙裏の期日指定欄を使用したり，期日指定書を作成する等適宜の方法で行えばよい。

(3)　公判期日の告知

ア　告知の対象

公判前整理手続を経たか否かで公判期日を告知又は通知する対象となる者が異なるところはないが，参考のためにここで列挙しておく。

なお，公判前整理手続期日においてした決定は，当該期日に立ち会った訴訟関係人には通知することを要しない（規217の12）から，公判前整理手続期日において公判期日を指定した場合には，当該期日に立ち会った検察官，弁護人又は被告人には通知をする必要がない。

①　被告人（法273Ⅱ）

②　検察官，弁護人（及び補佐人）（法273Ⅲ）

---

*1　白木功ほか「犯罪被害者等の権利利益の保護を図るための刑事訴訟法等の一部を改正する法律（平成19年法律第95号）の解説(2)」（法曹時報60巻10号）68ページ（注1）参照。

第3章　公判前整理手続の事務処理とその実際

③　証人，通訳人，鑑定人等審理の内容に応じて出頭を要する者

④　被害者参加人（法316の34Ⅱ）

⑤　刑事損害賠償命令申立人（犯罪被害者保護法20Ⅱ）

⑥　公判期日における意見陳述を申し出た被害者等（意見陳述が行われる公判期日の
み通知。規210の3Ⅰ）

イ　告知の方法

公判期日の告知の方法も，刑事事件一般に共通である。

なお，参考までに，被害者参加人及び損害賠償命令申立人については，告知の方法は
通知である。

第4節　その他関連事項

第4節　その他関連事項

第1　受命裁判官による手続

1　意義

　　裁判所は，合議体の構成員に命じ，公判前整理手続（行うことができる具体的な手続は下記2参照。）をさせることができる。この場合において，受命裁判官は，裁判所又は裁判長と同一の権限を有する（法316の11）。

　　合議事件が公判前整理手続に付された場合でも，事案によっては，合議体の全構成員で公判前整理手続を行う必要がなく，その構成員たる一部の裁判官で行う方が効率的，機動的に運用できる場合があると考えられることから，定められたものである（法解説(1)98ページ）。

2　受命裁判官が行うことができる手続

　　公判前整理手続で行う手続（その概略は，本章第1節　41ページ参照）のうち，刑訴法316の5各号の各手続の中から，以下の各決定を除いたものである。したがって，下記の各決定については，受命裁判官では行うことができず，裁判所の決定によらなければならない。

- ・　訴因又は罰条の変更等の許否（法316の5②）
- ・　証拠採否決定（法316の5⑦）
- ・　証拠調べに関する異議の申立てに対する決定（法316の5⑨）
- ・　証拠開示に関する裁定（法316の5⑩）
- ・　刑訴法316条の33第1項による被害者等の手続参加の申出に対する決定又は当該決定を取り消す決定（法316の5⑪）

3　受命決定

　　受命決定は受訴裁判所によりなされるが，整理期日においても，また期日外においてもなされる。それぞれの決定の記載例は，期日外については，【参考書式3－13】，【同3－14】のとおりであり，期日でなされた場合の調書の記載は，第4章　167ページを参照されたい。

　　なお，【参考書式3－13】のような受命決定がされた場合に，受命裁判官が行うことができる手続を合議体で行うに際して，受命決定を取り消す（もしくは解除する）かどうかについては，収集した調書の記載例などによっても，裁判体により扱いが分かれているところである。

4　受命決定の告知

　　受命決定の告知方法としては，送達することを要しない[*1]（規217の11）。ただし，決定の告知を不要とする趣旨ではないので，決定があったときは，その旨を訴訟関係人に適宜な方法で通知し，通知した旨を記録上明らかにする必要がある（規298Ⅲ）。

[*1]　受命決定があったことは，引き続く手続により自ずから明らかになること，訴訟関係人の攻撃・防御の利益を害するおそれがなく，不服申立ても認められていないことから，裁判書謄本の送達という原則的な告知方法は不要としたものである（執務資料28ページ）。

第3章　公判前整理手続の事務処理とその実際

【参考書式3－13】期日外の受命決定

平成○○年 (わ) 第○○○号
被告事件名　　住居侵入，強盗致傷

決　　　　　定

被　告　人　　○　○　○　○

上記の者に対する標記の被告事件について，当裁判所は，次のとおり決定する。

主　　　　　文

本件公判前整理手続を，受命裁判官　○○○○　に行わせる。

平成○○年○月○○日
　　　○○地方裁判所第○刑事部
　　　　　裁判長裁判官　　○　○　○　○
　　　　　　　裁判官　　○　○　○　○
　　　　　　　裁判官　　○　○　○　○

【参考書式3－14】期日外の受命決定（次回期日に限ったもの）

平成○○年 (わ) 第○○○号
被告事件名　　住居侵入，強盗致傷

決　　　　　定

被　告　人　　○　○　○　○

上記の者に対する標記の被告事件について，当裁判所は，次のとおり決定する。

主　　　　　文

本件の第2回公判前整理手続期日（平成○○年○月○○日午前○○時○○分）における
手続を，受命裁判官　○○○○　及び　同　○○○○　に行わせる。

平成○○年○月○○日
　　　○○地方裁判所第○刑事部
　　　　　裁判長裁判官　　○　○　○　○
　　　　　　　裁判官　　○　○　○　○
　　　　　　　裁判官　　○　○　○　○

第4節　その他関連事項

第2　記録の編成

1　新通達の概要

　　公判前整理手続が新設されたことにより，従前の記録編成通達が一部改正された（平成17年8月19日付け総三第000566号事務総長通達「『刑事訴訟記録の編成等について』の一部改正について」）。

　　上記改正により，以下の調書等については，第1分類の公判調書（手続）群に綴り込むこととされた。

- ・　公判前整理手続調書及び期日間整理手続調書並びにそれらの調書の記載に対する異議申立調書
- ・　証明予定事実を記載した書面
- ・　証拠開示に関する裁定の請求書及び決定書
- ・　公判前整理手続又は期日間整理手続に付する旨の決定書

2　その他の書類等

　　上記通達等には定められていない書類の編てつ箇所についても，第1分類の公判調書（手続）群を基本として，その中で，上記の書類等との関連や見やすさなどを考慮して，適宜の箇所に綴ることになろう[1]。

　　なお，打合せ調書（メモ）及び証拠開示の裁定請求に至る以前の証拠開示に関する訴訟関係人間のやりとりの文書の写しのそれぞれの編てつ箇所については，それぞれの該当箇所（打合せ調書については第4章　212ページ以下，証拠開示に関するやりとりの文書については，第6章　265ページ以下）を参照されたい。

3　併合事件記録の扱い

　　例えば，他庁で公判前整理手続中の事件を併合する場合（法8条による併合など），当

---

[1]　この点，調書講義案の付録（322ページ以下）にある「4分方式による記録編成一覧表」によると，以下の各書面等も，第1分類の公判調書（手続）群に綴るものとして例示されている。
- ・　公判前整理手続調書及び期日間整理手続調書の記載に対する異議申立書
- ・　公判前整理手続及び期日間整理手続を行う裁判官指定書
- ・　公判前整理手続及び期日間整理手続期日指定書

　また，その他の書類等として，以下のものが考えられるが，これらについても，第1分類の公判調書（手続）群に編てつすればよいと思われる。
- ・　付決定についての意見書
- ・　証明予定事実記載書面等の提出期限決定（期限決定にあたっての意見書を含む）
- ・　裁定請求に対する相手方の意見書及び期日外の提示命令書（ただし，提示命令については，前述（77ページ参照）のとおり，別途決定書を作らずに，裁定請求書の余白に付記し，裁判官の押印を受ける取扱いもある。）
- ・　公判前整理期日変更請求書及び変更命令書（訴訟関係人の意見書を含む。）

　なお，付決定及び証明予定事実記載書面等の提出期限決定（それぞれの決定にあたっての訴訟関係人の意見を含む。）等をまとめて，一覧表形式の文書により行っている場合（【参考書式3－2】など）は，見やすさ並びに検索及び期限管理の便宜などからも，記録冒頭部分に綴ることも許されよう。

第 3 章　公判前整理手続の事務処理とその実際

該事件記録を本体記録の曳舟にするかどうかについては，被併合事件について付決定がされたかどうかによるものとされている[*1]。したがって，被併合事件につき，公判前整理手続に付する決定がされていれば，添付記録として曳舟にすることになる。

[*1] この点については，以下のとおり記録編成通達が改正され，平成21年 5 月21日から実施される（平成21年 3 月10日付け総三第000257号事務総長通達「『刑事訴訟記録の編成等について』の一部改正について」の記 2 参照。）。
　改正前記録編成通達記第 4 の 1 の(1)中「の事件」の次に「（公判前整理手続に付する旨の決定がされた事件を除く。）」を加え，同(2)中「第 1 回」を「公判前整理手続に付する旨の決定がされた事件又は第 1 回」に改める。

第4章　公判前整理手続調書

第1節　調書作成の指針

第1　基本的考え方

1　公判前整理手続調書の性質

(1)　公判前整理手続調書の意義

公判前整理手続期日を開く場合には，裁判所書記官を立ち会わせなければならず，期日で行われた手続については，公判前整理手続調書を作成しなければならない（法316の12）。公判前整理手続においては，訴訟関係人が種々の訴訟手続を行い，裁判所も証拠決定等を行うことになるために，それらが行われたことを明確にするために調書の作成が必要であるとされたものである（法解説(1)99ページ参照）。

このことから，公判前整理手続調書は，公判前整理手続期日における訴訟手続とその内容を公証するために，書記官によって作成される報告文書であるといえる（調書講義案232ページ）[*1]。

(2)　公判前整理手続調書の性質

ア　公判前整理手続調書の性質に関する考え方

ここでいう調書の性質論とは，調書の記載によって公証する事項については，手続の経過に沿って，行われた訴訟行為を行われた順序にしたがって記載することによって，手続の内容及びその順序を公証するものなのか，手続が終わった段階での当該期日で行われた手続の結果を記載することによって，その手続の結果の内容を公証するものなのかという議論であり，その結果作成された調書について，前者については経過調書，後者については結果調書という言葉で言い表されることが多い。

すなわち，経過調書とは，手続の開始時点を基準に，手続の行われた順序どおりに，手続の経過に沿って経過及び結果を記載する調書であり，刑事の公判調書が基本的にこれに当たるものと考えられる。一方結果調書とは，手続の終了時点を基準にして，期日で行われた手続の経過は意識せず，結果を中心に記載する調書であり，民事の口頭弁論調書が基本的にこれに当たるものと考えられる。

公判前整理手続調書の性質をどのように考えるのかについては，調書作成の基準時点をいつにするのかという点で記載内容に差異が生ずる事項（後述99ページ参照）があるほか，調書の構成を検討する際の一つの指標になるものである（後述113ページ参照）。

総務局記載例22ページによると，公判前整理手続調書の性質については，3つの考え方があるとされている。すなわち，経過調書とする考え方（経過調書説），結果調

[*1]　公判前整理手続調書については，公判調書に関する法52の規定が準用される（規217の17）。したがって，公判前整理手続期日で行われた訴訟手続で同期日調書に記載されたものは，同期日調書のみによって証明することができる。

第4章　公判前整理手続調書

書とする考え方（結果調書説），事件番号や冒頭部分の記載は手続開始時を基準に記載し，訴訟手続については，手続終了時を基準に結果を記載するという考え方（折衷説）である[*1]。

　また，これらの各説に関して上記総務局記載例によると，①経過調書説は，公判前整理手続調書を，公判調書と同様に経過調書ととらえる考え方であり，②結果調書説は，争点及び証拠の整理という公判前整理手続で行われる手続の実質を重視して，民事の口頭弁論調書と同様に結果調書ととらえる考え方であり，さらに③折衷説は，冒頭部分の記載方法については，公判調書との平仄を合わせつつ，公判前整理手続の目的を踏まえて，簡潔で分かりやすい調書の記載を志向するという観点から，訴訟手続については結果記載で足りるとする考え方である，とされている。そこで，以下，これらの考え方について検討することにしたい。

　まず，公判調書に関して，これが経過調書とされていることについては，以下の理由によるものと思われる。すなわち，刑訴法及び刑訴規則が公判廷における手続の手順を含めた訴訟手続について規定しており（規196，法291，292，296，293等），これらの法定の手順にしたがって公判の審理を進行させることが要請されるところ，公判調書は，公判期日における訴訟手続が適法に行われたか否かを公証するために作成するものであるため，その機能を果たすためには，手続の行われた経過をたどって記載する必要があるからである。端的にいうと，公判手続は手続の手順も重要であり，それを公証するためには行われた手順に沿って記載していく必要があるということであろう。

　これに対して公判前整理手続については，手続全体としては段階的に進行していくものであり，その手順が法定されているものの，公判前整理手続期日における手続についてはその手順についての規定がなく，実際上も裁判所と各訴訟関係人との間で様々な協議事項について，手順に拘束されることなく話合いがなされつつ手続が進められることが多い。これは，公判前整理手続が争点及び証拠の整理を行い，公判の審理予定を定めることを目的とした公判準備であることから導かれる帰結である。

　そこで，このような手続の内容を公証する報告文書である公判前整理手続調書については，その整理の流れに沿って行われた手続を順序どおり記載するのではなく，むしろ期日の終了時点に立って，当該期日において整理された内容と結果に至るまでの

[*1]　調書の性質とは別に，調書に記載すべき事項の検討に際して，「経過的記載」，「結果的記載」という言葉が用いられるが，これらの概念は，調書の性質論における「経過調書」，「結果調書」とは異なる意味で用いられる。すなわち，「経過調書」，「結果調書」は，記載の基準時点はいつかという点から，期日でのやりとりを行われた順序にしたがって記載するかどうかという議論であり，「経過的記載」，「結果的記載」は調書の記載事項として，やりとりの結果（結論）だけを記載するのか，その途中経過も記載するのかという議論である。したがって，調書の性質について経過調書説をとっても，記載事項については結果的記載とすることもあり得るし，逆に結果調書説をとっても，行われたやりとりを経過的に記載するということはあり得る。

第1節　調書作成の指針

経過として重要なものを特に拾い上げ，関連する事項ごとにまとめて記載するとした方が，より手続の本質に見合った報告文書といえるものと思われる。実際上も，経過を再現することで，様々な協議事項についての記載が入り組み，かえって分かりづらいものになることもある。そこで，公判前整理手続調書は，結果調書説ないしは折衷説の考え方によって作成することが適当であると考える。

なお，結果調書説と折衷説については，調書の性質論というよりも，調書の性質を基礎にした上での調書の記載の方法として，公判調書との統一性を重視するかどうかという問題であると思われる。この点は，両説の記載の差異が調書の記載上，重大なものかどうかという観点から検討すべきであると考えるが，その検討は次項にゆずる。

イ　公判前整理手続調書の性質による記載の相違点

調書の性質をどのように考えるのかによって，具体的に記載に差異が生じる場面としては次のようなものが考えられる。

㋐　冒頭部分

手続の途中で出頭した訴訟関係人がいる場合，または裁判所書記官が途中で交替した場合を例にとると，

①　経過調書説によれば，冒頭部分には手続開始時に列席した訴訟関係人又は裁判所書記官のみを記載し，途中で列席又は交替した場合は，列席時点又は交替時点の手続部分にその旨を記載する。

②　結果調書説によれば，手続終了時から見て，手続中に列席した者をすべて冒頭部分に記載する。列席又は交替の時点の特定は不要である。

③　折衷説によれば，冒頭部分には手続開始時に列席した訴訟関係人又は裁判所書記官を記載し，途中で列席又は交替した場合は，手続の末尾にその旨記載することになろう（総務局記載例23ページ）。

㋑　手続部分

証拠調べ手続の間に他の訴訟手続（弁論の併合・分離決定等が考えられる。）が介在した場合の記載について，

①　経過調書説によれば，このような場合には，証拠調べ手続が行われた時期を区分して記載する（具体的には，「証拠調べ等　証拠等関係カード記載のとおり（『期日』欄に①と表示したもの）」などと記載する。）。

②　結果調書説及び折衷説によれば，証拠調べ手続が行われた時期を区分して特定する必要はなく，手続調書には任意の1箇所に記載すればよい（ただし，調書の構成の観点から証拠整理に関する事項については，まとめて記載することになろう。）。

㋒　結果調書説と折衷説の比較

前述したとおり，調書の性質論における結果調書説と折衷説は，調書の記載の方法の問題ととらえるべきであるから，どちらの説を採るべきかは，両説による記載上の差異を基に検討すると分かりやすいものと思われる。これらの両説の記載上の差異は，上述のとおり，主に冒頭部分に記載すべき事項について公判調書の記載と平仄を合わせた記載にするかどうかという点に表れる。

そこで，両説について検討すると，公判調書と公判前整理手続調書との役割の違

第4章　公判前整理手続調書

いは意識しなければならないが，その一方で，できるだけ公判調書と平仄を合わせることで，ひとつの事件の記録としての統一性を目指すことも必要であるし，記載する際にも，公判調書と公判前整理手続調書で冒頭部分の記載の仕方を変えることによって，混乱や間違いが生じやすいと思われるので，それらを両立するために，折衷説に沿った記載がよいのではないかと思われる。

このように考えることで同じ調書の中で記載の基準時点が冒頭部分と手続部分とで異なることにはなるが，公判調書と公判前整理手続調書の役割の違いを意識しつつ，できるかぎり記載のあり方を統一するという視点をより重視すべきであると思われる。

2　公判前整理手続調書の役割

(1)　公判前整理手続調書の役割を考える意味

「公判前整理手続調書の役割」の検討とは，公判前整理手続及びそれに引き続く公判手続といった一連の審理の流れの中で，公判前整理手続調書がどのような意味を持つのかを検討するということであり，それによって，公判前整理手続調書を作成する必要性を検討することにもつながるものと思われる。

ところで，公判前整理手続調書に関する実務上の問題点として，調書の記載事項はどうあるべきか，行われたやりとりをどの程度まで記載すべきかという点について各庁においても検討がされている。このように，記載事項の在り方について検討しなければならないのは，公判前整理手続期日が争点及び証拠整理並びに審理予定の策定に向けた協議の場であるという性質から導かれる，公判手続にはない特有の問題である。

本研究でも，以後，調書の記載事項について検討をしていくわけであるが，その前提として，公判前整理手続調書の果たすべき役割を再確認することも有益であると考えられる。調書の役割が明らかになれば，それにかなう事項を記載していけばよいのではないかということである。そこで，以下，考えられる調書の役割について検討する。

(2)　公判前整理手続調書の役割

公判前整理手続期日における手続及びその内容を公証する報告文書である公判前整理手続調書の役割としては，次のものが考えられる[1]。

---

*1　ちなみに，公判調書の役割については，調書講義案1〜2ページで「公判調書作成の必要性」が掲げられていることが参考になる。これによると，公判調書を作成することが必要な理由として，次のことによるとされている。

① 訴訟手続が適式に行われたか否かを公証することによって，訴訟手続の公正を担保するため。

② 公判の途中で裁判官がかわり公判手続を更新すべき場合に，更新の手続としての証拠調べをし，後任の裁判官が審理を進めるために，審理の経過と内容を記録しておくため。

③ 公判の審理が長期化した場合における裁判官及び訴訟関係人の記憶確保のため。

④ 事件が上訴審に係属した場合に，上訴審が，原判決時における原判決の当否を審査するために，原審で行われた審理の状況を知るため。

- 100 -

ア　公判前整理手続期日で行われた訴訟手続及びその内容の公証

　公判調書と同様，公判前整理手続調書についても，公判前整理手続期日が適式に行われたことを公証する役割があることは言うまでもない。これは調書の基本的かつ本質的な役割である。

　公判前整理手続期日においては，公判審理の充実，迅速化及び継続的，計画的な実施に向けて，裁判所及び訴訟関係人間で，争点及び証拠整理や公判の審理予定の策定を目的とした協議がなされ，必要に応じて裁判所が種々の決定を行なうことになるが，このような協議の内容について公証する役割を担う公判前整理手続調書に記載すべき事項を検討するに当たっては，裁判所及び訴訟関係人間で行われたやりとり等が，調書に記載して公証する必要がある事項なのかどうかを検討するという視点が必要であると思われる。

　なお，刑訴規則217条の17で，公判前整理手続調書に刑訴法52条が準用されているので，公判前整理手続期日における手続で公判前整理手続調書に記載されたものは，公判前整理手続調書のみによってこれを証明することができる。この意味は，公判前整理手続調書には絶対的証明力が付与されており，上訴審で原審の公判前整理手続期日における手続が適法に行われたかどうかが問題となった場合には，上訴審の判断資料は原審の公判前整理手続調書に限定され，他の資料をもって覆すことはできないということである（執務資料42ページ）。

イ　公判前整理手続の進行管理

　公判前整理手続は，公判審理の充実・迅速化のための公判準備であることから，この手続自体が充実し，かつ迅速に行われる必要があることはこれまで述べたとおりである。そのためには，各訴訟関係人が公判前整理手続において準備する事項やその期限を確実に把握するとともに，裁判所もこれを適切に管理することが重要になる。また，訴訟関係人から公判前整理手続の進行についての見通し（例えば，追起訴予定，主張の予定等）に関する情報が提示された場合には，これを裁判所と訴訟関係人間の共通認識とした上でその後の進行を検討する必要がある。それらの進行管理のツールの一つとして公判前整理手続調書を利用する方法もあり得る。

　具体的にこのような役割を果たす公判前整理手続調書の記載の代表的なものとしては，各種期限決定の記載や期日間に訴訟関係人が準備する事項の記載が挙げられよう。

　なお，調書作成の本来の目的はあくまでも期日に行われた手続の公証にあると考えるべきであることから，公判前整理手続の進行管理に利用することを重点に置いて調書の記載事項を検討するというスタンスにならないように注意が必要である。

　そこで，進行管理的な記載をどの程度行うのかについては，事案や具体的なやりとりの内容によるものではあろうが，その基本的な方針については，あらかじめ裁判体と協議し，基準となる考え方を定めておくことが望ましいと思われる。

ウ　上訴審の審理に向けた手続の記録化

　公判前整理手続を経た事件について控訴が申し立てられた場合，控訴審は，公判前整理手続の経過及び結果も含め，原審における審理の状況を知る必要がある。この点，公判前整理手続期日が開かれていた場合には，公判前整理手続調書によって期日でのやりとりの経過及び結果を知ることができる。したがって，公判前整理手続調書には，

第4章 公判前整理手続調書

控訴審における原審の公判前整理手続の適法性判断の資料となる役割があるといえるだろう。

このことを公判前整理手続調書の記載という角度から考えた場合，控訴審の審理においては，争点及び証拠の整理の結果とともに，結果に至るまでの経過的な事項（例えば，争点を絞り込む過程でなされた主張の撤回等の経緯，証拠を厳選する過程等）が，原審の訴訟手続の法令違反の有無や控訴審における新たな主張や証拠調べ請求を検討する上で重要になる場合もあろう[*1]。そこで，例えば，訴訟関係人の意見に反するような決定が行われることが見込まれる場合などは，その経過のやりとりを記載しておくことが有益な場合もあろう[*2]。

3 記載の程度

(1) 問題の所在

公判前整理手続期日における協議では，協議される論点が多岐にわたることや，協議が必ずしも一定の手順で行われないことがあるものと思われるが，公判前整理手続調書は，そのようなやりとりを記録化し，公証するという役割を負っている。したがって，公判前整理手続調書の記載において，そのような協議について，何を記録化し，どの程度記載すればよいのかという問題は，手続の性質上，当然生じる問題だともいえよう。これは，手続の進行が定型化された公判期日ではあまり深刻化することのない，公判前整理手続特有の問題であろう。

本書では，この「どのような事項をどの程度記載するのか」という問題を，「記載の程度」と呼んでこれから検討していきたいと思う。

(2) 基本的な方針

公判前整理手続調書の重要な役割が，公判前整理手続期日で行われた手続を公証することであることは既に述べたとおりである。そのような観点からは，公判前整理手続調書の記載の程度としては，当該期日で行われた手続の結果となる事項を中心に記載すればよいことになると思われる。

しかし，一方で，結果に至る過程においても，調書に記載して公証することが有益なやりとりや，後の公判前整理手続の進行管理において重要なやりとりがされることも考えられる。前述した公判前整理手続調書の役割から考えると，このような，ある結果に至るまでの経過におけるやりとり（経過的事項）のうち重要なものについても調書に記載することが必要であると思われる。ただし，公判前整理手続調書の報告書的な性質から考えると，このような経過的事項の記載の程度としては，そのやりとりにおける訴訟関係人の陳述を逐語的に記載するのではなく，必要な部分のみを読みやすく整理して記載することが相当であると思われる。

[*1] 本研究に際して，公判前整理手続調書の記載について，高裁に対してもアンケート調査を行ったが，上記のような指摘も見られた。

[*2] このような記載をするためには，裁判体の考え方や審理の方針がどのようなものであるのかを，あらかじめ書記官としても把握しておくことが必要になる。その意味では，期日前に裁判体とミーティングを行ったり，期日進行メモを活用するなどして，裁判体との認識の共有化を図る必要があろう。

第1節　調書作成の指針

　　以上のことから，公判前整理手続調書の記載の程度に関する基本的な方針としては，結果的事項のほか重要な経過的事項を簡潔に整理して記載するとするのが妥当であろう。

(3) 重要な経過的事項

　　経過的事項のうち，調書に記載すべき重要な事項として，どの事件にも当てはまる一定の基準を見いだすことができれば，調書作成が効率化されるものと思われる。この点，一般的な基準としては，①決定手続における訴訟関係人の意見（ただし，意見の内容が特に反対する趣旨でない場合で，決定等が当該期日内に行われたときを除く。），②争点の絞り込みないし証拠の厳選過程における中間的な確認事項，③進行管理上重要な情報については，記載する実益がある又は記載することが有益であるとされている[1]。しかし，公判前整理手続で行われる個別具体的なすべてのやりとりの重要性について，統一的な基準を定めることは，難しい問題であると言わざるを得ない。なぜなら，経過的事項のうち，何が重要なのかは，その事件の態様に応じて，また事件の進行具合に応じて千差万別だからである。この点に関して，公判前整理手続期日における個別のやりとりを，収集した各庁の記載例を参考に分析して類型別に分類したものについて，事項ごとに記載の要否を検討した結果は，本章の第3節に記載した。その結果を踏まえて，経過的事項の記載の要否について総合的に検討すると次のように考えられる。

ア　経過的事項の記載の検討における論点

　　経過的事項の記載の要否の問題については，2つの論点があると思われる。すなわち，①公判前整理手続の目的が争点及び証拠の整理にあることを考えると，その結果は，「争点及び証拠の整理の結果の確認」に集約されることになるが，争点及び証拠整理の結果確認に至るまでの過程として調書に記載すべき重要な経過的事項とはどの

---

[1]　総務局記載例2ページ参照。なお，ここでは次のとおり解説がされている。

　1　決定手続における訴訟関係人の意見としては，①当該決定手続等の適法性が控訴審で争われる可能性がある場合（異議の申立てを却下ないし棄却した場合等）や，②当該決定手続を前提に，後の訴訟関係人に対して不利益を課す可能性があるような場合には，後の判断の際の資料として，訴訟関係人の意見（例えば，期限の定めの際に訴訟関係人が具体的理由を示して述べた消極意見）を調書に記載しておく実益が考えられる。

　2　争点の絞り込みないし証拠の厳選の過程における中間的な確認事項としては，①重要な争点について争いのないことの確認，②論理的に予想される特定の主張をしないことの確認，③従前の主張の撤回などが行われたときは，後の主張の蒸し返しを防ぐ観点からも，調書に残しておくことが有益な場合があると考えられる。

　3　進行管理上重要な情報としては，①釈明が当該期日になされず，持ち越された場合の釈明事項や，②証拠開示に関する事項で裁定手続に至る前段階の事項，③その他進行予定に関する事項のうち，進行管理の観点から重要だと思われる事項については，調書に記載することが有益な場合もあると考えられる。

　　詳細については，総務局記載例を参照されたい。

- 103 -

第 4 章　公判前整理手続調書

ようなものであるか，②当該期日における結果に至るまでの訴訟関係人間のやりとり
の経過（経緯）を記載する必要があるかどうか（経過的事項の記載の程度）である。
そこで，以下，これらの各論点ごとに検討する。

イ　重要な経過的事項とされる事項

公判前整理手続期日における経過的事項を調書に記載することの意味としては，上
記総務局記載例や収集した調書の記載例から考えると，①公判前整理手続の進行管理
的な意味をもつ場合，②公判前整理手続の過程における中間的な確認又は蒸し返し防
止としての意味をもつ場合であると思われる。そこで，それぞれの場合について，公
判前整理手続期日で行われたやりとりが重要な経過といえる場合として，どのような
場合があるのか検討する。

まず，①の進行管理的意味をもつ事項の記載の要否は，基本的には各裁判体ごとの
調書記載，又は進行管理事務の方針いかんによるものと思われる。すなわち，進行管
理的な意味で記載する事項については，必要的記載事項ではない上，公判前整理手続
の進行を円滑に行うことが目的であると考えられることから，公判前整理手続で行わ
れた手続の公証という調書の本来的な目的とは別の目的で記載されるものであると思
われるからである。

ただし，進行管理的な意味で記載するものであっても，公判前整理手続の進行予定
に大きく影響するものや事実上の期限設定ともいい得るものであれば一般的に記載の
実益があると思われる。例えば，公判前整理手続の進行に関する事項のうち，追起訴
予定，訴因変更予定といった争点及び証拠整理の前提となる事項であれば，その予定
を記載することが有益であろうし，重要な証拠の開示が遅れたために，相手方の認否
が留保になり，期日が空転したような場合には，そのような事情を調書に残す必要が
あろう。また，開示請求に対して不開示の回答をした場合で，後の裁定請求も考えら
れる場合には，訴訟関係人の開示請求や請求に対する回答が期日で述べられれば調書
に残しておくことが有益であると考えられる。さらに，主張，証拠請求及び証拠意見
の予定として述べた陳述は，原則としてそれを調書に記載するかどうかの方針いかん
によるが，それが「次回期日までに主張する」等と具体的な期限が併せて述べられた
場合は，記載することが有益であろう。

次に②の中間的な確認事項又は蒸し返し防止としての記載については，さらに個別
の事項ごと，又は事例ごとに記載の要否について検討する必要があると思われる。

まず，裁判長による求釈明（訴訟関係人が相手方にする事実上の求釈明も含む。）
に対する釈明として述べられた事項については，記載することが相当な場合が多いで
あろう。このような求釈明がなされる場合は，訴訟関係人の主張の内容や証拠調べ請
求の必要性について不明な点や疑義がある場合であり，それに対する釈明は裁判所と
しても公判前整理手続の過程において重要な経過的事項であるととらえている場合が
多いと思われ，また，このように釈明として述べられる事項は，訴訟関係人の主張又
は立証趣旨の補充又は明確化となる場合が多いものと考えられるからである。

次に，中間的な確認事項のうち，争点整理に関するものと証拠整理に関するものに
ついては，一般的に争点整理に関するものの方が記載する実益はより高いものと思わ
れる。これは，公判前整理手続における証拠整理の過程については，原則的に証拠等

- 104 -

第1節　調書作成の指針

関係カードに記載されるために，その記載があれば証拠請求の有無などの証拠整理の過程の記載としては十分である場合が多いものと思われるからである。したがって，証拠の整理に関する中間的な確認事項（「～の証拠請求はしない」「証拠請求はすべて終了した」などの陳述）は調書に残さなくても差し支えない場合が多いであろう。

　さらに，争点整理に関する中間的な確認については，一般的にいえば，争点整理の中間的な確認又は蒸し返し防止としての意味とともに，訴訟関係人の主張の方針又は内容をより明らかにする陳述であるという意味もあるといえ，記載することが相当な場合が多いものと思われる。しかし，それでも具体的な事例や進行状況に応じてより記載の実益が高い場合とそうでない場合の強弱はあり得るであろう。

　この点，上記総務局記載例（103ページの脚注1）に則して考えると，「重要な争点のうち争いのない事項の確認」としては，例えば，重要な争点について，多数の間接事実が主張され，その中から争いのある事項を整理した上で，その後の証拠整理や審理予定の策定を行っていくために，争いのある点と争いのない点とを取捨選択する場合などは，訴訟関係人間の認識を共通にする意味でも中間的な確認事項を記載する実益が高いだろう。逆に，争点整理の結果確認の手続を行うための前提として，争点整理の終盤でこれまでの争点整理の内容を確認した場合や訴訟関係人の提出した書面等の記載から明らかな内容を単に期日で確認したという場合には，記載が不要であるといえよう。

　また，「論理的に予想される特定の主張をしないことの確認」としては，そのような陳述がされることにより，訴訟関係人の従前の主張の内容が補足されたり，より明確にされたりする場合には，訴訟関係人の争点に関する主張として，記載する実益がより高いものと思われる。

　さらに「主張の撤回」については，訴訟関係人が公判においてする主張の内容を明らかにするとともに，訴訟関係人の当初の主張と異なる争点整理の結果確認が行われることになるので，一般的に記載することが相当であろう。

　以上のことから考えると，争点整理に関する中間的な確認事項を重要な経過的事項として調書に記載するかどうかについては，単にあるやりとり又は陳述がなされた場合には機械的に記載するというのではなく，そのようなやりとり又は陳述が行われることの意味を個別的に考えて記載の要否を検討することが必要となろう。具体的には，①そのような確認又は陳述をすることで，訴訟関係人の主張の内容がより明確になるものかどうか，又は，②そのような確認又は陳述を調書に記載することが後の公判前整理手続の進行に有益かどうか*1が一応の判断基準になるのではないだろうか。

　その他，公判前整理手続期日において行われることが考えられるそれぞれのやりとりについての検討は，第3節の記載も参照されたい。

　なお，これまで述べてきたような事項を調書に記載する場合には，原則的に結論だ

＊1　例えば，既に訴訟関係人提出の書面で明らかな事項は改めて調書に記載する必要がないし，争点及び証拠整理の結果確認や審理予定策定の直前でこれまでの協議の内容を確認する程度であれば，記載しなくても公判前整理手続の進行には影響が少ないだろう。

第4章　公判前整理手続調書

けを記載することで足りよう。

ウ　経過的事項の記載の程度

次に公判前整理手続期日で協議され，当該期日で何らかの結論が出された場合，その結論に至るまでの訴訟関係人のやりとりの経過を記載する必要があるかどうか検討する。すでに述べたとおり，一般的にいえば，公判前整理手続調書の性質からも，また公判前整理手続調書の公証の役割からも，裁判所も含めた訴訟関係人間のやりとりの経緯を記載する必要はないものと思われる。そこで，このようなやりとりの経緯を経過的に残す必要がある場合があるのかどうか検討することにする。

この点，訴訟関係人間のやりとりを調書に残す意味を考えると，ある判断又はある結論に至るまでの過程が適正であったことを明らかにすることや，当初の訴訟関係人の主張と争点整理の結果として整理された内容が異なる場合にその変遷の経緯（どのような経過で変わったのか，又はなぜ変わったのか。）を明らかにする意味があると思われる。そのように考えると，①裁判所が，訴訟関係人の主張又は意見と異なる判断をした場合等，決定等に至る過程を明らかにしておくことが相当な場合，②訴訟関係人の当初の主張が期日におけるやりとりの結果変わった場合のうち，当該訴訟関係人以外の働きかけによる場合などには，その内容の重要度（特に訴訟関係人の主張に関するものについては重要度が高いものと思われる。）に応じて調書に残しておく実益があるものと思われる。

なお，このような事項を調書に記載する場合には，やりとりのすべてを残しておく必要はなく，結論に至るまでの経過が最低限明らかになれば十分であり，訴訟関係人の発言を逐語的に記載することは不要であろう。

(4)　経過的事項の記載に関する調書作成上の工夫

経過的事項の調書への記載の程度の問題を解決するひとつの方法としては，調書作成にかかる事務処理の方法を工夫することが考えられる。すなわち，事件の態様が様々である以上，実際にそれを処理する裁判体と書記官との連携等によって調書に記載すべき事項を臨機応変に取捨選択していくという方法である（おそらく実務でもこのような方法によって対処する場合が多いものと思われる。）。これが効率的な解決方法のひとつであると思われるので，この点については，次の項で記載することにする。

第2　調書作成の効率化のための工夫

公判前整理手続調書については，これまでも，その効率的な作成に向けて検討がされてきた。しかし，今後の状況を考えると，裁判員裁判実施庁においては，書記官には裁判員の選任手続や裁判員裁判の運営に関する事務が新たに発生するとともに，連日的開廷に伴う法廷立会時間の増加が予想され，その一方で，圧倒的割合を占める裁判員裁判非対象事件の処理もこれまで同様にこなさなければならないことになり，事務処理の一層の効率化が求められることになろう。また，裁判員裁判実施庁以外の庁においても，今後は制度の定着に伴って，公判前整理手続に付される事件が増加することも考えられる。

このような状況のもとで事件処理を遅滞なく，円滑に行っていくためには，公判前整理手続調書の作成についても，これまで以上に効率的に作成する意識が求められる。

そして，調書作成事務を効率的に行うためには，調書に記載すべき事項（特に，経過的事

項の記載の程度）をある程度類型化する方法が考えられるほか，裁判体との連携も含めた調書作成事務の方法を工夫することが考えられる（上記第1の3⑷参照。）。本項では，このうち，後者の，効率的な調書作成に向けた裁判体との連携も含めた事務処理態勢の工夫等について検討することにしたい。

1 調書作成の意義及び争点等の理解

まず調書作成の効率化のための前提として，書記官が調書の役割，調書の意義を再確認することが必要であると思われる。これは，調書の役割，意義を理解し，その中で，具体的やりとりを調書に記載することの意味を考え，それを一つのよりどころにして記載するか否かを検討するということであり，それにより判断の基準ができ，それを一般化できれば調書作成の効率化につながることが考えられるからである。

また，一つの事件の中で，どの事実，どのやりとりが調書に記載するような重要な意味を持つのかは，個々の事件の態様（争われ方）や進行状況によって異なるということもできる。そのように考えると，書記官が事件の争点及び争点に関する訴訟関係人の主張の内容，立証の方針，訴訟関係人間の期日間の求釈明や証拠開示のやりとりの内容，期日までの検討事項などの公判前整理手続の進行状況や今後の見通しといった事件のあらましを理解することも，調書の効率的な作成という観点からは近道であるということができるのではないだろうか。

2 裁判体との認識の共有

⑴ 調書作成に関する認識共有の意味

公判前整理手続については，充実した，円滑で迅速な進行が図られる必要があることはこれまで述べてきたとおりである。これを裁判所サイドから見ると，訴訟関係人の主張や立証方針を的確に把握し，整理した上で，適切に進行を管理しながら手続を進め，来るべき公判審理の準備をしなければならないということになろう。そして裁判所がその目的を達するためには，裁判体と書記官が一体となって，それぞれの適切な役割分担を行い，連携，協力して事務処理に当たることが重要であることは異論がないだろう。そのような裁判体と書記官の連携協力の基盤としては，裁判体と書記官との事件処理方針等についての共通認識が存在しなければならない。

このことは，公判前整理手続調書の記載の場面についても当てはまるものと思われる。公判前整理手続調書には当該期日における協議の結果と重要な経過が記載されるものであり，その記載が後の公判審理にまでつながっていく場合もあるとすれば，調書に，何をどの程度記載しておくのかについて，手続全体の主宰者である裁判体の認識と意向を書記官が適切に把握し，それが反映されなければならないからである。これを逆にいえば，裁判体と認識が共有化されていれば，裁判体の認識と一致した調書が効率的に作成できるともいえるのである。そこで，ここでは，調書の作成の場面で裁判体と書記官の認識を共有化する方法を，実際の取組例を紹介して検討することにしたい。

⑵ 一般的方針

公判審理の進行等について一般的審理方針を策定するのと同じように，公判前整理手続調書の作成について，裁判体と書記官との間で，一般的な方針を策定することができるならば，それを調書作成のガイドラインとして，その効率化に大きく寄与することが考えられる。

第 4 章　公判前整理手続調書

　　この点についてアンケート調査から見た各庁の取組状況は次のとおりである。

（アンケート 4 － 1 ）

　裁判体との間で，調書の記載事項について一般的な方針を確認していますか（回答数
8 5 ）

　　ア　確認している　　4 3

　　イ　特に確認していない　　4 2

（アと回答した庁について）

どのような内容を確認していますか

（記載内容に関して）

- ・　結果的事項に絞って記載する　　1 2
- ・　結果的事項を記載することを原則にしつつ，重要な経過的事項や訴訟関係人の次
　回期日等までの準備事項については記載する[*1]　　9
- ・　経過的事項の記載については，裁判体から指示があったものを記載する　　7

（調書の構成に関して）

- ・　類型Ⅱ（本章　112ページ以下参照）の構成で記載する　　4
- ・　類型Ⅰの構成で記載する　　1
- ・　見出しを統一する　　4
- ・　標題，見出し，争点及び証拠の整理の結果確認についての記載の統一，「証拠調
　べ等」の記載箇所の統一　　1

（その他の工夫）

- ・　記載内容を分類し，チェックリストを作成している　　1
- ・　プロジェクト（高裁単位のものと，地裁単位のものがあった）の検討結果に基づ
　いて記載している[*2]　　3
- ・　期日の終わりや中間時点で裁判体が協議の内容をまとめたり，訴訟関係人との間
　で確認し，調書にはその内容を記載する　　1

- ＊ 1　調書に記載すべき重要な経過的事項に関する一般的な方針としては，①結果的事項のほか，訴訟関係人の
次回期日までの主張・立証の予定を記載するという例や，②訴訟関係人の主張・立証予定の内容，相手方の
主張に対して釈明を求める点がないこと，類型証拠や主張関連証拠の開示請求の有無や進捗状況といった事
項は調書への記載が原則的に不要とするという例があった。
- ＊ 2　プロジェクトの検討としては，模擬裁判等の公判前整理手続におけるやりとりを題材に，公判前整理手続
期日調書に記載すべき事項を検討したものがある。それによると「公判前整理手続調書の性質については，
その手続の中で行われたやり取りを逐一記載するようなものではなく，原則として，その期日の結果を要領
よく記載すれば足りるという結果的調書の考え方を採る」とされており，そのような考え方を前提に個別の
やりとりの記載の要否について検討が加えられている。この中では，調書の公証事務としての役割を重視し
て，必要的記載事項を中心に記載することを基本的なスタンスとした上で，進行管理的な側面を持つ事項に
ついては，調書以外の別のツール（進行管理プログラム等のシステムや手控え）を利用すべきであるとして，
例えば，証拠請求の予定に関するやりとりや裁判長が訴訟関係人の次回期日までの検討事項を確認したやり
とりは記載が不要であると結論付けられるなどしている。

アンケートの結果を見ると，裁判体との間で一般的に記載すべき事項を確認している例が半数以上あり，これはこのような一般的な方針を検討しておくことの重要性が実務でもある程度認知されている結果といえよう。また，確認している内容としては，上記のアンケートのとおり，記載内容の方針を決めている例や調書の構成を統一的にしている例などがあった。

記載内容の点からいうと，これに加えて，公判前整理手続調書にどの程度進行管理的役割を持たせるのか，具体的な記載事項としては，経過的事項のうち，進行管理的な側面から記載する事項，例えば，今後の証拠請求の予定や見通し，証拠開示の進行状況，次回期日までの宿題事項などについて，その記載の要否をあらかじめ一般的なものとして定めておけば，さらに書記官の期日立会時における手控えの録取事務の合理化や調書起案の迅速化が促進され，結果的に調書作成の効率化にとって有効な手段になり得ると考える。

なお，アンケートにおいて，一般的な方針の策定以外にも裁判体との間で調書作成の効率化のための工夫を行っている事例も紹介された。この内容を見ると，裁判体とのコンセンサスを得た上で，調書作成に関するマニュアルを作成している例や庁独自の調書記載例集を作成している例があった。

(3) 個別の事件処理における効率化

(2)では，一般的方針という広い視点から調書作成事務の効率化の方策を考えたが，公判前整理手続の内容や進行が様々であることを考えると，やはり事案や期日でのやりとりに応じて，経過的事項についての調書の記載の要否を検討しなければならない場面は必ず生じうる。

そこでここでは，個別の期日を前提にして，裁判体と書記官の連携，認識の共有化という視点から調書作成の効率化について考えてみたい。

ア 期日前段階

公判前整理手続期日前に，当該期日で話し合われる予定の事項や期日のポイントがあらかじめ把握できていれば，期日における書記官の録取事務が合理化され，その結果，調書作成の効率化につながるであろう。書記官としては，ポイントとなる部分を中心に録取すればよいので，期日立会い中から，調書の作成をイメージして録取でき，期日が終わった後にはそれを基にして調書を作成すればよいからである。

期日のポイントをあらかじめ把握する方法としては，次の方法が考えられよう。

① 事件ミーティング
② 期日進行メモ

まず一つは，裁判体と書記官との間で事件ミーティングを行うということが考えられる。ここで，期日の進行予定やポイント，期日間の事件の進行状況に関する情報伝達が行われることによって，裁判体と書記官の情報，認識の共有化を図ることもでき

第4章　公判前整理手続調書

る[1]。

　しかし，ミーティングとなると，裁判体と書記官が顔を合わせる時間が必要であり，実務の現状として，定期的に開くことが困難な庁もあろう。

　そこで，ミーティングに代わるものとして，期日進行メモを利用する方法も考えられる。ここでいう期日進行メモとは，期日の進行予定，期日において裁判所から当事者に確認する事項，前回期日の宿題事項の進行状況等をメモにしたもの（第6章284ページ以下参照）で，実務でも，期日進行メモを通じて，期日の進行予定を把握する機会が多いのではないかと思われる。

　期日進行メモの調書作成に関する工夫例については，第6章　285ページを参照されたい。

イ　期日における確認

　公判前整理手続調書の作成を困難なものにする理由の一つとして，公判前整理手続期日における協議の中で，訴訟関係人が比較的自由に発言し，その結果，議論が行きつ戻りつするために，内容を録取しにくい上，発言内容をまとめることが困難であることが挙げられる。また，そのような議論の中から調書として記録化すべき事項を抽出するのは，さらに困難である。

　そこで，アンケート4－2の結果に見られるように，多くの庁で，裁判体の運用として，当該期日で議論した内容や次回期日までに訴訟関係人が準備する事項を，裁判長が，議論の区切りごとに，あるいは期日の終了時に総括し，それを訴訟関係人とともに確認するということが試みられている。このような運用は，裁判所を含めた訴訟関係人にとっても議論の整理がされることによる意味が大きいだけでなく，調書作成の効率化の観点でも，書記官としてはそこで総括された内容を核として調書をまとめていけばよいので，その効率化に大いに寄与することになると考えられ，さらに定着を図ることが検討されてもよいものと思われる。

```
（アンケート4－2）
　整理手続期日において，裁判長が当該期日で協議した事項を，訴訟関係人とともに確認していますか（回答数85【複数回答】）
　ア　確認している　　66
　イ　特に確認していない　　20
```

　なお，より直接的に，調書に記載する事項を期日において裁判長が訴訟関係人とともに確認するという運用も紹介され，調書作成の効率化につながっているとの報告もあった。

---

[1]　裁判体と書記官の期日前又は期日間の当事者の準備状況に関する情報の共有方法という観点からのアンケートに対して，22の庁が「裁判官室と定期的なミーティングを行っている」と回答している（アンケート6－8，282ページ参照。）。

第1節 調書作成の指針

ウ 期日終了後における打合せ

調書の作成の観点からは，期日終了後，調書作成前に，裁判体と書記官との間で調書に記載する事項について打合せを行ったり，調書に残すべきかどうか判断に迷う事項について相談することによって，調書作成事務を効率化することも考えられる。裁判員裁判の実施により，書記官事務の増加が予想される状況においては，記載事項の取捨選択の検討などを裁判体と協力して行うことで，迅速な調書作成も可能となるものと思われる。

このような事務処理上の工夫についてアンケートをしたところ，その結果は次のとおりであった。

（アンケート４－３）

整理手続期日直後に，調書に記載すべき事項について，裁判体と打合せをするなどして確認していますか（回答数８５）

ア 確認している 　　４０
イ 特に確認していない 　　４５

アンケートの結果では，公判前整理手続期日直後に，調書に記載すべき事項について裁判体に確認するという取扱いが行われている事例は，半数弱であった。これは，調書作成事務の流れとして，公判前整理手続期日が終了した後に，書記官がまず調書を作成し，裁判官の決裁を受ける過程で必要に応じて記載事項を取捨選択していく場合が多いと思われること，公判前整理手続前に裁判体と書記官が手続の進行について打合せをしたり，公判前整理手続期日において協議した事項を裁判長が訴訟関係人とともに確認をしたりする運用を行えば，期日後において改めて記載事項について確認する必要がない場合が多いと考えられること，といった理由が考えられる。

確かに，このように期日前又は期日中において調書作成事務の効率化のための工夫がなされていたり，または調書の記載に関する一般的な方針が定められている場合には，期日後において，調書の記載事項について裁判体と相談をしなければならない場合は少ないとも考えられる。しかし，裁判体と書記官の連携の在り方としては，期日後においても，必要に応じて，裁判体と調書の記載事項について気軽に相談できるような態勢であることが望ましいのではなかろうか。

第4章　公判前整理手続調書

第2節　調書の構成

第1　調書の構成についての考え方

1　概説

　　これまで，本章においては，調書の性質及び調書に求められる役割を踏まえた上で，公判前整理手続期日でのやりとりをどこまで調書に残すべきかといった点について検討してきた。

　　公判前整理手続期日は，公判期日とは異なり，期日の進行や協議内容が非定型的な面が強く，そのため，収集した調書の記載例を見ると，会議録的な記述も一部の調書において見られた。しかし，公判前整理手続期日においてなされたやりとりを取捨選択した上で，調書に残すべきやりとりを見極め，記載すべき事項について，ふさわしいインデックス（見出し）を付け，また，関連する事項ごとにまとめ，更に，一覧性を意識した体裁にするなどの工夫をすることで，報告文書として，より見やすく，分かりやすいものになると思われる。

　　以下，本項では，公判前整理手続期日において行われた手続を公証し，報告する文書としての公判前整理手続調書を，いかに分かりやすく，見やすいものとするかという視点から検討を加える。

2　基本的な整理のあり方

(1)　各庁の現状

　　調書の構成について，現状では，概ね以下の2類型に分類されるものとされ[*1]，アンケート回答及び収集した調書の記載例を検討しても，見出しの語句が多少異なるなどの点はあるものの，ほぼどちらかの類型に分類することができた。

　　そこで，現状において公判前整理手続調書の代表的な整理法としての以下の2類型について検討を加える。

ア　「類型Ⅰ」
　　行われた訴訟手続ごとに大見出しを立てて，その内容を記載する構成[*2]
イ　「類型Ⅱ」
　　行われた手続を，①争点の整理に関する事項，②証拠の整理に関する事項，③公判審理の予定に関する事項，④その他の事項の4項目に分類し，具体的な手続を中見出しを立てて記載するという構成[*3]

---

* 1　総務局記載例で紹介されたものである。
* 2　基本的な構成は，公判調書と同様であり，執務資料（63ページ以下）で示された参考記載例もこの類型にあたる。
* 3　詳細は，村田研究参照。

まず，各庁に対して，調書の構成としてどの類型によっているのか及びその類型によっている理由についてアンケートした結果を示すと，その結果は次のとおりである。

（アンケート４－４）
「類型Ⅰ」と「類型Ⅱ」のどちらによっていますか（回答数８５，なお，「その他」の回答あり）

ア 「類型Ⅰ」によっている ３５
（主な理由）
・ 公判調書と構成が近いため，統一性が図られるし，また，記載しやすい １４
・ 争点整理に関する事項と証拠整理に関する事項は，不可分といえるかどうかは別としても，手続の中では一体として扱われていることが多い ４
・ 経過的な記載をする場合に優れている ２
・ 「類型Ⅱ」では，中見出しを立てることで，屋上屋を架す感がある ４

イ 「類型Ⅱ」によっている ３４
（主な理由）
・ 整理手続の目的に沿って記載内容を分類するので，見やすく，内容も分かりやすい １７
・ 結果的記載をする場合にまとめやすい ４
・ 「類型Ⅰ」は，手続の羅列になりやすいのではないか １
・ 事項ごとに分類して記載した方が，後から確認する際に便利である ２

ウ 事案によって使い分けている １５
（使い分けの基準）
・ まとめやすさ，見やすさなどを考慮して使い分けている ３
・ 否認事件や争点が多岐に渡る場合は「類型Ⅱ」を，自白事件で記載事項が少ない場合は「類型Ⅰ」による ２
・ 争点整理に関する事項が証拠整理に関する事項と関連付けて主張される場合には，「類型Ⅰ」によっている １

このように，「類型Ⅰ」，「類型Ⅱ」のいずれによっているかについてのアンケート結果は非常に拮抗しており，また，それぞれに一長一短が指摘されるところである。

(2) それぞれの検討

「類型Ⅰ」は，上記２(1)で述べたとおり，公判前整理手続期日において行われた訴訟手続ごとに大見出しを掲げて記載するもので，基本的な構成は公判調書と同じであり，調書の性質論としての経過調書か結果調書かという視点から見れば，いずれにも対応できるものといえる。

一方，「類型Ⅱ」は，争点及び証拠整理を経て審理計画を策定するという公判前整理手続の趣旨及び目的（法316の２Ⅰ）を踏まえ，調書に記載すべき事項を，争点整理関係，証拠整理関係，審理予定関係及びその他の項目に分類整理し，その順に従って記載するというものである。したがって，調書の性質論としての結果調書か経過調書かという視点から見れば，結果調書的記載に馴染むものであるといえよう。

第4章　公判前整理手続調書

　この点，公判前整理手続調書の性質論から遡って考えてみると，公判前整理手続期日においては，公判期日とは異なり，手続を順序に従って行うことはほとんどの場合求められていないものと思われるため，公判前整理手続調書の作成にあたっても，少なくとも手続的事項については結果調書を基本にするべきものと思われるが，そのような整理を基本とするのであれば，記載事項を何らかの基準（指標）をもってまとめ，それを一定の順序に従って記載しなければ，いきおい，調書の記載は羅列的となり，その期日に行われた協議事項がどこに記載されているかを後で確認する際の目安も付きにくくなる。このように，調書の記載事項を一定の指標によってまとめ，記載の順序を定めることにより，見やすさ，分かりやすさは向上し，そのような調書の構成の目安ができることにより，調書作成の効率化にもつながるものと思われる。

　さらに，調書の記載事項をまとめるに際しての指標も，争点整理，証拠整理，審理予定という公判前整理手続の目的に沿ったものであれば理解しやすく，また，調書の記載と最終的な整理結果との関連性の意識（最終的な整理結果に向けた，期日横断的な理解と整理）を持つことができるし，記載の順序についても，最終的に確認される整理結果とのつながりという観点からは，争点整理，証拠整理，審理予定，その他の順に記載することが相当であろうと思われる[1]。

　したがって，このような方針によるのであれば，「類型Ⅱ」による整理法が，調書の基本的な構成として適当ではないかと思われる[2]。ただ，「類型Ⅰ」による場合でも，記載事項を，争点整理，証拠整理，審理予定などと関連する事項でまとめ，その順序に従って記載しているのであれば，「類型Ⅱ」とは，上記2(1)で示したような大見出しを掲げるかどうかの違いに過ぎないものといえよう。収集した調書の記載例を見ても，「類型Ⅰ」の構成を採る庁にあっても，上述のような記載事項のまとまりや記載の順序を意識した調書の記載がされていると思われるものが相当数見られた。

---

[1]　この点，手続部分については，公判調書との構成が異なるため，同一記録の中でも，公判前整理手続調書と公判調書では，その構成について統一がとれておらず，作成にあたって混乱が生じ，かえって見づらいのではないかとの意見もあるが，それぞれの調書の性質の違いに起因するものである。

[2]　ただ，上記アンケート4－4の回答にもあるように，整理期日で，争点整理に関する事項と証拠整理に関する事項が関連づけられて（又は一体となって）主張されることもあり，そのような場合に，「類型Ⅱ」によると，一連のやりとりを，争点整理関係と証拠整理関係とに分けて調書に記載せざるを得ない。しかし，各期日の調書は，最終的に確認される争点及び証拠のそれぞれについての整理結果とつながりを持つことがより重要ではないかと考える。

　また，陳述の内容によっては，争点整理と証拠整理のいずれに記載するのか判然としないものもあるかもしれないが，その場合は，主要な陳述内容を見極めた上で，いずれかに記載すれば足りよう（例えば，証拠に関するやりとりでも，証拠構造に関する事項であれば，「争点の整理に関する事項」として記載すればよいであろうし【参考記載例4－12】，126ページ脚注1参照），供述調書の任意性に関する主張のように個別証拠の証拠能力に関する陳述は，被告人側の証明予定事実となりうるものであっても，「証拠の整理に関する事項」として記載することになろう（150ページの【参考記載例4－46】参照）。

- 114 -

第2節　調書の構成

第2　調書の構成に関するその他の工夫例

その他，見やすさ，分かりやすさという観点からの調書の構成及び記載方法についての工夫例として紙幅を取りがちな冒頭部分の記載をまとめ，また，「争点及び証拠整理に関する事項等」と「公判審理の予定に関する事項」の記載箇所を分割して，調書をなるべく1ページで納めようとする工夫例（**【参考書式4－1】**）や，審理予定や今後の進行予定を別紙とする[*1]などの例も見られる。

【参考書式4－1】冒頭部分をまとめ，一覧性を重視した調書様式例[*2]

事件番号		平成○○年（わ）第○○○号	
第 ○ 回 公判前整理手続調書（手続）		裁判長 認 印	
被告事件名及び被告人氏名	殺　人　■■■■（不出頭）		
作　　　成	平成○○年○月○○日　○○地方裁判所刑事部　裁判所書記官　■■■■　印		
公判前整理手続をした年月日	平成○○年○○月○○日	公判前整理手続をした場所	○○地方裁判所共用室
公判前整理手続をした裁判所	○○地方裁判所刑事部		
裁　判　官（長）	（裁判長）■■■■，■■■■，■■■■	裁判所書記官	■■■■
出　　頭　　者	検察官　　■■■■，■■■■	弁護人　　■■■■	
争点及び証拠の整理に関する事項		公判審理の予定等	
指定（□告知）した次回期日	平成○○年○月○○日午後○時○○分		

第3　見出しについて

いわゆる「見出し」については，公判調書においても使用されており，インデックス機能を果たすものとして，その有用性は多言を要しない。公判前整理手続調書においても，内容にふさわしい見出しを付けることができれば，調書の見やすさはより高まるものと思われる。

[*1] 審理予定などは，後に訴訟関係人等に配布することも考えられ，そのような場合に便宜であろう。

[*2] 平成19年12月28日付け総務局第三課長書簡により紹介されたものである。

- 115 -

第4章　公判前整理手続調書

　この点，収集した調書の記載例を見ると，ほとんどの調書に見出しが付されているが，記載事項を正確に表現しようとするあまり，見出しの文言が長くなったり，同一記録中においても不統一になるなどの状況が見られ，行われたやりとりについてどのような見出しを付けるのがふさわしいかという点については，公判調書とは異なり，いまだ一定の共通認識を得るに至っていない現状にあると思われる。そこで，各庁から収集した調書の記載例を分析し，見出しの例と使用される場面を一覧表化したので，以下のとおり紹介する（【表4－1】）。なお，見出しについては，なるべく定型化し，汎用性を持たせることが作成の効率化につながると思われるので，見出しの数はできるだけ絞り込むこととした。

　なお，「使用する場面」はあくまでも各庁から収集した調書の記載例を分類，整理したものであるので，実際に調書を作成するに当たっては，この一覧表に記載された見出しを参考にしつつも，具体的なやりとりにふさわしい見出しを使う場面があることにも注意されたい。

【表4－1】「見出し例」一覧表

大項目	見出し例	使用する場面（補足説明を含む）	【参考記載例】の参照ページ
争点の整理に関する事項	証明予定事実等	①　検察官の証明予定事実及び被告人側の予定主張等に関する陳述がなされた場合	122ページ等
		②　①の追加，撤回，変更，訂正がなされた場合	128ページ等
		③　①に対する相手方の認否がなされた場合	126ページ等
		④　公訴事実についての認否がされた場合	127ページ
		⑤　①の主張の予定が述べられた場合	133ページ
	被告人に対する意思確認	法316の10による被告人への質問及びそれに対する被告人の陳述がされた場合	129ページ
	検察官（弁護人）の釈明	公訴事実や証明予定事実等に関する釈明がされた場合	132ページ
	求釈明等（若しくは釈明事項）	求釈明事項の補充，撤回など，求釈明に対する回答に至るまでのやりとりも調書に記載する場合である。なお，法文上は，訴訟関係人には釈明権はなく，釈明のための発問を求めることができるに過ぎないので，見出しは，「求釈明等」もしくは「釈明事項」とすべきであろう。	131ページ
	争点の確認について	最終的な争点整理結果として確認される前段階で，争点について中間的な合意などがされた場合	132ページ等
証拠の整理に関する事項	証拠調べ等	証拠調べに関する事項のうち，証拠等関係カードに記載すべき事項に関するやりとりがされた場合である。記載事項は公判調書と同様に「証拠等関係カード記載のとおり」になる。	137ページ
	証拠の厳選について（若しくは証拠の絞り込みについて）	証拠厳選過程についてのやりとりがされた場合や，裁判員裁判を踏まえて，証拠の絞り込み（例えば，供述調書の全文朗読に適した抄本化など）についてのやりとりがされた場合	142ページ
	証拠開示について	証拠開示に関するやりとりがされた場合である。なお，同一期日で，証拠開示に関するやりとりが複数の項目に及ぶ場合は，「請求証拠開示について」，「類型証拠開示について」などと記載した方がよい場合もある。	158ページ等
	証拠開示に関する裁定請求	証拠開示裁定請求及び請求に対する相手方の意見聴取並びに裁判所の決定(提示命令を含む)に関するやりとりがされた場合	155ページ等
	証拠請求について	証拠請求の予定，請求の必要性についての求釈明など証拠等関係カードに記載することが相当ではない事項についてのやりとりがされた場合である。なお，個別の請求証拠についての記載事項が複数ある場合，例えば「鑑定請求について」，「合意書面について」などを小見出しとして使えば分かりやすい場合もあろう。	141ページ等

- 116 -

	証拠意見について	証拠意見の予定，証拠意見の補充等についての求釈明など，証拠等関係カードに記載することが相当ではない事項についてのやりとりがされた場合	149ページ等
公判審理の予定に関する事項	公判の進行について	審理予定を定めるに当たってのやりとり（例えば，公判前整理手続終了後の証拠調べ請求の予定や被害者の意見陳述の予定などについてのやりとり）がされた場合	146ページ 180ページ
	公判廷での証拠調べの方法等について	書証の取調べ順序及びその方法（例えば，ＩＴ機器を使う場合など）についてのやりとりがされた場合である。同一期日で，この点に関する複数の協議がされた場合には，証人尋問の際に負担軽減措置を採る場合や，尋問の方法などについてのやりとりを「証人尋問の方法について」などの見出しを用いて記載することもあろう。	182ページ
その他	次回期日等までに準備する事項	訴訟関係人双方に対する次回期日等までの準備事項を定めた場合	183ページ等
	今後の進行等	次回期日に限らない訴訟関係人の準備事項，追起訴予定など，今後の進行予定などについてやりとりがされた場合	185ページ
	期限の定め	訴訟関係人に対する書面提出期限（法316の13Ⅰ等）を定めた場合である。なお，期限を定めることが法文上求められていないものについて期限を定めた場合は，「今後の進行等」などとして記載すれば足りよう。	160ページ
	公判前整理手続期日の変更，取消	公判前整理手続期日が変更，取り消された場合	165ページ
	争点及び証拠の整理の結果の確認	公判前整理手続の終了に当たり，争点及び証拠整理の結果確認をした場合	169ページ等
	被告人の公判前整理手続期日への出頭について	弁護人などから，被告人の公判前整理手続期日への出頭希望の有無についての陳述がされた場合	185ページ
	公判の審理予定	公判前整理手続の最終段階で，公判の審理予定が定められた場合	186ページ等
	指定した次回期日	次回公判前整理手続期日が指定された場合である。なお，次回期日に被告人へ出頭が命じられた場合などは，関連項目参照。	164ページ
	指定した公判期日	公判期日が指定された場合	166ページ
	指定した裁判員等選任手続期日	裁判員等選任手続期日が指定された場合	313ページ
	裁判員等選任手続について	質問事項等についてのやりとりがされた場合	313ページ
	裁判員等選任手続に関する決定	補充裁判員の要否及び員数並びに裁判員等選任期日への呼出し人数の決定に関する事項	313ページ

(注)「類型Ⅱ」によった場合の大見出しを「大項目」，中見出しとして記載するものを「見出し例」とした（ただし，大項目として「その他」に分類される記載事項については，「見出し例」にある見出しの文言がそのまま大見出しとなる。）。その意味で，具体的な記載事項について，大項目（争点整理関係，証拠整理関係，審理予定関係，その他）のうちどの項目に分類して記載するかの目安にもなるものと思われる。また，「類型Ⅰ」によった構成により調書を作成する場合は，「見出し例」に掲げたものが大見出しになる。

- 117 -

第4章　公判前整理手続調書

第3節　調書の記載事項

第1　調書の記載事項の概要

公判前整理手続調書に記載することが考えられる事項については，大きく分けて，次のように分類することができる。

① 刑訴規則に規定されている事項

② 刑訴規則に規定はないが，手続の公証の観点から記載するのが相当と考えられる事項

③ 進行管理上，記載するのが有益と考えられる事項

①の事項については，さらに刑訴規則217条の14第1項各号に記載されている必要的記載事項と同条2項の記載命令事項に分類することができる。

一方，②の事項については，類型的に記載するのが相当であると思われる事項と事案や裁判体の方針に応じて記載する事項[*1]に分類することができる。

さらに，③の事項については，記載の要否は，基本的には各裁判体ごとの調書記載，又は進行管理事務の方針によるものである。

調書の記載に関する方針としては，①の事項のみを記載することも考えられるが，各庁の状況としては，②の記載が相当な事項や③の進行管理上記載が有益な事項についても記載する方針を採る庁が多いものと思われる。その場合には，②及び③の事項のうち，どのような事項を調書に記載するのかを個別の事案や裁判体の方針に応じて適宜取捨選択していく必要がある。

以下，各庁から寄せられた調書の記載例を基に，調書に記載する必要がある事項の記載例を掲げつつ，記載することが相当な事項又は記載することが有益な事項としてどのようなものがあるのか検討していくことにしたい。

なお，調書に記載することが有益な事項として参考記載例を挙げたものについては，記載する場合の参考例という趣旨のものであり，事案に応じた記載をする必要があることに留意願いたい。

また，以下に挙げた公判前整理手続調書の参考記載例には，前節で述べた調書の構成について，類型Ⅱに沿った記載例を挙げることにしたが，類型Ⅰによって作成する場合には，中見出しとして記載されたものを大見出しとして，一文字目から書き出すことになろう。

第2　必要的記載事項

1　冒頭部分

公判前整理手続調書の冒頭部分の書式例は，【参考記載例4－3】のとおりである。

このような冒頭部分の記載のうち，刑訴規則217条の14第1項で必要的記載事項とされている事項は以下に述べるとおりである。

⑴　被告事件名及び被告人の氏名（規217の14Ⅰ①）

[*1]　これらの事項について，裁判体から包括的な記載命令を受ければ，記載命令事項（規217の14Ⅱ）として①に分類されることになる。

- 118 -

規44Ⅰ①と同様の規定である。公判前整理手続調書においても，その期日に審理された事件を特定する必要があることから，被告事件名及び被告人の氏名は必要的記載事項とされている[*1]。

⑵ **公判前整理手続をした裁判所又は受命裁判官，年月日及び場所（規217の14Ⅰ②）**

公判前整理手続については，受命裁判官が行うことができる（法316の11）ので，その場合は，受命裁判官を記載する必要がある。また，公判前整理手続期日は，公開の法廷で行うことを原則とするものではないことから，場所についても記載する必要がある（調書講義案234ページ）。場所を記載する場合には，「○○地方裁判所○○会議室」等と，手続を行った場所を具体的に記載する必要がある。

⑶ **裁判官及び裁判所書記官の官氏名（規217の14Ⅰ③）**

規則44Ⅰ④と同様の規定である。

受命裁判官が公判前整理手続をした場合には，前号の受命裁判官の記載と本号の裁判官の官氏名を併せて記載すれば足りよう（調書講義案234ページ）（**【参考記載例４−１】**参照）。

なお，期日の途中で書記官の交替があった場合の冒頭部分に記載する書記官の氏名については，調書の性質をどのように考えるのかによって違いが生じる[*2]。

この点，経過調書説によれば，冒頭部分には手続開始当初に立ち会った書記官を記載し，交替時点の手続部分に交替の旨を記載する。これに対して，結果調書説によれば，手続を通して立ち会った書記官全員を冒頭部分に併記し，手続部分には交替の旨の記載はしないことになる。また，折衷説によれば，冒頭部分には経過調書説と同様，手続開始当初に立ち会った書記官のみを記載し，手続部分に書記官が交替した旨を記載することになるが，記載の位置は，特に交替時点に沿う必要はないので，手続調書の末尾に記載すればよいものと思われる[*3*4]（**【参考記載例４−２】**参照）。

[*1] 本起訴事件に追起訴事件の弁論を併合した場合（特に，追起訴事件を公判前整理手続に付さない場合）の被告事件名の記載については，第5章 233ページ参照。

[*2] 調書の性質に関する各説の説明は，本章 97ページ参照。

[*3] なお，公判前整理手続調書は公証文書なので，複数の書記官が手続に関与した場合，どの書記官がどの部分を記載したのかが重要であることから，**【参考記載例４−２】**についても書記官の交替時点を記載する必要があるとも考えられる。しかし，手続部分の記載について結果調書として記載するという折衷説を採った場合には，手続が行われた順序と手続部分の記載の順序との関連がないために，書記官の交替の時期は明らかにならない。したがって，書記官の交替時期を記載する意味がないことになる。

[*4] このことは，検察官及び弁護人が手続の途中で入退室した場合にもあてはまる。なお，折衷説の記載において，検察官又は弁護人が手続の途中で入退室した旨を記載する場合には，次のように手続調書の末尾に記載することが考えられる（総務局記載例26ページ）。
「弁護人の出頭 本整理手続中，○○弁護人が出頭した。」

第4章 公判前整理手続調書

【参考記載例4－1】受命裁判官が公判前整理手続を行った場合

公判前整理手続をした場所	○○地方裁判所○○会議室
公判前整理手続をした受命裁判官	○○地方裁判所第○刑事部 　　裁判官　○　○　○　○

【参考記載例4－2】折衷説に基づく調書の書記官の交替の記載

指定した次回期日
　　　　　平成○○年○月○○日午後○時○○分
裁判所書記官の交替
　　　　　本手続中，裁判所書記官○○○○は退席し，裁判所書記官△△△△が列席した。

(4)　**出頭した検察官の官氏名**（規217の14Ⅰ④）

　　規44Ⅰ⑤と概ね同様であるが，公判期日においては検察官の出席が開廷要件であり（法282Ⅱ），検察官が出席しないときは公判調書が作成されないのに対し，公判前整理手続においては検察官の出頭が手続要件にすぎず，期日を開くための要件とされていないことから，「出頭した」の文言が付されている（調書講義案234ページ）。

(5)　**出頭した被告人，弁護人，代理人及び補佐人の氏名**（規217の14Ⅰ⑤）

　　規44Ⅰ⑥と同様の規定である。

(6)　**出頭した通訳人の氏名**（規217の14Ⅰ⑥）

　　通訳人に関して規44Ⅰ⑳と同様の規定である。

　　同号と異なるのは，出頭した証人，鑑定人及び翻訳人の氏名が必要的記載事項とされていない点である[1]。

　　ただし，鑑定人については，裁判員裁判対象事件では，公判前整理手続において鑑定の手続（鑑定の経過及び結果の報告を除く。）を行う旨の決定（鑑定手続実施決定）をした場合（裁判員法50Ⅰ）で，公判前整理手続期日において鑑定人尋問等を実施する場合には，公判前整理手続期日に鑑定人が出頭することになる。この場合，出頭した鑑定人の氏名及び鑑定人の尋問及び供述は公判前整理手続調書の必要的記載事項となる（裁判員規47）。

---

[1]　これは公判前整理手続が，事件の争点及び証拠を整理するための公判準備であり，狭義の証拠調べ（裁判所が心証を形成するために，証拠方法を取り調べて証拠資料を獲得する行為）を行うことが予定されていないことによる（執務資料34ページ参照）。

第3節　調書の記載事項

【参考記載例4－3】冒頭部分の記載（執務資料66ページ）

平成○○年（わ）第○○○号		裁判長（官）認　印	
第1回公判前整理手続調書（手続）			
被 告 人 氏 名	○　○　○　○	出　　頭	
被 告 事 件 名	強盗致傷		
公判前整理手続を した年月日	平成○○年○月○○日		
公判前整理手続を した場所	○○地方裁判所○○会議室		
公判前整理手続を した裁判所	○○地方裁判所第○刑事部		
裁 　判 　官	裁判長　○　○　○　○ 　　　　○　○　○　○ 　　　　○　○　○　○		
裁 判 所 書 記 官	○　○　○　○		
出 頭 し た 検 察 官	○　○　○　○		
出 頭 し た 弁 護 人	○　○　○　○		
（略）			

2　通訳人の尋問及び供述（規217の14Ⅰ⑦）

通訳人に関して規44Ⅰ㉒と同様の規定である。

なお，出頭した証人，鑑定人又は翻訳人の尋問及び供述が必要的記載事項とされていない理由については，120ページ脚注1のとおりである。

ただし，裁判員裁判対象事件について，公判前整理手続において鑑定手続実施決定をし

- 121 -

第4章 公判前整理手続調書

た場合には，鑑定人の尋問及び供述が必要的記載事項になることは前述120ページのとおりである。

【参考記載例4－4】通訳人尋問がなされた場合

通訳人尋問
　　　　　　通訳人尋問調書[*1]記載のとおり
人定質問
　　　　　　　　　　　　　（以下省略）
本件の手続は通訳人を介して行った。

　通訳人を介して行う公判前整理手続において留意すべき点については，第3章　52ページ参照。

3　証明予定事実その他の公判期日においてすることを予定している事実上及び法律上の主張（規217の14Ⅰ⑧）

(1)　意義

　本号により必要的記載事項とされるのは，公判前整理手続期日において明示された検察官の証明予定事実（法316の13Ⅰ等），被告人又は弁護人の証明予定事実その他の公判期日においてすることを予定している事実上及び法律上の主張（法316の17Ⅰ等）のほか，裁判所が被告人に対する意思を確かめるためにした質問とそれに対する被告人の陳述（法316の10）である[*2]。

(2)　主張の方法

　検察官の証明予定事実は，書面で明らかにされる（法316の13Ⅰ）。これが期日において提出された場合は，これを引用し，公判前整理手続調書の一部とすることができる[*3]（規49）。被告人側の予定主張等については，必ずしも書面による必要はないが（法316の17Ⅰ），期日に提出された書面により明らかにされた場合には，検察官の証明予定事実記載書面と同様に取り扱うことができる。

　なお，証明予定事実等の明示は，書面の提出により完結している（法316の2Ⅱ）ので，内容を補足するような場合を除いて，期日間に提出された書面の内容を期日で改めて陳述する必要はなく（執務資料68ページ），調書への記載も不要である。

[*1]　通訳人尋問調書冒頭の手続調書との一体文言が，「第○回公判前整理手続調書と一体となるものである」となることにも注意されたい。

[*2]　証明予定事実等の意義及び内容等については，第3章　64ページ，73ページ参照。

[*3]　書面が提出された旨を調書に記載することで，書面の受理手続を改めて行うことは不要となる（受付分配通達第2の3(1)ただし書き参照）。

- 122 -

第3節　調書の記載事項

【参考記載例4－5】公判前整理手続期日で弁護人から予定主張記載書面が提出された場合

> 争点の整理に関する事項
> 　証明予定事実等
> 　　弁護人
> 　　　本日付け予定主張記載書面提出[*1]

【参考記載例4－6】期日前に提出済みの予定主張記載書面について期日で補足した場合

> 争点の整理に関する事項
> 　証明予定事実等
> 　　弁護人
> 　　　平成○○年○月○○日付け予定主張記載書面第2項に「被告人の薬物使用の故意がない」とする点については，具体的には，被告人が知らないうちに何者かによって，薬物を何かに混ぜられて摂取したということである。

(3)　**具体的記載事項**

ア　**具体的な証明予定事実等としての積極的な主張**

　　検察官に関しては，証明予定事実の主張は，原則として書面提出によりされるため（法316の13 I），公判前整理手続調書の記載に関してそれほど問題となることはないであろうが，弁護人の予定主張等は書面提出が必要的ではないため（法316の17 I），期日における陳述により主張がされることも多いであろう。以下，収集した調書の記載例を基に，代表的な主張について，陳述後のやりとりを含めて，いくつか例を紹介する。

【参考記載例4－7】心神耗弱の主張[*2]がなされた場合

> 争点の整理に関する事項
> 　証明予定事実等

＊1　期日における書面提出が主張明示にほかならないので，提出したことが本号の必要的記載事項とされる（執務資料68ページ）。

＊2　心神耗弱の主張に関連して，法335 IIの主張の見出しについて付言する。この点，判決での判断漏れを防ぐ目的もあって，公判調書に関しては，この見出しを付するのが望ましい（刑裁資63号23ページ）とされ，実務上もそのようにされている（調書講義案50ページ）。収集した調書の記載例を見ると，公判前整理手続調書においても，公判調書同様の見出しを立てているものが見られたが，このような主張が維持されるのであれば，公判期日においても，被告事件に対する陳述や弁護人の冒頭陳述で主張され（この意味でも，公判前整理手続での主張はあくまで「予定」主張である。），公判調書において見出しを付した記載をすれば足りるであろうから，公判前整理手続調書においては，公判調書と同様な見出しを付するまでの必要はなかろう。

第4章　公判前整理手続調書

　　弁護人
　　　1　検察官の証明予定事実記載書面にある客観的事実関係については争わない。
　　　2　被告人は，被害者との関係を思い悩み，極度の抑うつ状態にあったもので，
　　　　本件犯行当時心神耗弱状態にあったものである。
　検察官の釈明
　　検察官
　　　　起訴状記載の公訴事実中，・・・
証拠の整理に関する事項
　証拠請求について
　　弁護人
　　　　被告人が本件犯行当時心神耗弱状態にあったことを立証するために，次回期
　　　　日までに被告人の精神鑑定を請求する予定で，資料を収集しているところで
　　　　ある。

【参考記載例4－8】中止未遂の主張がなされた場合

争点の整理に関する事項
　証明予定事実等
　　弁護人
　　　1　本件公訴事実中，外形的事実については争いはない。
　　　2　本件については，中止犯が成立する。被告人は，自らの意思により実行行為
　　　　を中止したのであり，・・・
　　検察官
　　　　弁護人の中止未遂の主張について争う。被告人は，被害者に顔を見られたと
　　　　思い，犯行の発覚をおそれて・・・

【参考記載例4－9】自首が成立する旨の主張がなされた場合

争点の整理に関する事項
　証明予定事実等
　　弁護人
　　　1　本件公訴事実は争わない。
　　　2　被告人は，平成○○年○○月○○日午前○○時○○分，○○警察署に出頭し，
　　　　犯罪事実を申告して自首した。
　　検察官
　　　　自首の成立を争う。被告人が犯罪事実を申告した時点で，被告人が犯人であ
　　　　ることが捜査機関に既に発覚していたものである。ただし，弁護人主張の被
　　　　告人が犯罪事実を申告した事実は争わない。

- 124 -

第3節　調書の記載事項

```
証拠の整理に関する事項
    証拠調べ等
            証拠等関係カード記載のとおり
    証拠請求について
        検察官
            被告人の犯罪申告の時点で，被告人が犯人であることが捜査機関に発覚して
            いた点を立証するため，次回期日までに，・・・・の証拠調べ請求を検討し
            ており・・・
```

【参考記載例4－10】正当防衛の主張がなされた場合

```
争点の整理に関する事項
    証明予定事実等
        弁護人
        1  本件では，被害者が被告人を引きずり出そうとしたことを急迫不正の侵害と
            する正当防衛の成立を主張する。
        2  被告人が被害者に対する暴行の際に発したとされる言葉の内容についても争
            う。
```

【参考記載例4－11】情状事実についての主張がなされた場合

```
争点の整理に関する事項
    証明予定事実等
        ○○弁護人
        1  本件公訴事実は争わない。
        2  本件については，相被告人○○及び同○○との共同正犯であることは争わな
            いが，被告人○○は上記2名に追従したに過ぎず，また，本件で得た利得も
            上記2名と比べて相当程度少ないことを情状として考慮されたい。
        3  被告人○○は本件犯行を大変悔いており，二度とこのような事件を起こさな
            いと誓っている。また，被害者に対する被害弁償も，被告人○○の父親が中
            心となって行っており・・・。
```

　なお，積極的な主張ではなく，逆に，特定の主張をしないとの陳述（例えば，被告
人の犯人性を争っている場合でも具体的なアリバイの主張をしないなど）がされるこ
ともある。このような，特定の主張をしないとの陳述は，争点整理の過程での経過的
事項といえるが，このような陳述がされるのは，その前提となる主張があって，さら
に論理的に予想される主張があるが，その主張をしないという場面であり，そのよう
な陳述をすることで，従前の主張を明確にするという意味合いがあるものと解される。

第4章　公判前整理手続調書

　　例えば，【参考記載例4－12】については，被告人が犯行当時酩酊状態にあったとの主張をすれば，責任能力に関する主張をするかどうかが問題となるが，その主張をしないということで，従前の主張を明確化したもので，従前の主張についての釈明という意味もある。また，このような主張は，争点化しないことの確認ともいえ，後の主張の蒸し返しを防ぐ観点からも，調書の必要的記載事項とはいえないまでも，重要な経過的事項として記載することが相当であると思われる。

【参考記載例4－12】特定の主張をしない旨弁護人が陳述した場合

争点の整理に関する事項
　証明予定事実等
　　弁護人
　　　1　本件が放火の故意のもとになされたという点は争う。被告人には，未必的にも放火の故意はなかった。
　　　2　被告人は犯行当時酩酊状態にあったが，責任能力に関する主張はしない。もっぱら情状面で考慮していただきたいという趣旨である。
　　検察官
　　　放火の故意の存在については，犯行時前後の状況によって立証し，失火の一般的な原因の不存在については，○○○○の証人尋問によって立証する予定である[1]。

　イ　個別の証明予定事実に対する認否

　　例えば，検察官が明示した個別の証明予定事実に対する弁護人の否認の主張も，「その事実は存在しない」という事実に関する主張であるので，「事実上の主張」として本号の必要的記載事項になる。

　　一方，個別の証明予定事実を認める（もしくは争わない）旨の陳述は，「事実上の主張」には当たらないが，後日の主張の蒸し返しを防ぎ，また，争点化しないという意味もあるので，記載するのが相当であろう。

【参考記載例4－13】個別の証明予定事実に対する否認の主張がされた場合

争点の整理に関する事項
　証明予定事実等
　　弁護人
　　　検察官の証明予定事実記載書面の第1項については争いはないが，同第2項

---

[1]　本記載例の検察官の陳述は，証拠整理に関する事項と考えられなくもないが，具体的な主張についてどの証拠を根拠とするかを示したもの（規217の20）とも解されるので，「証明予定事実等」として記載することが相当ではないかと思われる。

第3節　調書の記載事項

については否認する。被告人は，○○の窃取行為を見てもいないし，窃取行為を知らなかったものである。

【参考記載例4－14】個別の証明予定事実等について，弁護人が争わない旨陳述した場合

争点の整理に関する事項
　証明予定事実等
　　主任弁護人
　　　　被告人が犯行当時心神耗弱であったとの検察官の主張については，程度も含め争わない。

　また，被告人側から起訴状記載の公訴事実についての認否がなされることがあるが，公訴事実自体，証拠により証明しなければならない事実であるため（法317），その認否の記載の要否等についても，証明予定事実に対する認否と同様に考えればよいであろう。

　なお，この点につき，特に，「公訴事実に対する認否について」などの見出しを立てて記載する例も見られるが，公訴事実に対する認否をクローズアップさせるという意義はあるかもしれないが，前述（116ページ参照）のとおり，できるだけ見出しの数は増やすべきではないと思われるし，公訴事実に対する認否は，証明予定事実記載書面に対する認否と内容が重複したり，ともに陳述される場面も多いと思われるので，そのような場合にも，証明予定事実に対する認否と並列して記載することで足りると思われる。

【参考記載例4－15】起訴状記載の公訴事実に対する認否とともに検察官の証明予定事実記載書面記載の事実に対する認否，更に被告人側の主張をまとめて記載した例

争点の整理に関する事項
　証明予定事実等
　　弁護人
　　　1　本件公訴事実については，全て認める。
　　　2　検察官の証明予定事実記載書面中，第3項のなお書き部分については争うが，それ以外の事実関係は争わない。
　　　3　本件についての情状として，凶器となった金属製パイプの形状等からすると，その殺傷能力は低いものであったことを主張する。

　　ウ　証明予定事実等を追加，変更，撤回，訂正する場合
　　　　主張された証明予定事実等について，追加，変更がなされる場合（法316の21，同316の22）も，追加，変更前の主張と扱いは同じであるから，本号での必要的記載事項となろう。また，従前の主張を訂正する場合も同様であろう。

第4章　公判前整理手続調書

　　　なお，従前の主張を撤回する旨の陳述も，争点整理における経過的事項といえるが，撤回の陳述により，当該主張が整理すべき争点から除かれることになるのであるから，最終的な争点整理結果とのつながりからも，その経過を記録化する必要性は高く，調書に記載するのが相当であろうと思われる。

【参考記載例4－16】検察官から追加の証明予定事実記載書面が期日で提出され，更に口頭で一部訂正された場合[1]

　争点の整理に関する事項
　　証明予定事実等
　　　検察官
　　　　1　証明予定事実記載書面2提出
　　　　2　上記書面の第2項に，「窃取行為を見ていた。」とあるのを，「窃取行為を見るなどして，窃取行為を知っていた。」と訂正する。

【参考記載例4－17】証明予定事実等を口頭で変更する場合

　争点の整理に関する事項
　　証明予定事実等
　　　弁護人
　　　　　平成○○年○月○○日付け予定主張記載書面第2の2(1)記載の情状事実を，「(1)被告人がこれまで真面目に生活し，仕事に取り組んできたこと及び勤務先での信望も厚かったこと」と変更する。

【参考記載例4－18】証明予定事実等を撤回する場合

　争点の整理に関する事項
　　証明予定事実等
　　　弁護人
　　　　　被告人の暴行と被害者の傷害との間に因果関係がないという主張は撤回する。

＊1　証明予定事実等の明示方法は，検察官については書面による必要があり（法316の13Ⅰ），その追加及び変更の場合も同様であるが（同316の21Ⅰ），検察官が最初に明示する証明予定事実は，記載内容が公訴事実全般及び適正な科刑に必要な情状事実にわたるものであり，相当な分量となり，また，争点整理の出発点となることから，特に書面による明示が義務付けられたものである（法解説(2)21ページ）が，その追加及び変更が簡潔な内容であれば，口頭で行われている例も見られる。また，撤回及び訂正に関しても同様であろう。

なお，主張の撤回に関連して，訴訟関係人が従前の主張を撤回するか維持するか検
　　討していたが，結論として維持することとなった場合に，「維持する」旨の陳述を調
　　書に記載する例も見られるが，結果的に主張が維持されるのであるから，撤回される
　　場合と比べても，経過的事項としての記載の重要性は低いものと思われる。この点，
　　記載例に挙げた事例は，誤想防衛の主張を過剰防衛の主張に変更する可能性があり，
　　それを次回期日までに検討する，との前回期日での弁護人の陳述を前回調書に記載し
　　ていた（【参考記載例 4 －28】）のであるが，そのような場合は，検討結果を記録上
　　明らかにして，前回調書とのつながりが分かるようにする必要もあるので，記載する
　　のが有益であろうと思われる。

【参考記載例 4 －19】従前の主張を維持する旨の陳述をした場合

　争点の整理に関する事項
　　証明予定事実等
　　　弁護人
　　　　誤想防衛の主張は維持する。

　　エ　被告人に対する意思確認としての質問と被告人の陳述（法316の10）
　　　　裁判所が，弁護人の陳述又は弁護人が提出する書面について，被告人に対して意思
　　　確認のためにした質問とそれに対する被告人の陳述の要領[*1]（法316の10）も，被告
　　　人側の主張として，本号による必要的記載事項となる。
　　　　なお，争点及び証拠整理の結果を被告人に直接確認する例も見られるが，その際に
　　　得られた被告人の陳述も，内容によっては本号による必要的記載事項となる場合もあ
　　　ろう[*2]（記載例は，後述177ページ参照）。

【参考記載例 4 －20】法316の10の意思確認としての被告人に対する質問とそれに対する陳述

　争点の整理に関する事項
　　証明予定事実等
　　　弁護人

＊1　なお，本条の規定による手続は，求釈明の一種として，被告人側の主張について被告人に意思確認するた
　　めのものであり，事実関係について供述を求める被告人質問（法311）とは異なる。したがって，争点整理
　　に必要な限度を超えて，犯行の経過，態様等について詳細な供述を求めることはできない（法解説(1)97ペー
　　ジ）。そのため，公判調書では必要的記載事項とされている「被告人に対する質問及びその供述」（規44 I ⑲）
　　は，公判前整理手続調書においては，記載事項とはされていないのである（執務資料35ページ）。
＊2　なお，被告人に対する意思確認の方法として，弁護人と連署した書面の提出による方法もある（詳細は，
　　前述第 3 章　86ページ参照）。

第4章　公判前整理手続調書

> 平成○○年○月○日付け予定主張記載書面記載の主張を，本日付け予定主張
> 記載書面(2)のとおり変更する。
>
> 被告人に対する意思確認
>
> 　被告人
>
> 　　弁護人作成の本日付け予定主張記載書面(2)記載のとおりで，事実は争わない。

オ　その他の事項

(ア)　訴訟関係人に対する求釈明及びそれに対する釈明内容等

a　意義及び記載の要否

　　訴訟関係人の主張等に関して，裁判所もしくは相手方当事者から釈明を求められ，それに対する釈明がなされる場合がある。これまでの実務においても，起訴状記載の公訴事実の内容並びに証拠調べ請求の必要性及び立証趣旨などについての釈明に関するやりとりがされ，公判前整理手続においても，それらに加えて，証明予定事実記載書面等の記載内容等について，釈明に関するやりとりがなされることがある。

　　この点，これら釈明に関するやりとりは，公判前整理手続調書の必要的記載事項（規217の14Ⅰ各号）とされていないが，比較的多く公判前整理手続期日でやりとりがなされており，また，主張に関連する場面でのやりとりが多いため，本項において記載の要否等について検討する。

　　まず，求釈明に対する回答内容についてであるが，そもそも，「釈明を求め」るとは，訴訟関係人の事実上及び法律上の陳述等につき，その矛盾，不明瞭，不十分な点を指摘して，これを補充，訂正する機会を与えることをいう（刑訴規則逐条説明（公判）133ページ）のであるから，釈明内容にもよるが，従来の主張の補充，訂正という趣旨からも，必要的記載事項に準じるものと思われる。

　　一方，訴訟関係人に対して釈明を求めたことについては，釈明を求められた訴訟関係人が，相手方の求めに応じて当該期日で回答したのであれば，釈明を求めたこと自体記載する必要はなく，回答内容のみ記載すれば足りよう。ただ，当該期日において回答が留保された場合で，釈明命令が発せられた場合は，その旨記載しておくべきであろうし（公判期日での裁判長の釈明命令に関し，調書講義案45ページ），具体的な回答時期を明示して，当該期日以降に回答する旨の陳述があった場合は，その旨記載することは進行管理の面からも有益であろう。

b　具体的記載例

　　上述の点を踏まえた具体的記載例は以下のとおりである。なお，釈明事項のうち，個別の請求証拠に関する請求の必要性及び立証趣旨等についての釈明のやりとりを調書に記載するかどうかなどについては，後述137ページ参照。

　　なお，証明予定事実等に関する釈明も，例えば，当該期日及び期日前に提出された証明予定事実記載書面の記載内容について，求釈明に応じて補足説明するような場合（【参考記載例4－6】）や，ほかの証明予定事実等に関する主張とともに，証明予定事実等についての求釈明に対する回答がなされているのであれば（【参考記載例4－23】），「証明予定事実等」という見出しでまとめて記載しても

- 130 -

第3節　調書の記載事項

よいであろう。

【参考記載例4－21】裁判長から訴訟関係人に対し，釈明命令が発せられた場合

> 裁判長の釈明命令
> 　　　　弁護人に対し，公訴事実第1の点について，主観面で争うのか，・・・・という主張なのか明確にすることを命じる。

【参考記載例4－22】求釈明に対して，当該期日では回答を留保した場合

> 争点の整理に関する事項
> 　求釈明等
> 　　弁護人
> 　　　　平成○○年○月○日付け求釈明書は，証明予定事実記載書面に記載された事実のほかにも，「など」に含まれる行為があるのかどうか明らかにしていただきたいという趣旨である。
> 　　検察官
> 　　　　上記の点を含めて，次回期日までに明らかにする。
>
> ※　この記載例は，期日外に提出された弁護人からの求釈明書についての補足の陳述があったため，「求釈明等」として，やりとりを記載したが，ただ単に，検察官の「次回期日までに求釈明事項について回答する」旨の陳述のみであれば，「次回期日等までに準備する事項」として記載すれば足りよう。

【参考記載例4－23】証明予定事実に関する釈明と，別の証明予定事実に関する陳述を併せて記載した例

> 争点の整理に関する事項
> 　証明予定事実等
> 　　検察官
> 　　1　平成○○年○月○○日付け書面による弁護人の求釈明については，本日付け求釈明に対する意見書記載のとおり
> 　　2　証明予定事実記載書面第2項(2)に記載した，被告人に犯意が生じた時期に関する主張は撤回する。

- 131 -

第4章　公判前整理手続調書

【参考記載例4－24】期日でなされた公訴事実に対する釈明

争点の整理に関する事項
　検察官の釈明
　　　　　　起訴状記載の公訴事実中,「上記暴行により」とあるのは,被告人が加えた
　　　　　　一連の暴行を指すものである。
　証明予定事実等
　　　弁護人
　　　　　　本件については,暴行態様と被告人の責任能力を争う。具体的には・・・。

　　㈠　争点に関する中間的確認事項

　　　　争点の絞り込みの過程で,裁判所を含めた訴訟関係人間で,争点に関する中間的
　　　な確認がなされることがある。まず,大枠で争点を確認し（例えば,「殺意の有無」
　　　等）,以後の公判前整理手続で,それを基礎付ける具体的な間接事実の主張及び立
　　　証予定を詰めていくような場合のように,後の公判前整理手続の方向性を確認し,
　　　段階的に争点整理を行っていくような進行であれば,調書に記載することで,主張
　　　及び証拠の絞り込みの過程が明確になるものといえる。

　　　　そのような意味に加え,後の主張の蒸し返し*1 を防ぎ,争点に関して当事者間で
　　　なされた合意という面もあるので,これらのやりとりについては,重要な経過的事
　　　項として調書に記載することが相当であろうと思われる。

【参考記載例4－25】争点等整理結果確認前に,訴訟関係人双方で争点等について合意した場合

争点の整理に関する事項
　争点の確認について
　　　検察官及び弁護人
　　　　　　本件の争点は故意の有無である。

　　　　　　また,特定の事実について争点としない旨の意思確認がされる例も見られるが,
　　　　　上記と同様に解してよいであろう。

---

*1　この点,公判前整理手続終了後に従前の主張の変更及び新たな主張の追加が認められるのか（公判前整理
　手続終了後に主張制限が働くのかどうか）が問題となるが,証拠制限（法316の32Ⅰ）とは異なり,この点
　について法文上の規定はないものの,そのような主張変更を無制限に許すと,公判前整理手続において訴訟
　関係人に主張明示や証拠調べ請求を求めた意味が失われ,十分な争点及び証拠整理は望み得ないことから,
　十分な理由なく公判前整理手続終了後に主張変更しないことが求められる（法解説⑵113ページ）ものとさ
　れる。

- 132 -

第3節　調書の記載事項

【参考記載例4－26】訴訟関係人双方で争点としない点について合意している場合

> 争点の整理に関する事項
> 　争点の確認について
> 　　検察官及び弁護人
> 　　　　被告人が被害者の右頬を殴打したという事実については，争点に含めないで
> 　　　審理することに異議はない。

　　㋑　今後の主張の予定
　　　　確定的な主張ではないので，本号における必要的記載事項ではなく，また，あく
　　まで予定に過ぎないのであるから，調書に記載する必要性の程度は低いものと思わ
　　れるが，主張予定の明示時期について具体的な期限が示された場合は，もっぱら，
　　進行管理の面などから記載する意味があろう。なお，そのような場合に，宿題的事
　　項が他にもいくつかあるのであれば，最後にそれらの事項をまとめて，「次回期日
　　等までに準備する事項」などとして記載することも有益であろう[1]。

【参考記載例4－27】特定の主張について，次回期日までに具体的な内容を明示する旨の陳述がされた場合

> 争点の整理に関する事項
> 　証明予定事実等
> 　　弁護人
> 　　　　被告人は本件犯行当時心神耗弱の状態にあったものであるが，次回期日まで
> 　　　に心神耗弱の具体的事実について主張を明示する。

　　　　また，「特定の主張をするかどうか検討する」旨の陳述も同趣旨のものと考えて
　　よいと思われる。

【参考記載例4－28】特定の主張をするかどうかについて検討する旨の陳述がされた場合

> 争点の整理に関する事項
> 　証明予定事実等
> 　　弁護人
> 　　　　本件においては，誤想防衛の主張をしているところ，検察官から開示を受け
> 　　　た証拠を検討した結果，場合によっては，誤想防衛の主張を過剰防衛の主張
> 　　　に変更することも検討している。その結果は，次回期日までに明らかにする。

---

[1]　その場合，調書の当該部分を訴訟関係人に交付するなどの活用も考えられる（詳細は，後述214ページ参照）。

- 133 -

第4章　公判前整理手続調書

(4)　具体的整理法

公訴事実が複数ある事案や争点が多岐にわたる事案などは，同一期日において，争点整理に関する事項だけでも，それら複数の公訴事実や争点等についてのやりとりがなされる場合もある。そのような場合に，それぞれの公訴事実や争点についてのやりとりが長くなるのであれば，公訴事実や争点ごとに項目を立てて記載する方が見やすく，分かりやすいこともあろう。

なお，主観的併合の場合について付言すると，複数の被告人について同一の公判前整理手続で進行している場合，公判前整理手続調書の記載の体裁は，各被告人ごとに争点整理関係，証拠整理関係等とするのではなく，それぞれの事項について，各被告人の主張等を記載するなどすると見やすく，分かりやすいであろう。

【参考記載例4－29】公訴事実ごとに項目を立てて記載した例

争点の整理に関する事項

　証明予定事実等

　　強姦の公訴事実について

　　　弁護人

　　　　　本件被害者の承諾がないこと及び実行着手があったことは争わないが，実行行為の着手時期及び態様については争う。被害者に・・・した時期に実行行為の着手があり・・・。

　　　検察官

　　　　　起訴状記載のとおり，被害者の左腕をつかんで，・・・・しており，そこに実行着手があると思料する。

　　強制わいせつの公訴事実について

　　　弁護人

　　　　1　本件については外形的事実は争わない。

　　　　2　被害者が・・・したなどのことから，被害者の真意に基づく有効な承諾があったものである。

　　　　3　仮に上記2の真意に基づく承諾がなかったとしても，・・・

　　　検察官

　　　　　被害者がうなずいたなどの外形的事実はほぼ争わないが，被害者は・・・に過ぎず，真意に基づく承諾ではない。

4　証拠調べの請求，証拠意見等（規217の14Ⅰ⑨，⑩，⑪，⑬ほか）

(1)　意義

公判前整理手続では，争点整理とともに公判で取り調べるべき証拠の整理を行うことがその主要な目的の一つとされる。そのため，公判前整理手続の中で行われた証拠整理の結果及び重要な経過については，調書に記載することが必要になる。

証拠整理に関連して，刑訴規則において公判前整理手続調書の必要的記載事項とされている事項は次のとおりである。

① 証拠調べの請求その他の申立て（規217の14Ⅰ⑨）

② 証拠と証明すべき事実との関係（証拠の標目自体によって明らかである場合を除く。）（同⑩）

③ 取調べを請求する証拠が法328の証拠であるときは，その旨（同⑪）

④ 法326の同意（同⑬）

　これらの必要的記載事項とされているものについては，公判調書においても必要的記載事項とされているものである（規44Ⅰ⑭，⑮，⑯及び㉙）。したがって，これらの必要的記載事項の記載方法等については，公判調書の記載と同様に考えてよい。

(2) 基本的方針

　公判調書の記載において，証拠調べ手続の経過については，できるだけ証拠等関係カード（以下「カード」という。なお，以下，カード様式等通達別紙様式第1又は第2の様式を特に示す場合に「本カード」と，同様に別紙様式第3の様式を特に示す場合に「続カード」と呼称する。）に記載することとされている（カード様式等通達1）。これによって，個別証拠に関する証拠調べ手続の経過を一覧で把握できるようになるとともに，証拠調べ全体に関する事項がすべてカードに記載され，訴訟記録中の一箇所に編てつされることにより，当該事件のすべての証拠関係がカードにより一覧できるようになっている[*1]。したがって，公判調書の作成において，証拠調べ手続に関して調書の必要的記載事項とされている事項については，原則的に証拠等関係カードに記載されている。

　このようなカードの一覧性又は検索性の機能については，公判前整理手続における証拠整理の場面でも活かされるべきであり，公判前整理手続で行われた証拠調べに関する事項は，公判調書と同様，カードに記載するのを原則とすべきである。

　ところで，公判前整理手続における証拠整理については，第一次的には訴訟関係人のイニシアチブの下においてなされつつも，訴訟関係人の請求証拠のうちその取調べの必要性が不明なものについては，裁判所も求釈明権を行使して，必要性を説明させたり，分かりやすい立証の観点から証拠の抄本化や統合捜査報告書を活用するなどの証拠方法の工夫をすることを検討するよう促すといった作業が行われる（証拠の厳選）。このような証拠厳選も含めた証拠整理の過程の協議については，証拠の採否あるいは証拠整理の結果確認に至るまでの経過的な事項であり，記録化することが相当であると思われる事項であっても，カードに記載することがふさわしくない事項が多く含まれているものと思われる。同様に，公判前整理手続の過程においては，訴訟関係人の立証予定や証拠意見の予定の陳述等，証拠整理そのものというよりもどちらかといえば公判前整理手続の進行管理に近い事項が協議されることもあるが，このような事項についてもカードに記載することがふさわしくない事項である。

　そこで，証拠整理に関する公判前整理手続調書の記載事項の検討に当たっては，カードに記載すべき事項はカードに記載するということを原則にしつつ，カードに記載する

＊1　本章　198ページ以下参照。

第4章　公判前整理手続調書

ことができない又は記載すべきではない事項について，手続調書にどのような事項をどの程度記載するのかを検討することになるものと思われる。つまり，次のような事項を検討することになろう。

①　カードに記載すべき事項と手続調書に記載すべき事項の振り分け

②　手続調書に記載すべき事項の記載の要否及び程度

　本項では，証拠請求及び証拠意見等に関するやりとりなど，主に証拠の採否決定又は証拠整理の結果確認に至るまでの経過及び結果に関する事項について，調書の記載の要否及び記載する場合の記載例について検討する。

(3)　具体的記載事項の検討

　以下，アンケートの際に寄せられた調書の記載例を基に，調書の記載事項について検討することにしたい。まず，各庁の記載例を分析すると，記載事項としては概ね次のとおりに分類されるものと思われる。

①　証拠請求，法326の同意又は不同意の意見若しくは証拠意見

②　証拠の整理（厳選）に関するやりとり

③　立証予定，証拠調べ請求の予定

④　証拠意見に関する事項（証拠意見の見込み，予定等）

　そこで，以下，これらの各事項について個別に検討することにしたい。

ア　証拠請求，法326の同意又は不同意の意見若しくは証拠意見

　訴訟関係人からの証拠請求（撤回を含む。），それに対する同意，不同意の別あるいは任意性，関連性等の証拠意見の記載である。これらは刑訴規則において必要的記載事項とされている事項や，公判調書においても通常記載されるべきものとされている事項（記載相当事項）であり，それは公判前整理手続調書においても同様である[*1]。

　ところで，これらの事項はカードに記載すべき典型的な事項であると思われるが，収集した調書の記載例から，特に検察官請求証拠に対する弁護人の意見等について手続調書に記載している例も見られた。しかし，手続調書に記載した場合であっても，カードにも当然同様のことが記載されるのであろうから，検察官の証拠請求に対する弁護人の証拠意見等の本来カードに記載するべき事項を手続調書に重複して記載するのは不要であろう。

　したがって，公判調書と同様，公判前整理手続においても手続調書には，**【参考記載例４−30】**の記載をした上で，行われた手続についてカードに記載すればよい。

＊1　証拠の採否の決定に関しては，「決定，命令」の項（164ページ）参照。

－ 136 －

第3節　調書の記載事項

【参考記載例4−30】証拠等関係カードの引用

証拠の整理に関する事項
　証拠調べ等[*1]
　　　　　証拠等関係カード記載のとおり

　　　なお，公判前整理手続期日において，証拠意見を述べるのを留保する旨の陳述がなされる場合もある。「留保」の記載は原則的には不要であろう（この点は公判調書の場合と同様である。[*2]）が，通常の場合，意見表明の予定時期についても併せて陳述されるであろうから，そのような場合は，進行管理的な面から，手続調書に記載する意味はあろう。

イ　証拠の整理に関するやりとり

　　　公判前整理手続では，公判において取り調べる証拠の整理をすることがその目的の一つとされている。したがって，公判前整理手続期日においては，証拠の整理として，訴訟関係人から取調請求された証拠の取調べの必要性について協議され，場合によっては裁判所が訴訟関係人に対して釈明を求めたり，取調べの必要性について再考を求めたり，真に証拠調べが必要な部分に絞りこんだ証拠の請求を促したりといったやりとりがなされる。

　　　このようなやりとりは，証拠の採否の決定あるいは公判前整理手続における証拠整理の結果確認に向けた経過的な事項であり，必要的記載事項とされていない事項を多く含むものである。そこで，以下，収集した調書の記載例について，証拠整理に関するやりとりとして，どのような事項が記載されていたのか分析し，その記載の要否について検討する。

㋐　証拠整理に関する考えられるやりとり

　　　収集した調書の記載例を見ると，公判前整理手続期日において裁判所と訴訟関係人との間で行われる証拠整理に関するやりとりとしては，次のようなものが挙げられる。

①　特定の請求証拠について，裁判所が証拠請求をした訴訟関係人に対して，証拠調べの必要性について釈明を求めたり，必要性について再検討の上，事案の真相解明に必要不可欠な証拠以外は証拠調べ請求の撤回を検討するよう促す場合

②　特定の請求証拠について，公判における取調べ方法を工夫するという観点から，当該証拠の必要部分を抄本化したものの請求をすることを検討するよう促す場合

---

*1　公判前整理手続においては，狭義の証拠調べ（120ページ脚注参照）は行われないが，カードに記載すべき「証拠調べ」とは，証拠請求等を含む広義の証拠調べ（法292）を意味するものとされており（カード研究63ページ），見出しとして「証拠調べ等」とすることに問題はないとされている（総務局記載例8ページ）。
*2　カード研究129ページ参照。

- 137 -

第4章　公判前整理手続調書

③　立証趣旨の類似した複数の請求証拠について，それらの内容を統合した1通の証拠を請求することを検討するよう促す場合

④　特定の請求証拠ではなく請求証拠全般について，証拠厳選の観点から，証拠調べの必要性の程度の低い証拠の撤回や可能な限りの抄本化した証拠の再請求を促す場合

これらのやりとりの調書への記載の要否について，以下，裁判所の行う行為と，それに対する訴訟関係人の対応という観点で分析してみることにしたい。

㈑　**裁判所の求釈明及び検討の促し**

証拠整理のやりとりに関して，裁判所の行為としては，㈠に挙げた①から④のいずれの場合についても，訴訟関係人に対する求釈明又は検討の促しという形で行われる。

このような裁判所の行為の記載の要否については，公判前整理手続調書の記載について，当該期日で行われた結果的事項及び重要な経過的事項を記載するという考え方に基づくと，当該期日における訴訟関係人の対応によって記載の要否が異なるものと思われる。

公判前整理手続期日において行われた裁判所の求釈明又は検討の促しに対して，同一期日において訴訟関係人が釈明等の対応を行った場合には，公判前整理手続調書の記載事項としては，そのようなやりとりの結果としての訴訟関係人の対応についてのみ記載すれば十分であり，裁判所の求釈明や検討の促しの内容について記載する必要はない場合が多いものと思われる。

これに対して，釈明や検討を求められた訴訟関係人がその期日における対応を留保し，次回期日又は期日間で対応することになった場合については，裁判所の求釈明の内容又は検討を促した内容についても記載することが有益な場合があろう[1]（**【参考記載例4－31】【4－34】**。もっとも，㈡bで述べるように，記載の方法によっては，裁判所の求釈明として記載する必要がない場合も考えられる。）。

㈡　**訴訟関係人の対応**

前述のとおり，公判前整理手続期日における裁判所の求釈明又は検討の促しに対する訴訟関係人の対応としては，その期日において対応する場合とその期日における対応を留保して，次回期日等において対応する場合が考えられる。また，対応の内容としては，証拠調べの必要性について釈明するなどして，その時点の証拠請求を維持する場合と裁判所の検討依頼に従って，証拠調べ請求の撤回，又は当該証拠を撤回の上，抄本等による新たな証拠請求をすることが考えられる。

a　**当該期日において対応した場合**

訴訟関係人が当該期日において具体的に対応した場合について検討すると，上記のとおり，次のような場合に分けて考えることができる。

---

[1]　調書講義案45ページ参照。

- 138 -

① 証拠調べの必要性を陳述するなどして，その時点の証拠請求を維持する場合
② 裁判所の検討の促し等に従って，証拠調べ請求の撤回をする場合

　このうち，①の場合については，裁判所が訴訟関係人に対して，証拠調べの必要性について釈明を求めるなどする場面としては，裁判所としても証拠調べの必要性について疑義がある場合が想定され，そのような場合は証拠調べ請求を却下する決定につながるケースも考えられる。

　そこで，裁判所の採否の判断を裏付ける根拠となる事実として，訴訟関係人の証拠調べ請求の必要性の陳述や釈明の内容については，調書に記載することが相当であると考えられる[1]。また，訴訟関係人の釈明の内容が立証趣旨をより明確にするものである場合には，必要的記載事項（規217の14 I ⑩）に準ずるものとしてより記載の要請が高いものと思われる[2]。

　一方，②のように，裁判所の検討の促し等に従って，証拠調べ請求を撤回した場合は，その旨を調書に記載する必要があるとともに，場合によっては，裁判所の促しの内容を記載することが相当な場合もあるものと思われる。

　これらの訴訟関係人の対応について記載する箇所としては，収集した調書の記載例には，特に訴訟関係人が個別の請求証拠に関して証拠調べの必要性を述べて証拠請求を維持する旨の陳述をした場合について，手続調書に記載した例が多く見受けられた。確かに，このような記載をすることで公判前整理手続の進行の流れを把握できるという点では一つのメリットであると思われる。

　しかし，カードの一覧性，検索性の機能を重視すれば，このようなやりとりは，個別証拠に対するやりとりであるので，原則としては，対応の結果を証拠等関係カードに記載するのが相当であると思われる。したがって，裁判所の釈明等に対して訴訟関係人が証拠調べの必要性を述べて，証拠請求を維持した場合（上記①の場合）は，手続調書に「証拠調べ等　証拠等関係カード記載のとおり」と記載した上，訴訟関係人の陳述を本カード及び続カードに（【参考記載例4－32】），裁判所からの撤回の促し等に応じて，訴訟関係人が証拠請求を撤回した場合（上記②の場合）は，手続調書に上記と同様の記載をした上，カードの結果欄に「撤回」の記載をすることになろう。

b　当該期日おける対応を留保した場合

(a)　当該期日の調書の記載

　　訴訟関係人が当該期日における対応を留保して，次回期日等において対応する旨を陳述した場合には，そのような陳述は，証拠整理の過程における経過的

---

[1]　このような証拠調べの必要性に関する訴訟関係人の釈明の内容が，控訴審における原審の証拠調べ手続の当否に関する判断資料になることも考えられる。

[2]　裁判所からの求釈明の場合に限らず，例えば相手方から証拠調べ請求の必要性について釈明を求められたのに対して釈明した場合についても，その内容が立証趣旨を明確にするものであり，裁判所の採否の決定の判断資料になることが多いものと思われるので，請求証拠の取調べの必要性に関する陳述は，一般的に調書に記載することが相当であると言えよう。

第4章　公判前整理手続調書

事項であり，調書の記載が必要な事項ではないが，公判前整理手続の進行の観点からは重要な事項であるので，進行管理的な意味で記載することが有益であろう。

また，このような場合，通常は，訴訟関係人が対応を検討する期限が事実上定められる場合が多いと思われるが，このような場合には，記載しておく実益がより高いだろう。

この場合の記載の箇所としては，手続調書中の①証拠整理に関する事項を記載する箇所において，「証拠の厳選について」などの見出しを立てて，裁判所の求釈明等とともに又は訴訟関係人の検討する旨の陳述のみを記載する方法（【参考記載例4－34】【4－35】）と，②訴訟関係人の次回期日までの検討事項又は進行の予定を記載する箇所に，検討事項又は進行予定として，他の事項とまとめて記載する方法（【参考記載例4－37】）が考えられるが，進行管理的な記載という意味では，後者の方法で足りるものと思われる。

(b)　次回期日等の訴訟関係人の具体的な対応の記載

次回期日等での訴訟関係人の具体的な対応の記載については，ａで述べたことと同様であり，手続調書に「証拠調べ等　証拠等関係カード記載のとおり」と記載した上で，訴訟関係人の対応の結果を原則としてカードに記載することになる[1]。

なお，訴訟関係人の対応の結果をカードに記載する場合には，裁判所の求釈明等の内容及び検察官又は弁護人が対応を検討する旨の陳述の記載箇所（手続調書）とそれに対する訴訟関係人の具体的な対応の記載箇所（カード）が異なることになるが，裁判所の求釈明等の記載が進行管理的な意味があると考えられるのに対し，訴訟関係人の対応は，個別の証拠に関する証拠整理の経過又は結果の記載であり，それぞれの記載の意味が異なることからやむを得ないものと考える。

(エ)　記載例

【参考記載例4－31】裁判長からの釈明命令として記載した例

> 裁判長の釈明命令
> 　　　　検察官は，次回期日までに，甲○号証の請求を維持するかどうか検討し，請求を維持する場合には，証拠調べの必要性について釈明することを命じる。

---

[1]　ただし，138ページの④の例のように，特定の証拠ではなく，請求証拠全般について証拠厳選の観点から証拠調べの必要性について検討するよう促され，その検討の結果が次回期日に述べられたような場合には，その検討の結果を手続調書に記載することが相当な場合があろう（228ページ，シナリオ解説参照）。

- 140 -

第3節　調書の記載事項

【参考記載例4－32】検察官が請求証拠の取調べの必要性について陳述した例（カード部分のみ）

2 検 〔(省略)〕 本件犯行に至る経緯 ( )	○○ ・ ○ ・ ○○					前1検察官　証拠調べの必要性※1
3 検 〔(省略)〕 本件犯行に至る経緯 ( )	○○ ・ ○ ・ ○○					前1検察官　証拠調べの必要性※1
4 検 〔(省略)〕 本件犯行に至る経緯及び 犯行状況等 ( )	○○ ・ ○ ・ ○○					前1検察官　証拠調べの必要性※1

平成○○年(わ)第○○○○号

証 拠 等 関 係 カ ー ド （ 続 ）　　　　(No.　　1)

(このカードは，公判期日，公判前整理手続期日又は期日間整理手続期日においてされた事項については，各期日の調書と一体となるものである。)

※	期日	請　求　・　意　見　・　結　果　等
1	前1	証拠調べの必要性（乙2ないし乙4） 　　検察官 　　　　乙2及び乙3の検面調書については，乙2は・・・・，乙3は・・・・について の供述であり，重複部分がほとんどない。また，乙4の検面調書については，犯行状況について詳細に録取したものであり，本件犯行の核心的部分についての証拠である。したがって，いずれの証拠も取調べが必要であると考える。

【参考記載例4－33】証拠整理に関するやりとりを手続調書に記載した例

証拠の整理に関する事項
　証拠請求について
　　検察官
　　　1　甲○号証，乙○号証については，証拠調べの必要性について検討する。
　　　2　甲○号証については，本件犯行現場において実施した検証結果ではないが，被告人が本件犯行の際に実際に使用した車両を用いて実施した検証結果であるので，取調べの必要があると考える。
　　　3　甲○号証は，現場引き当たり見分の時刻を訂正した報告書である。

- 141 -

第 4 章　公判前整理手続調書

※　事例は，複数の事項にわたる検察官の一連の発言として手続調書に記載した例である
が，このような場合もカードを利用することを原則にすべきであろう。その場合は，上
記 1 の発言は，必要に応じて進行管理的な意味で手続調書に（記載の箇所については，
事例のように証拠の整理に関するものとして書く方法と次回期日までの検討事項とし
て，他の宿題事項とまとめて記載する方法が考えられる。），2 及び 3 の発言はカードの
当該証拠の備考欄及び続カードを用いて，【参考記載例 4 － 32】のように記載すること
が考えられる。

【参考記載例 4 － 34】裁判所が訴訟関係人に対して一般的に証拠の厳選を促した例

証拠の整理に関する事項
　証拠の厳選について
　　裁判長
　　　　検察官は，弁護人の主張を踏まえて，○○の証拠の必要性について釈明され
　　　　たい。
　　検察官
　　　　弁護人の主張を踏まえた上，証拠の厳選を検討する。

※　事例のような場合も，裁判長からの指示に基づいて検察官が証拠の厳選を検討したと
いう経緯を特に記載する必要がなければ，次のように記載することが簡便であると思わ
れる。
次回期日等までに準備する事項
　　検察官
　　　　弁護人の主張を踏まえた上，証拠の厳選を検討する。

【参考記載例 4 － 35】検察官が請求証拠についての証拠調べ方法の工夫（抄本化，統合捜査報
告書の使用）の検討をする旨を述べた例

1　請求証拠の抄本化
証拠の整理に関する事項
　証拠の厳選について
　　検察官
　　　1　乙号証は必要なもの以外は証拠調べの必要性について再度検討する。
　　　2　甲○号証及び○号証については，抄本化したものを再度請求することを検討
　　　　する。
2　立証趣旨の類似した数通の証拠を 1 通にまとめた証拠の再請求
証拠の整理に関する事項
　証拠の厳選について

- 142 -

第3節　調書の記載事項

検察官
　　甲○号証及び○号証の写真撮影報告書は，いずれも被害者が出血したこと（結果の重大性）を立証するための情状に関する証拠であるので，その立証に関する部分を1通にまとめて，再請求することを検討する。

【参考記載例4－36】合意書面の作成に関するやりとりについての記載

証拠の整理に関する事項
　証拠請求について
　　裁判長
　　　　検察官及び弁護人は，争いのない前提事実について合意書面を作成することを検討されたい。
　　検察官及び弁護人
　　　　取調べ状況については，合意書面を作成する方向で考えている。その他の争いのない前提事実について合意書面を作成するか否かについては，次回期日までに検討する。

※　事例の場合，特に裁判所から合意書面作成に関して検討するよう指示があったことを明らかにする必要がなければ，裁判長の発言を記載する必要はないものと思われる。

【参考記載例4－37】検察官の検討事項を進行に関する予定として記載した例

次回期日等までに準備する事項
　検察官
　　1　証明予定事実記載書面第○の記載について，主張を補充した書面を○月○日までに提出する。
　　2　請求証拠の撤回や抄本化の可否について検討の上，その結果を○月○日までに書面で提出する。

※　第2項が証拠整理のやりとりの記載である。

　ウ　立証予定，証拠調べ請求の予定
　　　否認事件等については，訴訟関係人間の主張のやりとりに応じて，証拠請求が追加的になされる場合がある。そのような進行の場合等には，公判前整理手続期日において，その後の訴訟関係人の立証予定や証拠請求の予定が陳述される場合が想定されるが，このような事項について，調書への記載の要否について検討する。

第4章　公判前整理手続調書

(ア)　公判前整理手続においてする証拠調べ請求の予定

a　記載の要否

　　公判前整理手続期日における協議において，訴訟関係人の立証予定や公判前整理手続における証拠調べ請求の予定を聴取することは，訴訟関係人の主張と相まって，裁判所が事件の主な争点を把握し，公判前整理手続のその後の進行予定を組み立てる上で重要なやりとりであり，このようなやりとりが期日の中心になる場合も考えられる。

　　しかし，調書の記載という視点からは，訴訟関係人の立証予定や証拠調べ請求の予定に関する陳述は，証拠請求，さらには証拠整理の過程における経過的事項であるといえる。

　　収集した調書の記載例を見ると，公判前整理手続での立証予定あるいは証拠調べ請求の予定に関する訴訟関係人の陳述を記載している例が多いが，これは，上述のように，裁判所が訴訟関係人の立証予定あるいは証拠調べ請求の予定を把握することが公判前整理手続の進行上有益であるからだと思われる。

　　しかし，調書への記載の要否という観点では，訴訟関係人が述べた立証予定や証拠調べ請求の予定は，あくまでも予定であって，現に証拠請求があって初めて具体的に証拠整理の対象になるものであるし，公判前整理手続終了時には必ず訴訟関係人とともに証拠整理の結果確認を行い，その結果を手続調書に記載するのであるから，結果確認に至る過程のやりとりとして述べられた証拠調べ請求の予定について，調書に記載し，公証することに手続上重要な意味があるとまではいえないと思われる。

　　そう考えると，調書の記載としては，証拠請求があった段階でその旨をカードに記載することで足り，訴訟関係人から立証予定や証拠調べ請求の予定として述べられた事項は，手続の公証の観点からは，一般的に記載が相当な事項であるとはいえないものと考える。

　　ただし，公判前整理手続の進行管理の上では，訴訟関係人の証拠請求の予定の陳述は重要な意味があるともいえる。そこで，進行管理的な意味合いで記載することも考えられる[1]。

b　記載の箇所

　　証拠調べ請求の予定を記載する場合は，手続調書に記載するほかないが，各庁の調書の記載例から，①証拠整理に関する記載の中に，「証拠請求について」と見出しを立てて記載する方法と，②「次回期日等までに準備する事項」又は「今後の進行等」と見出しを立てて，進行予定や検討事項として記載する方法が考えられる。

c　記載例

---

[1]　この点は，進行管理的な記載をどの程度行うのかの方針によるものである。

第3節　調書の記載事項

【参考記載例4－38】証拠請求の予定について，証拠整理に関する記載としてまとめた例

証拠の整理に関する事項
　証拠請求について
　　検察官
　　　　検察官は，不同意となった甲○号証を撤回し，供述者である○○○○の証人
　　　尋問を次回期日までに請求する予定である。
　　弁護人
　　　　弁護人は，被告人の精神鑑定を請求する予定である。

【参考記載例4－39】証拠請求の予定について，今後の進行として記載した例

今後の進行等
　検察官
　　　　不同意となった甲○号証ないし○号証については，供述者の証人尋問請求を
　　する予定である。
　弁護人
　　1　書証として嘆願書，陳述書，被害者の遺族にあてた手紙などを請求する予定
　　　であるが，嘆願書が不同意になった場合には，その内容を立証するための情
　　　状証人を請求することも考えている。
　　2　現在,被告人の精神状況について精神科医に意見を求めているところであり，
　　　その意見書等を情状に関する証拠として請求したいと考えている。

(イ)　公判前整理手続終了後の証拠調べ請求の予定

a　記載の要否

　　公判前整理手続終了後，公判審理段階で証拠調べ請求をする予定がある旨の陳
述が訴訟関係人からなされる場合がある。例えば，公判前整理手続終了までに被
害者との示談交渉が成立しないので，示談交渉が成立次第証拠請求をするという
場合である。以下，公判前整理手続においてこのような陳述がなされた場合の記
載の要否について検討する。

　　(ア)に記載したとおり，公判前整理手続内における証拠調べ請求の予定の陳述に
ついては，公判前整理手続終了時に証拠整理の結果確認が行われることなどから
進行管理的な意味合いでの記載が考えられる。これに対して公判前整理手続終了
後の証拠調べ請求については，刑訴法がいわゆる証拠制限の規定（法316の32）
を設けていることから，公判審理において，予告なく請求されることによる紛議
をあらかじめ防止する意味で，公判前整理手続において公判審理における証拠調
べ請求の予定を確認し，それに対する相手方の意見を事実上求めるとともに，そ
れらの記載を調書に留めることは，公判審理の予定を把握し，審理を円滑に進め

第4章　公判前整理手続調書

る上でも実益があろう。したがって，公判前整理手続終了後の証拠調べ請求の予定が訴訟関係人から陳述された場合には，その旨及びそれに対する相手方の意見の予定を調書に記載することが相当であろう。

　b　記載の箇所

　　各庁の調書の記載例から，①証拠整理に関する記載の中で，「証拠請求について」と見出しを立てて記載する方法，②公判審理の予定に関する記載として，「公判の進行について」と見出しを立てて記載する方法，③争点及び証拠整理の結果確認の中で，公判段階での証拠請求の予定及び相手方の意見の予定を記載する方法（176ページの【参考記載例4－80】参照）が考えられる。

　c　記載例

【参考記載例4－40】公判前整理手続終了後における証拠請求の予定を記載した例①

証拠の整理に関する事項

　証拠請求について

　　弁護人

　　　　嘆願書及び被害弁償にかかる示談書等の取調べ請求を予定しているが，これらの請求は公判前整理手続終了後になる。

　　検察官

　　　　弁護人の上記取調べ請求が公判前整理手続終了後になされても異議はない。

【参考記載例4－41】公判前整理手続終了後における証拠請求の予定を記載した例②

公判審理の予定に関する事項

　公判の進行について

　　弁護人

　　　　弁護人としては，被害者に対する慰謝の措置又は贖罪寄付を検討しているが，証拠請求は，公判前整理手続終了後になる予定である。

　㋑　個別の証拠について証拠請求をしない旨の陳述

　　公判前整理手続の協議の中で，ある特定の証拠について証拠調べ請求をしない旨の確認がされる場合がある。具体的には，相手方が不同意の意見を述べた供述調書に関する対応について釈明を求められた場合に，その供述者を証人として取調べ請求をしないと述べる場合などが考えられる。

　　このような陳述は，証拠整理や公判の審理予定の策定に向けた公判前整理手続の進行の上では意味のある陳述だといえる。そこで，そのような陳述がなされた場合は調書に記載しておくことも考えられる。

　　ただし，記載することの意味としては，公判前整理手続終了時には証拠整理の結果確認が行われ，その結果は調書に記載されるのであるから，証拠整理手続の過程

第3節　調書の記載事項

の段階でのやりとりをあえて手続の公証の意味で記載するまでの必要はなく，したがって，公判前整理手続内における証拠整理に関する協議の蒸し返しを防止するものであるといえよう。したがって，記載の要否は，そのような意味を持つものとして調書に記載するかどうかの考え方によると思われるが，一般的にいえば，記載が相当な事項とまではいえないであろう[*1]。

　なお，記載する場合の記載の箇所については，個別の証拠に関するやりとりではあり，【参考記載例4－42】のような場合は，当該不同意書証の備考欄及び続カードに記載することも考えられるが，証拠請求の予定に関連するものについては，今後の公判前整理手続の進行に関するものでもあり，そのような事項は手続調書に記載する方針に統一した方が便宜であると思われる。そこで，手続調書中の証拠整理に関する事項の部分で，「証拠請求について」と見出しを立てて記載することが考えられる。

【参考記載例4－42】個別の証拠について証拠調べ請求をしない旨の記載

証拠の整理に関する事項
　証拠請求について
　　　検察官
　　　　　　甲○号証の不同意部分に関し，供述者の証人尋問は予定していない。

※　記載例を見ると，事例のように証人尋問の請求をしない旨や精神鑑定の請求をしない
　旨の記載がされている例が見られた。

　(エ)　**証拠請求が終了した旨の陳述**
　　a　**記載の要否**
　　　　証拠整理の結果確認又は採否決定に向けての中間的確認事項として，証拠請求が終了した旨の確認を行う場合がある。このような確認は公判前整理手続の進行の観点からは，その時点までに請求された証拠を基礎にして，争点及び証拠整理

[*1]　なお，特定の主張をしない旨の訴訟関係人の陳述について，調書への記載が相当であることは前述のとおりである（本章　125ページ参照）。この点，ある特定の証拠の請求をしない旨の陳述は，訴訟関係人の立証の方針を示すものともいえ，その意味では，同様にこのような陳述も調書に記載することが相当なのではないかとも考えられる。
　しかし，証拠整理の経過及び結果については原則としてカードに記載されることから，証拠請求の有無はカードの記載から自ずと明らかになる（請求がなければカードに記載されない。）のであって，特定の証拠の請求をしない旨の陳述を調書に記載する実益は，特定の主張をしない旨の陳述よりも低いものと考える。このように，証拠整理の経過及び結果についてはカードに記載できるのであるから，争点整理に関する事項と証拠整理に関する事項について調書への記載の程度は異なるものと考えられる。

第4章　公判前整理手続調書

を行うことになるという意味において重要な確認事項であると思われる。

　　しかし，調書への記載の要否という観点からは，公判前整理手続における証拠整理については，公判前整理手続終了時に結果確認が行われ，その内容が調書に記載されることから，証拠請求が終了した旨の陳述もその過程におけるやりとりであるといえ，通常は，調書への記載が相当な事項とまではいえないであろう。

　　ただし，裁判所と訴訟関係人間の確認事項として，それを前提に以後の証拠整理を進めるような場合には，訴訟関係人間の合意事項として記載する実益がある場合もあろう（【**参考記載例 4－43**】参照）。

　b　記載の箇所

　　追加の証拠請求をしない旨，あるいは証拠請求を終了する旨を記載する場合，個別証拠に関するやりとりではなく，記載の趣旨としてはもっぱら蒸し返し防止又は進行管理的な意味で記載することになるので，手続調書に記載する。この点について，収集した調書の記載例からは，証拠整理に関する事項の中に「証拠請求について」との見出しを立てて記載することが考えられる。

　c　具体的記載例

【参考記載例 4－43】訴訟関係人の証拠請求が終了したことを確認した例

証拠の整理に関する事項
　証拠請求について
　　検察官及び弁護人
　　　　証拠請求については，すべて終了していることを確認する。

　エ　証拠意見に関する事項

　　公判前整理手続の当初の段階においては，訴訟関係人から請求された証拠について同意不同意の別などの意見についての見込みを聴取する場合があり得る。例えば，公判前整理手続における協議の見通しをつける意味で，被告人側（又は検察官）の主張の中心となりそうなところを裁判所があらかじめ把握しておくために訴訟関係人に主張の見込みを聞く場合に，併せて証拠意見の見込みを聴取する場合等が想定される。そのような証拠意見等の予定について手続調書に記載する必要があるのかどうか検討する。

　　また，併せて，証拠意見について口頭で補足された場合に，調書のどの部分に記載するのがより適切なのかについても検討する。

　(ア)　証拠意見の見込み

　a　記載の要否

　　公判前整理手続期日において訴訟関係人が正式な証拠意見を述べる前の時点で将来の証拠意見に関する事項を述べる場合としては具体的には次のような場合が考えられる。

　　①　特定の証拠について，同意（又は不同意）予定である旨あるいは任意性を争う予定である旨など，正式に証拠意見を述べる以前に，その段階の検討状況を

－ 148 －

述べる場合

②　特定の証拠について，一旦全部不同意等の意見を述べた後，裁判所又は相手方から当該証拠の一部について同意できる部分があるかどうか検討するよう促され，対応を検討する旨を述べる場合

　これらの場合は，いずれも後の期日等で正式な証拠意見が述べられ，それについては，原則としてカードに記載することになるので，調書に記載して公証すべき事項としてはその結果を記載することで十分であると考えられる。したがって，調書への記載の要否という観点からは①や②の陳述は，手続の公証という点では，一般的に記載が相当な事項とはいえないものと思われる。

　しかし，期日においてこれらのやりとりが行われる事例を考えてみると，その多くは争点のある事例であり，証拠意見の見込みを聴取して，争点把握や証人尋問の実施見込みを中心とした公判審理の見通しを早期に立てたり，公判における証人尋問の時間短縮のために一部同意を促したりするものであるから，公判前整理手続の進行としては重要なやりとりである。そのような観点や，検討事項の進行状況把握という面から調書に進行管理的な意味として記載することも考えられよう[1]。特に②の場合で，意見を述べる期限が事実上定められた場合には，記載の実益があると思われる。

　　b　記載の箇所

　　各庁から寄せられた調書の記載例から，記載する箇所としては，①証拠整理に関する記載の中に，「証拠意見について」という見出しを立てて記載する方法，②今後の進行予定等として，「今後の進行等」又は「次回期日等までに準備する事項」と見出しを立てて記載する方法が考えられる。

　　c　記載例

【参考記載例4－44】証拠意見の予定を記載した例

証拠の整理に関する事項
　証拠意見について
　　弁護人
　　　乙○号証ないし○号証は一部不同意にする予定で，次回期日までに明らかにする。なお，不同意部分は，任意性は争わず，信用性を争う予定である。

【参考記載例4－45】証拠意見について検討する旨の記載

証拠の整理に関する事項
　証拠意見について

---

[1]　この点は進行管理的な記載をどの程度するのかについての方針によるものであろう。

第4章　公判前整理手続調書

　　　弁護人
　　　　　次回期日までに，検察官請求の甲号証及び乙号証のうち，不同意としたもの
　　　　について，証人尋問等の時間短縮のため同意できる部分があるかどうか検討
　　　　する。

※　【参考記載例4－44】や【4－45】は，「次回期日等までに準備する事項」として整
　理することも可能であると思われる。

　　⑷　証拠意見の補足
　　　a　記載の要否
　　　　　訴訟関係人が述べた証拠意見等について，裁判所又は相手方から釈明を求めら
　　　　れるなどして期日において口頭で補足する場合がある。例えば，証拠意見書に記
　　　　載された意見が不明確であるため，口頭で補足した場合，「不同意」という意見
　　　　について，不同意の趣旨として，任意性を争う趣旨なのかどうかを補足的に述べ
　　　　る場合，任意性を争う旨の意見が述べられた場合に，任意性を争う根拠となる具
　　　　体的事実について補足されたりする場合である。
　　　　　これらの事項は，多くの場合，証拠意見として（内容によっては証明予定事実
　　　　となる場合もあり得る。）調書に記載することが相当であると思われる[*1]。
　　　b　記載の箇所
　　　　　各庁から寄せられた調書の記載例によると，手続調書に記載する例も多かった。
　　　　特に供述調書の任意性や，捜査の違法性を理由とした違法収集証拠の主張などは，
　　　　被告人側の証明予定事実等（法316の17Ⅰ）ともなりうるもので，争点整理に関
　　　　する事項として手続調書に記載する例も見られるが，個別証拠の証拠能力に関す
　　　　る意見であるので，採否の経過が分かるよう，手続調書に「証拠調べ等　証拠等
　　　　関係カード記載のとおり」と記載した上，カードに記載することが相当であろう。
　　　c　記載例

【参考記載例4－46】証拠意見が補足された例

4　員 〔(被)〕 犯行状況等 (　　　　　)	○○ ・ ○ ・ ○○	前 1	任意性を争う			前2弁護人　任意 性について　　※1

※　備考欄の記載事項については，備考欄を使用せずに，意見欄に線を引いて記載することも考えら
　れる。

[*1]　このような証拠意見の補足が，裁判所又は相手方からの求釈明に対する釈明としてなされた場合の求釈明
　　の内容の記載，釈明が次回期日等に持ち越された場合の，「次回期日までに検討する」旨の記載については，
　　請求証拠に対する求釈明等と同様に考えられる（本章　138ページ以下参照）。

－ 150 －

第3節　調書の記載事項

		平成○○年(わ)第○○○○号

証 拠 等 関 係 カ ー ド （ 続 ） （No.　1）

（このカードは，公判期日，公判前整理手続期日又は期日間整理手続期日においてされた事項については，各期日の調書と一体となるものである。）

※	期日	請 求 ・ 意 見 ・ 結 果 等
1	前2	任意性について（乙4） 　弁護人 　　　任意性を争う根拠となる具体的事実として，被告人は，長時間にわたる取調べによって意識がもうろうとしてしまい，供述調書を読み聞かされた際，自らの認識と異なる記載内容についても異議を申し立てることができないまま，署名押印したことを主張する。

5　その他の申立て（規217の14Ⅰ⑨）

　刑訴規則217条の14第1項9号の「その他の申立て」とは，弁論の分離，併合の請求（法313），公判期日又は公判前整理手続期日の変更の請求（前者につき法276，後者につき316の6Ⅲ），管轄違いの申立て（法331），忌避の申立て（法21）等が考えられる*1。これらの申立てが公判前整理手続期日において訴訟関係人からされた場合には，調書の必要的記載事項とされる。

　各庁から寄せられた記載例に見られたものは，弁論の分離，併合の請求や期日変更請求であるが，記載例については請求に対する決定例の記載（本章　160ページ以下）を参照されたい。

6　法309条の異議の申立て及びその理由（規217の14Ⅰ⑫）

　公判前整理手続期日において，訴訟関係人から法309条の異議が申し立てられた場合（同条Ⅰ，Ⅱ）は，申立ての内容及びその理由が公判前整理手続調書の必要的記載事項となる*2。公判前整理手続期日においても公判期日と同様に法309条の異議の申立てを行うことが可能であり，その場合に調書に記載すべき事項についても公判調書と同様のものが定められている（規44Ⅰ⑰参照。）。

　公判前整理手続期日において法309条の異議が申し立てられる場合としては，公判期日における場合と同様*3，証拠調べ請求に関する異議が申し立てられる場合，証拠採否の決定に対する異議が申し立てられる場合のほか，請求証拠中のある供述調書について，公判

---

*1　執務資料35ページ参照。なお，異議の申立て（法309）については，規217の14Ⅰ⑫，訴因，罰条の追加，撤回，変更の請求については，同項⑭，証拠開示の裁定の請求については同項⑮に規定されており，詳細は，当該記載箇所を参照されたい。

*2　異議の申立てに対する裁判所の決定については，規217の14Ⅰ⑯の必要的記載事項である。また，異議申立ての際に述べられた相手方からの具体的意見は公判調書と同様，記載するのが相当である（カード研究135ページ）。

*3　法309条に関する詳細は，調書講義案156ページ参照。

- 151 -

第4章　公判前整理手続調書

前整理手続における採否の決定を留保し，公判審理で証人尋問又は被告人質問を行った後に採否の決定をするという証拠採否の順序を定めた措置に対する異議が申し立てられる場合が考えられる[*1]。

　法309条の異議申立てがあった場合の調書の記載については，原則として公判調書と同様であり，証拠調べ請求に関する異議が申し立てられた場合には，カードの意見欄，証拠採否決定に対する異議が申し立てられた場合には，カードの結果欄にそれぞれ公判調書と同様の記載をすることになる。また，公判前整理手続で証拠採否を留保したことに対する異議が申し立てられた場合には，公判審理の予定に関するものとして，「公判廷での証拠調べの方法等について」と見出しを立てて，記載することが考えられる[*2]。

【参考記載例4－47】法309条の異議の申立て①（乙号証の採否決定を公判における被告人質問後に判断する旨の判断に対する異議申立て（手続調書に記載した例））

```
公判審理の予定に関する事項
　公判廷での証拠調べの方法等について
　　裁判長
　　　　　乙第○号証及び同第○号証については，被告人質問後に採否を判断する。
　　検察官
　　　　　上記の判断は刑訴規則199条に違反するものであるので異議を申し立てる。
　　弁護人
　　　　　上記異議申立てには理由がないものと思料する。
　　裁判長
　　　　　上記異議申立棄却決定
争点及び証拠の整理の結果の確認…
```

【参考記載例4－48】法309条の異議申立て②（①のケースをカードに記載した例）

3 員 〔(被)＿＿＿＿○○：○：○〕 犯行状況等及び被害者との 関係等 （　　　　　　　　　）	○○ ・ ○○ ・ ○○	前1	同　意	前2	留　保 異議申立て※1		

*1　このような異議申立ても，法309Ⅰの証拠調べに関する異議に当たるものと解される。
*2　なお，公判前整理手続での採否の決定を留保した場合，証拠等関係カードの結果欄に「留保」と記載し（カード解説66参照），採否決定を留保した判断に対する異議として，異議の内容とその理由，相手方の意見及び異議申立てに対する決定をカードに記載することも考えられる（【参考記載例4－48】）。

第3節　調書の記載事項

| | | 平成○○年（わ）第○○○○号 |

| 証 拠 等 関 係 カ ー ド　（続）　　　　（No.　1） |

（このカードは，公判期日，公判前整理手続期日又は期日間整理手続期日においてされた事項については，各期日の調書と一体となるものである。）

※	期日	請　求　・　意　見　・　結　果　等
1	前2	異議申立て（乙3） 　検察官 　　　乙第3号証について採否を留保し，被告人質問後に採否を決定することは刑 　　　訴規則199条に違反するものであるので異議を申し立てる。 　弁護人 　　　上記異議申立てに理由はないものと思料する。 　裁判長 　　　上記異議申立棄却決定

7　訴因又は罰条の追加，撤回又は変更に関する事項等（規217の14Ⅰ⑭）

　公判調書と同様，訴因又は罰条の追加，撤回又は変更の請求，これに対する相手方の意見，裁判所の許否の決定は，本条により公判前整理手続調書の必要的記載事項とされている。起訴状の訂正に関する事項も，訴因，罰条の追加等に準じて取り扱われる。

　なお，公判前整理手続においては，口頭による訴因又は罰条の追加，撤回又は変更の請求は許されない（規209Ⅵ参照。執務資料36ページ）。したがって，必ず訴因変更請求書等の書面を提出して請求しなければならない。

第4章　公判前整理手続調書

　　公判前整理手続調書の記載内容については，公判調書と特に異なるところはない[*1]が，調書の整理の方法としては，訴因等の変更は，審判の対象である訴因を変更する意味において，公判前整理手続における争点及び証拠整理の前提となるものであると考えられるから，前記「類型Ⅱ」による構成によっても，記載がより明確になるように大見出しを立てて記載するのが相当であると思われる。

【参考記載例4-49】訴因及び罰条の変更請求があった場合の記載

訴因及び罰条の変更
　　　弁護人
　　　　　　平成〇〇年〇月〇日付け訴因及び罰条変更請求書に基づく訴因及び罰条の変
　　　　　　更請求については異議がない。
　　　裁判長
　　　　　　上記訴因及び罰条の変更許可決定
争点の整理に関する事項…

【参考記載例4-50】起訴状の訂正があった場合

起訴状の訂正
　　　検察官
　　　　　　起訴状記載の公訴事実中，〇行目に「〇〇」とあるのを，「〇〇」と訂正し
　　　　　　ます。
争点の整理に関する事項…

[*1]　なお，訴因変更請求書の朗読は公判期日で行うこととなるが，公判調書に訴因変更請求書を朗読したことの記載を要するかについては，多少疑義がある。この点，調書講義案168ページでは，検察官の訴因変更請求書の朗読が公判調書の記載事項とされており，その根拠として，訴因変更が通常一般に当然に行われる手続ではない訴訟手続であることから，起訴状の朗読と同様に考えることができないこと，規44Ⅰ㉞所定の事項は，法312条所定の事項のみならず，これに関する事項はすべて含むと解するのが合理的であると考えられることが挙げられている。

　　しかし，公判前整理手続において訴因変更が許可された場合に公判で訴因変更請求書を朗読した旨を公判調書に記載するとすると，訴因変更手続に関する当該公判調書の記載としては，訴因変更請求書の朗読だけしかないことになり，やや違和感を生ずる。この点，起訴状朗読が要求される根拠について，口頭主義，弁論主義の要請に基づき，公判廷にまず審判の対象を上程させた上，これを前提に審理を進行させようというものだとされていること（松本時夫ほか編「条解刑事訴訟法第3版増補版」539ページ）から考えると，公判審理に入ってから訴因変更が行われる場合と異なり，公判前整理手続において訴因変更が許可された場合には，変更後の訴因を対象に争点及び証拠整理が行われ，その結果確認がされるのであるから，訴訟関係人間では，すでに変更後の訴因が審理の対象とされるのが当然の前提として手続が進められていることになり，その意味で公判での訴因変更請求書の朗読を起訴状の朗読と同様のものと解することが可能であると思われる。したがって，公判前整理手続において訴因変更が許可された場合には，公判における訴因変更請求書の朗読は公判調書に記載しないと考えることも可能なのではないだろうか。

- 154 -

第3節　調書の記載事項

8　証拠開示に関する裁定に関する事項（規217の14 I ⑮）

(1)　意義

　　本号で必要的記載事項となる「証拠開示に関する裁定に関する事項」としては，証拠開示に関する裁定の請求，これに対する相手方の意見及び裁判所の決定（法316の25，316の26）並びに証拠開示に関する裁定のための証拠又は証拠標目一覧表の提示命令（法316の27）に関する記載がこれにあたる[*1]（執務資料37ページ）。

(2)　具体的記載例

　　以下，具体的記載例を紹介する。

【参考記載例4－51】証拠開示の裁定に関する事項（執務資料69〜71ページをもとにした。）

1　弁護人から証拠開示に関する裁定請求書が提出されて，検察官からそれについての意見が述べられた事例

証拠の整理に関する事項

　証拠開示に関する裁定請求

　　弁護人

　　　　本日付け証拠開示に関する裁定請求書記載のとおり

　　検察官

　　　　上記請求に係る証拠の開示については，次の理由から必要性が認められないものと思料する。（以下，略）

2　検察官請求証拠の一部について，検察官から証拠開示の時期を指定する旨の裁定請求がされて，弁護人の意見を聴いた後，直ちに開示の時期が指定された事例

証拠の整理に関する事項

　証拠開示に関する裁定請求

　　検察官

　　　1　検察官請求証拠のうち，○○○○の司法警察員に対する平成○○年○月○○日付け供述調書を，供述者○○○○が現住所からの転居を完了する平成○○年11月30日以前に開示すると，被告人又はその関係者により罪証隠滅又は供述者に対する威迫行為がなされるおそれがある。

　　　2　そこで，同調書の被告人又は弁護人への証拠開示の時期を平成○○年12月1日と指定する旨の裁定を請求する[*2]。

　　弁護人

　　　　しかるべく

　　裁判長

[*1]　収集した調書の記載例によると，その他，裁定請求の取下げ，裁定請求書記載事項の訂正，請求に対する相手方の意見書提出時期等を記載した例も見られる。

[*2]　口頭による請求には裁判所の許可が必要であるが（規217の25Ⅲ），この許可決定は，その後の手続が記載されることによってその存在が推認されるので，この事例では記載していない。

- 155 -

第4章　公判前整理手続調書

　　　検察官の請求を相当と認め，○○○○の司法警察員に対する平成○○年○月
　　　○日付け供述調書について，被告人又は弁護人に対する証拠開示の時期を，
　　　平成○○年１２月１日と指定する。

3　証拠開示に関する裁定の請求について決定するに当たり，証拠の提示命令が発せられ
た事例
証拠の整理に関する事項
　証拠開示に関する裁定請求
　　証拠の提示命令
　　　裁判長
　　　　検察官に対し，○○○○の検察官に対する平成○○年○○月○○日付け供述
　　　　書１通の提示を命ずる。
　　　検察官
　　　　提示

4　証拠標目一覧表の提示命令が発せられた事例
証拠の整理に関する事項
　証拠開示に関する裁定請求
　　証拠標目一覧表の提示命令
　　　裁判長
　　　　検察官に対し，本件犯行状況を目撃した者の供述録取書のうち，既に検察官
　　　　が弁護人に開示した分を除いた証拠の標目を記載した一覧表の提示を命ず
　　　　る。

【参考記載例4－52】証拠開示の裁定請求に対して，公判前整理手続期日で棄却した例

証拠の整理に関する事項
　証拠開示に関する裁定請求
　　裁判長
　　　平成○○年○月○○日付け書面による証拠開示命令請求を棄却する。
　　　理由は以下のとおり
　　　開示の対象となる証拠と主張との関連性の程度及び必要性の程度は・・・
　証拠の厳選について
　　検察官
　　　・・・・
　　　　　（以下，略）

- 156 -

第3節　調書の記載事項

(3) 証拠開示の裁定請求に至る前の証拠開示に関するやりとり

ア　記載の要否について

　　裁定請求に至る以前の証拠開示に関するやりとりは，裁判所外での訴訟関係人間のやりとりであり，基本的に裁判所が直接関与することのない事項であるといえる。

　　しかし，公判前整理手続は段階的に進行していくものであり，証拠開示を受けることが次の訴訟関係人の行為につながること[1]などから，公判前整理手続全体を円滑に進めるためにも，裁判所がその進行状況を把握することは，進行管理上有益である（進行管理事務としての証拠開示の進行状況把握については，後述第6章　262ページ参照）。

　　そのような証拠開示に関する進行状況等については，進行管理事務として期日間の情報収集によって把握する場合のほか，整理期日における訴訟関係人間のやりとりによって把握する場合もあるために，収集した調書の記載例を見ても，これら裁定請求に至る以前の証拠開示のやりとりが公判前整理手続調書に記載されている例を比較的多く見ることができる。

　　これらのやりとりを公判前整理手続調書に記載するかどうかは，これらの事項が調書の必要的記載事項（規217の14Ⅰ各号）とされていないことから問題となるが，上述のとおり，もっぱら進行管理上有益な情報収集のためのやりとりであるから，開示に対する対応等について具体的な期限が明示された場合や，次に続く手続と関連して陳述された場合などに記載する意味があるものと思われる[2]。

イ　具体的にどのようなやりとりがあるか

　　収集した調書の記載例などからは，以下のものが考えられる。

(ア)　請求証拠開示（法316の14等）に関するもの

　　開示時期，開示を受けた証拠の閲覧謄写の有無など

(イ)　類型証拠開示（法316の15）及び主張関連証拠開示（法316の20）に関するもの

---

[1]　例えば，類型証拠開示（法316の15Ⅰ）を受けて，検察官請求証拠に対する意見や被告人側の予定主張が明らかにされるのが法文上の手続の流れである。

[2]　この点，証拠開示請求が裁定請求まで発展した場合の判断資料や裁定決定に対する即時抗告審における資料となる場合もあるので，重要な部分は記載する必要があるとの見解もあるが，具体的な事情は，裁定請求書や即時抗告申立書及びそれらに対する相手方の意見書で明らかになるであろうから，そのような観点から記載の要否を考える必要性は低いものと思われる。

第4章　公判前整理手続調書

  ① 開示請求[*1]及びその予定，並びに請求に関する釈明

  ② 請求に対する相手方の意見

  ③ 開示，不開示の対応及びその予定

  ④ 開示を受けた証拠の閲覧謄写の有無など

 (ウ)　裁定請求の予定に関するもの

  開示請求に対する回答を受けた後の裁定請求の予定

ウ　具体的記載例

 収集した調書の記載例などから，記載例を以下のとおり紹介する。

【参考記載例4－53】期日外の証拠開示請求への対応及びこれ以上開示を求めるものはない旨の陳述がされた場合

> 証拠の整理に関する事項
> 証拠開示について
>   弁護人
>   検察官に対し，○月○日付け書面により証拠開示請求をしており，開示された証拠を検討した上で，弁護側の予定主張等を追加する予定である。
>   検察官
>   弁護人から開示請求のあった証拠の一部については，○月○日付け書面により回答し，いつでも開示できる状況である。その余の開示請求証拠については，○月○日までに回答する。
>   弁護人
>   現時点で，これ以上証拠開示を求めるものはない。

【参考記載例4－54】訴訟関係人間で証拠開示が全て終了した旨の陳述がされた場合

> 証拠の整理に関する事項
> 証拠開示について
>   検察官及び弁護人
>   当事者双方のやりとりにより，検察官の弁護人に対する類型証拠の開示は全て終了した。
> 証拠意見について

---

*1　開示請求とは逆に，「これ以上開示を求めるものはない」旨の陳述（**【参考記載例4－53】**）や「証拠開示の手続が全て終了した」旨の記載（**【参考記載例4－54】**）も見られる。これらは，当事者間で解決済みの事項であるため，記載の実益は少ないものとも思われるが，証拠開示に関するやりとりが多く行われていた事案などについては，証拠開示に関する紛議が無くなり，公判前整理手続を終了するにあたっての障害事由が無くなるということも意味するものと考えられ，進行管理上有益な情報として，記載することも考えられる。

第3節　調書の記載事項

> 弁護人
>> 意見表明未了の検察官請求証拠については，次回期日までに証拠意見を明らかにする。

【参考記載例4－55】公判前整理手続期日前になされた証拠開示請求に対する相手方の対応，及びそれを受けた新たな開示請求

> 証拠の整理に関する事項
> 　証拠開示について
> 　　検察官
> 　　　平成○○年○月○○日付け証拠開示請求書記載の1については開示し，2については死体検案書を開示した。3ないし5については，開示すべき証拠がない。
> 　　弁護人
> 　　　6については，・・・・の供述録取書等の開示を求める。
> 　　検察官
> 　　　6については，弁護人主張の供述調書は存在しない。

【参考記載例4－56】公判前整理手続期日に書面によりなされた証拠開示請求とその内容についての釈明，及びそれに対する相手方の対応，裁定請求の予定の陳述

> 証拠の整理に関する事項
> 　証拠開示について
> 　　弁護人
> 　　　本日付け証拠開示請求書のとおり開示請求する[*1]。
> 　　　なお，供述書は含まないという趣旨である。
> 　　検察官
> 　　　上記請求にかかる各証拠は，・・・・・であり，・・・・という弁護人の主張に関連するとは認められないので，開示すべき証拠には当たらない。
> 　　弁護人
> 　　　検察官の不開示の対応は，刑訴法316条の20の解釈を誤ったものと解されるので，○月○日までに裁定請求をする予定である。

---

*1　この場合，公判前整理手続調書において証拠開示請求書を引用しているので，同請求書は，当該期日調書の末尾に添付するのが相当であろう（なお，期日外での証拠開示に関するやりとりの書面の編てつ箇所については，後述第6章　266ページ参照。）。

- 159 -

第4章　公判前整理手続調書

【参考記載例4－57】証拠開示請求の予定の陳述を今後の進行等として記載した場合

今後の進行等
　　弁護人
　　　　検察官請求証拠の開示は受けたが，○月○日までに類型証拠開示請求をする
　　　予定で準備しているので，請求証拠に対する意見は，類型証拠開示を受けて
　　　から明らかにしたい。

9　決定及び命令（規217の14 I ⑯）

　公判前整理手続期日において決定及び命令がされた場合は，公判前整理手続調書の必要
的記載事項になる。ただし，以下のものについては必要的記載事項から除外されている[*1]。

①　証拠調べの順序及び方法を定める決定（法316の5⑧。規217の14 I ⑯イ）

②　主任弁護人及び副主任弁護人以外の弁護人の申立て，請求，質問等の許可（規25，
　217の14 I ⑯ロ）

③　証拠決定についての提示命令（規192，217の14 I ⑯ハ）

　そこで，本号において必要的記載事項とされている決定及び命令について，以下，記載
例とともに検討する。

(1)　証明予定事実記載書面等の提出期限等の定め

　証明予定事実記載書面等の提出期限を定める場合には，検察官及び被告人又は弁護人
の意見を聴くこととされている（法316の13Ⅳ，316の17Ⅲ等）。しかし，刑訴規則上，
必要的記載事項とされているのは「決定」であり，訴訟関係人の意見は必要的記載事項
ではない上，決定に至るまでの経過的事項である。

　そこで，意見の内容が「しかるべく」など，特に反対する趣旨でない場合で，決定等
が同一期日内に行われたときは原則として記載不要であると考えられる[*2]。

　なお，期限決定については，「期限の定め」の大見出しを立てて記載すればよいと考
えられる。

[*1]　執務資料37ページによると，規217の14 I ⑯イの決定が必要的記載事項とされなかったのは，同決定は，
　証拠の整理に関連するものであって，審理予定の一要素をなすものであるが，その決定の内容は多岐にわた
　り，重要度にも幅があることから，これを一律に必要的記載事項とすることは相当ではないからとされてい
　る。ただし，場合によってはこの決定を記載することが有益な場合があることについては，本章　179ペー
　ジ以下参照。
　　また，執務資料37ページでは，規217の14 I ⑯ロ及びハの決定については，それ自体，事件の争点と証拠
　整理には直接関係がなく，訴訟記録上自ずから明らかになる等の理由から，公判調書と同様，必要的記載事
　項とされなかったものとされている。

[*2]　総務局記載例1ページ参照。

－ 160 －

第3節　調書の記載事項

【参考記載例4－58】期限を定める決定

> 期限の定め
> 　　裁判長
> 　　　　　検察官及び弁護人の意見を聴いた上，被告人の責任能力に関する弁護人の事
> 　　　　実上の主張を記載した書面の提出期限を，平成○年○月○日と定める旨決定
>
> ※　公判前整理手続期日において期限を定める場合には，訴訟関係人の期限に関する意見
> 　を聴く前提として，書面等の提出を求められる訴訟関係人に対して，書面提出までにど
> 　の程度の期限が必要なのかの意向を聴取する場合が多いと思われるが，期限決定までの
> 　経過的事項であるので，記載不要であろう。

　　なお，訴訟関係人の書面提出期限や証拠調べ請求の期限について，決定とせず，事実
上の期限として，進行に関する予定等として記載した例もあった。実務の運用としては，
このように期限を明示的に決定をもって定めない場合も多いと思われるが，そのような
場合には，今後の進行として整理すると分かりやすいであろう[*1]。

**【参考記載例4－59】決定と明示せずに事実上の期限を設定した例（なお，同様の記載例とし
て【参考記載例4－37】，【4－44】参照）**

> 今後の進行等
> 　　裁判長
> 　　　1　検察官は，次回期日に以下の書証の取調べ請求をする。
> 　　　(1)　○○の傷害結果が，被告人の本件暴行行為に起因するものであるとの立証
> 　　　　に必要な書証
> 　　　(2)　被告人が勾留中に婚姻したことを立証するための，婚姻後に作成された戸
> 　　　　籍謄本
> 　　　2　弁護人は，平成○年○月○日までに次の書面を提出する。
> 　　　　　被告人の暴行行為の態様に関する弁護人の具体的主張を記載した書面
>
> ※　なお，このような場合，検察官，弁護人がそれぞれ述べた陳述として記載することも
> 　考えられる。

　　また，公判前整理手続期日において書面等提出期限を変更する場合も考えられる。そ
の場合も調書に記載することが必要である。期限の変更に関する手続については，期限

---

*1　期限を守らない場合の措置（規217の23）等をとる可能性がある場合には，「決定」した旨を明らかにして
おくのが相当であると考えられる（総務局記載例13ページ参照）。

第4章　公判前整理手続調書

を定める場合に準じて訴訟関係人に意見を聴いた上で変更決定をすることになる[*1]。

【参考記載例4－60】期限を変更する決定

期限の変更
　　弁護人
　　　　前回の公判前整理手続期日において，弁護人の予定主張記載書面の提出期限
　　　　が本日までと定められたが，検察官に対して類型証拠開示請求をしており，
　　　　まだ開示に至っていないものがあるため，同期限を変更されたい。
　　裁判長
　　　　検察官及び弁護人の意見を聴いた上，弁護人の予定主張記載書面の提出期限
　　　　を平成○年○月○日と変更する旨決定

※　期限の変更については，訴訟関係人に申立権があるわけではなく，職権発動を求める
　ものである（第6章255ページ脚注1参照）ため，規217の14Ⅰ⑨の「申立て」に当たら
　ず，必要的記載事項ではないが，訴訟関係人からの申立てにしたがって期限を変更した
　こと及び変更を求める理由を明確にするために，申立ての内容については記載しておく
　のが相当であると思われる。

(2)　**弁論の併合，分離決定**

　　公判前整理手続期日において，訴訟関係人からの請求等によって弁論を併合，分離し
た場合には，本号の決定として必要的記載事項になる。記載すべき事項は，公判調書と
基本的には同様である。
　　このうち，公判前整理手続期日において弁論分離決定をする場合としては，例えば，
1通の起訴状で2人の被告人ＡＢが起訴されている場合，自白している被告人Ａについ
ては第1回公判前整理手続期日において公判前整理手続を終了するが，否認している被
告人Ｂについては公判前整理手続期日を続行し，公判審理も別進行とする必要があるた
め，第1回公判前整理手続期日において被告人Ｂの弁論を分離して被告人Ｂにつき次回
期日を指定し，被告人Ａについては引き続き争点及び証拠整理の結果確認等を行った上，
公判前整理手続を終了させる場合などがある。
　　公判前整理手続調書の性質に関して，結果調書説や折衷説のような考え方をした場合
には，期日で行われた手続を調書に記載する順序は，必ずしも手続の行われた順に記載
する必要はない。したがって，弁論の分離決定について調書に記載する箇所については，
前後の記載事項との関係等から分かりやすい箇所に適宜記載すれば足りるものと思われ

[*1]　第6章　255ページ脚注1参照。

－ 162 －

る[1][2]。

　ただし，上述のような例の場合，調書の記載からは弁論の分離の時期が明らかでないことから，当該期日で行われた争点及び証拠整理の結果確認等がどの被告人に対するものかを明らかにするために，注意的に【参考記載例4－61】のような記載をすることも考えられる。

【参考記載例4－61】弁論分離決定

> 証拠の整理に関する事項
> 　証拠調べ等
> 　　　　　証拠等関係カード記載のとおり
> 　弁論の分離
> 　　　裁判長
> 　　　　　本件から被告人Bに対する弁論を分離する旨決定
> 　　　　分離した被告事件につき指定した次回期日
> 　　　　　平成○年○月○日午後1時30分
> 　争点及び証拠の整理の結果の確認
> 　被告人Aについて
> 　　　裁判長…
>
> ※　公判前整理手続調書の性質につき，結果調書説又は折衷説によった場合，弁論を分離した後に，引き続き手続を行う被告人の関係で（本事例でいえば被告人Aの関係で），仮に証拠調べ手続が行われたとしても，弁論分離決定の記載の後に証拠調べの時期を区分して，再度「証拠調べ等」の記載をすることは不要となる。

---

[1]　公判前整理手続期日で弁論の併合，分離決定がされた場合については，訴訟手続上，その決定が行われた時期を特定する必要は通常はないと思われる。したがって，公判前整理手続調書について，結果調書的な記載をした場合でも調書中の弁論分離決定の記載について，それが行われた時期を明記する必要はないと思われる。

[2]　収集した調書の記載例でも，弁論分離決定の記載箇所については，【参考記載例4－61】のような例のほか，これと同様の事例ではないが，①分離された事件の被告人に関する争点及び証拠整理に関する事項の一連の記載の後に弁論分離決定の記載があり，その後に分離した事件の被告人についての争点及び証拠整理に関する事項の記載がある例や，②分離した事件と分離された事件の双方について，それぞれ次回公判前整理手続期日を指定して期日を続行した場合に，分離した事件の被告人の次回公判前整理手続期日の指定の記載の直前に弁論分離決定の記載がある例など，事例の進行に応じて様々であった。公判前整理手続調書の性質について，結果調書説又は折衷説を採った場合でも，弁論分離決定の記載の箇所は（手続の経過を表すものではないが，），手続の経過として見ても不自然でない箇所に記載するのが分かりやすいのではないかと思われる。

第4章　公判前整理手続調書

(3)　証拠決定

　　証拠の採否に関する決定については，公判調書と同様に証拠等関係カードに記載すればよい。

　　なお，収集した記載例を見ると，証拠採否に関連して，被告人の供述調書等の証拠の採否を公判前整理手続では留保し，公判における被告人質問後に判断する旨及びこれに対する訴訟関係人間のやりとりを記載した例があった。

　　このような場合，採否の判断を留保した証拠についてはその旨を証拠整理の結果確認として記載する例が多いものと思われるので，そこで記載すれば足りる場合が多い（本章　170ページ参照）ものと思われるが，そのやりとりの経過を期日調書に残す場合には，公判の審理予定に関する事項として，「公判廷での証拠調べの方法等について」と見出しを立てて記載することが考えられる（本章　180ページ参照）。特に，訴訟関係人から，そのような措置に対する異議（法309Ⅰ）が申し立てられた場合には，異議の内容及びそれに対する判断とともに裁判所の採否の判断を留保する旨の記載をする必要があるものと思われる（152ページの**【参考記載例4−47】**参照）。

(4)　証拠調べに関する異議の申立てに関する決定

　　この決定については，法309条の異議申立てに関する記載を参照されたい（本章　152ページ）。

(5)　公判前整理手続期日の指定及び変更

　　公判前整理手続期日において，次回の公判前整理手続期日を指定（法316の6Ⅰ）した場合には，本号の「決定」として必要的記載事項になる。

　　なお，公判前整理手続期日に立ち会った訴訟関係人には，公判前整理手続期日においてした決定，命令は送達又は通知をすることを要しない（規217の12）から，公判前整理手続期日において次回期日を指定した場合には，検察官及び弁護人に「告知した」旨の記載は不要である。

【参考記載例4−62】次回公判前整理手続期日の指定

1　**被告人が出頭しない期日で次回公判前整理手続期日（被告人には出頭することを求めない。）が指定された場合**
　　指定した次回期日
　　　　　　　　平成○年○月○日午後3時00分

2　**被告人が出頭しない期日で次回公判前整理手続期日（被告人に出頭を求める。）が指定された場合**
　　指定し，被告人に出頭することを求める次回期日
　　　　　　　　平成○年○月○日午後1時30分

3　**被告人が出頭した期日で次回公判前整理手続期日（被告人に出頭を求めない。）が指定された場合**
　　指定告知した次回期日

　　　　　　　　　平成○年○月○日午前１０時００分

※　公判前整理手続期日においてした決定については，当該期日に出頭した訴訟関係人には通知する必要がない（規217の12）が，被告人に対しては特に配慮を要することから，「告知した」旨を明記するのが相当であると思われる。

4　被告人が出頭した期日で次回公判前整理手続期日（被告人に出頭を命じる。）が指定された場合
　　指定告知し，被告人に出頭を命じた次回期日
　　　　　　平成○年○月○日午後１時３０分

※　公判前整理手続期日については，公判期日への召喚状送達についての特則である法274の適用はなく，法65Ⅱが適用されるため，被告人に対して次回公判前整理手続期日への召喚状送達の効果を生じさせるためには出頭命令が必要になる。そこで，記載例のように「出頭を命じた」旨を記載する必要がある（執務資料74ページ）。

5　公判前整理手続期日が複数回指定された場合
　　指定した公判前整理手続期日
　　　　　　　　平成○年○月○○日午後１時３０分
　　　　　　　　平成○年○月○○日午後２時００分

※　公判前整理手続期日が複数回指定された場合に，「指定された期日」と記載すると，公判期日なのか公判前整理手続期日なのかが明確ではないので，「指定した公判前整理手続期日」と明記することが考えられる。

　　公判前整理手続期日で，先に指定した公判前整理手続期日を変更する（法316の６Ⅲ）場合も，その変更命令は，本号の命令として必要的記載事項になる。また，請求による変更の場合は，その請求が「その他の申立て（規217の14Ⅰ⑨）」として必要的記載事項となることは前述（151ページ参照）のとおりである。

【参考記載例４－63】公判前整理手続期日変更命令

公判前整理手続期日の変更
　　弁護人
　　　　　　　被告人が○○により△△病院に入院したことにより，被告人との打合せができないため，先に指定された平成○年○月○日午後１時30分の公判前整理手続期日の変更を請求する。なお，被告人の入院期間は，２週間程度と見込まれるので，変更後の期日については，平成×年×月×日に指定されたい。
　　検察官
　　　　　　　しかるべく

第4章　公判前整理手続調書

　　裁判長
　　　　先に指定した平成〇年〇月〇日午後1時30分の公判前整理手続期日を平
　　　　成×年×月×日午後1時30分に変更する。

(6)　公判期日の指定
　　　公判前整理手続期日において，公判期日を指定した場合も本号の必要的記載事項であ
　　る。

【参考記載例4−64】公判期日の指定

1　被告人が出頭しない期日で公判期日が指定された場合
　　指定した公判期日
　　　　　　平成〇年〇月〇日午前10時00分

2　被告人が出頭した期日で公判期日が指定された場合
　　指定告知した公判期日
　　　　　　平成〇年〇月〇日午後1時30分

3　被告人が出頭しない期日で公判前整理手続期日と公判期日が指定された場合
　　指定した期日
　　　　次回公判前整理手続期日
　　　　　　平成〇年〇月〇日午後3時00分
　　　　公判期日
　　　　　　平成△年△月△日午後1時30分
　　　　　　平成×年×月×日午前10時00分

(7)　弁論併合された事件を公判前整理手続に付する旨の決定
　　　各庁から寄せられた調書の記載例を見ると，弁論併合された追起訴事件について公判
　　前整理手続に付する旨の決定を記載する取扱いが見られた。この付決定が公判前整理手
　　続において行われた場合には本号の必要的記載事項である。
　　　なお，このような場合，公判前整理手続に付する旨の決定をした期日調書の冒頭の事
　　件番号及び被告事件名の記載については，公判前整理手続調書の性質について，結果調
　　書説を採った場合には，当該期日終了時点のものを記載することになるので，事件番号
　　及び被告事件名ともにすべての事件について併記することになるが，経過調書説又は折
　　衷説を採った場合でも，期日で弁論併合決定がなされた場合と同様に考えて，事件番号，
　　被告事件名を併記する（事件番号は，「平成〇年（わ）第〇〇〇号等」とし，被告事件名
　　はすべての事件名を併記する。）ことになろう。

第3節　調書の記載事項

【参考記載例4－65】追起訴事件の付決定を記載した例

> 公判前整理手続に付する旨の決定
> 　　　　裁判長
> 　　　　　　　被告人に対する当庁平成○○年(わ)第○○号○○被告事件を公判前整理手続
> 　　　　　　　に付することについて意見を求める。
> 　　　　検察官及び弁護人
> 　　　　　　　しかるべく
> 　　　　裁判長
> 　　　　　　　被告人に対する上記被告事件について，公判前整理手続に付する旨決定

⑻　その他の決定

　　これまで挙げた各決定又は命令のほか，各庁から寄せられた記載例等から考えると，公判前整理手続期日において行われる決定としては，以下のようなものが考えられる。

　ア　公判前整理手続を受命裁判官にさせる決定

　　裁判所は，合議体の構成員に命じ，公判前整理手続をさせることができる（法316の11）が，公判前整理手続期日において，次回の公判前整理手続期日の手続を受命裁判官にさせる旨の決定を行った場合には，これを公判前整理手続調書に記載することになる。

【参考記載例4－66】公判前整理手続期日における受命決定

> 受命決定
> 　　　　裁判長
> 　　　　　　　本件につき，次回の公判前整理手続期日を，受命裁判官○○○○及び同○○
> 　　　　　　　○○をして行わせる。

　イ　犯罪被害者関連

　　公判前整理手続期日において行われる犯罪被害者関連の決定としては次のようなものが考えられる[1]。

＊1　証人尋問に際して採られる付添い（法157の2），遮へい（法157の3），ビデオリンク（法157の4Ⅰ）などの負担軽減措置を行う決定は，証拠調べの方法を定める決定（法316の5⑧）にあたるので，必要的記載事項からは除外されている（規217の14Ⅰ⑯イ）。また，被害者等の意見陳述（法292の2）については，陳述をさせること及び陳述をさせる期日を定めることは決定ではなく，必要的記載事項ではないが，陳述時間の指定（規210の4）は裁判長の命令にあたり（被害者保護制度の研究147ページ），公判前整理手続期日でした場合には必要的記載事項となる。なお，被害者等の意見陳述を公判審理の予定として記載することが相当であることについては，後述273ページ参照。

- 167 -

第4章　公判前整理手続調書

　　①　公開の法廷において被害者特定事項を秘匿する旨の決定（法290の2）
　　②　被害者等又は当該被害者の法定代理人の被告事件への参加の申し出に対する決定
　　　　及び当該決定を取り消す決定（法316の33Ⅰ，Ⅲ）
　　　　なお，②の被害者参加関係の決定に関する記載例は，第7章318ページ以下参照。

【参考記載例4－67】被害者特定事項を秘匿する旨の決定

被害者特定事項の秘匿
　　検察官
　　　　　本日付け被害者特定事項の秘匿の申出に関する通知書記載のとおり
　　弁護人
　　　　　上記申し出についてはしかるべく
　　裁判長
　　　　　被害者特定事項を公開の法廷で明らかにしない旨決定し，被害者の氏名に代
　　　　わる呼称を，「被害者」と定める。

　　ウ　裁判員裁判関連
　　　　裁判員裁判関連で公判前整理手続において行われる各種決定の記載例は，第7章
　　　313ページ以下参照。
10　争点及び証拠の整理の結果の確認
　　　公判前整理手続を終了するに当たっては，裁判所は，検察官及び被告人又は弁護人との
　　間で争点及び証拠整理の結果確認を行わなければならず（法316の24），その結果は，公判
　　前整理手続調書の必要的記載事項である（規217の14Ⅰ⑰）。規則上，必要的記載事項とさ
　　れているのは，争点及び証拠の整理の結果確認をした旨及びその内容である。
　　　以下，各庁の調書の記載例から，争点及び証拠整理の結果確認に関する記載について，
　　構成，記載の方式，記載の程度の観点から記載例を挙げながら検討していくことにしたい。
　(1)　構成
　　　　調書の構成としては，「争点及び証拠の整理の結果の確認」の見出しを立てた上，争
　　　点整理の結果と証拠整理の結果をそれぞれ記載するのが一般的である。
　　　　検察官請求証拠及び弁護人請求証拠についてすべて「同意」の意見が述べられた場合
　　　等，事案によっては，争点整理の結果を確認した旨のみ記載し，証拠整理の結果につい
　　　ては，明確に項目立てて記載していないものもあったが，規則上，証拠整理の結果確認
　　　を行った旨も必要的記載事項とされていることから，記載するのが相当であると思われ
　　　る。
　(2)　記載及び整理の方法
　　　　各庁から寄せられた記載例によると，次のような工夫例が見られた。
　　①　記載の方法について，争点の項目のみを箇条書きで記載した例
　　②　整理の方法について，公訴事実ごと又は争点ごとにまとめて記載した例
　　③　争点及び証拠整理の結果確認の項目について別紙の形式にした例
　(3)　記載の程度及び内容

- 168 -

第3節　調書の記載事項

　　　各庁から寄せられた記載例を見ると，争点及び証拠整理の結果確認として，どのような内容をどの程度記載するのかについては，事案の内容や裁判体の意向によるところが大きいものと思われる。

　　　記載の程度の点では，自白事件については，情状関係の主張又は争点があることを記載するかどうか，記載する場合にはどの程度記載するか（項目だけ記載するのか，情状事実に対する訴訟関係人双方の主張まで具体的に記載するのか。）といった点にそれぞれ違いが見受けられ，否認事件等争いのある事件については，争点に関する記載の程度（争点のみを簡潔に記載するのか，争点に関する訴訟関係人双方の主張を具体的に記載するのか，さらに争いのない事実についても確認的に記載するのかなど）といった点にそれぞれ違いが見られた。

　　　また，記載の内容の点では，証拠整理結果について，証拠調べの順序，方法や公判前整理手続終了後の証拠調べの予定があること等が記載された例があった。

(4)　訴訟関係人の「上記の結果に相違はない」旨の陳述

　　　各庁から寄せられた記載例を見ると，争点及び証拠整理の結果の記載に続き，検察官及び弁護人の「上記の結果に相違はない」旨の陳述を記載した例が多く見られた。

　　　これは，必要的記載事項とされる「争点及び証拠整理の結果を確認した旨（規217の14Ⅰ⑰）」を明確にするとともに，争点及び証拠整理の結果として確認した内容が公判審理において重要な意味を持つものであるために，訴訟関係人双方が公判前整理手続の結果としてまとめられた内容に異議がない旨を明確にする趣旨であると思われる。そのような意味では，記載の実益があるものと思われる。

(5)　記載例

ア　自白事件

【参考記載例4－68】文章形式で記載した例

争点及び証拠の整理の結果の確認
　　　裁判長
　　　　1　争点の整理の結果
　　　　　事実関係について争いはない。情状に関する主な争点は，被告人は他の共犯者との関係では消極的な立場にあったかどうか，被告人の反省の程度，今後の被告人の監督態勢，被害弁償の状況等である。
　　　　2　証拠の整理の結果
　　　　　証拠等関係カードに記載したとおりである。
　　　検察官及び弁護人
　　　　上記の結果に相違はない。

※　主な争点について，単に「情状である。」「被害弁償その他の情状である。」と記載する例も多い。

- 169 -

第4章　公判前整理手続調書

【参考記載例4－69】箇条書きで簡潔に記載した例

争点及び証拠の整理の結果の確認
　　　裁判長
　　　　1　争点の整理の結果
　　　　　　本件の争点は次のとおりである。
　　　　　(1)　事実関係はいずれも争いがない。
　　　　　(2)　量刑
　　　　2　証拠の整理の結果
　　　　　　証拠等関係カード記載のとおり
　　　検察官及び弁護人
　　　　　　上記の結果に相違はない。

※　「(2)　量刑」の記載を「(2)　情状について」等と記載する例もある。

【参考記載例4－70】訴訟関係人双方の重視する量刑事情を記載した例

争点及び証拠の整理の結果の確認
　　　裁判長
　　　　1　争点の整理の結果
　　　　　　本件各公訴事実について争いはない。本件の争点は量刑である。
　　　　　　各訴訟関係人が量刑において重視する事情は，以下のとおりである。
　　　　　(1)　検察官
　　　　　　　覚せい剤所持事案については，営利目的であること，所持量が大量である
　　　　　　こと，常習的犯行であること。
　　　　　　　覚せい剤使用事案については，常習的使用であること。
　　　　　(2)　弁護人
　　　　　　　平成○○年○月○○日付け予定主張記載書面記載のとおり。
　　　　2　証拠の整理の結果
　　　　　　乙○号証ないし○号証については採否を留保し，被告人質問後に判断する。
　　　　　　その他は証拠等関係カード記載のとおりである。
　　　検察官及び弁護人
　　　　　　上記の結果に相違はない。

※　本事例は，弁護人側の主張について，提出書面を引用した例である。
※　事例は，証拠の一部の採否について公判前整理手続での決定を留保して公判審理にお
　いて判断する時期を記載したものである。

－ 170 －

第3節　調書の記載事項

イ　否認事件

【参考記載例4－71】争点のみを簡潔に記載した例①（事実関係には争いがなく，責任能力についてのみ争いがある事例）

争点及び証拠の整理の結果の確認
　　裁判長
　　　1　争点の整理の結果
　　　(1)　責任能力を除いては，事実関係に争いはない。
　　　(2)　被告人には，完全責任能力が認められるのか，飲酒酩酊により心神耗弱状態にあったのかが争点である。
　　　2　証拠の整理の結果
　　　　採否を留保した乙〇号証及び同〇号証については，被告人質問の結果を踏まえて公判廷で判断するほかは，証拠等関係カードに記載のとおりである。
　　検察官及び弁護人
　　　　上記の結果に相違はない。

【参考記載例4－72】争点のみ簡潔に記載した例②（殺意の有無等が争点の事例）

争点及び証拠の整理の結果の確認
　　裁判長
　　　1　争点の整理の結果
　　　　本件の争点は次のとおりである。
　　　(1)　殺意の有無
　　　(2)　本件犯行当時，被告人が心神耗弱状態にあったか否か。
　　　2　証拠の整理の結果
　　　　証拠等関係カード記載のとおり
　　検察官及び弁護人
　　　　上記の結果に相違はありません。

【参考記載例4－73】争点のみ簡潔に記載した例③（事実関係に争いがある場合）

争点及び証拠の整理の結果の確認
　　裁判長
　　　1　本件公訴事実のうち，窃盗の事実及び被告人が逮捕を免れるために被害者の左顔面を右手拳で殴打した事実は，争いがない。
　　　2　本件の争点は次のとおり
　　　(1)　被告人が被害者の左側頭部を殴打した事実の有無

- 171 -

第4章　公判前整理手続調書

　　　⑵　被告人の暴行が被害者の反抗を抑圧する程度のものであったかどうか。
　　　⑶　被害者の受傷事実及び被告人の暴行との因果関係の有無
　　3　証拠の整理結果は証拠等関係カード記載のとおり
　検察官及び弁護人
　　　上記の結果に相違はない。

※　本事例は，訴訟関係人間に争いのない事実についても記載した例

【参考記載例4－74】争点ごとに争点に関する訴訟関係人の主張を記載した例

争点及び証拠の整理の結果の確認
　裁判長
　　1　本件の争点及び争点に関する訴訟関係人の主張は次のとおり
　　⑴　違法収集証拠
　　　ア　弁護人の主張
　　　　　警察官は，被告人に対する強制採尿に先立つ職務質問の際…違法に被告人の身体を拘束した。その結果採取された尿は…違法収集証拠であるから証拠能力がない。
　　　イ　検察官の主張
　　　　　警察官は，職務質問から…被告人の身体に触れていない。
　　⑵　覚せい剤使用の事実
　　　ア　検察官の主張
　　　　　平成○年○月○○日付け証明予定事実記載書面のとおり
　　　イ　弁護人の主張
　　　　　被告人は，睡眠剤として白色の錠剤を使用したことはあるが，…認識はなかった。
　　⑶　情状に関する事実
　　　ア　検察官の主張
　　　　　被告人には前科前歴がある。
　　　イ　弁護人の主張
　　　　　被告人は暴力団を破門になった。
　　2　証拠の整理の結果
　　　　採否を留保した甲○号証…については公判廷において採否を判断することとするほかは，証拠等関係カード記載のとおりである。
　検察官及び弁護人
　　　上記の結果に相違はない。

第3節 調書の記載事項

【参考記載例4−75】公訴事実ごとに争点を記載した例

争点及び証拠の整理の結果の確認
　　裁判長
　　　1　争点の整理の結果
　　　⑴　平成○○年○月○○日付け起訴状記載の公訴事実
　　　　　公訴事実記載の事実に争いはないが，弁護人から情状関係についての主張
　　　　がある。
　　　⑵　平成○○年○月○○日付け起訴状記載の公訴事実
　　　　　公訴事実中，被告人が商品を万引きし，逃走しようとしたことについて争
　　　　いはないが，被告人が車を急発進させたこと及び○○○○に対しての暴行
　　　　の有無には争いがある。…
　　　2　証拠の整理の結果…

【参考記載例4−76】被告人複数名の事件

争点及び証拠の整理の結果の確認
　　裁判長
　　　1　争点の整理の結果
　　　　　本件の争点は次のとおりである。
　　　⑴　被告人○○○○について
　　　　　財布及び軽四輪自動車につき不法領得の意思の有無
　　　⑵　被告人△△△△について
　　　　　情状に関する事実の評価
　　　2　証拠の整理の結果
　　　　　証拠等関係カード記載のとおり
　　検察官，○○弁護人及び○○弁護人
　　　　上記の結果に相違はない。

※　各被告人についてさらに公訴事実が複数ある場合には，「⑴　被告人○○○○につい
　　て　ア　平成○年○月○○日付け公訴事実について…」と被告人ごとに公訴事実別に記
　　載する方法と，「⑵　平成○年○月○○日付け公訴事実について　ア　被告人○○○○
　　について…」と，公訴事実ごとに被告人別に記載する方法が考えられる。

- 173 -

第4章　公判前整理手続調書

【参考記載例4−77】争点整理結果について引用した例

争点及び証拠の整理の結果の確認
　　裁判長
　　　　争点及び証拠の整理の結果については，別紙「争点及び証拠の整理の結果」
　　　記載のとおり
　　検察官及び弁護人
　　　　上記の結果に相違はない。

※　記載例には，その他，争点整理の結果として，主張対比表を引用した例があった。

第3節　調書の記載事項

【参考記載例4－78】争点及び証拠の整理の結果確認の別紙例

争点及び証拠の整理の結果

被告人　○　○　○　○

第1　争点の整理の結果
　1　殺意発生の時期，内容（殺害の計画性）
　　(1)　検察官の主張
　　　　被告人が殺意を抱いたのは，平成○○年○月○○日，被害者が被告人に対し，○
　　　　○○○のような発言をしたことに対し…（以下省略）
　　(2)　弁護人の主張
　　　　（省略）
　2　殺害動機
　　(1)　検察官の主張
　　　　（省略）
　　(2)　弁護人の主張
　　　　（省略）
第2　証拠の整理の結果
　　　証拠等関係カード記載のとおり

※　別紙部分を訴訟関係人に交付することを前提にした場合は，証拠整理の結果の部分について，証拠等関係カードの引用ではなく，採用した証拠，却下した証拠等を個別に挙げることも考えられる（総務局記載例28ページ参照）。

【参考記載例4－79】争点整理の結果を別紙の一覧表とした例

平成○○年（わ）第○○○○号　○○被告事件

被告人　○○○○

争点整理の結果一覧表

1　殺意の有無について

	検察官の主張	弁護人の主張
被告人の行為態様	①被告人は，ナイフを被害者の顔の辺りで×印を描くように振り回し… ②被告人は逃げようとした被害者に… ③体当たりをして…を突き刺す等した。	①被告人がナイフを被害者の顔の辺りで×印を描くように振り回したことは認める。②被害者が逃げようとしたこと，③被告人が被害者に体当たりをしたことは否認する。 被害者の受傷は，…突き刺さってしまったものである。
被告人がナイフを×印を描くように振り回した行為の評価	被告人が被害者を殺害しようとした行為の一部である。	被害者に対する牽制の意思であった。

　　　なお，争点整理の結果を別紙一覧表とした書式については，総務局記載例29ページも参照。

- 175 -

第4章　公判前整理手続調書

　　各庁の調書の記載例から，個別の事案に応じて，争点及び証拠整理の結果確認とし
て調書に記載することが有益であると思われる事項を参考に紹介する。

【参考記載例4－80】公判期日で証拠調べ請求を行う予定がある旨の記載

1　公判前整理手続終了後の証拠調べ請求の予定を証拠整理の結果の確認としてまとめた
例
争点及び証拠の整理の結果の確認
　　　裁判長
　　　　1　争点の整理の結果
　　　　　　（省略）
　　　　2　証拠の整理の結果
　　　　(1)　証拠等関係カード記載のとおり
　　　　(2)　弁護人が，現時点で未入手の書証（示談関係の書証及び被告人の反省文）
　　　　　　について，公判前整理手続終了後に証拠請求をする予定である。検察官は
　　　　　　これについて異議を述べない。
　　　検察官及び弁護人
　　　　　上記の結果に相違はない。

※　事例は検察官が異議を述べない旨の記載があるが，この記載はない例もあった。

2　公判前整理手続終了後の証拠調べ請求の予定を検察官の陳述として記載した例
争点及び証拠の整理の結果の確認
　　　裁判長
　　　　1　争点の整理の結果
　　　　　　（省略）
　　　　2　証拠の整理の結果
　　　　　　証拠等関係カード記載のとおり
　　　検察官
　　　　　第1回公判期日における被告人質問の結果によっては，捜査段階で被告人を
　　　　　取り調べた検察官の証人尋問請求をする可能性を留保する。
　　　検察官及び主任弁護人
　　　　　上記の結果に相違はない。

【参考記載例4－81】公判における証拠調べの方法を記載した例

争点及び証拠の整理の結果の確認
　　　裁判長
　　　　1　争点の整理の結果

- 176 -

第3節　調書の記載事項

（省略）
2　証拠の整理の結果
証拠等関係カード記載のとおり
なお，採用決定した証拠のうち，供述調書（甲○号証…）は全文朗読の方法
により，その余は要旨告知の方法により取り調べる。

※　なお，記載例にはその他，証人尋問に際して遮へいの措置を行う旨の記載等がされて
いるものがあった。

【参考記載例4－82】被告人が出頭して結果確認を行った場合

1　検察官及び弁護人とともに確認した旨の記載をした例
争点及び証拠の整理の結果の確認
裁判長
1　争点の整理の結果
本件の争点は次のとおりである。
被告人が○○○○に対して暴行を加えた事実の有無
2　証拠の整理の結果
証拠等関係カード記載のとおり
検察官，弁護人及び被告人
上記の結果に相違はない。

2　被告人の陳述として記載した例
争点及び証拠の整理の結果の確認
裁判長
1　争点の整理の結果
（省略）
2　証拠の整理の結果
（省略）
検察官及び弁護人
上記の結果に相違はない。
被告人
上記の結果について述べることはない。

※　被告人の陳述が法316の10の被告人の意思確認として必要的記載事項となる場合があ
る。

－ 177 －

第4章　公判前整理手続調書

第3　記載相当事項等

　必要的記載事項以外の事項においても，調書に記載することで手続を公証することが相当な事項や，公判前整理手続の進行管理上，特に調書に記載することが有益な事項については，公判前整理手続調書に記載すべきである。

　なお，このような記載が相当又は有益であると思われる事項については，裁判体との事前協議によってある程度の方針を決めておき，包括的な記載命令（規217の14Ⅱ）を受けておくことが望ましい[*1]。以下，各庁から寄せられた調書の記載例を基に，記載が相当又は有益であると思われる事項を検討する。

1　冒頭部分の記載

⑴　事件番号

　公判前整理手続においても事件を特定することが必要であることはいうまでもないことであるので，最も確実な事件の特定という観点から，記載することが相当である（調書講義案245ページ）。

⑵　標題及び回数

　調書の特定という観点から，公判調書と同様，記載することが相当である[*2]。

2　冒頭手続

⑴　人定質問

　公判調書においては，人定質問については，「被告人に対する質問及びその供述」として，公判廷における人定質問に対する被告人の供述内容は必要的記載事項であるとされている（規44Ⅰ⑲）。これに対して，公判前整理手続においては，狭義の証拠調べが予定されておらず，被告人質問も予定されていないことから，「被告人に対する質問及びその供述」は，必要的記載事項とされていない。

　しかし，被告人を出頭させて公判前整理手続を行う場合には，被告人が出頭する最初の公判前整理手続期日において，被告人に対し黙秘権を告知する必要があるところ（法316の9Ⅲ），この告知の前提として被告人に対する人定質問も必要となると解されていることから，これを実施したときには記載するのが相当である（調書講義案245ページ）。

　各庁から寄せられた調書の記載例も，一般的に人定質問については記載されていた。

⑵　黙秘権の告知

　被告人が最初に出頭する公判前整理手続期日においては，裁判長は被告人に対して，まず，終始沈黙し，又は個々の質問に対し陳述を拒むことができる旨を告知しなければならない（法316の9Ⅲ）[*3]。このように黙秘権は被告人の権利保護のために重要な権利であると考えられることから，その告知をすることが要請されているが，黙秘権を告

[*1]　総務局記載例19ページ参照。

[*2]　期日間整理手続が進行中の事件に追起訴がされ，追起訴事件についても公判前整理手続に付された場合の標題の記載について，第5章　234ページ参照。

[*3]　これは，少なくとも公判前整理手続における被告人の供述を記載した同手続調書を，公判期日において，証拠として取り調べれば，被告人に不利な証拠ともなり得ることから，権利の告知が必要とされたものであると考えられている（法解説⑴97ページ参照。）。

知したことについては，公判前整理手続調書の必要的記載事項とはされていない。

この点は，公判における黙秘権告知が必要的記載事項とはされていないのと同様である（これを受けて，公判調書においては黙秘権を告知した旨は通常調書に記載していない取扱いであろう。）。

公判前整理手続においても，黙秘権を被告人に告知する趣旨は，公判の場合と変わりはないのであるから，調書への記載の要否も，公判廷で黙秘権が告知された場合と同様に考えられる上，公判前整理手続においては事件の内容について被告人に対して質問することはできないのであるから，公判前整理手続期日調書において，ことさらに黙秘権を告知した旨を調書に記載する必要はないものと思われる。

各庁から寄せられた記載例には，黙秘権を告知した旨を記載した例もあったが，多くは公判調書と同様に記載がされていなかった。

3 公判審理の予定に関する事項

公判前整理手続においては，公判の審理予定を策定することがその目的の一つとされている（規217の2Ⅰ）ために，公判前整理手続期日の協議において，公判の審理予定を策定するための訴訟関係人間のやりとりが行われる。

このようなやりとりは，公判の審理予定を策定するための経過的事項であり，必要的記載事項とはされていない事項を多く含むものであるが，収集した調書の記載例を見ると，審理予定策定に至るまでの訴訟関係人間のやりとりについて記載された例が多かった。そこで，以下，公判審理の予定に関する事項として行われることが考えられるやりとりを，収集した記載例を基に分析し，その記載の要否等について検討することにしたい。

なお，公判審理の予定に関する事項は，争点整理及び証拠整理とともに，公判前整理手続期日で行われる協議の柱の一つとなるものであるから，これを調書に記載することが相当であると考える場合には，調書をまとめるに際しての指標の一つとして，調書を構成するのが妥当であると思われる（本章　114ページ以下参照）。

(1) 考えられるやりとり

公判の審理予定の策定に至るまでの訴訟関係人間のやりとりとして，各庁から寄せられた調書の記載例を基に分類すると，次のように分類することができる。

① 公判の進行等に関する事項

② 証拠調べの方法等に関する事項

以下，これらの事項について個別に検討する。

(2) 公判の進行等に関する事項

ア 記載の要否

公判審理の予定を策定するに当たっては，公判で行われる手続については漏れなく盛り込まれ，その手続に要する見込時間も含めた詳細な審理予定を策定することが必要であると思われるが，そのような観点から，公判前整理手続期日において，公判審理のスケジュールに関連するものとして，公判審理で行われる手続の内容及びその進行等に関する協議が行われることが考えられる。このような観点で行われる協議としては，収集した記載例によると，公判前整理手続終了後の証拠調べ請求の予定に関する協議，公判における冒頭陳述，論告及び弁論におけるＩＴ機器の利用の予定，被害者の意見陳述の予定に関する協議等が挙げられる。その他，被害者参加の予定や被害

第4章　公判前整理手続調書

者参加人が行う手続に関する協議が行われた場合もこのような事項として分類できる
ものと思われる。

　　公判の進行に関する協議については，公判の審理予定の策定に至るまでの経過的事
項であるので，調書への記載の要否という観点からは，基本的に，協議の結果である
審理予定を記載することで足りるものと思われる[*1]。ただし，被害者の意見陳述につ
いて，陳述する時間を指定した場合（規210の4）は裁判長の命令に当たり，必要的
記載事項となる（本章　167ページ脚注1参照）ほか，備忘的な意味で記載すること
や訴訟関係人の申出に対し，相手方が反対意見を述べた場合に記載することはあり得
よう。

イ　記載の箇所

　　公判の進行等に関する事項を記載する場合は，公判審理の予定に関する記載の中で
「公判の進行について」と見出しを立てて記載することが考えられる。

【参考記載例4－83】被害者の意見陳述の予定

公判審理の予定に関する事項
　公判の進行について
　　　検察官
　　　　　平成○○年○月○日付け起訴状記載の公訴事実について，被害者の意向を確
　　　　　認の上，被害者の意見陳述を検討している。

---

(3)　証拠調べの方法等に関する事項

ア　記載の要否

　　公判前整理手続期日においては，公判の進行予定として，公判で取り調べる証拠の
取調順序及び方法が定められるが，証拠調べの順序及び方法を定める決定[*2]は，必要
的記載事項から除外されている（規217の14 I ⑯イ）。これは，この決定は，証拠の整
理そのものであって，審理予定の一要素をなすものであるが，その決定の内容は多岐
にわたり，重要度にも幅があるから，これを一律に必要的記載事項とすることは相当

---

*1　ただし，これらのうち，公判前整理手続終了後の証拠調べの予定に関する協議については，公判における
　　紛争の予防，円滑な公判審理の進行の観点から記載することが相当であると思われる（本章　145ページ参
　　照）。
*2　証拠調べの順序とは，要証事実又は争点ごとに双方の証拠を取り調べるか，又は検察官の立証が全般にわ
　　たって一応終わった後被告人側の証拠を取り調べるか，検証や鑑定をどの段階で行うか，あるいは個々の証
　　拠についてどれを先にしてどれを後にするのかの問題である。また，証拠調べの方法とは，証拠決定のあっ
　　た個々の証拠の具体的な取調べ方法をいう。例えば，証人を個別的に尋問するか，他の証人又は被告人と対
　　質させるか，又はまず裁判長が尋問するか，申請者に尋問させるか，法廷に喚問するか，臨床尋問をするか，
　　又は受命若しくは受託裁判官によって取り調べるか等がこれに当たるとされている（調書講義案83ページ）。
　　なお，証拠調べの方法に関する決定としては，これに加えて，遮へいの措置等証人の負担軽減の措置を行う
　　こと，書証の取調べに関して要旨告知又は全文朗読の方法で行うことなどが含まれると思われる。

－ 180 －

ではないと考えられたからであるとされている。しかし，証拠調べの順序及び方法を定める決定のうち，審理予定の重要な要素となるものや，証人の尋問開始時間など証人召喚手続を確実にならしめるために必要な事項については，これを記載することが有益な場合が多いものと思われる（執務資料37ページ）。

各庁から寄せられた調書の記載例を見ると，例えば，書証の取調べ順序及び方法（全文朗読か要旨の告知かといった点），証人尋問及び被告人質問の所要時間，冒頭陳述，論告，弁論の方法及び所要時間といった事項については，手続調書に記載されている例が多く，公判の審理予定を具体的で詳細なものにするという観点から記載の実益も高いものと思われる。

ただし，記載の方法については，これらの決定をそのまま手続調書に記載するのではなく，争点及び証拠整理の結果，確認された事項，あるいは，公判の審理予定を策定するにあたって定められた事項として，確認された結果又は定められた審理予定の内容としてその結果を記載することで足りると思われる。各庁の記載例もそのように記載した例が多い（記載例については，争点及び証拠整理の結果確認の項（176ページ【参考記載例4－81】参照），公判の審理予定の項（186ページ【参考記載例4-91】を参照。）[1]。

これに対して，証拠調べの順序及び方法を定めるに至るまでの訴訟関係人のやりとりについては，その決定に至るまでの経過的事項であり，個別具体的な事例に応じて記載する実益があるかどうか検討することが必要であろう。

この点，各庁の記載例を見ると，公判において取り調べる証拠を絞り込む趣旨から，公判における書証の取調べに先立って，又は公判前整理手続における書証の採否の決定を留保して，証人尋問を実施する旨の運用を行う場合に，その決定に至るやりとりを手続調書に記載する例，証人尋問に際して，証人に対する遮へい等の負担軽減措置を採る旨の申出がある場合に，その申出及び訴訟関係人の意見を記載する例，書証の取調べ方法（全文朗読か，要旨の告知か，ＩＴ機器の使用をするかどうか。）に関するやりとりを記載する例等があった。

これらのやりとりについては記載することが有益な場合もあろうが，訴訟関係人から特に反対意見が述べられた場合でない限り，いずれもそのやりとりの結果として確認された争点及び証拠整理の結果，又は策定された公判の審理予定を記載することで，調書の記載としては十分な場合が多いものと思われる。

イ　記載の箇所

証拠調べの順序及び方法等に関する記載については，公判の審理予定に関する記載の中で，「公判廷での証拠調べの方法等について」と見出しを立てて記載することが考えられる。

---

[1] 証拠調べの方法及び順序を定める決定に対して訴訟関係人から異議が述べられた場合は，異議の申立ての旨及びその内容は必要的記載事項であり（規217の14Ⅰ⑫），異議の対象となる決定についても手続調書等に記載する必要があろう。

第4章　公判前整理手続調書

【参考記載例 4 −84】証拠調べの方法に関するやりとりを記載した例

公判審理の予定に関する事項
　公判廷での証拠調べの方法等について
　　検察官
　　　　証人○○○○については，本件の被害者であるので，ビデオリンク方式によ
　　　　って証人尋問を行うことが相当であると思料します。
　　弁護人
　　　　弁護人としては，ビデオリンク方式によるまでの必要はないと考えますが，
　　　　詳細については，次回期日までに意見書を提出します。

　※　本事例は，個別の証拠に関するやりとりであり，カードに記載することも考えられ
　　るが，記載の趣旨は進行管理的なものであるので，手続調書に記載したものである。

4　公判前整理手続の進行予定に関する事項

　　公判前整理手続期日においては，争点及び証拠の整理に関して，裁判所が訴訟関係人に
対して，主張の補充を促したり，証拠の取調べの必要性について検討を促したりといった
形で，期日間に準備する事項を指示するなどして手続の進行を図ることが多い。このよう
に裁判所が検討を指示した事項又は訴訟関係人が約束した期日間の準備事項又は検討事項
については，これを手続調書に記載する例が多く見られた。

　　このような事項については，調書の必要的記載事項ではないが，次回期日等までの宿題
として，手続の進行管理の観点から調書に記載することが有益な場合が多いと考えられる。
特に訴訟関係人の準備期間又は検討期間について事実上の期限が定められた場合には，調
書に記載してあることで，より確実に訴訟関係人への準備状況の照会や提出の促しを行う
ことができると思われる（書面の提出期限等を事実上定めた場合の記載例は前掲【参考記
載例 4 −59】参照）。

　　また，公判前整理手続の進行管理の観点からは，個別具体的な主張や証拠請求又は証拠
意見等の予定，追起訴の予定，弁論の併合，分離の予定，公判前整理手続の進行に関する
裁判所の予定（例えば，「次回期日で公判前整理手続を終了する。」というもの），公判前
整理手続期日への被告人の出頭の予定等の公判前整理手続の進行に関する予定を記載する
ことが有益な場合も考えられる。

　　これらのような，当該期日以降の公判前整理手続の進行に関する事項又は公判前整理手
続の進行管理的な意味で記載する事項をどのように整理するのかについては，それぞれの
裁判体や書記官が事件の進行管理をする上でより便利な構成をとればよいものと思われる
が，収集した記載例を見ると，争点整理や証拠整理に関連する予定や検討事項，準備事項
を記載する場合は，それぞれ争点整理又は証拠整理に関する記載をする箇所に記載する方
法（【参考記載例 4 −87】）や，当該期日以降の進行予定に関する事項をまとめて次回期

第3節　調書の記載事項

日の指定に関する記載の直前等に記載する方法があり得る[*1]。

　なお，進行予定に関連する事項をまとめて記載する場合の構成としては，次のような方法が考えられる。

①　裁判所が事実上の期限を定めたり，訴訟関係人が期限を約束するなどして，具体的な期限を区切って検討又は準備する事項を定めた場合は，「次回期日等までに準備する事項」と見出しを立てた上で，検察官の準備事項と弁護人の準備事項をそれぞれまとめて記載する（【参考記載例4－85，4－86】）。

②　追起訴予定などの今後の進行に関する一般的な予定を訴訟関係人が陳述した場合や，裁判所が進行に関する方針等を明らかにした場合には，「今後の進行等」と見出しを立てて記載する（進行予定の内容に応じて，具体的に見出しを立てて記載することも考えられる。）（【参考記載例4－88，4－89】）。

③　上記①と②の双方を記載すべき場合には，「今後の進行等」と見出しを立てた上で，さらに「次回期日等までに準備する事項」，「追起訴予定」等と内容に応じて見出しを立てて記載する（【参考記載例4－90】）。

【参考記載例4－85】裁判所が各訴訟関係人に指示した事項を検察官，弁護人別に記載した例

> 次回期日等までに準備する事項
> 　　　裁判長
> 　　　　　訴訟関係人は，次回期日までに次の事項をそれぞれ検討すること。
> 　　　1　検察官に対して指示した事項
> 　　　⑴　弁護人からの類型証拠開示請求のあった証拠の開示及び主張関連証拠開示請求がされた場合の証拠の開示
> 　　　⑵　乙○号証の立証趣旨の明確化
> 　　　⑶　けん銃の実包関係の追加立証の有無
> 　　　2　弁護人に対して指示した事項
> 　　　⑴　検察官の証明予定事実記載書面に記載のある被告人の発言がそのとおりなのかどうか。
> 指定した次回期日…
> 　　　　　（以下省略）

＊1　【参考記載例4－85】や【4－86】のように，準備，検討事項をまとめて記載する方法は，次回期日までの準備事項が一覧できるので，進行管理的側面からは有益であり，後述214ページのような訴訟関係人に調書の写しを交付する取扱いをする場合には便利である。これに対して，争点整理及び証拠整理に関連する訴訟関係人の検討事項や予定については，それぞれ争点整理に関する箇所又は証拠整理に関する箇所で記載するのが，手続の流れを把握する上では分かりやすいという考え方もあり得る。いずれの考え方を採るにせよ，一件の記録の中では統一的な方針に基づいて記載されることが望ましいと思われるので，裁判体と協議するなどして，整理方法の方針を検討しておく必要があろう。

第4章　公判前整理手続調書

【参考記載例4−86】弁護人が次回期日までに行うことを陳述した形で記載した例

争点の整理に関する事項
　証明予定事実等
　　　弁護人
　　　　　　検察官が主張する暴行の態様についても争う。
次回期日等までに準備する事項
　　　弁護人
　　　1　次回期日までに，
　　　⑴　暴行の態様についての主張を補充する。
　　　⑵　検察官主張の間接事実（証明予定事実記載書面の第○）について争うのか
　　　　　どうか検討する。
　　　⑶　検察官請求証拠に対する証拠意見を回答する。
　　　2　次回期日においても被告人を出頭させる。
指定告知した次回期日
　　　　　　（以下省略）

【参考記載例4−87】次回期日までに訴訟関係人が行う準備事項を争点整理，証拠整理のそれぞれの箇所に記載した例

争点の整理に関する事項
　証明予定事実等
　　　弁護人
　　　　　　被告人のものとして鑑定された血液の同一性の争点について，維持するかど
　　　　　　うか次回期日までに検討する。
証拠の整理に関する事項
　証拠調べ等
　　　　　　証拠等関係カード記載のとおり
　証拠の厳選について
　　　検察官
　　　　　　検察官請求証拠甲○号証，同○号証ないし○号証について，請求を維持する
　　　　　　かどうか次回期日までに検討する。
　証拠請求について
　　　弁護人
　　　1　現場検証及び鑑定の請求をするかどうか次回までに検討する。
　　　2　…
　　　　　　（以下省略）

- 184 -

第3節　調書の記載事項

【参考記載例4－88】　今後の追起訴予定について記載した例

> 今後の進行等
> 　　検察官
> 　　　1　被告人については余罪捜査中であり，3週間以内を目処に1件，その後少な
> 　　　　くとも更に1件は追起訴を行う予定である。次の追起訴がなされるころには，
> 　　　　その後の追起訴数も判明すると思われる。
> 　　　2　次の追起訴がなされ，当該事件についても公判前整理手続に付された場合に
> 　　　　は，証明予定事実記載書面の提出期限及び証拠調べ請求の期限は，起訴後1
> 　　　　週間で可能であると思われる。

【参考記載例4－89】　公判前整理手続期日への被告人の出頭予定について記載した例

> 被告人の公判前整理手続期日への出頭について
> 　　弁護人
> 　　　　　被告人は，次回の公判前整理手続期日への出頭を希望しておりません。
>
> ※　本事例は，具体的な内容を大見出しとしているが，今後の進行に関する記載事項が一
> 　項目しかない場合であっても，大見出しをできる限り少なくする趣旨から，「今後の進
> 　行等」とすることも考えられる。

【参考記載例4－90】　今後の予定に関する事項を全般的に記載した例

> 今後の進行等
> 　次回期日等までに準備する事項
> 　　弁護人
> 　　　　　弁護人の情状関係の証拠調べ請求については，○月○○日までに行う予定で
> 　　　　ある。
> 　追起訴の予定
> 　　検察官
> 　　　　　被告人に対しては，今後○月中旬ころに1件，○月中に1件の追起訴の予定
> 　　　　がある。証拠開示時期については，各起訴から5日程度後を予定している。
> 　進行予定について
> 　　裁判長
> 　　　　　平成○○年○月○○日付け起訴状記載の公訴事実についての公判前整理手続
> 　　　　は，次回期日で終了し，第1回公判期日において検察官立証まで行う。その
> 　　　　後，追起訴予定の事件を併合審理する予定とする。

第4章　公判前整理手続調書

5　公判の審理予定

　　裁判所は，公判前整理手続においては，公判の審理予定を定めなければならないとされている（規217の2Ⅰ）。公判前整理手続期日で策定された審理予定の内容は，期日調書の必要的記載事項とはされていないが，公判審理は，ここで策定された審理予定にしたがって進められることが前提となることを考えると，公判前整理手続期日において策定された公判の審理予定の内容を調書に記載するのが相当である。

　　公判前整理手続で策定される公判の審理予定については，できるだけ具体的で詳細なものであることが理想的であるので（第3章　89ページ参照），調書に記載する内容もこれにしたがって具体的に記載する必要がある。また，後述（第8節参照）のように，これを訴訟関係人に交付するなどして活用することも考える場合には，分かりやすさという点も考慮する必要があると思われる。

(1)　**構成及び記載の方法**

　　各庁の記載例から考えると，「公判の審理予定」と大見出しを立てて記載することが考えられる。

　　記載の方法としては，別紙の形式にする例が多く見られた。

(2)　**記載の程度**

　　公判の審理予定については，実際の公判審理の進行を考えて具体的であることが理想的であることは前述のとおりである。このような観点からは，公判審理で行われることが想定される事項についてはできるだけ記載し，その手続に要する時間も併せて記載することが相当であろう。また，証拠の採否が留保され，公判における審理の内容によってこれを決定することとされた場合には，採否を判断する時期を含めて取調べの順序を審理予定上明確にするとともに，その結果が採否それぞれの場合について審理予定を策定しておくことが相当な場合も考えられる。

　　ただし，事件が裁判員裁判対象事件でない場合には，細かい時間まで設定された審理予定が必ずしも必要ではない場合も考えられる。

(3)　**記載例**

【参考記載例4－91】一般的な記載例

```
公判の審理予定
　　　裁判長
　　　　　　次のとおり審理予定を定める。
　　　　　　第1回公判期日（○月○○日）
　　　　　　　午後○時○○分から午後○時○○分まで
　　　　　　　　冒頭手続（１０分）
　　　　　　　　冒頭陳述（検察官１０分，パワーポイント使用，弁護人５分）
　　　　　　　　公判前整理手続の結果の顕出（５分）
　　　　　　　　検察官請求書証（罪体関係及び情状関係）の取調べ（３０分）
　　　　　　　　　・　朗読するもの
　　　　　　　　　　　甲○号証，同○号証…
```

第3節　調書の記載事項

・　書画カメラを使用するもの
　　　　甲○号証及び同○号証
・　要旨の告知を行うもの
　　　　上記以外の書証
弁護人請求書証の取調べ（要旨の告知，１０分）
弁護人請求の証人○○○○○の取調べ（主尋問３０分，反対尋問１０分）
弁護人請求の証人△△△△△の取調べ（主尋問２０分，反対尋問１０分）
中間評議（予定時間○○分）
第２回公判期日（○月○○日）
午前○時○○分から午後○時○○分まで
被告人質問（弁護側３０分，検察官側１５分）
論告（パワーポイント使用，１０分）
弁論（１０分）
被告人の最終陳述（５分）
評議（予定時間○○分）
第３回公判期日（○月○○日）
午後○時○○分から午後○時○○分まで
判決宣告

※　本事例は，検察官の冒頭陳述の方法，書証の取調べ方法を記載した例である。

【参考記載例４－92】公判前整理手続において証人等の採否が留保された場合

公判の審理予定
　裁判長
　　　次のとおり審理予定を定める。
　　　第１回公判期日（○月○○日）
　　　午前○○時から午前○○時まで
　　　　冒頭手続（１０分）
　　　（中略）
　　　午後○時○○分から午後○時○○分まで
　　　　被告人質問（弁護人３０分，検察官２０分）
　　　　検察官請求乙○号証の採否判断，証人○○○○の採否判断（１０分）

　　　【証人○○○○を採用しない場合】
　　　　午後○時○○分から午後○時○○分まで
　　　　証人△△△△の取調べ（主尋問２０分，反対尋問１０分）
　　　第２回公判期日（○月○○日）
　　　（以下略）

第4章　公判前整理手続調書

【証人○○○○を採用する場合】
　　午後○時○○分から午後○時○○分まで
　　　証人○○○○の取調べ（主尋問３０分，反対尋問２０分）
　　　証人△△△△の取調べ（主尋問２０分，反対尋問１０分）
　　第２回公判期日（○月○○日）
　　（以下略）

【参考記載例４－93】審理予定を別紙にした例

公判の審理予定
　　裁判長
　　　　別紙「審理予定一覧表」のとおり審理予定を定める。

※　別紙の記載例については，272ページの【参考書式６－３】参照

【参考記載例４－94】審理予定中に被害者等の意見陳述や証人尋問を行う方法を記載した例

①　被害者の意見陳述（遮へい措置を併用）を行う事例
公判の審理予定
　　裁判長
　　　　次のとおり審理予定を定める。
　　　　第１回公判（○月○○日　午後○時○○分から○時○○分まで）
　　　　　（中略）
　　　　第２回公判（○月○○日　午後○時○○分から○時○○分まで）
　　　　　（中略）
　　　　　被告人質問（弁護人１５分，検察官１５分）
　　　　　被害者等の意見陳述（１０分，遮へい措置）
　　　　　論告（１０分）…
　　　　　（以下省略）

②　証人尋問につき，ビデオリンク方式（遮へい措置を併用）で行う事例
公判の審理予定
　　裁判長
　　　　次のとおり審理予定を定める。
　　　　第１回公判（○月○○日）
　　　　　（中略）
　　　　第２回公判（○月○○日）

- 188 -

第3節　調書の記載事項

```
        午後○時○○分から午後○時○○分まで

        証人○○○○の取調べ（検察官２０分，弁護人１０分）

         （ビデオリンク方式及び遮へい措置）

        （以下省略）
```

6　公判前整理手続終了の記載

　　公判前整理手続を終了させるにあたって，終結決定が必要かどうかについては，第3章87ページ参照。調書の記載としては，通常は記載しない扱いで差し支えがないものと思われるが（上記第3章　87ページ参照），公判前整理手続の終了の記載をすることに一定の意味がある場合には，記載することが有益な場合も考えられる（総務局記載例34ページ参照）。各庁から寄せられた調書の記載例には，以下のとおり，公判前整理手続を終了する旨の記載をした例があったので，参考として挙げておく。

【参考記載例４－95】公判前整理手続の終了を記載した例

```
  公判の審理予定
        裁判長
              次のとおり審理予定を定める。
            （中略）
  裁　　判　　長
            公判前整理手続終了
  指定告知した公判期日
            （以下省略）
```

【参考記載例４－96】期日外における公判前整理手続終了の時期を記載した例

```
  争点及び証拠の整理の結果の確認
        裁判長
        1　争点の整理の結果
            （省略）
        2　証拠の整理の結果
            （省略）
        (2)　○○○○に関する書証は，第1回公判期日前に，検察官が期日外で証拠請
            求し，弁護人の意見を聴いた上で採否の判断をする。
        3　公判前整理手続の終了について
            公判前整理手続は，上記2(2)の採否決定が行われた段階で終了する。
  公判の審理予定…
        （以下省略）
```

- 189 -

第4章　公判前整理手続調書

第4　決定，命令に際しての事実の取調べの記載

1　意義

　　公判前整理手続においても，決定又は命令をするについて必要がある場合には，事実の取調べ（法43Ⅲ）をすることができる。この事実の取調べについては，強制力が伴わない限り，その方法には制限がなく，付審判請求事件における被疑者の取調べ（規173）を除き，その内容・結果を記録に留めることも，法文上は求められていない。ただ，刑訴規則33条3項により証人等を尋問する場合には，強制処分としての性質上，手続が適正に行われたことを公証する必要があるから，裁判所書記官を立ち会わせた上，同38条，52条の2等に基づき，証人等尋問調書を作成しなければならない（以上執務資料38ページ）。

　　公判前整理手続で各種決定，命令を行う際に事実の取調べを行うものとしては，証拠開示の裁定請求に対する判断のために行われるものや，請求書証のうち，相手方不同意のものについて，証拠能力獲得のための要件立証として取調べがなされるものなどが考えられる[*1]。

　　また，裁判員裁判対象事件にあっては，被告人の責任能力が争われている場合に，鑑定請求の採否を公判前整理手続で判断し，鑑定手続実施決定を経て，公判前整理手続内で鑑定の手続を行う（裁判員法50）という事例も出てくるものと思われるが，その場合，鑑定請求の採否判断のために事実の取調べとしての被告人質問が行われることもあろう。

2　記載方法及び記載例

　　事実の取調べをした場合は，上述のとおり，法文上，必ずしも記録化が求められているものではないが，記録化する場合は，書面の取調べのみであれば，当該謄本又はその写しを訴訟記録に編てつすることが考えられる（執務資料39ページ）。なお，その場合の編てつ箇所は，第2分類の証拠等関係カード群になろう。また，期日で取り調べた場合に，公判前整理手続調書にその経過を記載する例も見られる（**【参考記載例4－97】**）。

【参考記載例4－97】被告人の訴訟能力及び精神鑑定の要否判断のために書証を取り調べ，それを公判前整理手続調書に記載する場合

被告人の訴訟能力等について
　　裁判長
　　　1　事実の取調べ
　　　　被告人の訴訟能力及び精神鑑定の採否判断に関する資料として，証拠等関係カード記載の甲証拠番号○○ないし○○及び弁証拠番号○○を取り調べる。

---

*1　例えば，法321条1項2号の要件立証のため，供述者の死亡を証する戸籍謄本を取り調べる場合などがある。他に，検証調書（同条Ⅲ）や鑑定書（同条Ⅳ）の作成の真正立証のための作成者の証人尋問を行うことも考えられるが，作成の真正についての証人尋問と，記載内容の信用性についての尋問を併せて行うことが適当な場合も多いと考えられるので，そのような場合は，公判で作成の真正についての尋問も行うことになろう（法解説(1)88～89ページ）。

－ 190 －

　　　　第3節　調書の記載事項

> 　2　上記取調べの結果，現時点で被告人に訴訟能力がないという判断には至らない。

　また，事実の取調べとして証人尋問等を行った場合の証人等尋問調書は，独立の調書であってもよいし，公判前整理手続調書に証人等尋問手続の結果を記載しても差し支えなく，その点，公判期日において勾留理由を開示した場合の調書作成と同様とされる（執務資料39ページ）。
　そこで，具体的な記載方法について，まず，公判前整理手続調書中に記載する場合であるが，この場合は，公判前整理手続調書の記載事項の他に，証人等尋問調書に特有の記載事項を付加すればよいと思われる*1。証人等尋問調書については，その冒頭記載部分は公判前整理手続調書の記載事項と共通するので*2，その余の部分を，必要に応じて別紙とするなどして記載すれば足りよう。

【参考記載例4－98】証拠開示の裁定請求に対する判断のために，公判前整理手続期日に事実の取調べとしての証人尋問がなされたが，独立の証人尋問調書を作成しなかった場合

> 証拠の整理に関する事項
> 　証拠開示に関する裁定請求
> 　　事実の取調べ
> 　　　　　　別紙証人尋問調書記載のとおり

> 　　　　　　　　　　　証　人　尋　問　調　書
> 　　　　氏　名　　○　○　○　○
> 　　　　年　齢　　昭和○○年○月○○日生
> 　　　　職　業　　○　○　○　○
> 　　　　住　居　　○○県○○市○○町1－2－3
> 　尋問及び供述
> 　　　検　察　官
> 　　　　　　・・・・・・・・・・・・・・・・。
> 　　　　　　　　　　（以下の尋問及び供述省略）
> 　　　　　　　　　　　　　　　　　　　　　　　　　以　　　　上

*1　公判期日において勾留理由を開示した場合の調書作成に関して，裁判所書記官研修所実務研究報告書「―改訂―　刑事事件に関する特殊調書作成についての研究」206ページ。
*2　なお，公判前整理手続調書の冒頭部分に「出頭した証人」等として，証人等の氏名を記載すべきかについては，出頭した証人等の氏名が公判前整理手続調書の必要的記載事項（規217の14Ⅰ各号）とされていないのは，心証形成のための証拠調べが公判前整理手続では予定されていないからであり（執務資料34ページ），そのような証人ではないことを明確にする趣旨からも，記載は不要であろう。

第4章　公判前整理手続調書

（宣誓書添付省略）
（注）規則38条3項から6項までの規定による手続省略

　　一方，独立の調書を作成した場合の証人等尋問調書の記載は，公判期日外における証人等尋問調書の記載と特に異なるところはない。作成した証人等尋問調書は，当該期日の公判前整理手続調書とは別に裁判長（官）の認印を受ける必要がある。なお，独立調書を作成する場合でも，事実の取調べは公判前整理手続の中で行われたものであり，また，後述（193ページ参照）のとおり，証拠等関係カードにも記載しないものであるから，公判前整理手続調書においてもその経過が分かるよう，事実の取調べを行った旨を公判前整理手続調書にも記載し，作成した証人等尋問調書は当該期日の公判前整理手続調書の末尾に編てつするのがよいと思われる。

【参考記載例4－99】【参考記載例4－98】と同様の事例で，独立の証人尋問調書を作成した場合

証拠の整理に関する事項
　証拠開示に関する裁定請求
　　事実の取調べ
　　　　証人〇〇〇〇尋問調書記載のとおり

平成〇〇年(わ)第〇〇〇号		裁判長（官）認　印	
証人〇〇〇〇尋問調書			
作　　成	平成〇〇年〇月〇日 〇〇地方裁判所第〇刑事部　裁判所書記官　〇　〇　〇　〇　㊞		
被　告　人	〇　〇　〇　〇		
被　告　事　件	強盗致傷		
取調べをした年月日	平成〇〇年〇月〇〇日		
取調べをした場所	〇〇地方裁判所		
取調べをした裁判所	〇〇地方裁判所第〇刑事部		
裁　　判　　官	裁判長　〇　〇　〇　〇 　　　　〇　〇　〇　〇 　　　　〇　〇　〇　〇		
裁 判 所 書 記 官	〇　〇　〇　〇		
立ち会った訴訟関係人	検察官　〇　〇　〇　〇 弁護人　〇　〇　〇　〇		
人　定　尋　問			

第3節　調書の記載事項

```
　　　　　氏　　名　　○　　○　　○　　○
　　　　　年　　齢　　昭和○○年○月○○日生
　　　　　職　　業　　○　　○　　○
　　　　　住　　居　　○○県○○市○○町１－２－３
　　尋問及び供述
　　　検　察　官
　　　　　　　　　・・・・・・・・・・・・・・・。
　　　　　　　　　　（以下の尋問及び供述省略）
　　　　　　　　　　　　　　　　　　　　　　　　　　　　　　以　　上
　　　　　　　　　　（宣誓書添付省略）
（注）規則38条３項から６項までの規定による手続省略
```

　　また，整理期日において，鑑定請求採否等のための被告人質問がされた場合も，上記の
証人等尋問調書を参考にして作成すればよいものと思われる（**【参考記載例４－100】**）。

**【参考記載例４－100】鑑定請求の採否判断のために，公判前整理手続期日に事実の取調べと
して被告人質問を行った場合**

```
証拠の整理に関する事項
　鑑定請求について
　　事実の取調べ
　　　　　別紙被告人供述調書記載のとおり
```

```
　　　　　　　　　　被　告　人　供　述　調　書
氏名　○　　○　　○　　○
　質問及び供述
　　　裁　判　長
　　　　　　　　　・・・・・・・・・・・・・・・。
　　　　　　　　　　（以下の質問及び供述省略）
　　　　　　　　　　　　　　　　　　　　　　　　　　　　　　以　　上
```

　　なお，これまで述べた書証や人証の取調べは，あくまで決定及び命令に際しての事実の
取調べであって，裁判官の心証形成のために行われる証拠調べ手続とは異なるのであるか
ら，これらの取調べの過程を証拠等関係カードに記載する必要はない（カード研究65ペー
ジ）。

- 193 -

第4章　公判前整理手続調書

第5　公判前整理手続の結果顕出

1　意義

　　裁判所は，公判前整理手続に付された事件について，被告人又は弁護人の冒頭陳述[*1]が終わった後，公判前整理手続の結果を明らかにしなければならない（法316の31）。公判中心主義，公開原則等の要請に基づき，公判準備である公判前整理手続において行われた重要な事項を公判廷において明らかにすることを目的とするものである[*2]（執務資料56ページ）。

2　方法

　　その結果を明らかにするには，公判前整理手続調書を朗読し，又はその要旨を告げなければならない。また，期日を開かないで，訴訟関係人に書面を提出させる方法により公判前整理手続を行った場合は，公判前整理手続調書に代えて，訴訟関係人が提出した証明予定事実記載書面などの書面により，同様の手続を行うことになる（規217の29 I）。

　　前述のとおり，結果顕出においては，公判前整理手続の中での重要な事項について明らかにすれば足り，そこでのやりとりを逐一顕出する必要はないが，単に事件の争点及び証拠整理の最終的な結果を明らかにするだけでは足りず，事件の争点及び証拠の整理の経過に重要な意味があるような場合には，それも明らかにしなければならない。

　　一方，経過には特に重要な意味はなく，事件の争点及び証拠の整理の最終的な結果を顕出すれば足りるような場合において，検察官及び被告人側の冒頭陳述によって争点整理の結果が過不足なく明らかにされるような場合には，「争点整理の結果については双方の冒頭陳述のとおり。」などと告げた上で，証拠整理の結果を調書に基づいて明らかにすれば足りるものとされる[*3][*4]（執務資料56ページ）。

＊1　公判前整理手続を経た事件については，原則的に，弁護人も公判期日において冒頭陳述を行うことが必要的とされる（法316の30）。

＊2　なお，公判において明らかにされた公判前整理手続の結果が証拠となるかどうかは，特に，被告人に対する意思確認のための質問に対する陳述（法316の10）に関して問題になる（例えば，被告人の陳述が記載された公判前整理手続調書を証拠として取り調べる場合など。なお，詳しくは，法解説(2)110ページ以下参照）。また，このことからも，被告人が最初に出頭した整理期日に黙秘権の告知（法316の9 III）が必要とされる（前述178ページ参照）。

＊3　なお，冒頭陳述に関しては，裁判員裁判においては，従来とは異なり，裁判員に対して，公判前整理手続の成果を踏まえて，訴訟関係人双方が事案の概要や争点に対する見方を示し，どのような点に重点を置いて立証活動を行うかなどを示す場として位置付けられ，冒頭陳述の重要性が高まるものとされる。そのような当事者主義の理念に基づいた的確な冒頭陳述が行われれば，結果顕出も両当事者の冒頭陳述のとおりと述べることで足りることになる（大型否認事件の研究29～30ページ）ものとされる。

＊4　このような内容の結果顕出がされた場合でも，訴訟関係人が行った冒頭陳述は，公判前整理手続における争点整理結果を踏まえて陳述したものであるから（この意味で，争点整理結果については，結果確認をした公判前整理手続調書の要旨を告げたことと変わらない），結果顕出についての公判調書の記載については，【参考記載例4−101】の2のような簡潔な記載で足りよう。

第3節　調書の記載事項

3　書記官による顕出

公判前整理手続の結果顕出については，裁判所書記官に命じて行わせることもできる（規217の29Ⅱ）。裁判所書記官は公判前整理手続期日に立ち会い，調書を作成する権限を有するので（法316の12），その職責上，調書等の朗読又はその要旨の告知によって行われる公判前整理手続等の結果顕出を担うに適していると考えられるからである[*1]（執務資料56ページ）。

4　調書の記載例

公判前整理手続の結果顕出の手続を行ったことは，公判調書の必要的記載事項である（規44Ⅰ㉜）。この点についての調書の記載例は以下のとおりである。

【参考記載例4－101】公判前整理手続の結果顕出に関する記載例（うち，1から3は，執務資料78ページより抜粋）

1　調書の要旨を書記官が告げた事例
公判前整理手続の結果を明らかにする手続
　　　裁判長
　　　　　　列席裁判所書記官をして，第○回公判前整理手続調書の要旨を告げさせた。

2　調書の要旨を裁判長が告げた事例
公判前整理手続の結果を明らかにする手続
　　　裁判長
　　　　　　第○回公判前整理手続調書の要旨を告げた。

3　提出された書面の要旨を書記官が告げた事例
公判前整理手続の結果を明らかにする手続
　　　裁判長
　　　　　　列席裁判所書記官をして，検察官提出の平成○○年○月○日付け証明予定事記載書面及び弁護人提出の・・・の要旨を告げさせた。

4　裁判所作成の整理案の要旨を裁判長が告げた事例[*2]

[*1]　アンケート結果によっても，約1割の庁ではあるが（回答数92中8【複数回答】），公判前整理手続の結果顕出を書記官が行った例があるとの回答が見られた。

[*2]　書面のみによる公判前整理手続を行った場合（最終的な争点等の結果確認のみ期日を開かなかった場合も含む。）の結果顕出の方法については，法文上，訴訟関係人提出書面の朗読またはその要旨の告知ということになろうが，実務上，争点及び証拠の整理案を裁判所が作成し，訴訟関係人に示して，それで異議がない旨を確認してから公判前整理手続を終えるのが通常であろうから，顕出する書面は，裁判所作成の整理案になり，それを朗読（もしくは要旨を告知）し，その旨調書に記載しても差し支えないものと思われ，そのような実務例も見られる。

第4章　公判前整理手続調書

公判前整理手続の結果を明らかにする手続
　　　　裁判長
　　　　　　　裁判所作成の平成○○年○月○日付け争点及び証拠等整理案の要旨を告げた。

第4節　調書作成に関するその他の関連事項

第4節　調書作成に関するその他の関連事項

第1　署名押印，認印

　　公判前整理手続調書の署名押印，認印については，公判調書に関する規定（規46）とほぼ同様の規定が設けられている（規217の15）。なお，受命裁判官が手続を行った場合は，当該受命裁判官の認印が必要となるが（同条Ⅰ），複数の受命裁判官で公判前整理手続を行った場合は，それぞれの裁判官が受命裁判官として公判前整理手続を行うのであるから，認印もそれぞれの受命裁判官がしなければならない（執務資料40ページ）。

第2　公判前整理手続調書の整理

　　公判前整理手続調書は，各公判前整理手続期日後速やかに，遅くとも第1回公判期日までに整理しなければならない（規217の16）。公判前整理手続に付された事件については，当事者の冒頭陳述が終わった後に，公判前整理手続調書の朗読またはその要旨を告げる方法により，公判前整理手続の結果を明らかにしなければならないことから，このような整理期限が設けられているのである。

第3　公判前整理手続調書に対する異議申立て等（規217の17）

1　絶対的証明力

　　公判前整理手続期日における手続で，公判前整理手続調書に記載されたものは，その調書のみによってこれを証明することができる（法52の準用）ものとされ，公判調書と同様に，後述のとおり，公判前整理手続調書の記載の正確性について訴訟関係人に異議申立ての機会を与えることで，公判前整理手続調書に絶対的証明力が付与されている。

2　異議申立て

(1)　意義

　　検察官，被告人又は弁護人は，公判前整理手続調書の記載の正確性につき，異議を申し立てることができる（法51Ⅰの準用）。

(2)　異議申立期間

　　第一審における最終の公判期日後14日以内である（法51Ⅱ本文の準用）。

(3)　調書の記載

　　異議の申立てがあったときには，その旨を調書に記載しなければならない（法51Ⅰの準用）。なお，調書の記載については，規則48条が準用されている[1]。

＊1　詳細は，調書講義案248ページを参照。

第4章　公判前整理手続調書

第5節　証拠等関係カードの記載

第1　概説

　公判前整理手続においては，公判において取り調べる証拠を整理する手続として，証拠調請求，証拠請求に対する意見の確認，証拠調べの決定又は却下の決定が行われるが（法316の5），これらの手続に関しては，公判期日において行われる場合と同様，カードに記載することになる。そしてそこに記載された事項のうち，公判前整理手続期日で行われた事項の記載については，公判前整理手続調書の一部とされる（平成12年8月28日付け刑二第277号，平成17年10月26日付け刑二第404号各事務総長通達「証拠等関係カードの様式等について」）。

1　記載の方法

　公判前整理手続において行われた証拠整理に関する経過及びその結果をカードに記載する方法については，公判審理の場合の記載と基本的に変わるところはない[*1]。

　ただし，公判前整理手続については，手続上証拠の取調べを行うことはできないから，「結果」欄については，多くの場合公判前整理手続で完結することなく，公判期日における記載事項が発生することになる点，後述のように，公判前整理手続においては，証拠に対する意見が部分的に，かつ，小刻みになされることが多いために，「意見」欄について数期日にわたって記載する事項が発生することが多くなる点，備考欄に記載する事項が多くなる傾向にある点等に注意が必要である。これらの点については，本章202ページ以下を参照されたい。

2　証拠等関係カードの機能

　カード研究4ページから5ページにおいて，カードの機能として，①個別証拠の一覧性，②証拠全体の一覧性が挙げられている[*2]。これらの機能については，証拠等関係カードの基本となる機能ともいえることであるので，公判前整理手続において行われた手続を記載する場合においてもできるだけ活かされるべきであると考える。したがって，公判前整理手続における証拠整理の過程として行われることであっても，本来カードに記載すべき事項については，手続調書に記載すべきではなく，続カードを利用するなどして，できるだ

[*1]　表記上異なる点としては，期日に関する略語について，公判前整理手続期日の場合は「前1」，「前2」，期日間整理手続の場合は，「間1」，「間2」を用いる点である（平成12年8月28日付け刑二第278号刑事局長，総務局長依命通達，平成17年10月26日付け刑二第405号「証拠等関係カードの記載要領について」別紙第1参照）。

[*2]　カード研究4ページから5ページによると，個別証拠の一覧性とは，「一つの証拠に関する証拠調べ手続の経過は，期日を異にしてなされた場合あっても，同一の用紙に記載されることから，個々の証拠が期日，期日外においてどのような経過で取り調べられたかは，その証拠が記載されている一欄（証拠番号から標目，請求，意見，結果等の縦にみる一欄）によって把握することができる」機能であり，証拠全体の一覧性とは，「証拠調べに関する事項はすべて証拠等関係カードに記載し，訴訟記録中の一箇所にまとめて編てつされることにより，当該事件のすべての証拠関係が証拠等関係カードによって一覧できる」という機能であるとされている。

- 198 -

第5節　証拠等関係カードの記載

けカードに記載するのが相当であると考える[*1]。

第2　一括記載

公判前整理手続期日において行われた証拠調べに関する手続の記載についても，公判期日における手続の場合と同様，一括記載をすることが調書作成事務の合理化につながる。そこで，公判前整理手続において作成されるべき証拠等関係カードについても，一括記載をすることが可能であるとされている（平成19年7月5日付け刑事局第二課長，総務局第三課長，家庭局第二課長事務連絡「公判前整理手続に付された事件における証拠等関係カードの一括記載について」）。

なお，公判前整理手続においては，同一の公判前整理手続期日において証拠決定がなされても，証拠調べは公判期日において行われるため，結果欄を分けて一括記載する必要が生じる。そのため，「結果」欄の記載が複数となる場合には，記載例にあるとおり，カード2枚目以降の一括記載の枠内冒頭に「期日」を記載するなどの方法により，カード1枚目のどの記載に対応するものであるのか，特定する必要があると考えられる。

以下，参考に一括記載の例を挙げるが，その他の記載例については，巻末に添付した上記の事務連絡を参照されたい。

[*1]　ただ一方で，公判前整理手続における手続では，カードに記載すべき事項が増加する傾向にあるとの指摘もあるところである。このような観点からは，何らかの記載上又は運用上の工夫が必要になってくる。この点については後述する。

第4章　公判前整理手続調書

【参考記載例4−102】証拠等関係カードの一括記載

請求者等　検察官				平成　○○　年(わ)第　○○○　号		

証　拠　等　関　係　カ　ー　ド　（甲）　(No. 1)

(このカードは，公判期日，公判前整理手続期日又は期日間整理手続期日においてされた事項については，各期日の調書と一体となるものである。)

番号 標　目〔供述者:作成年月日,住居:尋問時間等〕立　証　趣　旨（公　訴　事　実　の　別）	請求期日	意　見		結　果		取調順序	備　考編てつ箇所
		期日	内　容	期日	内　容		
1　押〔(員) ○○○○　　○.○.○ 〕覚せい剤と認められる無色結晶等の押収状況等（　　　　　　　　）	20・9・11　番号1ないし8請求		前1番号1ないし8同意		前2番号1ないし8決定第1回公判番号1ないし8済・取調順序番号順に1 番号5 領置		
2　報〔(員) ○○○○　　○.○.○ 〕上記押収にかかる証拠物の発見状況（　　　　　　　　）							
3　鑑　嘱（謄）〔(員) ○○○○　　○.○.○ 〕上記押収にかかる覚せい剤と認められる無色結晶の鑑定嘱託（　　　　　　　　）							
4　鑑〔 ○○○○　　○.○.○ 〕上記鑑定結果（　　　　　　　　）							
5　覚せい剤　1袋（ビニール袋入り）〔平○○東地領○○○号の1 〕覚せい剤の存在及び形状（　　　　　　　　）							平○○押○号の1

(被告人　○　○　○　○　　　　　)

- 200 -

第5節　証拠等関係カードの記載

請求者等　　検察官			平成　○○　年(わ)第　○○○　号			

証 拠 等 関 係 カ ー ド （甲）　　(No. 2)

(このカードは，公判期日，公判前整理手続期日又は期日間整理手続期日においてされた事項については，各期日の調書と一体となるものである。)

番号 標　　　目 〔供述者:作成年月日:住居:尋問時間等〕 立　証　趣　旨 （公　訴　事　実　の　別）	請求 期 日	意　　見		結　　果		取調順序	備　　考 編てつ箇所
		期 日	内　　容	期 日	内　　容		
6　　員 〔○○○○　　　　○.○.○ 〕 被告人の覚せい剤の使用状況 （　　　　　　　　　　）	請求は(甲)(No.1)に記載済		意見は(甲)(No.1)に記載済		前2 結果は(甲)(No.1)に記載済 第1回公判 結果は(甲)(No.1)に記載済		
7　　放　棄 〔（被）　　　　　○.○.○ 〕 押収にかかる証拠物の所有権放棄 （　　　　　　　　　　）							
8　　捜　照 〔○○○○　　　　○.○.○ 〕 無資格の事実 （　　　　　　　　　　）							

- 201 -

第4章　公判前整理手続調書

第3　カード記載に関する問題点
1　見やすさ，分かりやすさと効率的な作成の意識
(1)　意見欄，備考欄等が込み入った記載になるという点について

　　公判前整理手続においては，訴訟関係人双方が主張やそれを裏付ける証拠を出し合って争点及び証拠整理が行なわれるものであるため，争点及び証拠整理の過程において，当初の証拠意見が変遷したり，また，部分的な認否が小刻みになされ（例えば，全部不同意の意見を述べた書証について，一部同意の意見を段階的に述べるなど），さらに，証拠厳選の見地から，証拠請求の必要性や不明確な証拠意見についての釈明のやりとりがなされるなどといった例も見られ，その結果，カードの意見欄や備考欄への記載が多くなり，カードを見にくくする原因となっている（この点についてのアンケート結果は，アンケート4－5のとおり）。

　　この点，証拠等関係カードは，当該事件における公判前整理手続全体の経過を公証する役割を負う公判前整理手続調書と一体となるのであるから，カードの記載事項は，「請求」，「意見」，「結果」及び「備考」欄に記載すべきやりとりが行われれば，そのやりとりの都度記載することは当然であり，例えば，証拠意見の変遷がなされたからといって，最終的な結果だけを記載すればよいものではない。

　　ただ，上述のようなカードの記載の見にくさ，分かりにくさは，できる限り解消されることが望ましいと思われるので，カードの記載に当たっては，特に，訴訟関係人の意見が詳細に渡る場合は，なるべく書面提出を促し，また，続カードを活用するなどの方策が考えられ，アンケート回答（アンケート4－6）を見ても，各庁においてそのような工夫がなされていることがうかがえる。

　　また，これは，裁判体の意向にもよるが，訴訟関係人に対して，証拠意見を明らかにする場合は，検討が不十分なため後日変更の可能性があるといったような予定的な意見ではなく，確定的な意見を出すことや，部分的な認否を小刻みにするのではなく，まとめて証拠意見を述べるよう促すことも考えられる。さらに，表明された意見が，後日変更される可能性があるなどの留保付きの意見や，特定の書証について，部分的な認否が段階的になされるような場合に，当該書証の全部分についての意見が表明されるまではあくまで意見の予定として扱うなどの運用面での工夫が考えられる。なお，そのように，予定的な意見などとして扱う場合でも，調書に記載する必要があると考えられる場合は，カードではなく手続調書に記載するなどのこともありえよう*1。

　　さらに，証拠整理の結果を分かりやすく一覧表化するという目的から，証拠整理一覧表（後述第6章　276ページ参照）を作成することもこれらの難点を解消するひとつの方法になりえよう。

---

*1　例えば，釈明に関するやりとりのうち，求釈明に対する回答が次回期日以降になる場合，釈明を求めたことについては，記録化する必要があるとしても，進行管理上の必要性に基づくものであろうから，手続調書に記載すれば足りよう（140ページの【参考記載例4－31】。証拠意見についても，意見の予定として扱う運用とする場合に，記録化する必要があれば，手続調書に記載することも考えられる（149ページの【参考記載例4－44】）。

－ 202 －

第5節　証拠等関係カードの記載

```
（アンケート4－5）
　カードの意見欄，結果欄等が込み入った記載になるのは，どのような事例ですか
（回答数85【複数回答】）
　ア　証拠意見が変遷する　　64
　イ　部分的な認否が小刻みになされる　　65
　ウ　その他　　21
　（主な回答）
　　・　証拠意見が細かくなり，また，数度にわたって意見書が提出される　　4
　　・　証拠厳選の結果，撤回と追加請求が多くなされる。また，それにより，取調順
　　　序が複雑になる　　5
　　・　立証趣旨について「・・・等」を用いないよう指導しているので，相当なスペ
　　　ースを要する場合がある　　2
（アンケート4－6）
　上記のような記載を分かりやすいものとするための方策を何か採っていますか
（回答数69【複数回答】）
　ア　途中の意見はあくまで予定として扱い，確定的な意見となった段階でカードに記
　　載する　　33
　イ　証拠意見はなるべくまとめて述べるよう，訴訟関係人に促す　　22
　ウ　その他　　32
　（主な回答）
　　・　意見が詳細になる場合は，書面提出を促す　　8
　　・　打合せ期日で証拠意見の予定を明らかにさせ，意見を確定させた上で書面を提
　　　出させる　　2
　　・　続カードを利用する　　5
```

　また，期日外になされた証拠請求及び証拠意見のカードへの記載については，「期日」欄に当該請求及び意見が表明された日を記載することになるが[*1]，その後の期日で意見内容について釈明を求められたり，意見を変更する例が見られることや，カードの「期日」欄の記載を簡便にするという趣旨から，期日外での提出は準備行為と見て，その直後に開かれた公判前整理手続期日で陳述された場合にのみカードに記載するという運用も見られる。

(2)　**標目欄の訂正について**

　公判前整理手続においては，証拠の採否の決定までしかできず，証拠調べはできないため，カードの標目欄について，公判期日での証拠調べ後に原本と照合した結果，誤記

＊1　カード記載要領通達第2の1(5)によると，期日外証拠調べ請求については，カードの「請求」欄の「期日」
　　欄には，請求のあった年月日を記載することとされており，「意見」欄（同通達第2の1の(6)イ），「結果」
　　欄（同通達第2の1の(7)ウ）の各「期日」欄も同様の定めを準用するものとされている。

- 203 -

第4章　公判前整理手続調書

が判明することがある。その場合は，既に整理されたカードの記載についての誤記であるから，これを直接訂正することはできず，備考欄を使って訂正することになるが[1]，そのような事態をできるだけ予防するための方策も検討する必要がある。また，この記載を無くすことで，備考欄の記載事項を減らすことができ，カードの見やすさにもつながるものと思われる。

　そのためには，訴訟関係人に請求証拠の特定に関して十分留意してもらうことは当然のことながら，それ以外にも，アンケート回答（アンケート4－7）によると，証拠請求の際などに，標目欄の記載事項を書記官が証拠の原本と対照することにより確認するという方法を採っている庁も見られる。ただ，この取扱いについては，特に，証拠請求の相手方当事者から，裁判官が取調べ前の証拠の原本を見ているのではないかとの疑念を生じさせないような配慮が必要であろう[2]。

（アンケート4－7）

　整理手続後の公判期日での証拠調べを終えてから，カードの標目欄の誤記が判明し，訂正を要する事例が見られますが，そのような事態を予防するのための方策を何かとっていますか

（回答数85【複数回答】）

　ア　証拠請求時，もしくはその後に，書記官が証拠の原本とカードを照合している
　　　14

　イ　特に方策は採っていない　　　63

　ウ　その他　　9

　（主な回答）

　　・　誤記が多いのは弁護人請求証拠であるため，証拠請求時に証拠等関係カードを作成した上で，弁護人にファックス送信して記載内容を確認してもらったり，補充を促した例もあった

　　・　間違いの多い弁号証については，カード作成用としてコピーの提出を依頼することがある

2　公判前整理手続終了後の証拠調べ請求に関する記載

(1)　公判前整理手続終了後の証拠調べ請求

　検察官及び弁護人又は被告人は，やむを得ない事由によって公判前整理手続において請求することができなかったものを除き，当該手続の終了後には，証拠調べの請求をす

---

*1　カード解説24，カード研究50～51ページ参照。

*2　この点，書記官限りで証拠の原本と照合することの了解を訴訟関係人に求めることも考えられる。なお，証拠請求の必要性等の判断に際して，裁判所が証拠の内容に触れることの可否について，「模擬裁判の成果と課題－裁判員裁判における公判前整理手続，審理，評議及び判決並びに裁判員等選任手続の在り方（判タ1287号14ページ第1の1(3)イ)」参照。

ることができない*1（法316の32Ⅰ）。

　公判前整理手続の終了後に，新たな証拠調べ請求がなされると，公判前整理手続において確認した争点及び証拠整理のやり直しを余儀なくされたり，公判前整理手続において策定した審理計画の実現が困難になるおそれもある。特に，裁判員裁判では，その審理計画に基づく職務従事予定期間を前提として自らの業務の予定を調整して審理に臨んでいる裁判員の都合がつかなくなるなどの事態になるおそれもあり，そのような事態が度々起こると裁判員制度自体が機能しなくなるおそれがある。

　ただ，その一方で，「訴訟は生き物」であるから，公判前整理手続段階における相手方の主張や証拠関係と，その終了後におけるそれらの変化に照らして，公判前整理手続段階では証拠請求をしなかったが，公判前整理手続終了後に証拠調べ請求をすることに十分な理由があると考えられるときには，新たな証拠調べ請求も許容されるべきであるものとされる（法解説(2)112ページ以下）。

(2)　**カード記載上の問題点**

ア　**「やむを得ない事由」の疎明**

　公判前整理手続終了後の証拠調べ請求については，やむを得ない事由によって公判前整理手続において請求することができなかったことが必要であり，証拠請求に当たっては，「やむを得ない事由」を疎明しなければならない（規217の30）。

　疎明の方法については特に法文上定めはないため，事案によっては，請求者による口頭の申述で足りる場合もあろう（執務資料57ページ）。

　なお，請求者の「やむを得ない事由」についての疎明の内容は，調書の必要的記載事項（規44Ⅰ各号）とはされていない。ただ，公判期日で，請求者からこの点についての陳述がされたのであれば，手続の経過を明確にする意味で，カードに記載するのが相当であろう。

イ　**「意見」欄の記載**

　証拠請求に対する意見は，証拠の採否決定に当たって参考にしようとするところにあるが，「やむを得ない事由」があると認められなければ，証拠請求を却下することになるのであるから，証拠とすることの同意・不同意等の意見の他に，上述の「やむを得ない事由」の有無についての意見も通常聴取することになろう。

＊1　なお，公判前整理手続終了後の証拠調べ請求に関連して，公判前整理手続終了後の「同意の撤回」の可否という問題もある。

　すなわち，公判前整理手続終了後に同意の意見が撤回されると，実際上の効果として，証拠請求側としては，当該書証の供述者の証人尋問請求を検討することになり，公判前整理手続でした同意を自由に撤回できるとすると，公判前整理手続で定めた争点及び証拠整理のやり直しを余儀なくされる事態もありうるなど，公判前整理手続終了後の証拠調べ請求を認めた場合と同様の事態を招くことになる。

　この点，同意の撤回の時期的限界については，上述した同意の撤回の実際上の効果に照らし，公判前整理手続終了後の同意の撤回には，公判前整理手続終了後の証拠調べ請求における「やむを得ない事由」と同様の事由がなければならないとする見解もある（以上，法解説(2)118ページ以下）。

第4章　公判前整理手続調書

　　この点，証拠意見として調書の必要的記載事項とされているのは，取調べに「同意」の意見のみであるが（規44Ⅰ㉙），カードの「意見」欄に記載すべき証拠意見としては，証拠とすることの同意・不同意等証拠調べ請求に対する意見に関する事項とされている（カード記載要領通達第2の1⑹ア）ことからも，証拠とすることの同意・不同意等の意見の他に，「やむを得ない事由」の有無について意見が述べられた場合には，手続の経過を明確にする意味で，当該意見もカードに記載するのが相当であろう[*1]。

【参考記載例4－103】法316の32Ⅰによる証拠調べ請求がなされ，同条の「やむを得ない事由」の疎明等をカードに記載した場合

23 実 〔○○○○　　00.00.00〕 ------ 本件犯行現場の状況等 （　　　　　　　　　）	1	1	異議あり※2	2	却下 異議申立て※3	第1回公判 検察官 やむを得ない事由 について※1

平成○○年（わ）第○○○○号

証　拠　等　関　係　カ　ー　ド　（続）　　　　　　（No.　　1　）

（このカードは，公判期日，公判前整理手続期日又は期日間整理手続期日においてされた事項については，各期日の調書と一体となるものである。）

※	期日	請　求　・　意　見　・　結　果　等
1 2	1	やむを得ない事由について（甲23） 　　検察官 　　　　本件犯行現場は・・・・・ 異議あり（甲23） 　　弁護人 　　　　本証拠調べ請求には，法316条の32第1項の「やむを得ない事由」はないものと思料する。
3	2	異議申立て（甲23） 　　検察官 　　　　却下決定は，法316の32第1項の解釈を誤ったものであるので，異議を申し立てる。 　　弁護人 　　　　検察官の異議申立ては理由がない。 　　裁判長 　　　　異議申立て棄却決定

[*1]　なお，「やむを得ない事由」が認められるため，証拠請求について異議が無く，証拠意見も「同意」との陳述がされた場合のカードの「意見」欄の記載は，「請求につき異議なし，内容につき同意」などとすることが考えられる。

第6節　期日間整理手続調書の記載等

第1　期日間整理手続の概要

　　当初事実関係を争っていなかった被告人側が，公判期日において全面的に争う主張を始めた場合や，公判前整理手続を実施したもののその段階で発見し得なかった証拠を取り調べる必要が生じ，公判期日を開いた後において，再度証拠整理をした上で公判の審理予定を策定することが必要な場合などは，第1回公判期日後において，争点及び証拠整理を行い，公判の審理予定を策定することがその後の公判審理の充実，迅速化及び継続的，計画的な実施につながることが考えられる。

　　そこで，刑訴法において，「裁判所は，審理の経過にかんがみ必要があると認めるときは，検察官及び被告人又は弁護人の意見を聴いて，第一回公判期日後に，決定で，事件の争点及び証拠を整理するための公判準備として，事件を期日間整理手続に付することができる。」と規定されている（法316の28Ⅰ）。

第2　期日間整理手続の進行等

　　期日間整理手続については，公判前整理手続の規定が準用されている（法316の28Ⅱ前段，規217の27）*1。

　　したがって，期日間整理手続は，公判前整理手続と同様に進められることになり，検察官には証明予定事実記載書面の提出が求められ*2，必要に応じて追加の証拠請求がされた上で，証拠開示を経て，被告人側の主張明示や証拠請求が行われることになる*3。

　　なお，期日間整理手続に付する旨の決定の前に検察官及び被告人又は弁護人が取調べ請求した証拠については，期日間整理手続において取調べ請求をした証拠とみなされる（法316の28Ⅱ後段）。これにより，期日間整理手続に付する旨の決定前に公判期日において請求した証拠についても，公判前整理手続における証拠開示に関する規定が準用され，法316の14又は法316の18等の請求証拠開示に関する手続，法316の15の類型証拠開示の手続，法316の

---

*1　ただし，公判前整理手続に付する旨の決定に関する法316の2Ⅰについては，性質上準用が考えにくいし，いわゆる供述拒否権の告知について規定する法316の9Ⅲについては，公判期日における冒頭手続において既に供述拒否権の告知がなされていることから，改めて告知をする必要はないと考えられ，これらの2つの規定については準用されないと考えられている（法解説(2)106ページ）。

*2　期日間整理手続が開始される時には，既に公判期日において冒頭陳述が行われているであろうが，検察官としては，冒頭陳述によって明らかにした事実主張に，必要に応じて追加，修正を加えたり，より円滑に争点整理を行うことができるように，証明予定事実を再構成するなどして，期日間整理手続において証明予定事実記載書面を提出，送付することが考えられる（法解説(2)107ページ参照）。

*3　ただし，法解説(2)121ページによると，第1回公判前に公判前整理手続に付された事件において，第1回公判後の事情変更により，改めて争点及び証拠整理を行う必要が生じたため，事件が期日間整理手続に付された場合には，公判前整理手続において請求することができなかったことについて，「やむを得ない事由」があったと認められない限り，新たな証拠調べを請求することができないとされている。

第4章　公判前整理手続調書

20の主張関連証拠開示の手続が行われ，それらに紛議がある場合には，法316の25又は法316の26の証拠開示に関する裁定の手続も行われることになる。

第3　期日間整理手続調書

期日間整理手続においては，法316条の6第1項及び法316条の12の規定が準用されることから，訴訟関係人を出頭させて期日間整理手続を行う場合には，期日間整理手続期日を開かなければならず，その場合には書記官を立ち会わせた上，期日間整理手続調書を作成しなければならない。

期日間整理手続調書の記載事項については，これまで公判前整理手続調書において検討してきた事項が基本的にはそのまま当てはまる[1]。

＊1　書記官事務の観点からは，公判前整理手続の進行管理事務として第6章において述べることが期日間整理手続にも同様に当てはまるものである。

第7節　打合せ調書（メモ）

第7節　打合せ調書（メモ）

第1　概説
1　打合せ調書（メモ）作成の意義

　　打合せ（規178の10Ⅰ）については，公判期日や公判前整理手続期日とは異なり，書記官の立会い及び調書（もしくはメモ，以下，単に「打合せ調書等」と略す。）の作成については，特に法文上必要とされていないが，運用としては，書記官を立ち会わせ，打合せの結果や了解事項等を書面に残すことが通例である（刑訴規則逐条説明（公判）29ページ）。

　　実際上，打合せでの取決め事項を前提とした連絡調整，さらにはその後の訴訟進行管理のためにも，書記官は打合せに立ち会ってその内容を理解する必要があるし，また，取決め事項の確実な励行を確保するためにも，必要に応じて打合せ結果を書面化する（訴訟進行管理の研究116ページ）ことは有益であり，円滑な公判前整理手続の進行に資するものである。

2　作成の要否

　　しかし，打合せにおける協議内容によっては，立ち会った書記官がその内容を記録化する必要がないものもあろう。この点，打合せ調書等作成の要否の判断については，打合せ調書等の記載事項としてどのようなものがあるかという点と大いに関連するが，公判前整理手続調書で述べたのと同様に，裁判体と認識を共通にすることが不可欠であり，打合せの前後で，調書等の作成の要否について裁判体に確認しておくことが有用であろう。なお，各庁における打合せ調書等の作成状況については，前述（第2章　27ページ）のアンケート2－8参照。

第2　記録化の方法
1　記載事項
⑴　様式及び標題部分

　　上述のように，打合せ調書等の作成自体，法文上特に規定がないため，様式や記載事項についても，各庁において適宜な様式等で作成されているようである。ただし，「調書」という標題が付かないもの（例えば，打合せ「メモ」という標題のもの等）でも，様式及び標題部分については，公判調書や公判前整理手続調書に沿ったものとなっており，それで差し支えないものと思われる（標題についてのアンケート結果は，アンケート4－8のとおり）。

　　なお，打合せ調書等に裁判長（官）の認印を得ているかどうかについても，後述するように，調書を事件記録に編てつするのであれば，事件記録の一部として，訴訟関係人の閲覧謄写の対象になることもあり，認印を得ておくことが望ましいと思われる。

第4章　公判前整理手続調書

（アンケート4－8）

打合せ結果を記録した書面の標題はどのようにしていますか（回答数60【複数回答】）

ア　打合せ調書　25

イ　打合せメモ　26

ウ　アとイを使い分けている　5

（「使い分けの基準」の主な回答）

　・　期日指定した場合は「調書」，事実上，訴訟関係人を出頭させて協議をした場合は「メモ」

　・　実質的な内容（公訴事実の認否や立証予定の聴取など）が協議された場合は「調書」

　・　事後に訴訟関係人を拘束する可能性のある内容が協議された場合は「調書」

エ　その他（打合せ期日メモ，進行協議メモ，進行協議調書，打合せ結果要旨）

(2)　**協議事項についての記載**

　　打合せは，被告人が出頭せず，開催場所も準備手続室や裁判官室などで，形式張らずに自由な雰囲気で行われるもので，進行は，公判前整理手続期日よりさらに非定型的なものといえる。したがって，収集した調書の記載例を見ても，記載内容は，公判前整理手続調書以上に会議録的なものになっているものも見られたが，公判前整理手続調書で述べたところと同様に（もしくはそれ以上に），結果的記載を意識し，また，構成についても見出しや関連事項ごとにまとめるなどし，要点を絞った分かりやすい調書作成を心掛けるべきである。この点，打合せに関しては，公判前整理手続期日ほどの事前準備は必要ではない場合もあると思われるが，やはり，書記官としても，漫然と打合せに立ち会うのではなく，打合せでの協議事項を事前に理解して打合せに立ち会うことが求められ，それが調書等の作成の効率化にもつながるものと思われる[1]。

　　なお，公判前整理手続調書との違いとしては，公判前整理手続期日において行いうる各種決定（例えば，各種書面提出期限決定（法316の13Ⅳ等），証拠採否の決定（法316の5⑦）等）は，打合せではできないので，それらの決定をする場合には，別途決定書を作成する必要がある。ただ，決定に当たっての訴訟関係人からの意見聴取を打合せで行うことは可能であろうから，期限決定や証拠請求に対する意見を打合せ調書に記載しておけば，別に口頭聴取書の作成は不要となろう。

---

[1]　例えば，公判前整理手続に付する旨の決定の直後に行われる打合せであれば，起訴後の情報収集を兼ねて，被疑者段階における弁解状況，記録量，記録開示時期などを踏まえて，検察官の証明予定事実記載書面等の提出期限を定めるなどの進行に関する協議が行われるのであろうから，それらの協議の目的，協議事項を裁判体に確認するなどして理解することに努めるべきである。

第7節　打合せ調書（メモ）

【参考記載例4－104】打合せ調書

```
                                                  ┌─────────┐
                                                  │裁 判 長 │
                                                  │認　　印 │
                                                  │         │
                                                  │         │
                                                  │         │
                                                  └─────────┘
平成○○年(わ)第○○○号
                   打　合　せ　調　書

    被　告　人　氏　名　　○○○○
    被　告　事　件　名　　住居侵入，強盗致傷
    打　合　せ　年　月　日　　平成○○年○月○○日
    打　合　せ　場　所　　○○地方裁判所第1評議室
    打合せをした裁判所　　○○地方裁判所第○刑事部
    裁　判　長　裁　判　官　　○　　○　　○　　○
    裁　　判　　官　　○　　○　　○　　○
    裁　　判　　官　　○　　○　　○　　○
    裁　判　所　書　記　官　　○　　○　　○　　○
    検　　察　　官　　○　　○　　○　　○
    弁　　護　　人　　○　　○　　○　　○
```

打合せの要旨

追起訴予定について

　　検　察　官

　　　　　　本件被告人については，同種余罪の追起訴予定があり，追起訴予定時期は
　　　　　　○月中旬頃になる予定です。

主張予定等

　　弁　護　人

　　　　　　本件については，暴行の態様について争う予定です。また，取調べ時に正
　　　　　　確な通訳がされていたかどうか疑問があり，その点，被告人供述調書の開
　　　　　　示を受けて，同調書の任意性及び信用性についても争う可能性があります。

被告人の公判前整理手続期日への出頭について

　　弁　護　人

　　　　　　被告人は公判前整理手続期日への出頭を希望しておりませんが，最終的な
　　　　　　争点等整理結果の確認の期日については，通訳人を出席させて，被告人に
　　　　　　直接説明する機会を設けていただきたいと思います。

今後の進行等

　　検　察　官

　　　　　　請求証拠開示は平成○○年○月○○日までに行い，証明予定事実記載書面
　　　　　　提出及び証拠調べ請求は○月○○日までに行います。

- 211 -

第4章　公判前整理手続調書

弁　護　人
　　　　書面提出期限を上記のとおりとすることには異議ありません。
裁　判　長
　　　　第1回公判前整理手続期日を平成○○年○月○○日午前○○時○○分と予約し，当該期日において，弁護人の主張の概要を確認し，併せて，弁護人の予定主張明示及び検察官請求証拠に対する意見表明期限等を定めることとしたい。
検察官及び弁護人
　　　　了解しました。
　　　　平成○○年○月○○日
　　　　　　　　　○○地方裁判所第○刑事部
　　　　　　　　　　裁判所書記官　○　　○　　○　　○

※　本事例は，被告人が通訳を要する外国人で，付決定直後の打合せを想定したものである。
　　また，記載事項のうち，「主張予定等」は，一般的に記載の必要性の程度は低いものと思われるが（公判前整理手続調書に関して，前述133ページ参照），設例のような付決定直後の打合せであれば，事件類型や進行の振り分けのための弁護方針の情報収集という意味もあり，記載するのが相当と考えた。

2　打合せ調書（メモ）の取扱い

(1)　記録編てつの要否及び編てつする場合の箇所

　　記録編てつの要否及び編てつ箇所についても，特に通達等で定めがないため，もっぱら調書等を事件記録に編てつすることが公判前整理手続の進行上有益かどうかに係ってくる。

　　この点，例えば，公判前整理手続に付する旨の決定や各種書面提出期限決定など，決定に当たって求意見が必要的とされるものについて，打合せの場で意見聴取し，打合せ調書等への記載により意見聴取書に代えるのであれば，記録への編てつは必要であろう。

　　また，編てつ箇所については，協議内容にもよるが，基本的には，第1分類の公判調書（手続）群に編てつすることになろう。証拠意見を聴取した場合は，期日外の意見として証拠等関係カードにも記載し，打合せ調書は第1分類に綴った上で，適宜，付箋を付けるなどして，カードの記載内容の確認などの際に分かりやすくすべきであろう。

　　この点についてのアンケート回答は以下のとおりであり（アンケート4－9），ほとんどの庁で打合せ結果を記録に編てつし，その場所も，ほぼ第1分類の公判調書（手続）群であるという状況である。

- 212 -

第7節　打合せ調書（メモ）

```
（アンケート4－9）
 打合せ調書等を記録に編てつしていますか（回答数60）
 ア　している　　55
　 （編てつ箇所）
　・　第1分類　公判調書(手続)群　　53(うち,終局後第4分類に綴り換える　1)
　・　第4分類　その他群　　1
　・　記録末尾に綴り，終局後記録から剥離（訴訟関係人の閲覧等不可）　　1
 イ　していない　　5
```

(2)　**閲覧謄写の可否**

　　検察官及び弁護人には，公訴提起後は，訴訟に関する書類等についての閲覧謄写が認められており（検察官につき法270Ⅰ，弁護人につき法40Ⅰ），打合せ調書等を作成し，事件記録に編てつした場合は，訴訟に関する書類として，閲覧謄写の対象になりうるものと思われる。

(3)　**訴訟関係人への交付**

　　訴訟関係人が準備する事項等を協議し，それを調書等に記録化したのであれば，その部分を訴訟関係人へ交付することは，進行管理上有益である。なお，詳細は，公判前整理手続調書について述べたところと同様であるので，後述214ページ参照。

第4章　公判前整理手続調書

第8節　調書の活用方法

第1　総論

　　公判前整理手続調書は，公判前整理手続が適法に行われたことを公証する報告文書であることは前述のとおりである。しかし，同時に公判前整理手続が充実した公判審理を継続的，計画的かつ迅速に行うための公判準備であり，そのために争点及び証拠の整理や公判の審理予定を策定する手続であることを考えると，公判前整理手続の経過及び結果を記載した書面である公判前整理手続調書は，公判審理の進行に関して，裁判所及び訴訟関係人双方にとって重要な情報が記載されていることになる。

　　ところで，各訴訟関係人が，公判前整理手続において策定された審理予定に基づいて円滑に公判審理を進めるためには，公判審理の進行等に関して，裁判所と各訴訟関係人との間で，共通の認識を有していることが重要である。また，公判前整理手続自体の進行についても，充実し，かつ迅速な実施が求められていると考えられることから，訴訟関係人双方が，期日間に準備する事項やその期限などについても情報を共有し，それに基づいて適切に行動する必要がある。

　　これらの点を考えると，公判前整理手続調書を，訴訟関係人間の情報共有のための手段として用いる運用も考えられるところである。

　　そこで，以下，各庁に対するアンケートの結果等に基づいて，公判前整理手続調書の活用の観点から実務の状況を分析することにしたい。

第2　訴訟関係人への送付

1　活用状況

　　これまでの各種協議会の議論等から，調書の記載の一部について別紙として作成することにより手続調書本体から独立した書面として，その別紙部分の写しを訴訟関係人双方に送付することで訴訟関係人間の情報共有を図るといった調書の活用例を考えることができる。そこで，公判前整理手続調書の写しを訴訟関係人に送付する取扱いの実施状況についてアンケートをした結果は，次のとおりである。

（アンケート4－10）

　整理手続調書（又はその一部）の写しを訴訟関係人に送付したことがありますか（回答数85）

　　ア　送付した事例がある　　46

　　イ　送付した事例はない　　39

　　アンケートの結果からは，半数以上の裁判体で公判前整理手続調書の一部を訴訟関係人に送付することで訴訟関係人間の情報共有を図ったことがあることになる。そこで，次に公判前整理手続調書（又はその一部）の写しを送付した事例がある裁判体に対して，その送付の目的についてアンケートしたところ，その結果は次のとおりであった。

第8節　調書の活用方法

> （アンケート4-11）
> 　整理手続調書（又はその一部）について，どのような目的で訴訟関係人に送付したのですか（回答数46【複数回答】）
> 　ア　整理した争点や公判の審理予定を把握してもらうため　43
> 　イ　期日で決めた書面提出期限を意識してもらうため　　22
> 　ウ　その他　7

　この結果からは，送付の目的としては，公判前整理手続で整理した争点又は策定した審理予定を把握してもらうためという回答が多く，これは公判審理の円滑化のために公判前整理手続調書を活用している事例が多いということを意味しているともいえよう。その一方で，書面提出期限等を確実に訴訟関係人に把握してもらうためという回答（「イ」の回答）も多く，公判前整理手続の進行の円滑化を目的として公判前整理手続調書を利用する運用も実施されている状況であると思われる。

　このように，公判審理や公判前整理手続の進行管理上重要な情報が記載されている公判前整理手続調書を進行管理事務のためのツールとして利用する方法は，訴訟関係人間の情報共有という観点からも，また効率的な書記官事務という観点からも有益な取扱いであると考えられる[*1]。

2　活用方法

　上記のアンケート4-11の結果から考えると，公判前整理手続調書を訴訟関係人に送付する運用を行う場合であっても，調書のすべての部分を送付する必要はないことになる。例えば，送付する目的が整理した争点の確認であれば，争点及び証拠整理の結果の確認の部分，審理予定を把握してもらうためであれば，公判の審理予定の部分，また，期日で決めた書面提出期限等を意識してもらうためであれば，当該決定部分や次回期日までの準備事項等の記載部分をそれぞれ送付すれば十分である。

　このような点からいえば，訴訟関係人に送付する事項を記載した部分については，既に述べたとおり，別紙記載の形式で独立した文書としても用いることができる方法で記載しておくことが有益であろう。このようにあらかじめ別紙の形式にしておくことで，訴訟関係人に送付する際に必要部分以外の部分を削除する等の事務を合理化することが可能となることが考えられる。

　各庁から寄せられた調書の記載例を見ても，公判の審理予定の記載を別紙にする例が多いほか，争点及び証拠整理の結果の確認の記載についても別紙の形式にする例が見られた

---

*1　ただし，これは元々調書に記載すべき事項を訴訟関係人間の情報共有等のために利用するということであり，進行管理に活用することを目的に調書に記載する事項を拡大することは，調書本来の目的から離れてしまうことに留意する必要がある（平成19年12月28日付け総務局第三課長書簡「公判前整理手続における調書の記載及び書記官による進行管理等の在り方について」参照）。

- 215 -

第4章　公判前整理手続調書

が，これらの取扱いは，訴訟関係人へ送付することを意識した記載であると考えられる[1]。

第3　その他の活用方法

第2では，訴訟関係人に公判前整理手続調書（又はその一部）を送付することで，進行管理事務に活用していることを検討したが，公判前整理手続調書の活用方法として，それ以外の方法としてアンケートで挙げられたものに次のようなものがあった。

（アンケート4－12）

その他，調書を活用した事務処理の工夫例があれば紹介してください

・　公判の審理予定について，訴訟関係人のほかに，部内の他の書記官や事務官にも交付して情報を共有化している　　2
・　公判の審理予定について，警備担当部署や事務局にも交付して情報提供することで，公判審理の実施の応援態勢等について連携を図っている　　2
・　公判の審理予定について，押送担当者にも送付している　　2
・　裁判員裁判が開始された場合には，公判の審理予定について裁判員にも配付することを検討している　　3

公判期日の進行については，アンケートに挙げられたように，訴訟関係人のみならず，部内の書記官や事務官，警備担当部署，押送担当者などの態勢，事務にも影響があることから，これらの関係する者との情報共有も円滑化な審理の上では重要である。この点，公判前整理手続で策定される公判の審理予定は，実施する手続及びその所要時間等が記載されている場合が多いと思われるので，公判前整理手続調書の公判審理の予定の部分を，情報共有のための資料として用いることも有益であろう。

このように，訴訟関係人以外の者との間で公判前整理手続調書を活用して情報の共有化を図る場合としては，公判審理予定に関する情報を共有するということになろうが，その場合にも，やはり前述のとおり別紙形式で作成するメリットがあるとともに，記載の方法については，訴訟関係人以外の者は公判前整理手続に関わっていないのであるから，より分かりやすく，誤解の生じないような記載を心がけるべきであろう。

---

[1]　このように調書の一部を別紙として，それを訴訟関係人に送付する場合であっても，当該別紙については，調書の一部の記載であることは変わりはないのであるから，訴訟関係人，特に弁護人に送付する場合には，ファックスの誤送信等のミスがないよう細心の注意を払うべきである。

第9節　シナリオに基づいた調書記載例

　これまで，公判前整理手続調書の記載事項を検討するに際して，特に，個別の記載事項については，便宜的に，刑訴規則217の14の必要的記載事項及び記載相当事項といった分類に従って検討してきた。また，公判前整理手続調書の作成に際しては，前述（本章102ページ）のとおり，結果的事項のほかに，その結果に至るまでの重要な経過的事項も記載すべきものと考えられ，本研究でも，個別の記載事項を記述するに際して，経過的事項と考えられるやりとりを相当数取り上げてきたが，中でもどのようなやりとりが調書に記載すべき重要な経過的事項であり，それをどこまで調書に残す必要があるかを考えるに当たっては，当該期日のやりとりや当該事件の公判前整理手続全体の流れと大きく関係する。また，公判前整理手続調書作成にあたっては，個々のやりとりをどこまで調書に記載するかという点だけではなく，調書の見やすさ，分かりやすさといった観点からの調書の構成という点も考慮する必要があり，調書の記載例も，一期日の完結した調書として示した方が理解しやすいものと考えた。

　そのような観点から，以下では，シナリオとそのシナリオに基づいた公判前整理手続調書の具体的な記載例を示すこととし，調書の構成や調書の記載事項及び程度について参考に示すこととしたい。また，シナリオ解説については，特に経過的事項とされるやりとりについて，その記載の要否等を中心に検討結果を明らかにする。

　なお，以下の記載例は，本研究での検討結果に基づいて作成したものであるが，研究員の私見が多く含まれている点には留意されたい。

第4章　公判前整理手続調書

シ　ナ　リ　オ

> （事件の概要）
> 事案は，生活費に困窮した被告人が，かつて面倒を見た後輩である被害者に金を貸
> してくれるよう頼んだが断られ，そのときの被害者の言動等に立腹し，持ち合わせ
> ていたナイフで被害者を刺して，重傷を負わせたという殺人未遂の事案

（第1回公判前整理手続期日に至るまでの経過）
　・起訴（9月1日）
　・公判前整理手続に付する旨の決定（9月7日）
　・検察官の証明予定事実記載書面の提出期限等を9月21日と決定（9月7日）
　・第1回公判前整理手続期日を9月28日と指定（9月10日）
　・検察官から証明予定事実記載書面提出及び証拠調べ請求（9月21日）
　・弁護人から，起訴状記載の公訴事実についての求釈明書提出（9月24日）
　・第1回公判前整理手続期日には，検察官，弁護人が出頭し，被告人は出頭しない旨の連絡
　が弁護人からあった。

9月28日　第1回公判前整理手続期日	（やりとりの **概要と本文の 参照ページ**）

（具体的なやりとり）

1　裁；それでは，これから，公判前整理手続期日を開きます。
　　　　検察官から9月21日付けで証明予定事実記載書面が提出されていま
　　　　すが，このとおりでよろしいですか。　　　　　　　　　　　　　**期日外提出書**
2　検；はい，書面のとおりです。　　　　　　　　　　　　　　　　　　**面について**
　　　　　　　　　　　　　　　　　　　　　　　　　　　　　　　　　　（122ページ）
3　裁；弁護人から，9月24日付け書面で起訴状記載の公訴事実についての
　　　　求釈明がされていますが，弁護人はこのとおりでよろしいですか。　**起訴状につい**
4　弁；はい。　　　　　　　　　　　　　　　　　　　　　　　　　　　　**ての釈明のや**
5　裁；検察官は，求釈明についてはいかがですか。　　　　　　　　　　　**りとり**
6　検；はい。本日，書面（「求釈明に対する回答書」という表題）をお持ち　**（131ページ）**
　　　　しましたので，提出します。
7　裁；弁護人いかがですか。
8　弁；これで結構です。
9　裁；次に弁護人に伺いますが，本件公訴事実に対する認否や大まかな弁護　**主張予定の陳**
　　　　方針はお決まりですか。　　　　　　　　　　　　　　　　　　　　**述**
10　弁；現在，検察官から請求証拠の開示を受け，内容を検討しているところ　**（133ページ）**
　　　　ですが，基本的には，被告人には殺意はなく，傷害罪が成立するとい
　　　　う主張です。
11　裁；類型証拠開示請求については，検討されていますか。　　　　　　　　**類型証拠開示**
12　弁；はい。本日書面を用意していますので，検察官にご検討いただきたい　**請求について**
　　　　と思います。裁判所にも参考に書面を一部用意していますので，お渡　**（159ページ）**

- 218 -

しします。

13　裁；証拠開示に関するやりとりは期日外で当事者間で行っていただきますが，裁判所も進行状況を把握したいと思いますので，書記官を通じて，双方に問い合わせをさせていただきます。検察官は書面を見られて，何かご不明な点がありますか。

14　検；特にありませんが，何かあれば，弁護人に確認します。

15　裁；次に，検察官からの証拠請求が，これも，９月２１日付けの書面でなされていますが，弁護人の証拠意見についての検討状況はいかがでしょうか。 ……… **証拠意見の予定の陳述（149ページ）**

16　弁；現在検討中で，また，類型証拠開示の結果にもよりますが，先ほど申し上げたとおり，基本的には殺意を争う方向で，被害者や目撃者の供述と被告人の言い分が食い違っている箇所がありますので，これらの供述調書は不同意になるものと思われます。また，被告人の供述調書も不同意とするものがいくつかありそうです。

17　裁；被告人の供述調書を不同意にするのは，任意性を争うというご趣旨でしょうか。

18　弁；被告人の話を聞いたところでは，任意性を争うというところまではないようですが，被告人が話したことと，出来上がった調書では若干ニュアンスが異なる部分があるということで，その部分については信用性を争い，被告人の公判供述と聞き比べてほしいということです。

19　裁；次に，検察官にお尋ねしますが，甲１２号証の捜査報告書，これは，立証趣旨が「被告人の借金の状況について」とあるのですが，請求の必要性についてご説明願います。 ……… **証拠請求の必要性についての釈明のやりとり（137ページ）**

20　検；本件は，失業中で生活に困窮していた被告人が，それまでよく面倒を見ていた被害者に借財を申し込んだところ断られたが，被害者のそのときの態度から，被害者から馬鹿にされたと思い，犯行に及んだというもので，被害者に借財を申し込む必要があったことを立証するものです。

21　裁；その点は，特に争いはないものと思われますし，また，被害者の供述などからも明らかになるものと思いますので，請求を維持するかどうかご検討ください。また，併せて，その他の請求証拠についても，真に立証に必要不可欠なものかどうかという観点から，請求の必要性についての再検討をお願いします。 ……… **証拠厳選に向けた促し（142ページ）**

22　検；分かりました。検討し，期日間で明らかにします。

23　裁；弁護側で，何か立証予定はありますか。 ……… **立証予定について（143ページ）**

24　弁；はい。今回の被告人の行為により被害者に傷害を負わせたことについては争いませんので，被害者の治療に要した治療費の支払などについて協議をしており，示談が調えば，その点を被告人に有利な情状として主張し，立証することも考えています。

25　裁；いずれにしても，詳細はおって明らかにしていただくことになります ……… **書面提出期限**

- 219 -

第4章　公判前整理手続調書

が，検察官請求証拠に対する意見と被告人側の予定主張記載書面の提
出期限はどれくらいにすればよろしいですか。

26　弁；検察官の類型証拠開示の対応状況にもよりますが，検察官請求証拠の
検討はかなり進んでいますので，２週間あれば対応できると思います。

27　裁；弁護人の証拠調べ請求期限についてはいかがですか。

28　弁；同じで結構です。

29　裁；弁護人の書面提出期限についての，検察官のご意見はいかがですか。

30　検；結構です。類型証拠開示請求についても，速やかに検討結果を回答し，
開示できるものは開示します。

31　裁；それでは，検察官請求証拠に対する被告人側の証拠意見表明，被告人
側の予定主張記載書面及び証拠調べ請求期限を，本日から２週間後の
１０月１２日とします。
　　　引き続き，次回期日を決めたいと思いますが，期日間で弁護人の書面
提出を受けて，検察官の追加立証が必要であれば証拠請求をしていた
だき，次回期日で争点や証拠整理を詰めていきたいと思います。先ほ
ど，弁護人の書面提出期限を決めましたが，次回期日はその１週間後
の１０月１９日ではいかがでしょうか。特に，検察官は，次回期日に
余裕を持って，追加の証明予定事実記載書面提出と証拠調べ請求をし
ていただきたいと考えているのですが，いかがですか。

32　検；先ほどの弁護人の陳述で，被害者及び目撃者の証人尋問が必要なこと
は見込みがつきますので，その期日であれば，遅くとも期日の３日前
には，ご指示いただいた書面は提出できます。

33　弁；検察官の書面提出期限については異議はありません。

34　裁；それでは，検察官の書面提出は，１０月１６日までとします。その際，
甲１２号証及びその他の請求証拠の必要性についての検討結果も明ら
かにしていただくようお願いします。

35　検；了解しました。

36　裁；次回期日について，弁護人はいかがですか。

37　弁；終日お受けできます。

38　裁；分かりました。それでは，１０月１９日の午前１０時を次回期日に指
定します。法廷の準備等もありますので，弁護人は，被告人の出頭希
望の有無について早めにご連絡をお願いします。

39　検，弁；了解しました。

40　裁；それでは，本日はこれで終わります。

決定に関する
やりとり
（160ページ）

次回期日指定
と告知
（164ページ）

－ 220 －

第9節　シナリオに基づいた調書記載例

（第2回公判前整理手続期日に至るまでの経過）

・検察官から類型証拠開示請求に対する回答あり，裁判所にも写しが参考送付された（１０月３日）。

・弁護人から検察官請求証拠に対する意見書並びに予定主張記載書面及び証拠調べ請求書提出（１０月１２日）

　・証拠意見は，被害者及び目撃者の供述調書は全部不同意，被告人の供述調書については一部不同意だが，不同意部分については任意性は争わず，信用性を争う。その余の書証はすべて同意

　・予定主張記載書面は，公訴事実については，被告人の殺意を争い，殺人未遂ではなく，傷害罪にとどまるとの主張を内容とするもの。また，被告人の父親の証人尋問及び被害者に対するお見舞金を支払ったことについての領収証がそれぞれ証拠調べ請求された。

・弁護人の証拠意見や予定主張の明示を受けて，検察官から，目撃者と被害者の証人尋問請求と追加の証明予定事実記載書面提出，甲１２号証は撤回（１０月１６日）

　　第2回公判前整理手続期日には検察官，弁護人が出頭し，被告人は出頭しない旨の連絡が弁護人からあった。

１０月１９日　第2回公判前整理手続期日

1	裁；それでは，本日の手続を始めます。	
	検察官と弁護人の双方から，期日外でそれぞれ証明予定事実記載書面が提出されていますが，双方何か付け加える点はありますか。	
2	検，弁；特にありません。書面のとおりです。	
3	裁；検察官の証明予定事実記載書面について，弁護側で何か釈明を求める点はありますか。	証明予定事実記載書面についての釈明のやりとり（131ページ）
4	弁；はい。第３項の(2)に「被告人は，『・・・』という被害者の言葉等に立腹し・・・」とある中の「等」は何を指すのかを明らかにしていただきたいと思います。	
5	裁；検察官いかがですか。	
6	検；被告人からの借財の申込みを被害者が断ったときの態度を指すものです。	
7	裁；弁護人よろしいですか。	
8	弁；結構です。	
9	裁；弁護人の予定主張記載書面についてですが，その第３項に，「犯行当時，被告人はかなり精神的に追い詰められた状況にあり，病院に通院して精神安定剤を服用していた。」との記述があるのですが，この点で，責任能力に関する主張をする予定がありますか。	予定主張記載書面についての釈明のやりとり（131ページ）と特定の主張をしない旨の陳述（126ページ）
10	弁；いいえ，責任能力に関する主張はしません。そのような精神状態にあったということを，情状として考慮していただきたいという趣旨です。また，この点については，担当医に診断書を作成してもらっていますので，入手次第証拠請求させていただきたいと思います。	

- 221 -

第4章　公判前整理手続調書

11　検；その点については，こちらからも反証を検討したいと思いますので，
　　　追加の証明予定事実記載書面の提出と証拠調べ請求を検討します。

12　裁；分かりました。証拠関係については改めて後ほど整理しますので，ま
　　　ず争点についての確認ですが，これまでの双方の主張を整理すると，
　　　本件の争点は，被告人の殺意の有無ということになり，また，被告人
　　　の犯行時の精神状態については，情状に関する争いということになり
　　　そうですが，それでよろしいですか。

争点の確認
（132ページ）

13　検，弁；結構です。

14　裁；次に，証拠開示に関してですが，前回期日で，弁護人から類型証拠開
　　　示請求がされ，検察官から１０月３日付け書面で回答があり，裁判所
　　　にも回答書の写しが送付されています。弁護人は，さらなる証拠開示
　　　請求，あるいは類型証拠開示請求に対する検察官の回答に関して，裁
　　　定請求の予定はありますか。

証拠開示につい
て
（157ページ）

15　弁；いずれも特にありません。

16　裁；引き続き，証拠整理に移りますが，まず，検察官から１０月１６日付
　　　けで証拠調べ請求書が提出され，被害者と目撃者の証人尋問請求がさ
　　　れていますが，弁護人の意見はいかがですか。

17　弁；異議ありません。

18　裁；また，検察官請求の被害者及び目撃者の各供述調書はいずれも全部不
　　　同意ということなのですが，尋問時間短縮の面からも，一部同意が可
　　　能であればご検討いただきたいのですが。

証拠意見の検
討
（149ページ）

19　弁；分かりました。検討して，検察官にも連絡します。

20　裁；それから，先ほど，弁護人の方で，被告人の診断書を追加請求したい
　　　ということでしたが，いつまでに証拠請求していただけますか。

期限の定め
（160ページ）

21　弁；１週間以内に入手できると思いますので，入手したらすぐに証拠請求
　　　します。また，被害者及び目撃者の供述調書の一部同意の検討結果も
　　　併せて連絡します。

22　裁；検察官の追加の証明予定事実記載書面と証拠調べ請求は，いつごろま
　　　でに書面提出が可能でしょうか。

23　検；弁護人の証拠請求から５日程度あれば結構です。

24　裁；それでは，弁護人の追加の証拠調べ請求，被害者及び目撃者の供述調
　　　書の一部同意の検討結果の連絡は１０月２６日まで，検察官の追加証
　　　明予定事実記載書面提出及び証拠調べ請求は，１０月３１日まででそ
　　　れぞれよろしいですか。

25　検，弁；結構です。

26　裁；今伺ったもの以外に，双方で証拠調べ請求する予定のものはあります
　　　か。

証拠調べ請求
の予定がない
旨の陳述
（147ページ）

27　検，弁；これ以上はありません。

- 222 -

第9節　シナリオに基づいた調書記載例

28	裁；また，甲第１２号証以外の検察官請求証拠についても，証拠請求の必要性について，期日間で検討するということでしたが，検討結果はいかがですか。	証拠請求を維持する旨の陳述
29	検；検討しましたが，いずれも請求の必要がありますので，請求は維持します。	
30	裁；それでは，本日はここまでとし，双方から期日間に書面提出を受けて，次回期日で公判前整理手続を終結することも視野に入れたいと思います。検察官の書面提出が１０月３１日までですから，その１週間後の１１月７日の午前１０時ではいかがでしょうか。	
31	検；結構です。	
32	弁；結構です。なお，次回期日で公判前整理手続を終結する可能性もあるとのことですが，終結の際，裁判長から直接説明を受けたいと被告人も言っていますので，次回期日は被告人が出頭する可能性があります。いずれにしても，再度意思確認をして，裁判所にご連絡します。	被告人の出頭意思の確認について（185ページ）
33	裁；分かりました。それでは，１１月７日の午前１０時を次回期日に指定します。法廷の準備等もありますので，弁護人は，被告人の出頭希望の有無について早めにご連絡をお願いします。	
34	検，弁；了解しました。	
35	裁；それでは，本日はこれで終わります。	

（以後の経過については記載省略）

第4章　公判前整理手続調書

第1回公判前整理手続調書（記載例）

争点の整理に関する事項
　検察官の釈明
　　　　　９月２４日付け弁護人作成書面による求釈明に対する回答は，本日付け求釈
　　　　明に対する回答書のとおり
証拠の整理に関する事項
　証拠開示について
　　　弁護人
　　　　　本日付け類型証拠開示請求書のとおり，検察官に証拠開示を請求する。
期限の定め
　　　裁判長
　　　　　検察官及び弁護人の意見を聴いた上，以下のとおり定める。
　　　　１　検察官請求証拠に対する意見表明並びに被告人側の予定主張記載書面提
　　　　　出及び証拠調べ請求期限を１０月１２日
　　　　２　上記１の書面提出を受けた，検察官の追加の証明予定事実記載書面提出
　　　　　及び証拠調べ請求期限を１０月１６日
次回期日等までに準備する事項
　　　検察官
　　　　　甲第１２号証について，１０月１６日までに請求を維持するかどうか明らか
　　　　にする。併せて，その他の請求証拠についても，請求の必要性を検討し，同
　　　　日までに回答する。
指定した次回期日
　　　　平成○○年１０月１９日午前１０時

第9節　シナリオに基づいた調書記載例

第2回公判前整理手続調書（記載例）

争点の整理に関する事項
　証明予定事実等
　　　検察官
　　　　　平成○○年１０月１６日付け証明予定事実記載書面第３項の⑵に，「被告人
　　　　は，『・・・』という被害者の言葉等に立腹し・・・」とある中の「等」は，
　　　　被告人からの借財の申込みを被害者が断ったときの態度を指すものである。
　　　弁護人
　　　　　予定主張記載書面第３項に，「犯行当時，被告人はかなり精神的に追い詰め
　　　　られた状況にあり，病院に通院して精神安定剤を服用していた。」との記述
　　　　があるが，責任能力に関する主張はしない。そのような精神状態にあったと
　　　　いうことを，情状として考慮していただきたいという趣旨である。
　争点の確認について
　　　検察官及び弁護人
　　　　　本件の争点は，殺意の有無及び情状に関するものとして被告人の犯行時の精
　　　　神状態である。
証拠の整理に関する事項
　証拠調べ等
　　　　　証拠等関係カード記載のとおり
　証拠請求について
　　　検察官
　　　　　撤回した甲第12号証以外の請求証拠については，検討の結果，請求を維持す
　　　　る。
期限の定め
　　　裁判長
　　　　　検察官及び弁護人の意見を聴いた上で，以下のとおり定める。
　　　　１　弁護人の追加証拠請求並びに被害者及び目撃者の供述調書（甲○ないし
　　　　　○）の一部同意の検討結果の回答期限を，平成○○年１０月２６日まで
　　　　２　上記の１の弁護人の追加証拠請求を受けた検察官の追加証明予定事実記
　　　　　載書面の提出及び追加の証拠調べ請求期限を，平成○○年１０月３１日
　　　　　まで
指定した次回期日
　　　　　平成○○年１１月７日午前１０時

- 225 -

第4章　公判前整理手続調書

シナリオ解説

　シナリオに基づいた手続調書の記載例を作成するにあたって，研究員の私見を踏まえて，調書の構成，記載の要否及び程度等を解説したので，参考にされたい。なお，あくまでも，シナリオのやりとりを前提にしたもので，一般的な記載の基準を示すものではないことに留意されたい。

第1回公判前整理手続調書

1，2項　期日外提出書面について（122ページ）

　公判前整理手続期日前に提出された検察官の証明予定事実記載書面についてのやりとりであるが，書面の提出で完結しており，期日で内容の補充等もされていないので，調書には記載不要である。

3～8項　起訴状記載の公訴事実についての釈明のやりとり（131ページ）

　弁護人からの期日外の求釈明は，期日で検察官から回答がなされているので，調書には記載不要である。

9～10項　主張予定の陳述（133ページ）

　内容はあくまで予定にとどまり，また，正式に期限が設定された予定主張記載書面の提出により内容が明らかにされるので，調書には記載不要と考えた。

11～14項　類型証拠開示請求について（159ページ）

　必要的記載事項ではないが，検察官請求証拠に対する意見表明とも関連し，また，進行管理上重要な情報でもあることから，記載するのが有益であろうと考えた。なお，請求内容については弁護人提出書面を引用しているので，当該書面は期日調書末尾に添付するのが相当であろう。

15～18項　証拠意見の予定の陳述（149ページ）

　主張予定の陳述（9～10項）で述べたところと同様，内容はあくまで予定にとどまり，また，正式に期限が設定された証拠意見表明により内容が明らかにされるので，調書には記載不要と考えた。

19～22項　証拠請求の必要性についての釈明のやりとり（137ページ），証拠厳選に向けた促し（142ページ）

　釈明のやりとりのうち，甲第12号証に関する検察官の回答は，一応の回答ではあるものの，請求の必要性についてさらに検討するというものであるから，特に記載するまでもないものと考えた。なお，記載する場合は，証拠等関係カードに記載することになろう。また，請求を維持するかどうかの検討は，回答について具体的な期限を付した上で持ち越しとなったので，期日間の検討事項として，進行管理上の便宜から，カードではなく，手続調書に記載した。なお，証拠厳選に向けて検討する旨の陳述は，一般的かつ概括的な内容にとどまるため，特に記載するまでもないものと思われるが，回答について具体的な期限が付されたので，期日間の検討事項として記載することとした。

　なお，裁判長が請求を維持するかどうか検討を求めた点は，検察官の具体的な対応が示されているので記載不要であると考えた。

23～24項　立証予定について（143ページ）

主張予定の陳述（9〜10項）で述べたところと同様，内容はあくまで予定にとどまり，また，正式に期限が設定された証拠調べ請求により内容が明らかにされるので，調書には記載不要と考えた。

25〜35項　書面提出期限決定に関するやりとり（160ページ）

期限を定めるまでの訴訟関係人の意見の内容は，特段異議が述べられていないことから記載する必要はなく，期限を定めた旨を記載すれば足りるものと考えた。

なお，30項の検察官の発言中，類型証拠開示請求には速やかに対応する旨の陳述があるが，通常の対応であり，特に記載するまでもないものと考えた。

甲第12号証についてのやりとりは，前述（19〜22項の解説）のとおり。

第2回公判前整理手続期日

3〜8項　証明予定事実記載書面についての釈明のやりとり（131ページ）

求釈明に対する検察官の回答は同一期日内でされているので，検察官の釈明内容のみ記載すれば足りる。なお，引き続き弁護人の主張に関するやりとり（9〜10項）がされたため，見出しは，「検察官の釈明」とはせず，「証明予定事実等」として，弁護人の主張に関する陳述とまとめて記載した。

9〜10項　予定主張記載書面についての釈明のやりとり（131ページ）及び特定の主張をしない旨の陳述（126ページ）

「責任能力に関する主張はしない」として，当該主張をしない旨の陳述は，弁護人の予定主張記載書面の記述から予想される主張があり，その主張をしない旨明らかにしたもので，主張の明確化という意味もあり，情状面で考慮してほしい旨の陳述と合わせて記載するのが相当であると考えた。

12〜13項　争点の確認について（132ページ）

殺意の有無及び情状関係として被告人の精神状態という争点を確認して，それに沿った証拠整理を以後の手続で行っていくので，証拠整理の方向性を明らかにするという意味で記載するのが相当であると考えた。

14〜15項　証拠開示について（157ページ）

証拠開示に関するやりとりは，一般的には進行管理上有益な情報といえるが，証拠開示請求及び裁定請求の予定がない旨の陳述であり，次回期日で公判前整理手続が終了する見込みの事例であることから，進行管理上も特に記載不要と考えた。

18〜19項　証拠意見の検討（149ページ）

検討結果の具体的な回答期限が定められたので，進行管理上記載するのが有益であろうと考え，「期限の定め」の中でまとめて記載した。

20〜25項　書面提出期限に関するやりとり（160ページ）

弁護人の追加の証拠調べ請求期限及び証拠意見の再検討結果の回答，並びに検察官の追加の証明予定事実記載書面の提出及び証拠調べ請求期限を定めたので，「期限の定め」として記載した。

26〜27項　証拠調べ請求の予定がない旨の陳述（147ページ）

記載する例も見られるが，次回期日で公判前整理手続が終了する予定であることから，備忘的な意味であっても，特に記載不要と考えた。

第4章　公判前整理手続調書

28〜29項　証拠請求を維持する旨の陳述

　　　　一般的な証拠の絞り込みについての検討結果であり，結局，請求を維持するとの回
答であるので，記載の必要性の程度は低いと思われるが，前回期日調書に検討する
旨の記載がありながら，その検討結果が記録上明らかになっていないので，前回期
日調書とのつながりから，記載するのが有益であると考えた。なお，記載するとし
ても，カードではなく，手続調書に記載すれば十分であると考える。

32項　　被告人の期日への出頭希望について（185ページ）

　　　　法廷の確保などの面からも収集すべき情報ではあるが，今回の事例では，次回期日
で公判前整理手続が終結する場合の出頭希望であり，かつ，再度被告人に意思確認
して裁判所に連絡するとのことなので，特に記載するまでもないものと考えた。

第1　弁論の併合に関する事項

第5章　弁論の併合，分離に関する事項

第1　弁論の併合に関する事項

1　問題の所在

被告事件係属中の被告人について追起訴事件が係属した場合は，追起訴事件を本起訴事件に併合して（法313Ⅰ），一つの公判審理を行うというのがこれまでの一般的な事務処理である。しかし，本起訴事件について，公判前整理手続進行中の段階で追起訴事件が係属した場合には，①追起訴事件についても公判前整理手続を実施する場合において，本起訴事件と追起訴事件の弁論を併合したときに，弁論併合決定に加えて，追起訴事件に関する公判前整理手続に付する旨の決定をすることの要否，②追起訴事件について争点がない場合に追起訴事件についても公判前整理手続の対象とすることの要否が問題となる[*1]。

また，調書記載の点では，調書の標題（及びこれに伴うカードの略語の表記），事件番号欄等の冒頭部分の記載の方法が問題となる。

そこで，以下，アンケートの結果等に基づいて，これらの点について検討する。

なお，本起訴事件又は追起訴事件が裁判員裁判対象事件である場合は，このような検討の前提として，そもそもこれらの事件について併合審理をするのかどうかが問題になるが，この点については，第7章を参照されたい。

2　事務処理上の問題点

⑴　追起訴事件について付決定の要否

前述のとおり，公判前整理手続を実施中の事件について，追起訴がされ，本起訴事件と追起訴事件について弁論併合決定がされた場合，追起訴事件についても公判前整理手続を実施するためには，追起訴事件について公判前整理手続に付する旨の決定を行う必要があるかどうかという問題である。

このような場合については，公判前整理手続が公判審理の充実，迅速化及び継続的，計画的な実施を目的とした公判準備であることから，追起訴事件について弁論併合決定がされ，公判において併合審理されることになりさえすれば，追起訴事件については，あらためて公判前整理手続に付する旨の決定をするまでの必要はなく公判前整理手続の対象となるのではないかとも考えられることから問題となる。

この点について，アンケートをした結果は次のとおりである。

（アンケート5－1）

整理手続中の事件に追起訴事件が係属し，追起訴事件を弁論併合の上，整理手続に付する場合，追起訴事件につき，整理手続に付する決定をしていますか（回答数75）

ア　している　　49

イ　していない　　26（「事例がない」旨の回答1を含む）

[*1]　これらの点は，本起訴事件の期日間整理手続中に，追起訴事件が係属した場合にも同様の問題が生じる。

第5章　弁論の併合，分離に関する事項

　　回答のうちの約65パーセントが追起訴事件について弁論併合決定に加えて付決定を行っている状況であるが，一方で付決定を行っていない取扱いも相当数存在する。

　　この点に関して，裁判員裁判対象事件と非対象事件とが併合された場合において，当該非対象事件については，公判前整理手続を必要的とはせず，法316の２の規定により，公判前整理手続に付するかどうかを裁判所が判断するとされている（裁判員法49，裁判員法・同規則解説181ページ参照）が，これについては，非対象事件どうしが併合された場合についても同様に考えられるので，公判前整理手続に付するかどうかは，事件ごとに裁判所が判断することになると解される。そうであるならば，事件を公判前整理手続に付するという判断を明確にする意味でも，追起訴事件についても公判前整理手続に付する旨の決定をしておくのが相当であると思われる。

　　ただし，アンケートの結果を見る限り，実務上の取扱いとしては，どちらかの考え方が定着しているとまではいえず，弁論を併合した追起訴事件について改めて付決定をするかどうかについては，裁判体の意向を確認する必要があるといえよう。

(2) **追起訴事件について公判前整理手続に付さない事例**

　　追起訴事件が，本起訴事件と公判において併合審理されることが予定される事件であっても，事実関係に争いがない上，証拠関係も比較的単純であり，従来の事前準備（規178の２）によって争点整理や証拠整理を十分に行うことができる場合については，公判前整理手続に付さないことも考えられる（裁判員法・同規則解説180ページ参照）。そこで，実務において，そのような取扱いの有無及び公判前整理手続に付さない事例の内容についてアンケートをしたところ，その結果は次のとおりである。

```
（アンケート５－２）
追起訴事件を弁論併合しても，整理手続に付さない事例はありますか（回答数４９）
ア　付さない事例もある　　　１５
イ　全件付している　　　　　３２
ウ　その他　　　　　　　　　２


（アンケート５－３）
　整理手続に付さない事例はどのような事例ですか
・　追起訴事件が自白事件で整理手続に付す必要がない事例　　　１０
・　追起訴事件が自白事件で争点整理の必要性がなく，かつ，本起訴事件との客観的関
　連性もない事例　　　１
・　当事者が整理手続に付すことを希望しない自白事件で，特に整理の必要な争点もな
　い事例　　　１
・　本起訴事件の整理手続終了後に追起訴があった事例　　　２
```

　　上記のアンケートの対象は，追起訴事件を弁論併合後に公判前整理手続に付す際に，追起訴事件についての付決定を個別に行うと回答した裁判体（アンケート５－１で「ア」と回答したもの）である。アンケートの回答によると，約65パーセントの裁判体では，追起訴事件についても全件公判前整理手続に付しているのが現状である。追起訴事件が

第1 弁論の併合に関する事項

いわゆる自白事件であった場合でも，公判で審理する全事件についてまとめて公判前整理手続を行うことにより，公判で取り調べるすべての証拠の採否を決することができ，審理計画の策定という観点からは，公判における証拠調べの見込み時間がより立てやすいという利点があるものと思われる[*1]。

一方，公判前整理手続に付さない事例もあると回答した裁判体については，そのような事例としては，追起訴事件の内容によるもの（争点整理の必要性の有無）と追起訴の時期によるもの（争点整理の必要がないことを前提として）があり得るということであった。

このような公判前整理手続に付する必要のない事件の追起訴があった場合の事務処理については，(1)で採り上げた付決定の要否も含めて，一般的な方針を策定しておくことも考えられるが，書記官事務としては，検察官から追起訴の予定についての情報が提供された場合には，その時期，内容，争点の有無等についての情報を聴取し，裁判体と情報を共有した上で，追起訴がされた場合の対応に関する裁判体の意向を把握しておくことが肝要であろう[*2]。

なお，実務上，公判において併合審理する事件のうちの一部の事件についてのみ公判前整理手続に付されている場合について，公判前整理手続に付されていない事件の審理予定も含めた審理計画を定めることがある。その点についてアンケートをした結果は次のとおりである。

（アンケート5－4）

本起訴事件の整理手続の中で，整理手続に付さなかった追起訴事件を含めた審理予定を定めた事例はありますか（回答数15）

ア　ある　　10
イ　ない　　　5

上記のアンケートの対象としたのは，併合した追起訴事件について整理手続に付さなかった事例があると回答した裁判体（アンケート5－2で「ア」と回答したもの）である。追起訴事件について公判前整理手続に付されていない場合は，当該追起訴事件については争点整理の必要がない自白事件であることが多いと考えられるところ，そのような事件であれば検察官請求の証拠の量もそう多くなく，弁護人の意見も概ね同意であろうから，証拠請求がされていなくても，証拠調べに要する時間についての見込みが立てやすい場合も多いだろう。そのような点等を考慮して，公判前整理手続に付されていな

---

*1　事務処理上のメリットとしては，公判前整理手続に付さない事件も含めた審理予定を策定することができるかどうかという問題が生じないことや，公判前整理手続に付さない事件がある場合に，調書の事件番号や被告事件名をどうするかといった問題をすべて回避できるという点もある。

*2　アンケートでは，追起訴事件について，弁論併合をせずに別個に審理を進めた事例の有無についても調査したが，そのような事例は80回答中の3事例であった。なお，仮にそのような進行にする場合には，追起訴事件についても別途弁護人選任手続を行う必要があることに注意が必要である。

第5章　弁論の併合，分離に関する事項

い事件も含めた審理予定を策定する運用が行われているものと考えられる[*1]が，そのような運用を行う場合には，書記官としては，公判前整理手続期日における審理予定の策定が円滑に行われるように，あらかじめ訴訟関係人に対して，公判前整理手続に付されていない追起訴事件の審理に要する見込み時間の検討を促すなどの事前準備事務を行う必要があろう。

(3)　事務処理

　　追起訴事件について弁論併合の上，公判前整理手続に付する場合の事務処理としては，通常の公判前整理手続の場合と特段異なるところはない。具体的には以下のとおりになろう。

ア　弁論併合決定

　　決定書作成，訴訟関係人への告知等，通常の弁論併合に関する手続と異なるものではない。

イ　追起訴事件を公判前整理手続に付することについての求意見及び付決定

　　弁論併合した追起訴事件について公判前整理手続に付する場合も付決定を行う運用の場合，通常の手続の流れと同じように，公判前整理手続に付することについての求意見，付決定及び付決定の告知を行う[*2]。

　　事務処理については，第3章　46ページ以下のとおりである。

ウ　検察官の証明予定事実記載書面の提出及び証拠調べ請求の期限に関する求意見及び決定

　　追起訴事件について公判前整理手続に付した場合にも，検察官は，追起訴事件に関する証明予定事実記載書面を提出し，証拠調べ請求をしなければならない。また，これらの提出等について期限を定めることも通常の公判前整理手続の場合と同様である。具体的な事務処理については，第3章　66ページ以下のとおりである。

　　なお，追起訴事件について弁論併合の上，公判前整理手続に付する旨の決定をした場合については，追起訴事件の公判前整理手続も当然に本起訴事件の公判前整理手続とともに行われると考えられるので，公判前整理手続期日を開く場合についても，本起訴事件について期日指定されていれば，追起訴事件について別途期日指定する必要はないものと思われる。

3　調書の記載

(1)　一般的事例

　　公判前整理手続調書の記載において，追起訴事件の弁論併合に関して問題となるのは，主に冒頭記載中の事件番号，標題，事件名等の記載であろう。

　　この点については，公判前整理手続調書でも，公判調書の記載についての考え方と基本的には異なるところはないといえる（ただし，事件番号や事件名の記載については後述のとおり若干検討を要する場合がある。）。公判前整理手続進行中の本起訴事件に対し

---

*1　公判前整理手続に付するかどうかの判断を事件単位で行うと考えると，公判前整理手続の対象となっていない事件も含めた審理予定を策定することに疑問があるとの考えもあろう。

*2　なお，本起訴事件と追起訴事件に関する公判前整理手続の併合決定を行う例もある。

第1　弁論の併合に関する事項

て，追起訴事件が併合され，当該追起訴事件についても公判前整理手続に付されたという一般的なケースを想定すると，次のとおりである。

ア　事件番号

追起訴事件も公判前整理手続に付された後（追起訴事件について付決定をしない取扱いの場合は併合決定後になろう。）の期日については，本起訴事件及び追起訴事件の事件番号を併記する（通常は，「等」と表示することでこれに代えることが多いであろう。）*1。

なお，併合事件のうちの一部の事件についてのみ公判前整理手続に付された場合の事件番号の記載の問題点については，下記(2)のとおりである。

イ　標題，回数

先行する本起訴事件の期日間整理手続進行中に追起訴がされ，これが併合の上，公判前整理手続に付された場合において，両整理手続期日を同一期日で行う場合の標題の記載については，従前から実務上取扱いに問題があるが，この点については後で検討する（234ページ参照）。

期日の回数が問題になることは公判前整理手続ではそれほどないだろうが，例えば，法5条又は法8条によりそれぞれ公判前整理手続中の事件を併合した場合の回数の記載等，公判調書と同様に考えてよい（最も回数の大きいものに連続する回数を付する。）。

ウ　事件名

追起訴事件も公判前整理手続に付された後の期日（追起訴事件について付決定をしない取扱いの場合は併合決定後になろう。）については，本起訴事件及び追起訴事件の事件名を併記する。併合事件のうちの一部の事件についてのみ公判前整理手続に付された場合の記載については，事件番号の記載と同様，下記(2)のとおりである。

(2)　併合事件のうちに公判前整理手続に付さない事件がある場合の記載

公判前整理手続進行中の本起訴事件に追起訴があり，追起訴事件の併合決定をしても，当該追起訴事件については公判前整理手続に付さないこととした場合には，公判前整理手続に付した本起訴事件の公判前整理手続調書中の事件番号，事件名の記載をどうするかという問題がある。

この点についての考え方としては2通りあると思われる。一つは，弁論併合決定されていることを重視して，公判前整理手続に付されていない事件についても併記するという考え方であり，もう一つは，公判前整理手続に付されている事件についてだけ記載するという考え方である。具体的な例を挙げると，次のとおりである。

（事例）

本起訴事件A事件（事件番号平成20年（わ）第110号・殺人）の公判前整理手続進行中に，

---

*1　公判前整理手続期日で追起訴事件の公判前整理手続に付する旨の決定がされた場合の記載については，第4章　166ページを参照。

- 233 -

第5章　弁論の併合，分離に関する事項

B事件（事件番号平成20年(わ)第119号・窃盗）が追起訴された。そこでB事件をA事件に併合したが，B事件については争点が特になかったので，公判前整理手続に付さなかった。

　この場合，弁論併合後のA事件の公判前整理手続調書の記載としてどのように考えるか。

①説　事件番号－平成20年(わ)第110号等，被告事件名－殺人，窃盗

②説　事件番号－平成20年(わ)第110号，被告事件名－殺人

　　　事件番号の記載や被告事件名の記載は，ともに当該期日で審理の対象となった事件の特定のためのものとされている（公判調書に関して調書講義案23，24ページ参照）。その意味では，より厳密に公判前整理手続の対象を特定する趣旨で，当該公判前整理手続の対象となった事件についてのみ記載するという考え方（上記事例の②説）が相当であると思われる。

　　　なお，この点については，特にアンケート調査を行ってはいないが，アンケートとともに収集した調書の記載例から推察すると，②説によって記載していると思われる例がいくつか見られた*1*2。

(3)　期日間整理手続進行中の事件に追起訴があった場合

　　　期日間整理手続進行中の事件に追起訴があり，当該追起訴事件について弁論併合決定の上，公判前整理手続に付した場合，その後開かれた整理手続期日の調書の標題をどうするかについて，当該期日の性質をどう考えるかということに関連して問題となり，各庁でも様々な検討，工夫がされてきた。

　　　この点についてアンケートをした結果は次のとおりである。

（アンケート5－5）
　期日間整理手続中の事件に追起訴事件が係属し，弁論併合の上，追起訴事件も整理手続に付する場合，併合後の調書の標題はどのようにしていますか（回答数62）
　　ア　「第○回期日間整理手続調書兼第○回公判前整理手続調書」　　14
　　イ　「第○回期日間整理手続調書（第○回公判前整理手続調書）」　　2
　　ウ　「第○回期日間整理手続調書（平成○年○月○日付け起訴状記載の公訴事実については公判前整理手続調書）」　　4

*1　例えば，事件番号欄には一つの番号のみ記載されているが，公判の審理計画の欄には併合された事件の審理予定に関する記載があるものや，同様に事件番号の記載が一つで手続部分に併合された事件については公判前整理手続に付さない旨の記載がある例等が存在した。

*2　なお，1通の起訴状に数個の公訴事実が記載されており，それらが併合罪関係になる場合（1通の起訴状に記載された公訴事実の第1が殺人，第2が覚せい剤の単純所持案だった場合）で，殺人の公訴事実のみ公判前整理手続に付した場合も事件名については同様に公判前整理手続に付した事件名（殺人）のみを記載することになると考えられる。これに対して，複数の犯罪が科刑上一罪の関係になる場合には，それらの事実のうちの一部についてのみ公判前整理手続に付することは通常は考えられないので，このような問題は生じない。

エ 「第○回期日間整理手続調書」　１６
オ その他　２６
・ 事例なし（事例はないが，あった場合はアとするという回答，又はあった場合はエとするという回答あり）
・ 第○回期日間整理手続及び第○回公判前整理手続調書
・ 第○回公判前整理手続及び（兼）期日間整理手続調書（回数が同じ場合の記載とする回答と，回数は最大の回数を記載するとの回答あり）
・ 第○回期日間兼第○回公判前整理手続調書

以上の結果を見ると，大別して，期日間整理手続期日と公判前整理手続期日とを並記する考え方と本起訴事件に関する期日間整理手続に集約させる考え方とがあるといえる。

期日間整理手続と公判前整理手続を並記する考え方は，期日間整理手続と公判前整理手続は法律上別個の手続であるので，期日を同時に行った場合も並記すべきであるというものであると考えることができる。

一方，期日間整理手続に集約させる考え方は，調書の標題は期日の特定のために記載するものであるので，そのために支障がなければ，先行する本起訴事件の期日間整理手続に標題を集約させても支障がないというものではないかと思われる。

この点については，確かに条文上は期日間整理手続と公判前整理手続は別のものとして規定されているが，いずれも目的は公判審理の充実，迅速化であるから，期日間整理手続と公判前整理手続は，その実質までは異ならないともいえるだろうし，調書の標題が期日の特定のためのものであり，整理手続調書の必要的記載事項（規217の14Ⅰ）とされていないことから考えても，先行する本起訴事件の整理手続の標題を使用する（この事例では「期日間整理手続」のみ記載する。）ことが相当であろう。

4 証拠等関係カードの記載について

3で検討した事例における証拠等関係カードの期日欄の記載についてアンケート調査をした結果は次のとおりである。

（アンケート５－６）
アンケート５－５の事例で，カードの「期日」欄の記載はどのようにしてますか（回答数６０）
ア 「間○前○」とする　１４
イ 「間○」とする　２２（「ただし，実例はない」旨の回答2を含む。）
ウ その他
・ 事例なし（事例はないがあった場合はアとする旨の回答，又は事例があった場合はイとする旨の回答あり）
・ 「間○兼前○」
・ 「間兼前○」（回数は最大の回数を記載するものと思われる。）

第5章　弁論の併合，分離に関する事項

3での検討と同様，期日を並列させる考え方と集約する考え方があるようである。

この点について，3で述べた考え方からすると，カードの期日欄の記載については，「間○」と記載することになろう。

第2　弁論の分離に関する事項

1　問題の所在

公判前整理手続に関する場面で，弁論の分離が問題となるのは，弁論の主観的併合がなされているケース（複数被告人の事件）である。具体的には，当初1件複数名の事件として起訴され一括して公判前整理手続を行っていたが，その後公判審理自体を別個に行う必要が生じ，弁論を分離するという場合が典型的である。この場合の手続上の問題点としては，弁論分離決定に加えて，公判前整理手続の分離の手続の要否が問題となる。

2　弁論分離決定と整理手続の関係

弁論の分離とは，黙示の併合決定と解される場合も含めて，いったん併合された数個の事件を再び分けて審理するということである。したがって，主観的に併合された事件の弁論が分離されると，公判審理が被告人ごとに別個に開かれることになるので，その公判準備たる公判前整理手続を同一の手続で行う現実的な必要性は通常考えられない。

そこで，弁論分離決定がされれば，当然に公判前整理手続についても，別個に開かれると考えられるので，公判前整理手続について何らかの手続を行う必要はないと思われる。

収集した調書の記載例を見ても，弁論分離決定に加えて，公判前整理手続の分離決定を記載する例はなかった[1]。

3　調書の記載

公判前整理手続期日で弁論の分離決定を行った場合の調書の記載は，第4章（163ページ）のとおりである。

なお，公判前整理手続期日において弁論を分離した場合に作成すべき調書の通数については，公判調書と同様に考えればよいだろう。したがって，分離された事件について分離決定後に行われた手続が次回期日の指定だけであれば，調書の通数は1通で足り，それ以外の手続が行われた場合は，一期日一調書の原則（法48Ⅰ）から，弁論分離決定後に行われた手続については，別途分離された事件に関する調書を作成することなろう。

---

*1　実務の運用の中では，複数被告人の事件の場合，弁護人の都合などの理由によって，公判審理は一緒に行うことを前提としながら，公判前整理手続のうち一部の期日について一部の被告人についてのみの手続を行う期日を設けるということもあり得る。これは公判前整理手続を分離しているわけではなく，公判準備である公判前整理手続の柔軟な運用として，いわば期日ごとに協議を行う論点を定めることと同様に考えることができよう。ただ，そのような場合，通常はその期日で協議される事件の被告人以外の弁護人は期日に出頭しないだろうから，公判前整理手続期日に弁護人が出頭しなければならないとされている（法316の7）規定との関係で，後日疑義が生じないように，期日指定の際に，「被告人○○に対する次回期日」などと特定の被告人の公判前整理手続期日であることを明確にしておく必要があろう。

また，ある被告人の公判前整理手続は書面の提出で進め，別の被告人の公判前整理手続は期日を開くことにして，公判前整理手続の最後の段階で公判の審理計画をまとめて策定するという運用も可能であろう。

第6章　公判前整理手続における進行管理

第1節　総　　論

第1　はじめに

1　あらためて，「進行管理」とは

　公判前整理手続における進行管理については，この制度が創設されて以来，種々の協議会等で議論の対象とされ，様々な立場からの意見，提案が表明されてきたところである。本研究において，公判前整理手続の進行管理について研究の柱の一つとして取り上げたのも，そのような高い関心（裏返して言えば，いまだ確たる共通の方向性のないこと）を受けてのことである。

　この章において，公判前整理手続の進行管理を検討するに当たっては，その前提として，まず「進行管理」とは何を意味するのかというところに翻って再確認した上で，それを踏まえた検討をしていくこととしたい。

　そもそも「進行管理」あるいは「訴訟進行管理」という場合，その概念としては，非常に広範なものを含むと考えられる。「訴訟進行管理の研究」14ページ以下では，「『訴訟進行管理』とは，受訴裁判所の活動を中心とし，広くは国法上の裁判所における司法行政上の努力も含め，裁判所の適正迅速で充実した裁判の実現に寄与すべき方策の総称」と定義づけている。そこには，具体的事件に関する審理計画の策定等を含んだ訴訟の運営管理といったものから，報道機関対応，人員配置，施設の整備といった司法行政の分野に属するものまで含まれ，観点を変えると，裁判官が行うもの，書記官が行うもの等の様々な人が関わるものであるということがいえる。さらに公判前整理手続という制度自体が見ようによっては進行管理の一つであるといえなくもない。

　もちろん，このような進行管理全般を研究するのが本研究における主題ではない。

　本研究では，公判前整理手続に付された具体的事件について，裁判所が，同手続の充実，円滑化，迅速化のために行う進行管理事務を対象とし，その中でも書記官がそれにどう関わっていくべきかにターゲットを絞り，この点を中心に記述を進めていきたい。

2　公判前整理手続における進行管理の重要性

　公判前整理手続が公判審理の充実・迅速化のための制度である以上，公判前整理手続自体もその手続の充実・迅速化の要請をはらんでいるものであると言える。そして，そのような制度的背景があるからこそ，訴訟関係人の書面提出期限を定める制度が設けられているなど，幾つかの進行に関するルールが設定されていると考えられる。

　これらのルールが実効的に作用するためには，訴訟関係人が定められた提出期限を遵守することが最低条件であり，その上で互いに進行に協力し，明確な目的を持って主張を展開し，立証の準備を行うことが必要である。

　さらに，公判前整理手続の制度設計として，手続が段階を踏んで進められていくもの（検察官の証明予定事実記載書面が提出され，証拠開示がされた後に弁護人の予定主張記載書面が提出されるといった手順）とされていることから，一つの手続の遅延が，ひいては公判審理にまで及ぶ手続全体の遅延にもつながりかねない。

第 6 章　公判前整理手続における進行管理

　　これらのことを考えると，公判前整理手続においては，裁判所が適切に進行管理を行う
ことがその成否の重要な鍵を握っていると言っても過言ではない。公判前整理手続の進行
管理を検討する上では，このような点を認識して検討を進めなければならないと思われる。

3　公判前整理手続の進行管理を巡る現状

　　公判前整理手続では，裁判体が第 1 回公判前に訴訟関係人双方の主張を聞いて争点を整
理し，また証拠調べ請求をさせてそれを整理し，採否を決することになる。そのように，
第 1 回公判前から裁判体が争点及び証拠整理に関わることができるようになったこと，ま
た，公判前整理手続自体，手続の厳格さ（証拠制限などがその一例であろう。）が存する
ことなどから，裁判体が主導して公判前整理手続の進行管理が行われる場面が増加し，そ
の結果，書記官の進行管理への関わりが後退しているのではないかという指摘もある。

　　その一方で，公判前整理手続の進行管理を検討するに当たっては，裁判員制度の開始に
伴う裁判官の事務負担や拘束時間の増加が予想されることも念頭に入れるべきだという問
題意識があることも考えられるところである。

　　公判前整理手続の進行管理への書記官の関わり方を検討するに当たっては，そのような
現状や今後の，とりわけ裁判員制度下の書記官事務の状況予測もある程度念頭に入れなが
ら進めなければならないものと思われる。

第 2　より充実した進行管理に向けて

1　裁判体との連携・協力態勢の必要性

(1)　進行管理の主体～検討の前提として

　　公判前整理手続に付された事件であるか否かを問わず，進行管理の法律上の主体は受
訴裁判所である[*1]。これまでの書記官の進行管理への関わりに関する議論も，このこと
を前提としつつ，書記官として，裁判体との協働態勢を構築し，維持しながら，それに
どのように主体的，積極的に関与していけるか，あるいは，どのような関わり方が適正
かつ迅速な刑事裁判の実現につながるのかという角度から積み重ねられてきたものと思
われる。

　　このような視点は，公判前整理手続における進行管理事務の在り方を検討するに際し
ても変わるものではないと思われる。

　　ただ，公判前整理手続の進行管理を検討するについては，これまでの検討に加え，公
判前整理手続の目的や第 1 の 2 で述べた公判前整理手続特有の進行管理の重要性といっ
た視点も併せて進めていく必要があると思われる。

(2)　裁判体との連携・協力態勢の確立の必要性

　　第 1 の 3 で述べたとおり，公判前整理手続の進行管理については，裁判体が主導する
場面が多くなる傾向にあり，現にそのような状況にあると思われる。特に，否認事件で

[*1]　これは刑訴法等の進行管理に関する規定が裁判所を主体として定められていること，そもそも進行管理と
　は訴訟運営の問題であり，それは裁判所の訴訟指揮権に由来する権限であると考えられることから導かれる
　帰結である（訴訟進行管理に関する研究18ページ参照）。

第1節　総　論

争点の整理（取捨選択）や証拠の整理（厳選）が必要な事件では，それらの実体的部分は，審理の方針に大きく関わる部分であることから，裁判体主導で行わざるを得ないし，またその方が手続の円滑な進行につながりやすいケースも多いであろう。

　しかし，例えそのようなケースであっても，裁判体が進行管理のすべてを担うということは非現実的であり，公判前整理手続の流れ全体を見渡した場合，書記官が進行管理の一翼を担う部分は必ず発生することになる。例えば，公判前整理手続に付するに当たっての起訴後の情報収集，書面提出期限の設定及び管理や書面提出の促し，訴訟関係人の準備状況の確認等は，書記官がその機動力を用いて訴訟関係人に適切に働きかけることにより，迅速な進行に貢献することが可能となろう。

　さらに，自白事件について見ると，その争点や証拠はある程度定型化されたものになることが予想される。このような場合については，書記官がこれまでの事前準備事務における経験を生かして，裁判体の意向を踏まえた上で，より主体的，積極的な関与をすることがむしろ公判前整理手続の充実，迅速な事件処理につながることもあり得よう。

　このように一つの事件を通した進行管理という観点でみると，裁判体と書記官が適切な役割分担をすることを念頭に作業を分担し，それぞれの分野で職能を発揮することが，全体として公判前整理手続の充実，円滑・迅速な事件処理につながることが明白である。すでに言い古された感はあるが，公判前整理手続の進行管理についても，他の事件と同様，その意味で正に裁判体と書記官の連携プレーであり，協働により効果的なものになるといえる（むしろ，制度に内在する性質として充実・迅速化を求められている公判前整理手続において一層その必要度が高まるといえよう。）。そして，そのような連携，協力を実現するためには，そのための態勢を検討することが必要であり，そのような態勢づくりこそが，実は一番の進行管理なのではないかと思うのである。

　ただ，そのような態勢を考えるに当たって忘れてはならないのは，その態勢を作る意味が，充実した公判前整理手続を迅速に行うことであり，それ以外であってはならないという視点である[*1]。したがって，事件の進行が個々の事件により異なるように，進行管理における裁判体と書記官の役割分担が固定化されたものではなく，事件の個性に応じて可変的であるような態勢であるべきであるし，裁判官が行うべきことを書記官が代わって行うわけではないことを認識すること必要がある。

　書記官としてはチームの一員として，何ができ，どのような役割を担うことが公判前整理手続の充実・迅速化につながるのかという観点で進行管理事務の検討をすべきであ

---

*1　裁判員法施行後は，自白事件について公判前整理手続を実施する場合は，事件が裁判員裁判対象事件であることが想定されるが，裁判員裁判対象事件の場合は，裁判員等選任手続等のため，第1回公判期日までの期間が非対象事件や裁判員法施行前の自白事件と比較して長くならざるを得ない。しかし，だからと言って公判前整理手続の期間が必要以上に長くなってはならないのであり，むしろ事件終結までの期間という観点からは，特に自白事件で公判前整理手続を行う場合にはなおさら公判前整理手続を充実させ，迅速に行うという意識を持つことが求められるともいえよう。

第6章　公判前整理手続における進行管理

る。

2　連携・協力態勢の確立のために

公判前整理手続の充実・迅速化のために，裁判体と書記官が連携，協力を基盤として進行管理に取り組む必要性があることは前述のとおりである。それを現実化するためには，裁判体と書記官が連携，協力するための具体的な手法を検討する必要があると思われる。そこで本項では，裁判体と書記官の連携，協力のためのやや具体的な方策を検討していきたいと考えているが，その際には，連携，協力の目的が充実した公判前整理手続を迅速に行うことにあることを念頭に置かなければならない。

なお，このような連携・協力態勢の構築が重要なことは，何も公判前整理手続の進行管理に限ったことではなく，刑事事件一般を含む裁判所の事件処理一般に広く当てはまることであり，これまでも各種「書記官事務の指針」等でそのことは明記されてはいるが，公判前整理手続の進行管理を検討するに当たって，特に重要であると思われるので，あえてここで記載することにしたものもある。

(1)　裁判体と書記官の認識の共通化

裁判体と書記官がチームとしてより力を発揮するためには，チーム内で共通認識が形成されており，個別的に発生する事例に応じて，メンバーがその共通認識にしたがってどのように行動すればよいのかを理解していることが理想的である。

公判前整理手続の進行管理の場面に則していうと，例えば，訴訟関係人の書面等の提出期限を定める場面や訴訟関係人から立証趣旨の重複した証拠が多数請求された場面などで，裁判体と書記官の間での対応についての共通認識（事務処理の都度裁判体の意向を確認の上で動くのか，書記官がその与えられた裁量の範囲内で自発的に動いてもよいのかも含めて）が形成されていれば，より円滑な進行管理が可能になるものと思われる。

また，事件にそれぞれ個性があるように，それに対応する進行管理についても事件に応じて柔軟なものであるべきであるが，裁判体と書記官の共通認識の下，個々の事件に応じた進行管理を行う上では，具体的な事件についての情報を共有することも不可欠である。

そこでいかにして裁判体と書記官の認識の共通化を図るかということを以下で具体的に考えてみたい。

なお，ここまでの記述をまとめると，

①　裁判体と書記官が有効な連携・協力態勢を築くには，裁判体と書記官との間で共通認識を持つことが不可欠であり，そのための手法を検討する必要がある。

②　共通化すべき認識の対象としては，

・　個別の事件についての情報

・　個々の事件に応じた進行管理の方針

ということになろう。

(2)　認識共通化のための方策

ア　一般的審理方針の策定

一般的審理方針については，「書記官事務の指針（2ページ）」の中で，公判手続に関するものとして，「一般的審理方針とは，訴訟運営に関する事項のうち，第1回公判期日の指定時期，第1回公判期日から証人尋問を実施するか否か等の基本方針のほ

- 240 -

第1節　総　論

か，事件類型や否認態様に応じた証拠調べの方法や順序に関する概括的方針のことである。」とされており，書記官がこれに従って事前準備を行うことの有益性について述べられている。

　一般的審理方針の策定が公判前整理手続の進行管理についての認識共通化に有益であることは，明らかであるがこの点については項目を改めて記載する。

イ　ミーティングの活用

　裁判体と書記官が認識を共通にするための手段として最も端的なのは，直接，情報のやりとりをすることであろう。これにより，事案や進行に関する情報を共有することができるし，その場で思いついた疑問点等を即交換することができる。その意味で個別の事件についての情報共有に有益な方法である。

　具体的な方法としては，

①　裁判官（体）と書記官室とで定期的に事件ミーティングを設定して，当面の手持ち事件の情報交換等をまとめて行う方法

②　特に形式張らずに，個々の事件についての情報を入手しだい，その都度報告し，情報交換を行う方法

などが考えられる。

ウ　IT機器の利用

　情報共有のためのツールとしてIT機器を利用することは現在ではごく日常的なことになっており，あえてここで取り上げるまでもないかもしれない。

　刑事の各種事務処理及び情報管理のために，各裁判所に期日進行管理プログラムや刑事裁判事務処理システムが導入されており，この中には「事前準備メモ」，「手控票」といった裁判体と書記官との事件情報共有のための機能が含まれ，現状でも，これらの機能が有効に活用されているものと思われる。

　その他，ネットワーク上の共有フォルダに，「期日進行メモ（各裁判体が作成する次回の公判前整理手続期日の進行予定等を記載したメモ）」の書式を置き，これに裁判官又は書記官が入手した情報をそれぞれ双方向から入力し，いつでも閲覧できる状態にしておくことで情報の共有を図る例もある（本章　286ページ参照）。

エ　マニュアル等の作成

　裁判体の一般的審理方針も踏まえた事務処理マニュアルを部内等で作成し，これに基づいた事務処理を行うことで，一つの共通資料に基づいた事務処理を行うという意味で共通認識に基づいた事務処理につながる。ただ，これに依存するあまり，硬直した事務処理に陥ることのないよう注意が必要である（特に進行管理については，事件の個性に応じた柔軟な事務処理であるべきことは前述のとおり。）。

(3)　公判前整理手続の進行管理等に関する一般的審理方針

　裁判体と書記官との認識の共通化に当たって，一般的審理方針を策定することが有益なことは前述のとおりである。書記官としては，裁判体から一般的審理方針が示されることによって，裁判体の基本的な意向を把握することが可能になり，特別な指示がない限り，それに従って与えられた裁量の範囲内で進行管理事務を進めることができるからである（ただし，前提として，裁判体から示された一般的審理方針の趣旨を書記官が十分に理解することが不可欠であることを忘れてはならない。そのためには裁判体との間

- 241 -

第6章　公判前整理手続における進行管理

で一般的審理方針につき十分に議論し，意思疎通を図ることが肝要である。）。

　これは公判前整理手続の進行管理事務を行うに当たっても同様であり，公判前整理手続の一般的審理方針を策定しておくことが，より円滑，迅速な進行管理につながることになるはずである[*1]。

　特に，今後書記官が積極的，主体的に進行管理事務を行うことが検討される場合には，裁判体から一般的審理方針が示され，かつ，それが書面化されていることが不可欠ともいえる条件になってくるのではないかと思われる。

　そこで，ここでは，アンケートの回答や，送付された実際の一般的審理方針を基に，どのような事項について，どのように方針が定められているのかを中心に検討したい。

ア　一般的審理方針の策定状況

　まず初めに，現状で公判前整理手続の進行に関する一般的審理方針が，どの程度策定されているのかについて，アンケートの結果は次のとおりである。

（アンケート6－1）

整理手続の進行に関して，裁判体との間で，一般的な方針を定めていますか（回答数85）

　ア　定めている　　　49

　イ　定めていない　　36

　アンケートの結果を見ると，半数強の庁で一般的審理方針を策定している状況である。また，定めている庁においては，これを書面化することで認識の共有化を図っている例が多かった。

イ　一般的審理方針で定められる内容

　アンケートに際して各庁から寄せられた一般的審理方針を分析してみると，一般的審理方針として定められている内容は概ね次のとおりであった。いずれも書記官が進行管理事務を行う上での基本的な指針となる事項であるといえよう。

㈠　進行スケジュールに関する事項

　一般的審理方針として定められるケースが最も多かった事項として，訴訟関係人が書面を提出する期限，公判前整理手続期日や公判期日を開く時期及びそれらを決定するタイミングといった，公判前整理手続の進行スケジュールに関する事項が挙げられる。また，これらの進行スケジュールを自白事件，否認事件の別にそれぞれ定めている例も見られた。このような原則的な進行スケジュールを一般的審理方針として定めておけば，書記官はそれを目安にして訴訟関係人とやりとりをすること

[*1]　なお，裁判官の研究会においては，事案の内容，開示証拠の質・量等を勘案して主張の提出時期等を設定し，打合せ期日を柔軟に活用することも考慮すべきであるとの議論もなされているところである（「模擬裁判の成果と課題－裁判員裁判における公判前整理手続，審理，評議及び判決並びに裁判員等選任手続の在り方」（判タ1287号15ページ））。一般的審理方針を策定した上で，事案の内容等に応じて，裁判体の意向も踏まえた上で，柔軟な運用を心掛けると良いのではなかろうか。

が可能になり，有益であろう。具体的には次のようなことが定められていた。

a　検察官の証明予定事実記載書面の提出及び証拠請求の期限

　　この期限については，ほとんどの庁で原則的な期限を定めており，起訴又は付決定から2週間後又は3週間後と定めている例が多かった[*1]。

b　弁護人が検察官請求証拠についての意見を表明する期限，予定主張記載書面を提出する期限及び証拠請求をする期限

　　この期限については，裁判体の公判前整理手続の進行方針により一般的審理方針として定める場合と定めない場合がある[*2]が，定める場合には，aの検察官の期限から二，三週間後程度の時期（又は起訴から4週間から5週間後）に設定している例が多かった。

c　第1回公判前整理手続期日の時期

　　bと同様，裁判体の進行方針にもよるが，一般的審理方針として原則的な第1回公判前整理手続期日の時期を定めている庁は，概ねbの弁護人の期限から1週間から2週間後（又は起訴から4週間から6週間）の範囲で設定している例が多かった。

d　第1回公判期日の時期

　　一般的審理方針として，公判前整理手続終了後の第1回公判期日の時期の目安を定めている庁もあった。その方法としては，公判前整理手続終了後1週間から2週間としたり，起訴から7週間から8週間後としたりする例が見られた。

e　各種書面等の提出期限及び公判前整理手続期日を定める時期

　　これは換言すると，公判前整理手続に付する旨の決定とともにどこまで定めるかといったことである。一般的ともいえるのは，公判前整理手続に付する決定とともに検察官の証明予定事実記載書面等の提出期限を定める取扱いであるが，付する決定とともに，弁護人の書面等の提出期限も定める例や，さらに第1回公判前整理手続期日を定める（又は予約する）ことを一般的審理方針としている例もあった。

(イ)　公判前整理手続の進行方針（進行パターン）

　　各庁から寄せられた一般的審理方針の中には，公判前整理手続の進行に関するより一般的な方針が定められているものもあった。具体的には次のようなものである。

[*1]　アンケートにおいては，46の部から一般的審理方針に関する書面（一般的審理方針が記載された事務処理マニュアルも含む。）が送付されたが，そのうちの24の部で検察官期限に関する方針が定められており，そのうちの22の部が起訴又は付決定から二，三週間後とされていた。同様に弁護人期限は12の部で定められており，そのうち10の部で検察官期限から2週間後又は起訴から四，五週間後と，第1回公判前整理手続期日の時期については，23の部で定められ，そのうち16の部で弁護人期限の一，二週間後（又は起訴から4週間から6週間後）と定められていた。

[*2]　裁判体の進行に関する一般的な方針として，検察官の証明予定事実記載書面等が提出された後の進行について，弁護人の書面を先行させるか，公判前整理手続期日を先行させるかによって，一般的審理方針として定める事項が異なるものと思われる。

第6章　公判前整理手続における進行管理

① 公判前整理手続に付する旨の決定後（又は検察官の書面提出後）に訴訟関係人の打合せを行う旨を定めた例

② 自白事件の公判前整理手続期日は原則1回だけ行うと定めた例

③ 事件の類型（自白事件か否認事件か等）ごとの公判前整理手続の進行パターン（手続を進める手順）を定めた例

④ どのような事件を公判前整理手続に付するか定めた例

　特に事件類型ごとに公判前整理手続の進行パターンをあらかじめ幾つか想定しておくことで，公判前整理手続の見通しが立てやすくなる例が増加するとともに，書記官が一般的審理方針に従って進行管理事務を行うことができる事例が増加すると思われ，有益であろう。

(ウ)　**書記官の進行管理事務の具体的内容**

　(ア)及び(イ)のほか，書記官の進行管理事務の具体的内容を一般的審理方針として定めている例があったので紹介する。

　a　**起訴後の情報収集として聴取する内容**

　　事件を公判前整理手続に付するかどうか判断するために書記官が情報収集を行うに際して聴取すべき内容を具体的に定めている例があった。

　b　**証拠開示の進行状況把握**

　　訴訟関係人間の証拠開示手続の進行状況を把握する旨及び把握する方法（例えば，検察官及び弁護人に証拠開示請求書等の写しを裁判所にも送付するよう依頼する等）を定めている例があった。

　c　**証拠整理手続への書記官の関与**

　　例えば，検察官請求証拠の立証趣旨を確認して，立証趣旨が同じ証拠については，その必要性について検察官に照会するなど，証拠整理において書記官が行うべき事項を一般的審理方針として定めている例があった。同様に，争点整理手続への関与として，提出された主張書面の確認を行う旨が定められている例も見られた。

ウ　**一般的審理方針の形式**

　イで挙げたような一般的審理方針については，事件処理全体の一般的審理方針の一部として定められた例や公判前整理手続の一般的審理方針として独立した書面として作成された例のほか，書記官事務処理マニュアルの中の記載として定められた例があった。

エ　**公判前整理手続の事務処理にかかる一般的審理方針の参考例**

　アンケートの際に寄せられた各庁の一般的審理方針を基に，これまで述べたような内容をまとめた一般的な例を参考までに次に示す。

　なお，この例は，各庁の参考例から，比較的多く一般的審理方針として定められていた事項や定めることが有益であると思える事項を研究員において適宜抽出して作成した試案であるので，今後各庁において一般的審理方針を策定する場合には，各庁の実情に応じて，必要な事項を取捨選択する必要があるものと思われる。

　また，参考例中には，第2章（12ページ）に挙げた略語を便宜上使用した。

- 244 -

第1節　総　　論

【参考例6－1】　公判前整理手続における一般的審理方針の例

第1　公判前整理手続に付する事件（省略）
第2　事件類型別の進行の方針
　1　自白事件
　（1）　付決定及び書面提出期限の決定
　　　ア　決定の時期
　　　　事件受理後3日以内を目処に，付決定及び検察官期限の決定を行う。
　　　　検察官期限を定めるための弁護人への求意見の際に，弁護人から了解を得
　　　た場合には，弁護人期限もこれと同時に定める。
　　　イ　期限の設定方針
　　　　検察官期限については，原則として起訴から3週間後，弁護人期限につい
　　　ては，原則として検察官期限の2週間後の日とする。
　（2）　公判前整理手続期日の指定等
　　　第1回公判前整理手続期日は，起訴から6週間後（弁護人期限から1週間後）
　　　の日を目処に調整を行う。弁護人の意向を聴取の上，可能な場合には検察官期
　　　限等と同時に指定又は予約する。
　（3）　第1回公判前整理手続期日の進行
　　　自白事件の公判前整理手続期日は，1回のみ行うことを目標にして，訴訟関
　　　係人に事前準備を促す。
　2　否認事件
　（1）　付決定及び検察官期限の設定
　　　付決定及び検察官期限の設定については，(1)の自白事件と同様とする。
　（2）　弁護人期限の設定等
　　　検察官期限後，速やかに，裁判体と担当書記官とで協議の上，その後の進行
　　　について判断する。弁護人期限を設定する場合には，検察官期限の2週間後の
　　　日を目処に弁護人と調整し，打合せを実施する場合には，検察官期限の1週間
　　　後の日を目処に打合せの日程を確保する。
　　　なお，弁護人期限を設定した場合には，第1回公判前整理手続期日を，弁護
　　　人期限の1週間後の日を目処に指定する。
　（3）　公判前整理手続期日及び打合せ期日の進行等
　　　裁判長は，整理手続期日又は打合せ期日において，当該期日の終了時等の適
　　　宜の時期に，期日で協議した内容，次回期日までの検討事項等をまとめて，こ
　　　れを訴訟関係人に確認する。
第3　書記官事務
　1　期限管理
　　　書記官は，書面提出期限が定められた場合，提出期限の2日前までに書面が提
　　　出されていない場合は，訴訟関係人に対して準備状況を確認する。
　2　証拠開示手続の進行状況の把握
　　　書記官は，検察官及び弁護人に対して，証拠開示請求書及びそれに対する回答
　　　書を裁判所にも参考送付するよう依頼して，証拠開示手続の進行状況を把握する。
※　その他，訴訟関係人の書面提出期限管理の方法等について一般的審理方針として
　定めることも考えられる。

第6章 公判前整理手続における進行管理

3 小括～今後の展望

これまで，公判前整理手続の進行管理について総論的に検討してきたが，ここまでの内容をいったんまとめると，次のようなことがいえるのではないかと思われる。

(1) 公判前整理手続の進行管理についての基本的な考え方

公判前整理手続の進行管理については，充実した公判審理の継続的，計画的かつ迅速な実施という公判前整理手続の目的，さらに公判前整理手続自体の充実・迅速化が要請されているという制度的背景を十分に意識し，それを達成するという視点で，裁判体と書記官とで，連携，協力の意識の下，裁判体と書記官が連携，協力するための方法を確立して，常に認識を共通化した上で，適切に役割分担をしてチームとしてこれに当たる必要がある。

(2) 公判前整理手続の進行管理における書記官の役割

裁判体と書記官との役割分担を考える上では，いかにすれば充実した公判前整理手続を迅速に行うことができるかという観点から検討すべきである。

具体的には，裁判体（官）と書記官の本来の職務の内容を踏まえ，争点及び証拠整理の具体的内容などの訴訟運営の基本的な方針や訴訟指揮に関わる事項については，裁判体（官）の役割であるから，書記官としては，裁判体（官）の当該事件の訴訟運営方針を踏まえ，訴訟関係人との間で具体的な連絡，調整を分担することによって，公判前整理手続の充実，迅速化を図るという進行管理事務を行うべきである。

すなわち，書記官は，一般的審理方針等で示された裁判体の意向を理解し，認識を共通化した上で，書記官の進行管理事務が公判前整理手続の行程を適正なものにするという意識を持って，訴訟関係人からの情報収集，期限管理及び公判前整理手続期日を円滑に進めるための事前準備事務といった役割を主体的，積極的に果たすことが求められる。そして，これらの事務を行うことは，それ自体を目的とするのではなく，事務を行ったことにより，公判前整理手続の充実，迅速化に貢献できるものでなければならないことに，特に留意する必要がある。そのためには，公判前整理手続の充実，迅速化のためにどのようなことができるのかという観点で，常に一歩先を見据えた意識を持って進行管理事務を行う必要がある[*1]。

(3) 今後の展望

裁判員裁判においては，連日的開廷が行われ，裁判員等に対する接遇も行わなければならないことから，裁判員裁判の実施においては，公判部全体が注力して事件処理に当たらなければならない。しかし，裁判員法施行後は，裁判員裁判対象事件と事件数では圧倒的に多い裁判員裁判対象事件以外の事件を併せて処理しなければならないことか

[*1] 第2章（16ページ）で分析及び提言をしたように，自白事件における公判前整理手続の期間を必要最低限のものにするためには，公判前整理手続期日を開く回数をできるだけ少なくすることが考えられる。しかし，一方で自白事件が公判前整理手続に付される場合は裁判員裁判対象事件であることが想定されることから，充実した公判前整理手続を行うことも当然求められる。それらを両立させるためには，開かれる公判前整理手続期日を充実したものにする必要があり，公判前整理手続期日前における書記官の事前準備事務及び進行管理事務がより一層重要なものになると思われる。

第1節　総　　論

ら，今後は，各事件ごとの円滑な進行だけでなく，部全体として，どのように事件を運営していくかという視点が必要となると考えられる。これまでも，中規模否認事件や自白事件における進行管理事務は，裁判体との協働の中で，書記官が重要な役割を果たしてきたことから，今後，特に争いのない自白事件については，書記官が主体となって進行管理事務を行っていくことが求められるのではないだろうか。そのためには，書記官としては，現時点においてなすべき進行管理事務を確実に行い，実績を徐々に積み重ねていく必要があるものと思われる[*1]。

第3　研究方針〜各論に向けての導入

次節においては，書記官の進行管理事務について，アンケート等によって聴取した現状を基にして，考えられる具体的な進行管理事務について検討していくことにする。

ただし，進行管理に書記官がどのように関わっていくかについては，裁判体の意向や，書記官の経験及び能力，繁忙度等を要因として，様々な在り方があって然るべきものである。したがって，次節で示す各事務についても，それらをすべて行うことが是なのかどうかは，それぞれの状況や考えるところに従っていただくことは当然である。

その意味で，次節で示す事務は，その中から，各自で取り入れられるものを取捨選択することで，各自（各部）なりの進行管理事務を構築する一助とすべきものと考えている。

[*1]　平成19年12月28日付け総務局第三課長書簡「公判前整理手続における調書の記載及び書記官による進行管理等の在り方について」参照。

第6章　公判前整理手続における進行管理

第2節　事件類型別進行管理事務処理例

第1　はじめに

　以下，公判前整理手続における進行管理事務として考えられるものを具体的に述べていくこととするが，本節においては，まず，「第2　起訴後の情報収集と事件の振り分け」の項で，事件の振り分けの前提となる事項を説明した上で，各事件類型に応じた進行管理事務について記述する。そこで，どの類型の事案でもあてはまる事務については，「第3　自白事件」の項で記述し，「第4　中・小規模否認事件」，「第5　大規模事件等」では，それぞれの事件類型で特に検討すべき進行管理事務について記述する。また，各項目の中で，適宜，裁判員裁判対象事件と非対象事件のそれぞれに特有の事項を整理して説明することとしたい。

第2　起訴後の情報収集と事件の振り分け

1　起訴後の情報収集

　公判前整理手続の進行は事案によって異なるため，手続を円滑かつ迅速に進めるために，また，裁判員裁判非対象事件にあっては，公判前整理手続に付するかどうかを適切に判断するために，早期に事件を事件類型別に適切に振り分ける必要があり，そのためにも，起訴後速やかに訴訟関係人から情報を収集する必要がある。

(1)　検察官からの情報収集

　起訴直後に検察官から収集する事件情報としては，以下のようなものが考えられる。

ア　事件の振り分けに必要な情報

　後述（252ページ参照）のような事件類型及び公判前整理手続の進行の振り分けのために必要な情報としては以下のようなものが考えられる[*1]。

(ア)　公訴事実に対する被告人の弁解

　自白か否認か，また，否認であれば，その概要

(イ)　検察官請求予定証拠関係

　a　証拠書類の量（公判担当検事に送付された記録量とその中から予想される請求証拠の量）

　b　請求予定証拠の開示時期の見込み

　c　予想される検察官請求証人の数

(ウ)　追起訴予定の有無並びに予定があればその時期及び事案の内容

(エ)　公判前整理手続に付することについての意向[*2]

---

*1　アンケート回答でも，ほとんどの庁において，上記アの(ア)から(ウ)については，検察官から起訴後に情報収集していることが窺われる。

*2　裁判員裁判非対象事件にあっては，否認事件であれば，公判前整理手続に付するかどうかの検討対象になるであろうから，早期に訴訟関係人の意向を確認できれば，公判前整理手続の円滑な進行につながるものである（後述253ページ参照）。

- 248 -

イ　その他進行上有益な情報

　　　以下の情報は，起訴直後に収集するまでの必要はないが，公判前整理手続の進行に限らず，公判審理を進める上でも有益な情報であり，早期に情報収集できれば，公判前整理手続及び公判審理の円滑な進行につながるものである[*1]。

(ア)　被害者保護関係

　　　被害者の意見陳述の予定，被害者を証人尋問する場合の遮へい等の要否，被害者参加の意向の有無等

(イ)　共犯者の状況

　　　共犯者の起訴の有無，起訴されている場合の係属部及び審理の状況等

(ウ)　警備関係での配慮の要否

　　　多数の傍聴人が予想されるなど傍聴人についての配慮の要否等

(エ)　要通訳事件かどうか

　　　要通訳事件の場合，通訳言語及び取調べの際の通訳人名の確認

　　　なお，情報収集に当たっては，上記の内容を盛り込んだ聴取メモ（**【参考書式6－1】**）を用意しておくと，聴取事項に漏れがなく，また，裁判体との情報共有のツールとしても有効に活用できる。なお，検察庁から，起訴状と共に，上記メモと同程度の内容を盛り込んだ新件連絡票の送付を受ける扱いとしておけば効率的であり，また，アンケート回答を見ても，そのような取扱いとしている庁も相当数見られる。

(2)　**弁護人からの情報収集**

　　　起訴時に弁護人が選任されている場合（法律援助に基づく弁護人を引き続き国選弁護人に選任することが予定されている場合を含む。）には，事案及び弁護人の対応等にもよるが，以下の事項等について情報収集することは可能であろうと思われる。被疑者の国選弁護人（法37の2）の対象事件が拡大されれば，起訴時に弁護人が選任されている被告人の数も増えるのではないかと思われるので，事件の振り分けのための早い段階での情報収集等は，よりやりやすくなるものと思われる。

ア　事件の振り分けに必要な情報

(ア)　**公訴事実に対する被告人の弁解及びそれを踏まえた上での概括的な弁護方針**

a　公訴事実についての認否（自白か否認か。また，否認であれば，その概要）

b　公訴事実の認否を踏まえた弁護人の弁護方針

　　　例えば，罪体に関して，犯人性を争うのか，行為態様を争うのかなど。その他，罪体以外では，責任能力を争うのか，被告人の供述調書の任意性を争うのかなど。

(イ)　**弁護人請求予定証拠に関する事項**

　　　罪体関係の立証予定及び責任能力を争う場合の精神鑑定の請求予定の有無など。

[*1]　アンケート回答では，この他にも，証拠物の請求予定があれば第三者没収手続の要否について聴取したり，被告人に関する情報として，被告人の身柄移送時期，健康状態，前科の有無，執行猶予中かどうかなどの情報を収集する例も見られる。

第6章　公判前整理手続における進行管理

　　　㈦　証拠開示についての紛議の有無
　　　　　類型証拠開示の請求予定など。
　　　㈢　公判前整理手続に付することについての意向
　　イ　その他進行上有益な情報
　　　㈠　情状立証の予定及びその進捗状況
　　　　　特に，被害弁償の有無，被害者との示談交渉の進捗状況などは，公判前整理手続
　　　の進行にも関わるものである。
　　　㈡　被告人の状況
　　　　　面会時の状況等から，特に配慮が必要な被告人かどうかなど。
　　　㈦　警備関係での配慮の要否
　　　　　被告人の関係者等について多数の傍聴が予想されるなど，傍聴人についての配慮
　　　の要否など。

〈Point〉
○　早期の情報収集が円滑かつ迅速な公判前整理手続の進行につながる（248ページ）
○　円滑な公判審理に向けた情報も随時収集する（249ページ）

第2節　事件類型別進行管理事務処理例

【参考書式6−1】新件聴取メモ

新 件 聴 取 メ モ　　　担当係　　（　　）
　　　　　　　　　　　　　　　　　　　　担当検察官（　　）
被告人名

1　**捜査段階における認否**
　　□　全部認（□変遷あり）
　　□　否認（否認の態様　　　　　　　　　　　　　　　　　　　　　）
　　□　黙秘

2　**予想される争点**
　　□　情状のみ
　　□　その他（　　　　　　　　　　　　　　　　　　　　　　　　　）

3　**検察官請求証拠の分量**
　　書証（甲号証　　　点程度,乙号証　　　点程度（書証の総量　　　　cm））
　　証拠物　　点程度（第三者没収手続の要否　□　必要　　□　不要）

4　**検察官請求証拠開示可能日**
　　□　起訴後2週間以内
　　□　起訴後2週間を超える
　　　　理由（
　　　　その場合の開示予定日（　　月　　日ころ）

5　**予想される検察官請求証人の総数**　　　　人程度
　　　（□　被害者　□　目撃者　□　共犯者　□　その他（　　　　　））

6　**追起訴予定**
　　□　なし（□　追起訴終了）
　　□　あり（罪名　　　　　　　　）（時期　□　　月　　日ころ　□　未定　）
　　　　その後の予定（□あり　□なし　□未定）
　　□　未定（その事情

7　**1回結審の可否**　　□　可　　　□　否

8　**公判前整理手続の実施について**
　　□　不必要
　　□　必要（理由

9　**被害者関係での配慮事項**
　　□　被害者が証人の場合の証人尋問の方法に関する要望
　　（□　遮へい　　　□　ビデオリンク　　□　付添い　　□　その他（　　））
　　□　被害者等意見陳述の予定あり
　　□　被害者参加の申出の意向あり

10　**その他被告人に関する事項**
　　□　簡易鑑定の実施あり
　　□　被告人の健康状態等についての特記事項
　　　（
　　□　累犯となる前科（
　　□　執行猶予中（

11　**その他**
　　□　共犯者の状況
　　　　起訴の有無（□　無　　□　有（係属部　　　　　　進行状況　　　　）
　　□　要通訳事件（言語　　　　　　,捜査段階での通訳人名　　　　　　　）
　　□　警備に関する情報
　　　（
　　□　傍聴人に関する情報
　　　（
　　□　事前打合せの希望
　　　（

(注)　あくまで一例であり，訴訟関係人の対応などにより上記の事項すべてについて起訴直後に収集できる
わけではないので，聴取内容については，裁判体の意向や事案等を踏まえ，各庁の実情に応じて検討さ
れたい。また，収集する情報は，事件が公判前整理手続に付されるかどうかでそれほど違いはないもの
と思われるので，参考書式も，公判前整理手続に付されない事件にも使えるような内容としている。

- 251 -

第6章　公判前整理手続における進行管理

2　事件の振り分け

　　上記1により収集した情報をもとに，事件を類型別に振り分けることとなるが，その目安としては，概ね以下のものとなろう*1。

　　①　公訴事実について争いがない自白事件
　　②　二，三人程度までの検察官請求証人の尋問が見込まれる中・小規模否認事件
　　③　事案複雑，訴因多数等のため，審理に長期間を要する大規模事件

　　公判前整理手続の進行については，前述（第2章　9ページ参照）のとおり，各庁においてもある程度定型化され，更に進んで，それを事件類型に応じて使い分けている例も見られるが，そのような運用の庁にあっては，事件類型の振り分けがその後の公判前整理手続の進行の振り分けにもつながるものである。また，進行方式を事件類型ごとにまでは定めていない庁にあっても，進行管理事務を行うに当たって留意すべき事項は，事件類型によりおのずと異なるのであるから（例えば，自白事件であれば，公判前整理手続期日を1回で終えることを念頭において進行管理事務を進め，否認事件については，期日の続行が予想されるので，なるべく整理期日を複数予約するなど），いずれにしても，早期に事件の振り分けを行い，公判前整理手続の進め方に見通しを付けることは，円滑な公判前整理手続の進行につながるものである*2。

第3　自白事件

　　以下，具体的な進行管理事務について記述するが，本節第1でも述べたとおり，本項においては，自白事件に限らず，どの事件類型にも当てはまる進行管理事務を記述し，併せて，自白事件において特有の事項について記述する。

1　付決定と各種書面提出期限決定に関する事務処理

⑴　付決定のための求意見の工夫

ア　裁判員裁判対象事件について

　　裁判員裁判対象事件（以下「対象事件」という。）は，公判前整理手続に付するこ

---

*1　書記官事務の指針6ページ参照。また，検察官請求証人の証人尋問が必要な事件かどうかが審理回数や審理時間等を決める上で大きなポイントになるので，この点が事件の振り分けに際して大きな判断要素とされる。したがって，検察官請求証拠に不同意のものがあっても，検察官が証人請求しないため，情状証人以外の証人の取調べが予定されていないのであれば，否認事件であっても類型的には自白事件に分類できるであろうし，また，公訴事実に争いのない事件であっても，犯行に至る経緯や動機に争いがあり，その立証のために，証人尋問や被告人質問が必要になる事件は，中規模否認事件に分類できよう（前同6～7ページ）。

*2　もっとも，事件の振り分けは，あくまで公判前整理手続の進行の見通しを立てるための一つの指標に過ぎず，検察官，弁護人とも，起訴直後の段階においては事件情報を十分に持ち得ていないことも多いと思われるので（起訴検察官と公判担当検察官が分かれている検察庁にあっては，公判担当検察官は起訴検察官からの引継ぎを受けて間がなく，十分に記録を検討できていないであろうし，弁護人も，被疑者段階から選任されている場合でも，まだ十分に被告人との意思疎通が図れていない場合もあろう），この段階で時間を掛けることなく，適宜進行に応じて情報収集すれば足りよう。

- 252 -

とが必要的である（裁判員法49）ので，公判前整理手続に付するための求意見は不要と解される（前述第3章　46ページ参照）。

イ　裁判員裁判非対象事件について

　一方，非対象事件については，公判前整理手続に付することが必要的ではないため，公判前整理手続に付するかどうかの検討が必要となり（その検討のためのポイントは，前述第3章　44ページ参照），最終的には裁判体の判断になるので，上述した起訴後の情報収集を踏まえて，早期に裁判体の意向を確認する必要がある。

　この点，起訴後の情報収集の過程で，公判前整理手続に付することを検討すべき事案であると判明すれば，その段階で，検察官及び弁護人から，公判前整理手続に付することについて事実上の意向聴取をすることもできるので，裁判体としても，公判前整理手続に付することについての訴訟関係人の意向を早期に把握できるため，同手続に付するかどうかの判断が早くなるであろうし，付決定のための意見聴取を事実上兼ねることができるので効率的である。また，そのためにも，公判前整理手続に付する事件についての基準を大まかなものでもよいので，裁判体との間で一般的な方針として確認しておくことが望ましい。

(2)　検察官の証明予定事実記載書面提出等期限を定めるための求意見の工夫

ア　裁判員裁判対象事件について

　これらの期限についても，担当検察官と期限を調整するごとに裁判体に相談するのでは手間が掛かるので，標準的な期限（例えば，起訴から2週間後など）を部の方針として定め，それを検察庁との間でも確認しておけば，担当書記官が与えられた裁量の範囲内で訴訟関係人と調整することができ，有用である。なお，特に自白事件については，迅速かつ円滑な公判前整理手続の進行という観点から，検察官の書面提出期限とともに弁護人の予定主張記載書面等の提出期限を定める運用とする例もあり，その場合には，弁護人の書面提出期限の設定についても同様のことがいえよう。

イ　裁判員裁判非対象事件について

　上記(2)アで述べたことに加えて，非対象事件にあっては，付決定のための求意見が必要になるので，上記1(1)イの付決定のための求意見と同時に期限設定の求意見を行えば[*1]，その後の決定，通知が一度に済むので効率的である。

2　各種書面提出に関する事務処理

(1)　提出書面期限管理及び準備状況の把握

ア　期限管理及び準備状況把握の重要性

　公判前整理手続においては，主張及び証拠に関する訴訟関係人間のやりとりを経て，争点及び証拠整理が進んでいくものであるから，訴訟関係人の書面提出に関して期限を定めた場合に，定められた期限までに書面が提出されないと，全体としての手続の進行が遅れてしまうことになる。そこで，訴訟関係人は，各種書面の提出期限が定め

---

*1　付決定がされていない段階での求意見であるため，期限設定のための求意見は，付決定がされた場合の予定として，意見を聴取することになる。

第6章　公判前整理手続における進行管理

られた場合には，期限を厳守し，争点及び証拠整理に支障を来さないようにしなければならない（規217の22）ものとされているが，書記官としても，期限が来てから催促するのではなく，期限が近づいたら，早めに訴訟関係人に連絡を取り，準備状況を確認し，必要に応じて適切な促しを行うことが，円滑な公判前整理手続の進行のために不可欠であり，書記官としても基本的な事務であるといえる。

　　なお，刑訴法に基づく期限決定（法316の13Ⅳなど）として定められていない場合でも，例えば，裁判体が，公判前整理手続期日において，次回整理手続期日までに検討すべき事項などを訴訟関係人に指示した場合も，その検討結果が次回期日までに明らかにされなければ，最悪の場合，次回期日が空転してしまうこともあり得るので，期日前に準備状況の進行確認を怠りなく行う必要がある。

イ　期限管理の方法

　　書記官が書面提出期限管理を適切に行うためには，日ごろから書面提出期限や準備状況の確認を怠らないことが必要であるが，各自の記憶に頼るのではなく，きちんと記録化し，常に可視化できる状況にしておく必要がある。

　　期限管理の具体的な方法について，各庁の工夫例等に関するアンケート結果は以下のとおりである。

（アンケート6-2）

期限管理の工夫例

① パソコンの利用

ア　期日進行管理システム，刑事裁判事務処理システムの期限管理画面を使う。

イ　エクセル，アクセスなどのアプリケーションソフトを使って，期限管理ファイルを作成し，それを使って管理する。

　　更に，同ファイルを裁判官からも閲覧できるようにしたり，パソコンを起動させた際に，同ファイルも自動的に開かれ，提出期限1週間前からその旨の表示がされるように設定している例も見られる。

② 紙ベースでの管理

　　上記①のパソコンによる管理に加えて，パソコン画面をプリントアウトした書面により管理する。プリントアウトした書面は，自らの手控えとするほか，記録表紙や記録の冒頭部分に編てつするなどして，裁判官や他の書記官も状況が分かるようにしている例もある。また，公判前整理手続チェックリスト（40ページの【参考書式3-1】）に，各種書面提出期限の欄を設け，期限管理に活用している例も見られる。

③ 期日調書の写しを訴訟関係人に送付

　　次回期日までの宿題事項などについて，公判前整理手続調書の当該記載部分，若しくはその部分を簡潔にまとめた事務連絡を訴訟関係人に送付する。また，公判前整理手続の流れと一体となった一覧表に各種書面提出期限を具体的に記載し，裁判所の期限管理に利用するとともに，訴訟関係人にも交付して，期限管理等に利用してもらうという例も見られる。

④ 訴訟関係人への連絡の工夫

- 254 -

第2節　事件類型別進行管理事務処理例

機械的に，期限の1週間前に訴訟関係人に連絡する。
⑤　記録の配置の工夫
キャビネットの中で期日順，あるいは提出期限順に記録を保管する。

その他，裁判体との間で定期的にミーティングを設け，ミーティングの際，期限が近づいているものについて，その提出期限や提出の有無を確認するという例も見られる。

ウ　期限を守らない当事者への対応

書記官がきちんと期限管理を行い，訴訟関係人に書面提出や準備を促したとしても，期限までに提出されないという事態は起こり得る。特に，自白事件については，公判前整理手続に付することにより，逆に事件終結までの期間が長くなることは避けなければならない。書記官としては，期限内の提出が困難な事情と，いつであれば提出が可能かを詳しく聴取し，裁判体とも相談の上，速やかに対応する必要があり，当初定めた期限を変更[*1]する場合は，訴訟関係人にその旨の上申を促す必要がある。

訴訟関係人に対して事情聴取や必要な指示等を行う場合は，電話で済むことも多いと思われるが，期限の遅れが度重なる場合や，以後の公判前整理手続の進行に大きく影響するような事情があれば，当該訴訟関係人との面談や双方当事者を呼んで打合せを行うことも，裁判体と協議の上検討すべきであろう[*2]。

（アンケート6-3）
　提出期限を守らない当事者に対して，どのような対応をしたことがありますか
（回答数61【複数回答，ただし質問項目を一部抜粋】）
　　ア　期限を守らない当事者と裁判官との面談　　10
　　イ　双方当事者との打合せ期日の実施　　9
　　ウ　提出期限の変更　　29

---

*1　訴訟関係人の書面提出期限の変更について，刑訴法及び同規則は何ら定めをおいていないが，個々具体的な事情に照らし，必要と認める場合に，期限を変更することができるのは当然と考えられる（執務資料48ページ）。なお，訴訟関係人には，提出期限変更についての申立権はないので，期限変更の申出は，裁判所の職権発動を促す上申にとどまるものと解される。また，提出期限変更にあたっての，訴訟関係人に対する求意見，決定及びその告知方法は，元々の期限決定に準じてなされることになろう。

*2　それでも期限を守らない場合など，公判前整理手続の円滑な進行に非協力的な訴訟関係人に対しては，以下のような措置も考えられるが，極めて例外的な事例に限られよう。
　1　国選弁護人であれば，その解任（法38の3Ⅳ）
　2　検察官及び弁護人の訴訟遅延行為に対する処置（規303）
　　なお，アンケート結果によると，上記1の措置を採った事例は見られなかったが，上記2については，裁判官が書面提出期限に遅れている訴訟関係人に対して，公判前整理手続期日でその理由の説明を求めた（規303Ⅰ）事例は見られた。

- 255 -

第6章　公判前整理手続における進行管理

エ　期限が守られなかった場合の措置（規217の23）

　　書面提出期限をきちんと管理し，期限に遅れた訴訟関係人に対する適切な指示を行っても，訴訟関係人に対して定めた期限までに，意見若しくは主張が明らかにされず，又は証拠調べの請求がされない場合で，公判の審理を開始するのを相当と認めるときは，期限を守らなかった側の意見，主張又は証拠調べ請求はないものとして，それまでに明示された意見，主張及び取調べ請求のあった証拠に基づき，公判の審理予定を定め，公判前整理手続を終了することができる[*1]。

　　ただし，本条は，公判前整理手続において定められる個々の期限について失権効を持たせる趣旨ではないため，期限の経過後であっても，事件の争点及び証拠整理の結果を確認する前に，意見若しくは主張が明らかにされ，又は証拠調べ請求がされたときには，これをないものと扱うことができない。しかし，前述したように，訴訟関係人には，期限厳守の義務も課せられているのであるから（規217の22），失権効がないからといって期限を無視してよいわけではないことは当然である（執務資料49ページ）。

〈Point〉

○　パソコンなどの便利な機能を使って，効率よく，早め早めの連絡を励行することが大切（254ページ）

○　期限が守られない場合も，裁判官と連携して，迅速な対応を心掛ける（255ページ）

---

(2)　当事者提出書面の内容確認と任意の補正の促し

ア　書記官が取り組むことの意義及びそのために必要なこと

(ア)　一歩先を見通して事務を行うことで，迅速かつ円滑な進行につながる

　　公判前整理手続においては，期日前若しくは期日間に，訴訟関係人双方から争点及び証拠整理に関する書面が提出される。書記官としては，公判前整理手続の円滑な進行のため，これまで述べたように，書面提出期限管理を適切に行うことは，進行管理事務の基本というべきものである。

　　ただ，期限内に書面が提出されても，それが，争点及び証拠整理に向けて的確な内容になっていなければ，結果的に争点及び証拠整理は進まない。したがって，書記官としても，提出された書面について，形式的な内容を確認することは当然として，実質的な内容についても理解し，必要に応じて，訴訟関係人に対して補正等を促すことができれば，期日において充実した協議を行うことができ，期日の空転といった最悪の事態も避けることができる。

＊1　公判前整理手続を終了するに当たって，結果確認を期日を開いて行う場合は検察官，弁護人双方の出頭が必要となるが（法316の7），期限を守らない訴訟関係人が期日に出頭しないおそれもあるため，出頭命令（法278の2Ⅰ）や職権による弁護人の選任（法316の8Ⅱ）の要否も検討する必要がある。また，当該期日には，被告人の出頭を求める（法316の9Ⅱ）ことも必要となろう。

　　なお，アンケート結果を見ても，規217の23の措置を採ったという例は見られなかった。

第2節　事件類型別進行管理事務処理例

　　また，書面提出後早い段階で，提出書面の補正の促しができれば，訴訟関係人が早期に対応でき，更に，当該書面が提出されたことにより，次にどのような展開があるのかを考え，書面提出者若しくはその相手方に対して必要な促しを行うこと（例えば，検察官請求の供述調書に弁護人が不同意であれば，供述者の証人尋問などの追加立証の検討を促すなど）ができれば，それらにより，結果的に，公判前整理手続の迅速な進行にもつながるものである[1][2]。

　　ただし，そのような促しを行うについても，裁判体との認識を共通にしておくことが必要であり，内容が訴訟指揮に直結するものであれば，裁判体の意向を十分確認した上で行う必要がある。

　　以下，事件処理を担当する受訴裁判所（裁判所というチーム）の一員たる書記官として，そのように一歩先を見た意識を持つことで，公判前整理手続の迅速かつ円滑な進行のために何ができるかという視点から，どのような取組が可能か考えてみたい。

(イ)　各種書面の意義，要件と共に争点を理解する

a　法及び規則の理解

　　検察官の証明予定事実記載書面及び弁護人の予定主張記載書面等の訴訟関係人が提出する各種主張書面の記載内容を確認するに当たっては，まず，それらの書面に要求されている記載事項に関する刑訴法及び同規則に関する理解を深める必要がある（必要とされる記載事項等については，前述第3章　64ページ，73ページ参照）。また，必要に応じて，実体法や各種手続法に関する知識も欠かせない[3]。

b　争点の把握

　　次に，その記載内容が争点の整理に向けた的確なものかどうかという観点から，記載内容を見ていく必要があるが，そのためには，争点や当該書面が提出される意義（主張の全体像を示すものなのか，ある特定の主張に対応した補充主張又は反論なのか等）の正確な理解が欠かせない。また，公判前整理手続においては，訴訟関係人が，相互に自らの主張と相手方の主張に対する反論を行いながら争点及び証拠整理を進めていくことになるので，相互の主張と反論がかみ合った内容のものであるかどうかも，それぞれの主張を対照しながら見ていく必要がある。

---

[1]　書記官による訴訟関係人に対する準備の進行に関する問合せ等（規178の9）は，事前準備事務の中核をなすものとして，公判前整理手続に付された事件においても，その規定の適用が排除されておらず（規217の18），むしろ，書記官が，公判前整理手続の流れを理解し，各当事者への連絡，調整，提出された書面の授受はもとより，公判前整理手続の実効性を持たせるための積極的な関与が期待される（大島論文15ページ）。

[2]　アンケート回答によると，訴訟関係人の提出書面について，内容確認の上，任意の補正を促したり，疑問点の照会を行うといった取組みをしているとの回答は，85回答中24あり，また，証拠整理の過程に担当書記官が関与したという事例も，同様に，85回答中19あるなど，一定の取組み事例が見られるところである。

[3]　この点，裁判官から証拠構造についての講義を受けるなど，知識獲得に向けた取組みも見られる。

- 257 -

第6章　公判前整理手続における進行管理

c　証拠整理の意義の理解

　また，後述（260ページ脚注1参照）する証拠厳選の観点からの証拠の絞り込みなど，公判前整理手続における証拠整理の意義を理解しておけば，証拠請求の必要性などについて，訴訟関係人に対して，事実上の照会を行うことができる。

(ウ)　裁判体との認識の共通化

　争点及び証拠整理は，当然，裁判体を中心にして進められるものであるため，任意の補正の促しや記載内容について照会するに当たっても，上記ア(ア)で述べたとおり，裁判体の意向を十分把握しておく必要がある。したがって，日ごろから，事件の争点等について，裁判体との認識を共通にしておく必要があり（その方法論等については，前述第4章　107ページ，及び本章　240ページ参照），内容によっては，補正の促しや照会をする前に，あらかじめ，裁判体に相談しておくことも必要であろう。また，証拠整理にあっても，裁判体から一般的な方針として示されれば，その方針で示された書記官の裁量の範囲内で必要な促しを行うこともできる。

イ　具体的取組例

　以下，アンケート結果等から見た各庁の取組例を踏まえて，証明予定事実記載書面等の主張関連書面並びに証拠調べ請求書及び証拠意見書等の証拠整理関連書面についての任意の補正の促し及び照会事項として考えられるものについて，そのポイントを記述する。

(ア)　証明予定事実記載書面等の主張関連書面

a　指示された内容と齟齬していないか，また不足する点はないか

　提出された書面の内容が，期日や期日外で，訴訟関係人に対して裁判体が指示した内容に沿ったものかどうか，更に，起訴状記載の公訴事実や，訴訟関係人提出の主張書面等に関して相手方から釈明を求められた場合に，それに対する的確な回答になっているかどうかなどである。

b　証明予定事実記載書面等と引用される証拠とが対応しているか

　証明予定事実を明らかにするに当たっては，証明に用いる証拠との関係を明示する必要があるので（規217の20），証明予定事実記載書面等で引用されている証拠について，証拠請求書（検察官については証拠等関係カードが提出されるのが通例であろう）の立証趣旨等と符合しているかどうか，また，証拠請求書（証拠等関係カード）に記載されている証拠が証明予定事実記載書面等に漏れなく記載されているかどうかなどである。

　更に，自白事件で弁護人立証が情状立証のみである場合であっても，証人尋問や書証などによる具体的な立証予定があるのに，予定主張記載書面に情状に関し

- 258 -

て証明予定事実として記載していない場合なども主張の補充を促す必要がある[*1]。

c　記載内容が漠然としていないか，また，あいまいな記述や抽象的な記述になっていないか

例えば，予定主張記載書面に犯行時の被告人の精神状態についての記述があるが，責任能力についての主張をするのか，情状としての主張にとどまるのかが明らかではない場合などに主張の補充を促すことなどである。

d　その他

例えば，予定主張記載書面で，特定の争点について，類型証拠開示を受けてから被告人側の主張を明らかにするというような記述になっているのであれば，類型証拠開示手続の進捗状況を確認し，遅れていれば，必要な促しを行うなどである。

(イ)　証拠調べ請求書及び証拠意見書等の証拠整理関連書面

a　証拠の必要性の吟味

公判前整理手続においては，充実した公判審理を継続的，計画的かつ迅速に行うために証拠整理がなされるが，特に，公判前整理手続が必要的とされる裁判員裁判対象事件にあっては，裁判員に余分な負担をかけないために，犯罪事実の存否・量刑判断に意味を持たない事実が立証の対象とされることを避けなければならず，また，事実認定における当該証拠の必要性についても，厳密に考えていくべきものとされる（大型否認事件の研究25ページ）。

---

*1　ただ，被告人側の主張（法316の17 I）については，事案によっては，非常に単純な主張もあることから，必ずしも書面による必要はないものとされており（法解説(2)72ページ），補充書面を提出させるとしても簡潔な記載で足りる場合もあろうし，公判前整理手続期日において口頭で補充させることで足りる場合もあろう。

第6章　公判前整理手続における進行管理

　　　そのような観点から，公判前整理手続の新設に伴い，刑訴規則に証拠の厳選[1]
　　の規定が盛り込まれたのであるが，書記官としても，訴訟関係人からの証拠請求
　　に際しては，証拠厳選の意識をもって，証拠請求の必要性という観点から証拠調
　　べ請求書を点検し，必要に応じて，訴訟関係人に対して事実上の照会をするなど
　　の姿勢を持つべきであろう。ただし，証拠の必要性についての考え方は，裁判体
　　によって異なるので，書記官としてどのような取組ができるかについては，裁判
　　体と十分に協議する必要がある。

b　証拠の必要性の判断のあり方

　　　被告人その他の者の供述調書が複数通請求されている場合で，立証趣旨が「犯
　　行状況等」などと同一である場合に，その必要性について，検察官に照会すると
　　いったことであり，そのような取組例も見られる[2]。

c　裁判員裁判対象事件における特有事項

(a)　裁判員の心証の採りやすさという観点

　　　　裁判員が証拠に含まれる情報を消化し，争点について意見を形成できるよう
　　　にするためには，証拠の採否を適切に行う必要があり，裁判員制度の下では，
　　　冗長な立証は単に審理を長期化させるだけでなく，裁判員の理解を妨げ，かえ

---

[1]　**証拠厳選について**

　　証拠調べの請求は，証明すべき事実の立証に必要な証拠を厳選して，これをしなければならない（規189
の2）。この規定は，公判前整理手続の創設に併せて新設されたものであるが，訴訟関係人の念を入れた立証
に対して，裁判所が必要性を厳格に吟味することなく多数の証拠を採用して取り調べるといった，これまで
の実務における証拠調べのあり方は，裁判員裁判の下では到底維持することができないのではないかとの問
題意識に基づくものである。

　　本条は，直接的には訴訟関係人の義務を規定するものであるが，その趣旨に照らせば，裁判所も証拠の採
否に当たり，これまで以上に必要性を吟味していくことが求められる（執務資料8〜9ページ）。なお，当
事者追行主義の下では，公判前整理手続における証拠整理も，第一次的には当事者のイニシアチブの下にお
いてなされるべきであるが，上述の趣旨から，請求の必要性に疑問のあるときは，請求者に対して説明を求
め，必要に応じて，取調べ請求予定の証拠が事件の争点にとって真に必要不可欠なものかどうか求釈明する
（規189Ⅲ）ことが相当な場合もあろう。

　　なお，このような証拠厳選の意識は，訴訟関係人（特に検察官）にも浸透しつつあるようであり，個別の
事件における裁判所からの求釈明を受け，その積み重ねにより，あらかじめ取調べに必要な証拠に厳選され
た上で請求されることが多くなったとのアンケート回答も見られる。

[2]　その他，凶器を使った事件で，公訴事実について争いが無い事案について，押収手続に問題のない凶器が
証拠請求される場合，関連性や所有関係等が他の証拠からはっきりしているのであれば，証拠物たる凶器に
ついての任意提出書や写真撮影報告書は不要とする見解もあり（ただ，証拠物を領置しないのであれば，写
真撮影報告書は不要とはいえないであろう。），そのような証拠請求がされている場合は，必要性について照
会するといったことも考えられ，そのような取組も見られる。

ってマイナスの効果を持つこともある[1]ものとされる。

(b) 裁判員の理解のしやすさという観点からの証拠調べの工夫

公判での供述調書の取調べについては，原則全文朗読[2]になることも予想されることなどから，証拠請求に際して証拠の量を確認し[3]，必要に応じて，抄本化による内容の整理を促す例や，関連する書証が複数ある場合は，それらを一通にまとめた統合捜査報告書を作成させるよう促す例も見られる。

d 弁護側の情状立証

証拠の必要性の吟味という観点は，検察官請求証拠だけではなく，弁護人請求証拠に対しても当てはまるものである。それは，自白事件で，弁護側立証が情状立証にとどまる事案であっても同様で，弁護側立証の必要性にも配慮しつつ，取り調べるべき証拠を整理し，裁判員の負担を少なくするという観点からも，弁護人に対して証拠の必要性について説明を求めることが必要な場合もあろう。

具体的には，例えば，複数の情状証人を請求している場合には，尋問事項を確認して，重複していれば，複数の情状証人や，当該尋問の必要性について説明を求めたり，被告人質問についても，予定時間が通常の事案を考慮しても長いと思われる場合は，同様に，必要性について説明を求めるなどのことが考えられる。

e 証拠意見について

証拠請求に対する相手方の意見についても，内容を確認して意見の補充を求めたり，その意見を踏まえて，請求者に更なる立証方針について検討を促すなどができれば，円滑な公判前整理手続の進行につながるものである。

そこで，具体的な例としては，以下のようなことが考えられる。

① 検察官請求の被告人の供述調書について，弁護人が，ただ単に「不同意」としか意見を述べない場合には，任意性を争うのかどうか確認し，任意性を争うのであれば，その点についての具体的な主張を促す。また，その主張がなされていれば，その主張を踏まえて，検察官に対し，任意性立証についての検討を促す。

② 鑑定書や実況見分調書についても，弁護人が，単に「不同意」とのみ意見を述べた場合は，作成の真正（法321Ⅲ等）についても争うのかどうか確認する。

---

[1] 東京地方裁判所公判審理手続検討委員会・同裁判員模擬裁判企画委員会「裁判員が関与する公判審理の在り方」（判タNo.1278・9ページ）参照。

[2] 裁判員裁判においては，従来の刑事裁判とは異なり，裁判員が公判審理を終えて記録を読みこむことを前提にした審理は不可能であり，基本的には，証拠の内容すべてを公判廷で顕出し，公判廷で心証を取ることができるようにすべきであるから，証拠書類の取調べは，原則として全文朗読によるべきであり，特に供述調書はこの原則に従うべきであるとされる（大型否認事件の研究33ページ）。

[3] 検察官の証拠請求の際，証拠等関係カードに供述調書の丁数をメモ程度に付記させている実務例も見られる。また，実況見分調書などは，同様に，添付する写真の枚数や図面の通数を付記させている例もある。

- 261 -

第6章　公判前整理手続における進行管理

③　全部不同意との意見の場合でも，一部同意の余地がないかどうか検討を促し，また，請求者に対し，立証趣旨の変更により同意の意見を得られないか相手方と協議するよう促す。

④　被告人以外の供述調書について，不同意との意見が判明すれば，供述者の証人尋問の要否等の立証方針について，請求者に検討を求めるなど，次の段階に向けての準備を促す。

〈Point〉

○　常に，次に行われることを考えながら事務にあたる（256ページ）

○　事案及び争点を理解し，提出された書面がどのような意義を持つのかを考える（257ページ）

3　証拠開示の進行状況把握

公判前整理手続においては，証拠開示に関して，その範囲が拡充されるとともにルールが明確化されている（法316の14，316の15，316の18，316の20等）。これらの証拠開示に関するやりとりは，原則的には検察官と被告人側（通常弁護人）との間のやりとりであり，裁判所が直接的な関わりを持つものではないが，公判前整理手続の進行という観点（例えば，検察官請求証拠に対する弁護人の意見は，類型証拠開示を受けて表明されるのが法文上の順序である。）からは裁判所にとっても把握しておく必要性の高い事項であることに間違いはない。そこで，裁判所として証拠開示の進行状況を把握しておくという運用も考えられるところである。ここでは，証拠開示に関する書記官の進行管理事務としてどのようなことが考えられるのか検討したい。

⑴　検察官請求証拠の開示

事件が公判前整理手続に付されると，検察官の証明予定事実記載書面の提出期限，証拠の取調べ請求を行う期限が定められ（法316の13），取調請求をした証拠については，速やかに被告人側に開示しなければならない（法316の14）とされている。検察官の請求証拠については，このように法文上，開示が義務づけられていることから，進行管理事務として把握しておく情報としては，開示の予定時期，開示が実際にされたかどうか及び開示された証拠を弁護人が閲覧，謄写したかどうかという点になるものと思われる。

以下，検察官請求証拠の開示に関する進行管理事務として，誰から，いつ，どのような情報を収集するのか，その上でどのような進行管理事務を行うことが考えられるのかという観点から検討する。

ア　検察官からの情報収集

まず，検察官からの情報収集についてである。上記の情報収集の観点からすると，検察官から請求証拠についての情報を収集するタイミング及び収集する情報の内容としては，次のように考えられる。

①　起訴直後に証拠開示可能（予定）時期を聴取する。

②　証拠請求時に，証拠が開示済みかどうかを聴取する。

①の起訴直後の段階での情報収集については，公判前整理手続に付される予定の事件であるかどうかを問わず一般的に行われている書記官の事前準備の一環として，請

- 262 -

求証拠の開示時期を聴取する扱いが多いと思われる[*1*2]。検察官の請求証拠の開示予定時期については，公判前整理手続のその後の進行スケジュールを検討する上で重要な情報となろう[*3]。また，起訴直後の情報収集により，証拠の数が大量であるとか，通常の事件よりも開示までの時間がかかるといったことが想定された場合等には，開示予定時期の前に改めて請求証拠の開示が当初の見込みどおり進んでいるのかどうかを念のため把握しておくことが有益な場合もあり得よう。

　情報を収集した後の進行管理事務としては，まず，起訴直後に得た開示の予定時期に関する情報を弁護人に伝達して，開示がされ次第，速やかに証拠閲覧をするよう依頼することが考えられる。また，証拠請求時に請求証拠の開示状況を聴取した場合には，弁護人に連絡をして，証拠の閲覧，謄写を行ったかどうか確認することが考えられる。

イ　弁護人からの情報収集

　次に弁護人からの情報収集についてであるが，弁護人は請求証拠の開示を受ける立場になるので，実際に証拠の閲覧を行ったかどうかが情報収集の中心になろう。弁護人とコンタクトをとるタイミングや情報収集の内容としては，次のように考えられる。

①　検察官から請求証拠の開示の時期を聴取した直後又は弁護人選任手続の直後に，検察官の証拠の開示（予定）時期を伝達して，開示後速やかな証拠閲覧を促す。

②　検察官の証拠請求の後に，証拠の閲覧を済ませたかどうかを確認する。

　進行管理事務としては，②の確認を行った結果，閲覧を済ませていた場合には，証拠意見や類型証拠開示請求をするかどうかを速やかに検討するよう促し，一定の期間の後にその検討結果を聴取することが考えられる。また，この時点で検察官請求証拠に対する意見を表明する期限が決まっていれば，その点について改めて念押しすることも考えられよう。逆に閲覧していない場合には，早急に閲覧するよう促す必要がある。

(2) 類型証拠の開示

　類型証拠の開示は，被告人側から検察官に直接請求することによって行われる（法316の15）。したがって，裁判所としては，弁護人から検察官に対して請求がされたかどうか，それに対して検察官がどのように対応したのか，さらに開示請求が繰り返される見込みがあるのか，裁判所に対する裁定請求（法316の26）がなされる可能性があるの

---

*1　アンケートにおいて起訴後に検察官から収集する情報について調査したところ，多くの庁で証拠の開示時期を挙げた。なお，起訴直後における証拠関係の情報収集としては，その他に請求予定の証拠の量を聴取するという回答が多く見られた。起訴後の情報収集に関する詳細は，本章　248ページ参照。

*2　起訴直後の情報収集の方法としては，「新件連絡票」等の定型的な書式を用いて行っている実務例が多い（本章　249ページ参照）。

*3　検察官請求証拠開示の時期については，裁判所と担当検察官との間で一般的な取決めがなされている例が見られる（第3章　68ページ参照）。

第6章　公判前整理手続における進行管理

か，といった一連の流れを当然には把握できない。したがって，場合によっては，裁判所に裁定請求がなされて初めて証拠開示に関する紛争の存在を知るという状況にもなりかねないが，そのような事態が望ましいとは思われない。むしろ，手続の進行の適切な管理といった観点からすれば証拠開示の手続の進行状況を把握しておくことが有益であるとも思われる。そこで何らかの方法で証拠開示のやりとりについて裁判所が把握すべきであるという考えに基づいた運用を行うことが考えられる。

　この点について，アンケートを行った結果は次のとおりである。

（アンケート6-4）

**　証拠開示の裁定申立てに至る以前の証拠開示に関する進行状況を把握していますか**

（回答数81【複数回答】）

　　ア　　積極的に情報収集し，開示の有無等について把握している　　**20**

　　イ　　当事者から情報提供されれば，その点について進行状況を把握している　**59**

　　ウ　　特に把握していない　　**4**

　上記の結果から見ると，裁判所から積極的に働きかけるか否かの違いはあるにせよ，証拠開示のやりとりの進行状況については把握している運用が多いといえよう。

　そこで，以下，類型証拠開示の手続の進行状況を裁判所が何らかの方法で把握することを前提として，書記官の進行管理事務を検討してみたい。

ア　類型証拠開示の手続の進行状況把握の方法

**　(ｱ)　証拠開示のやりとりを把握する端緒**

　　　前述のとおり，類型証拠開示のやりとりは，本来的には，訴訟関係人間で直接行われるものであるので，裁判所がそのやりとりの有無や進行状況を把握するためには，まずその端緒をどうするのかを考える必要があろう。この点について，アンケートから見た各庁の取扱例としては次のようなものが挙げられる[1]。

　　①　弁護人の証拠開示請求書，検察官のこれに対する回答書をそれぞれ相手方に送付するとともに裁判所にもＦＡＸ等で参考送付するよう弁護人及び検察官にあらかじめ依頼する。

　　②　弁護人に検察官の請求証拠を閲覧したかどうか確認する際等に，類型証拠開示請求の可能性があるかどうか検討を促し，その結果を確認する。

　　　上記の例は，いわば裁判所から検察官又は弁護人にアプローチして証拠開示の状況把握の端緒を得る方法であるが，公判前整理手続期日や打合せにおける協議の中で証拠開示のやりとりを把握する端緒を得て，その後の進行状況把握につなげる場合も多いものと思われる。

---

[1]　このような取扱いは，いずれも一般的審理方針の中に盛り込まれていた例であるが，趣旨としては，弁護人又は検察官に対して，裁判所から協力を仰ぐものであるので，書記官としても提出を求める趣旨をよく理解し，また訴訟関係人にも理解を求めた上で依頼をする必要があろう。

書記官のスタンスとしては，証拠開示に関する紛争の有無が，その後の公判前整理手続の進行に与える影響の大きさを考えると，証拠開示の手続に関する情報が入るような態勢にしておくことが望ましいと思える。その意味で，上に挙げた①や②のような取扱いをすることが検討されるべきであろう。

(イ)　証拠開示の手続の進行状況の把握

　　　訴訟関係人間で，証拠開示の手続が円滑に進行しているかどうか，あるいは裁定請求（法316の25，26）に及ぶ可能性があるのかどうか，すなわち証拠開示のやりとりがあることを把握した上で，その進捗状況や進行の見込みを把握するということは，公判前整理手続の適切な進行管理に直結するものといえよう。先に示したアンケート6－4の結果も多くの裁判体でそのような認識を持っていることを示すものと考える。

　　　具体的に進行状況を把握する方法としては次の方法があるだろう。

①　訴訟関係人に書面の参考送付を依頼している場合には，弁護人からの請求書が送付された段階で検察官に回答の見込時期を尋ね，その時期が近づいた段階で進捗状況を確認する。また，公判前整理手続期日において検察官から開示の見込時期が述べられた場合も同様のことが考えられる。

②　検察官への照会の結果，対応済み（開示済みあるいは開示しない）の回答を得た場合は，弁護人に対して，その後の対応方針を確認する（再度の開示請求があるのか，裁定請求の予定があるのか等）。

　　　いずれにしろ，証拠開示は訴訟関係人間のやりとりが原則であることから，裁判所が請求あるいは回答の期限を決定をもって定める類のものではない。しかし，これをすべて弁護人及び検察官にゆだねて，裁判所が状況を把握しないでおいたことで公判前整理手続が遅延することは望ましいとはいえない。公判前整理手続を主宰する裁判所としては，証拠開示請求又は請求に対する回答の見込時期を積極的に聴取するなどして把握した上，それが遅滞なく履行されるよう差配し，進行状況を管理することは必要な進行管理といえるのではないだろうか。また，事案によっては，上記②のように検察官からの回答を受けた後の弁護人の対応（裁定請求予定の有無など）についても，情報収集することが有益な場合も考えられよう。

イ　類型証拠開示請求書及び回答書の取扱い

　　　類型証拠開示請求に関する進行管理事務として，各訴訟関係人が相手方に送付した書面を裁判所にも参考送付を依頼する運用を行う場合，参考送付された書面の取扱いについて実情を紹介しておく。

　　　まず，証拠開示に関して弁護人と検察官との間で交わされた書面を裁判所にも送付するよう求めているかどうかについては以下のとおりである。

第 6 章　公判前整理手続における進行管理

（アンケート 6 － 5）

証拠開示請求書等の写しの提出を求めていますか（回答数 8 4）

ア　　提出を求めている　　4 3

イ　　特に提出を求めていない　　4 1

　　　（ただし，「結果的には全件提出されている」という回答 1 を含む。）

　この点，取扱いとしてはほぼ半々といえよう。ちなみに前問のアンケート 6 － 4 で「ア」（積極的に情報収集する。）と回答した部のうち 4 分の 3（15庁）が本問でも「ア」と回答し，書面の提出を求めているという結果であった。

　次に，裁判所から求めたか否かを問わず，各訴訟関係人から書面が裁判所に提出された場合，当該書面を記録に編てつするかどうか，及び編てつする場合の編てつ箇所が問題となる。これは，開示請求書や回答書が，本来裁判所に提出されるものではないが，その一方で証拠開示の進捗状況が進行管理上有益な情報といえることから問題となるものである。この点についてアンケートをした結果は次のとおりである。

（アンケート 6 － 6）

当事者から提出された開示請求書等の写しを一件記録に綴っていますか（回答数 8 1）

ア　綴っている　　3 8

イ　綴っていない　　4 3

（綴る場合の編てつ箇所について）

第 1 分類　　1 4

第 2 分類　　1

第 4 分類　　1 7

その他

・　特に綴っていないが，書面による公判前整理手続の場合は，第 1 分類

・　基本的には第 4 分類だが，その書面を調書で引用する場合は，第 1 分類

・　進行中は第 1 分類

・　第 4 分類の次（記録の末尾）

　まず綴るかどうかという点については，綴らない取扱いの方が多い（「綴る」回答のうち，第 4 分類の次に綴るという回答も訴訟記録とはせず，また，確定後廃棄するという意味では「綴らない」回答と同様に解せる。）。これらの証拠開示に関する書面は，裁判所の訴訟指揮による証拠開示命令を求める書面とは異なり，検察官・弁護人間のやりとりの書面が参考送付されているという趣旨のものであることから，基本的には綴らない取扱いで差し支えないものと思われる。

　しかし，書面の送付を求める趣旨が証拠開示手続の進行管理にあることを考えると，必要に応じて，進行管理に資する書面として参考のために綴っておくという取扱いを否定するまでのことはないと思われる。そして，参考のために綴るという趣旨であれ

ば，編てつ箇所は第4分類になるであろう[*1]。

(3) 主張関連証拠開示

主張関連証拠開示の手続の流れは類型証拠開示と同様である。進行管理という観点では，主張関連証拠開示が，被告人側の主張がなされたことを前提としたものである点を留意するほか，類型証拠開示におけるものと違いはない。

(4) 被告人側請求証拠開示

被告人側が請求した証拠については，検察官に対して開示することが義務付けられている（法316の18）。したがって，進行管理事務としては，(1)の検察官請求証拠の開示と同様に考えてよい。

〈Point〉

○ 検察官・弁護人間の証拠開示に関する進行状況を把握することは進行管理事務を行う上で重要である（263～264ページ）

→ 請求書，回答書の裁判所への参考送付を促すことも有益

○ 検察官の証拠開示の見込み時期，弁護人の証拠開示後の対応を意識した進行管理を実践する（265ページ）

---

4 審理予定案の策定

一般的に審理予定の策定は，争点及び証拠の整理の結果を踏まえて，公判前整理手続の最終段階で行われる手続であるが，これは審理予定が，争点及び証拠整理の結果を具体化させたものであるともいえるからである。そこで，書記官が進行管理事務の一環として，それまでの公判前整理手続における争点及び証拠整理結果の内容を反映させた審理予定案の作成に関わることも考えられてよいのではなかろうか[*2]。特に自白事件の場合には，審理予定も比較的定型的なため立案しやすく，書記官としても十分対処可能な事務であると思われる。

そこで，具体的に想定される事務を考えてみると，公判前整理手続期日を開いて手続を進め，期日において審理予定案を協議し，策定する場合には，事前準備事務として訴訟関係人に審理予定策定に必要な事項について検討を促し，予定した期日において確実に審理

[*1] アンケートの回答を見ると，証拠開示のやりとりに関する書面を第1分類に綴るという取扱いも多いことがうかがえる。これは，①証拠開示の手続が裁定請求に至った場合にはその請求書や決定書は第1分類に綴られること，②職権発動を求める申立てとしての証拠開示命令申立書は，第1分類に綴られること，③公判前整理手続期日との関連という意味では，当該証拠開示請求に関する協議が期日に行われる場合もあるし，公判前整理手続の流れを把握するという意味でもむしろ第1分類に綴ってある方が分かりやすいことといった理由からのものであると考えられる。

[*2] アンケートにおいて，審理予定案作成を書記官が行ったことがあるかどうか回答を求めたところ，作成を行ったことがあるとの回答は，85回答中23であった。現状では，審理予定の作成を書記官が行った事例は決して多いとはいえない状況である。

第6章　公判前整理手続における進行管理

予定を策定することができるように連絡調整することが考えられ[*1]，書面のみによる公判前整理手続を行う場合には，最終的な審理予定案について訴訟関係人双方の意見を聴取するための審理予定の原案を策定することなどが考えられる。

そこで，以下，自白事件の審理予定案を作成するためには，どのような情報が必要で，審理予定にはどのような要素を盛り込むことが考えられるのかといった点を中心に，書記官が審理予定案の作成に関与し，または作成する手順を考えてみたい。

なお，裁判員法施行後は，自白事件が公判前整理手続に付される場合は，事件が裁判員裁判対象事件であることが一般的であると思われるので，それを前提に検討することにしたい。

(1) **一般的な自白事件**

はじめにごく一般的な自白事件の審理予定案の作成について考えてみたい。

審理予定案の作成の手順としては，はじめに審理のおおまかな進行をイメージして，それに所要時間等の具体的な要素を肉付けしていくという方法が考えられる。そこで，まず一般的な自白事件の審理の進行を整理してみると次にようになる。

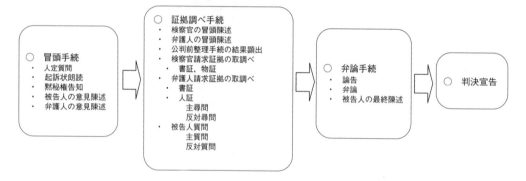

裁判員裁判では，これに評議（中間評議，最終評議）が加わると考えればよい[*2]。そこで審理予定案を作成するために，これに具体的な肉付けをしていくことになる。

ところで，裁判員裁判における審理予定案の策定に当たっては，できるだけ詳細な時間設定がされたもの（タイムスケジュール）を策定することが望ましいことは前述のとおりである（第3章　89ページ参照）から，証人数も少なく，証拠調べ手続も比較的定型的な自白事件の場合には，それぞれの手続に要する時間を設定することを中心に審理

[*1] 自白事件において期日を開いて公判前整理手続を進める場合には，必要以上に期日を重ねることにより公判前整理手続の期間が長くなることは相当ではないから，このような審理予定を策定するに当たって訴訟関係人が検討しておくべき事項を期日前に検討しておくよう促すといった事前準備事務が重要になる。

[*2] 書記官事務の観点からは，裁判員裁判においては，裁判員候補者が来庁してから，裁判員が判決宣告後退庁するまでの裁判員の一連の動きに沿った訴訟運営態勢を別途策定し，関係職員の役割分担やスケジュールを決めておく必要があろう。

第2節　事件類型別進行管理事務処理例

予定を組み立てていけばよい。その際に必要な情報を挙げてみると，次のとおりである
と考えられる。

○　冒頭手続の所要時間
○　検察官及び弁護人の冒頭陳述の方法（ＩＴ機器等の利用の有無）及び所要時間
○　公判前整理手続の結果顕出の方法及び所要時間
○　証拠調べの順序
○　検察官請求証拠の取調べの方法（書証の全文朗読を行うもの，要旨告知で行うも
　　のの別，図面及び写真の展示方法など）及び所要時間
○　弁護人請求証拠の取調べの方法及び所要時間
　・　書証（取調べの方法及び所要時間）
　・　人証（主尋問，反対尋問の予定時間）
○　被告人質問の所要時間（主質問，反対質問の予定時間）
○　論告，弁論の方法（ＩＴ機器等の利用の有無）及び所要時間
○　中間評議を行うタイミング，確保する時間
○　最終評議のために確保する時間
○　判決宣告期日の日程

公判前整理手続期日において審理予定案の策定のための協議が行われる場合には，前
述のとおり，公判前整理手続を円滑に進め，必要以上に期日を重ねることを避けるとい
う観点から，検察官及び弁護人に対して，期日に向けた準備として，上記の内容につい
てあらかじめ検討をするよう依頼しておくことや，期日に至るまでの段階で聴取した意
向を基にあらかじめ大まかな案を作成しておくことも考えられる[*1][*2]。また，公判前整
理手続で行われる協議において，これらの事項が漏れなく協議されているか確認するこ
とも重要である。

一方，書面のみによる公判前整理手続等で書記官が審理予定案を作成する場合には，
まず裁判体の意向（公判前整理手続の結果顕出の方法，書証の取調べの順序，方法等）
を確認した上で，検察官及び弁護人からそれぞれ意向を聴取し，調整しながら案を作成

＊1　期日における審理予定策定のための準備として，【参考書式6－2】のような書面を検察官及び弁護人に
　　　送付して，期日前に裁判所に回答書を返送してもらうことにより，あらかじめ意向を確認しておく工夫例も
　　　見られた。
＊2　証人尋問の請求に際しては，尋問に要する見込み時間を申し出なければならず，尋問をする旨の決定があ
　　　った場合には，相手方が尋問に要する見込みの時間を申し出なければならないことになっている（規188の3
　　　Ⅰ，Ⅱ）。書記官としても，訴訟関係人からの証人尋問請求に際して，尋問見込時間が明らかにされていな
　　　ければ，その補充を求め，また，相手方に証人尋問請求についての意見の予定を聞く際，採用された場合の
　　　反対尋問の見込時間も合わせて聴取するべきである。また，証人尋問請求に際して，尋問事項書の提出を求
　　　める扱いにしておけば（規106Ⅰ本文），必要な尋問時間の絞り込みも可能になると思われる。このことは，
　　　被告人質問においても同様である。

第6章　公判前整理手続における進行管理

していくという手順になろう[1]。

　そのような過程を経て作成した審理予定案の例（公判前整理手続調書に記載する場合の記載例は第4章　186ページ参照。ここでは，公判前整理手続調書の別紙とする場合や公判前整理手続期日外で訴訟関係人に示す場合を想定したものを例示した。）を参考に挙げる（**【参考書式6－3】**）。

---

[1]　**【参考書式6－2】**は，書面のみによる公判前整理手続における訴訟関係人の意向を聴取する場合にも使用することが可能である。

第2節　事件類型別進行管理事務処理例

【参考書式6－2】審理予定策定のための弁護人への意向照会・回答の書式

平成○○年(わ)第○○○○号

平成○○年○月○○日

主任弁護人　○○○○　殿

○○地方裁判所第○刑事部
裁判所書記官　○　○　○　○
TEL…
FAX…

事　務　連　絡

　被告人○○○○に対する○○被告事件について，公判の審理予定を策定するために必要ですので，別添の進行予定表に必要事項を記入の上，平成○○年○月○○日までに当職あてに送付してください。
　なお，書証及び人証については，いずれも現時点では採否未了ですが，審理時間の算定等の参考資料として，現時点での予定を御記入ください。

（別添書式）

平成○○年(わ)第○○○○号

平成　　年　　月　　日

進　行　予　定　表

主任弁護人　　○　○　○　○　㊞

　被告人○○○○に対する○○被告事件の進行予定等は下記のとおりです。
記
1　冒頭陳述（　　　　分）
　※　冒頭陳述につき，パワーポイント等の使用の有無　【　有　・　無　】
2　書証の取調べ　（合計　　　　分）　※全文朗読で行った場合
　※　書証の取調べにつき，パワーポイント等の使用の有無　【　有　・　無　】
3　人証の取調べ
　⑴　証人　○○○○（主尋問　　　　分）
　⑵　証人　△△△△（主尋問　　　　分）
4　被告人質問（主質問　　　　分）
5　最終弁論（　　　　分）
　※　最終弁論につき，パワーポイント等の使用の有無　【　有　・　無　】
6　被告人の最終陳述（　　　　分）
7　その他参考事項

第6章　公判前整理手続における進行管理

【参考書式6－3】審理予定案[*1]

審理予定（被告人〇〇〇〇）

1日目（〇月〇日（水））

予定時刻	時間（分）	審理の内容	備考
13：30～13：35	5	冒頭手続	
13：35～13：55	20	検察官冒頭陳述	パワーポイント使用
13：55～14：00	5	弁護人冒頭陳述	パワーポイント使用
14：00～14：05	5	公判前整理手続の結果顕出	
14：05～15：05	60	甲号証取調べ	甲〇～〇全文朗読，その他は要旨の告知 甲〇の取調べにつき書画カメラ使用
〈休憩10分〉			
15：15～15：35	20	乙号証取調べ	乙〇及び乙〇を除き全文朗読
15：35～15：45	10	弁護人書証取調べ	
15：45～16：03	18	証人尋問（被告人の父） 【弁10分，検5分，裁3分】	
16：03～16：51	48	被告人質問 【弁30分，検15分，裁3分】	
16：51～	15程度	中間評議	

2日目（〇月〇日（木））

予定時刻	時間（分）	審理の内容	備考
10：00～10：15	15	論告	パワーポイント使用
10：15～10：30	15	弁論	パワーポイント使用
10：30～10：35	5	最終陳述	
〈休憩10分〉			
10：50～12：00	70	最終評議	
昼食75分（12：00～13：15）			
13：15～15：00	105	最終評議	
15：30～16：00	30	判決宣告	

＊1　エクセルを使って，所要時間を入力すれば，自動的に細かいタイムスケジュールが設定されるようにしている例もある。

- 272 -

第2節　事件類型別進行管理事務処理例

(2) 事案により審理予定に加えるべき情報

(1)では，ごく典型的な自白事件の審理予定案の作成について検討したが，実務では自白事件といってもこのようなものばかりではなく，その他の様々な手続が介在することもあろう。そのようなものとして考えられるのは，以下のものである。

ア　犯罪被害者関連

公判審理において，犯罪被害者等の意見陳述（法292の2）が行われることが予定される場合は，これにも一定の時間を要することから，審理予定の中に含める必要があろう。また，被害者等の意見陳述についても，付添い（法157の2），遮へい（法157の3）及びビデオリンク方式（法157の4Ⅰ）が準用される（法292の2Ⅳ）から，意見陳述の際にこれらの措置を採る必要がある場合には，審理の進行そのものに直接的に関わるものではないが，機材の設置等の準備のために必要な情報であるし，また，意見陳述手続の具体的な方法として，注意的に審理の予定の中に組み入れておくことが有益であろう。これらの情報については，被害者等の意見陳述の申出等が，まず検察官に対してされる（法292の2Ⅱ）ことから，検察官に対して十分情報収集しておく必要があろう。

また，犯罪被害者等が，被害者参加する旨の決定（法316の33Ⅰ）がなされている場合（又はそれが予想される場合）には，被害者参加人又はその委託を受けた弁護士が公判期日に出席する（法316の34）かどうか，被害者参加人等による証人尋問（法316の36），被告人質問（法316の37）及び弁論としての意見陳述（法316の38）をする意向があるかどうか，公判期日に出席するに当たって，付添い，遮へいの措置（法316の39）が必要かどうかといった点について，できる限り把握し，審理予定に含める必要があろう。これらの点については，被害者等の参加の申し出が検察官に対してなされることになっている（法316の33Ⅱ）ことから，検察官に対してあらかじめ照会することになろう[*1]。

イ　要通訳事件の場合

被告人が外国人で通訳を要する場合には，審理予定としては，当然のことながら，通訳に要する時間を見込んだ時間設定をしなければならない。証人尋問や被告人質問はもちろん，冒頭陳述，論告，弁論のほか，書証の取調べにも通訳時間を見込まなければならないが，そのためには，公判前整理手続段階であらかじめ十分に協議しておく必要があろう。

具体的には，書証の取調べにおける通訳の方法，特に裁判員裁判の場合に供述調書を全文朗読することを前提とするならば，それをどのように通訳するのか（公判審理

[*1]　被害者参加人等が証人尋問，被告人質問及び弁論としての意見陳述を行う意向があるかどうかは，公判審理の予定の策定という意味では，重要度の高い要素であると思われる。しかし，被害者参加人等は公判前整理手続に参加できないのであるから（前述第3章　53ページ参照），これらの手続を行う意向の有無や所要時間については検察官を通じて十分情報収集する必要がある。

- 273 -

第6章　公判前整理手続における進行管理

の円滑化のためにあらかじめ通訳人に書面を交付しておいた方がよいのか[*1]，それとも公判審理の場で同時的に通訳をすることが可能なのか。），プレゼンテーションソフトを用いて行う冒頭陳述，論告及び弁論をどのように通訳するのか，また，ワイヤレスシステムを使う手続の範囲といった点を詰めておく必要があると思われる。

⑶　審理予定案の利用

　公判前整理手続期日において策定され調書に記載された公判審理予定の部分の活用については前述のとおりである（第4章　214ページ参照）。

　書面のみによる公判前整理手続の場合は作成した審理予定案について，争点及び証拠整理案等とともに検察官及び弁護人に意見を求めることとなる（第2章　34ページ参照）。その結果了解を得られて確定した審理予定の利用については，期日調書と同様のことが考えられる（上記第4章　214ページ参照）。

〈Point〉

○　必要以上に期日を重ねないという観点から，検察官・弁護人に積極的に働きかけて検討を促し，又は情報収集するという事前準備事務が重要（269ページ）

○　審理予定の策定は，公判の審理をイメージしながら組み立てる

→　裁判員裁判対象事件については，より詳細な公判審理予定を策定する必要がある（268ページ）

5　公判期日の調整

　公判期日の調整は，これまでもごく典型的な進行管理事務として書記官が行ってきた事務である。しかし，事件が公判前整理手続に付された場合には，公判期日の前段階である公判前整理手続の進行を考慮に入れながら公判期日の日程を調整しなければならない点で，①公判期日の調整をどのタイミングで行うのか，②公判期日をいつごろ開けばよいのか，という点を考慮する必要があることについては既に述べたとおりである（第3章　90ページ参照）。

　この点についてのアンケート結果によると（アンケート3－6参照），公判前整理手続の比較的早期の段階で公判期日を指定し，これを目標に公判前整理手続を進めるという運用も見られた。このような運用は公判前整理手続の進行の見通しがつきやすい自白事件の場合に行われているものと思われる。

　この点，裁判員法施行後は，自白事件を公判前整理手続に付するケースとしては，裁判員裁判が行われる事件がほとんどであろう。裁判員裁判が行われる事件については，裁判員等選任手続に関する事項（例えば，呼び出すべき裁判員候補者の人数，補充裁判員の人数，当日質問票の記載事項等）について，訴訟関係人間で協議を行う必要があることなど，自白事件においてもなお公判前整理手続の進行について不確定な要素があり，また，裁判

[*1]　供述調書を公判廷で全文朗読するとしても，供述調書そのものの写しをあらかじめ通訳人に交付することについては，交付する場合の時期を含めて，検察官と十分調整する必要がある。

員候補者に対する呼出状を裁判員等選任期日の6週間前までに発送しなければならないとされている（裁判員規19）ために，公判期日の日程については，より確実な期日を指定することが必要である[*1]。しかし，一方で，裁判員裁判の場合であっても，迅速な裁判を実現することは他の事件と同様に求められているものと考えるべきであるから，争点のない事案であれば，訴訟関係人の日程を公判期日の予約等として早期に確保するという意識は必要であろう[*2]。

　なお，裁判員裁判対象事件においては，公判期日当日の午前中に裁判員等選任手続を行い，その日の午後から審理を開始するというスケジュールも想定されるが，そのような場合は，公判期日の調整に際して，当日に選任手続を行うことが可能かどうかといった要素も考慮する必要が出てくるであろう。その他，考慮する必要があると考えられる事項としては，当該訴訟関係人以外に公判に出頭が見込まれる者の希望を聴取したり，刑事部内及び裁判所の他の部門との事務的な調整が必要になる場合もあるものと思われる（第3章91ページ参照）。

第4　中・小規模否認事件

　以下，中・小規模否認事件において特有の進行管理事務としてどのようなものがあるか検討することとするが，本節第1で述べたとおり，どの類型でも共通する進行管理事務としては，「第3　自白事件」の項で述べているので，併せて参照されたい。

1　争点及び証拠整理に向けて

(1)　はじめに

　否認事件においては，犯罪の成否や個別証拠の証拠能力等を巡って訴訟関係人の主張が展開されるとともにそれを裏付ける証拠が請求され，それらを整理する過程で，公判で審理すべき争点及び取り調べる証拠が定まっていく。それら争点及び証拠整理は裁判体を中心に進められることになるのは当然であるが，これらの過程に，受訴裁判所の一員たる書記官として一定の役割を果たすことは，調書作成事務や進行管理事務などの書記官事務を円滑かつ効率的に行う点からも[*3]，また，公判前整理手続自体を円滑に進めるという点からも有用な場合もあろう。もちろん，書記官としては，調書作成及び提出期限管理等の進行管理事務を確実に処理することがまず第一であり，また，書記官が争点及び証拠整理の過程にどのように関わっていくかは，裁判体の構成（合議体か単独体か）や訴訟運営の方針にもよるが，裁判体との連携協働の意識を持ち，否認事件においても，可能な限り，円滑な争点及び証拠整理に寄与できればよいものと思われる。

[*1]　裁判員候補者に対する呼出状には，職務従事予定期間を記載しなければならないとされていること（裁判員規18）から，呼出状を発送した後に期日を変更することは原則的にできないものと思われる。

[*2]　裁判員裁判の公判審理は連日的開廷になるため，特に弁護人については早期に公判期日の日程を確保しておく必要性が高いものと思われる。

[*3]　書記官が争点整理案等を作成する取組を行っている庁からは，そのような取組みにより争点に対する理解が深まったことで，効率的な調書作成事務や進行管理事務につながった，との協議会等での意見も見られた。

第 6 章　公判前整理手続における進行管理

　　以下，否認事件（特に，中・小規模否認事件）における争点及び証拠整理の過程で，書記官としてどのようなことができるかという観点から，一例として，証拠整理一覧表を紹介したい。

(2)　証拠整理一覧表の作成

ア　作成の意義とその有用性

　　裁判所が訴訟進行管理を適切に行うためには，主張関係のみならず，証拠関係についても，それまでの進行経過，現在の状況及び今後の予定等を正確に把握することが必要である。公判前整理手続においては，証拠整理が段階的に進んでいくものであるため，なおさらその必要性は高い。また，裁判所が，訴訟関係人に対する必要な促しを的確に行い，かつ，多くの証拠が提出される場合においても漏れなく必要な手続を行うために，証拠関係につき，必要とされる情報を抽出，整理した一覧表があると便宜である。

　　この点，確かに，証拠等関係カードも，個別の証拠について一覧性を意識した様式となっており，必要な情報は網羅されているため，証拠整理の過程についての手控えとしてはそのコピーで足りることも多いであろうが，公判前整理手続においては，前述（第 4 章　202ページ参照）のとおり，その当否は別としても，証拠意見の変遷や部分的な認否が小刻みになされることなどにより，証拠等関係カードを一見しただけでは，現時点での状況が分かりにくいものもあるため，最終的な証拠意見や証拠採否の結果が即時に把握できるものがあれば便宜である。

　　また，裁判官や書記官の手控えとしてだけではなく，証拠等関係カードの記載に熟知していない訴訟関係人に対して交付すれば，証拠整理の状況等を把握してもらうことが容易になるものと思われる。

　　このような証拠整理一覧表の作成について，アンケート回答を見ても，限られた庁からではあるが（85回答中 7 ），書記官が証拠整理一覧表を作成した例が見られるところである。

イ　事案に応じた記載内容

　　ただ，このような証拠整理一覧表（【参考書式 6 － 4 】）の有用性は認められるものの，やはり，作成に関しては費用対効果も十分意識しなければならず，作成に時間を掛けるに相応する効果が生じるものかどうか，また，作成するとしても，記載内容としてどのような事項を盛り込むのが効果的かという点を考える必要がある。多くの情報を盛り込もうとして，逆に記載ミスが起きたり[1]，見にくくなるようであれば逆効果である。作成に際しては，作成の容易さ，記載内容の見やすさと一覧性を意識すべきである。

＊ 1 　この点，請求者（特に検察官）から証拠等関係カードの電子データの提供を受けられれば，入力の労を省き，誤入力を防ぐこともできる。

－ 276 －

第2節　事件類型別進行管理事務処理例

【参考書式6－4】証拠整理一覧表

証拠番号	標　目	立証趣旨	公訴事実	証　拠意　見	採否・撤回等	取調順序	備　　考
甲1	診	○○○○の負傷の部位，程度	第1	○	採用	1	
甲2	写報	○○○○の負傷状況	第1	○	採用	2	写真はモニターにより展示予定
甲3	員（○○○○）	○○○○の負傷状況等	第1	○	採用	3	全文朗読予定
甲4	実	○○○○の死体の状況等	第2	○	採用	4	
甲5	捜照（回答）	○○○○の解剖結果等	第2	○	却下		
甲6	鑑定結果通知書	○○○○の血液型等の鑑定結果	第2	○	却下		
甲7	鑑	本件犯行使用道具の包丁に付着した血液のDNAの鑑定結果	全	○	却下		
甲8	包丁（証拠物）	本件犯行使用道具の包丁の形状	全	○	採用	5	
甲9	写報	被告人の逮捕時の人相着衣の状況	全	○	撤回予定		
甲10	検（○○○○）	被告人との関係，被害状況等	全	△	同意部分のみ採用予定	6	
甲11	報	被告人の案内により本件犯行当日の被害者方への運転経路を特定した状況等	全	△	現場見取図1枚のみの抄本として提出し，採用　その余撤回予定	7	見取図はモニターにより展示予定
甲12	報	被告人名義の郵便貯金通帳の内容	全	○	却下		
甲13	報	被告人の資産状況	全	×	却下		
甲14	取調状況報告書	被告人の取調べ時間等	全	○	採用	8	
甲15	証人○○○○	被告人の取調状況及び供述状況等	全	○	採用	13	
甲16	証人○○○○	被告人との関係，被害状況等	全	○	採用	12	ビデオリンクにより実施
乙1	員	被告人の身上経歴		○	採用	9	
乙2	員	逮捕直後の被告人の供述内容	全	△（任意性争う）	留保		
乙3	員	被告人と被害者らとの関係等	全	△（任意性争う）	留保		
乙4	員	犯行に使用した包丁について	全	△（任意性争う）	留保		
乙5	検	犯行に至る経緯，弁解内容等	全	△（任意性争う）	留保		
乙6	戸及び戸附	被告人の身上関係		○	採用	10	
乙7	前科	被告人の前科関係		○	採用	11	

(注)　「標目」，「公訴事実」欄は，略語を含め証拠等関係カードに準じた。また，「証拠意見」の「○」は全部同意，「△」は一部同意，「×」は全部不同意を指す。なお，「備考」欄には，公判での取調方法などを記載することが考えられる。
　　　上記はあくまで参考例であり，場合によっては立証趣旨を省くとか，記載内容を簡潔にするなどして，記載項目及び記載の程度を事案にふさわしいものにすることが考えられる。
　　　また，エクセルなどを使って作成することで，不同意意見のものや採否未了のもののみ抽出したり，採用した証拠について取調べ順に並べ替えるなどして訴訟関係人に配布するなどの利用も考えられる。

第6章　公判前整理手続における進行管理

2　審理予定案の策定

　公判前整理手続における審理予定案の策定に関連する書記官事務についての一般的な内容は，自白事件の項（前述267ページ以下）で述べたとおりであるので，本項では，中・小規模否認事件において見られる事項のうち，特に留意すべき点を取り上げることとする。

(1)　策定に向けた書記官の役割

　自白事件とは異なり，否認事件においては，公判審理（特に証拠調べ）は定型的なものではないため，書記官が中心になって審理予定案を策定するのは困難な面もあろう。ただ，これまで述べたとおり，受訴裁判所の一員として事件処理に携わる書記官として，常に一歩先を見た事務処理を心掛け，訴訟関係人に必要な促しを行うことができれば，公判前整理手続の円滑な進行につながるものであり，その意識をもって進行管理事務にあたる必要がある。したがって，書記官としては，公判審理の中で行われる各種手続について，訴訟関係人からできるだけ詳細に情報収集し，必要に応じて，日程や時間調整をすることなど，審理予定の策定に向けて一定の役割を果たすことが進行管理事務として求められる。また，公判審理に伴う周辺的事務に関しても，円滑な公判審理につながるよう取り組む必要がある。

　以下，収集した調書の記載例等から，否認事件における審理予定案策定のために書記官が行うことが考えられる進行管理事務について留意すべきポイントを説明することとする。なお，裁判員裁判対象事件にあっては，非対象事件より精緻な審理予定案の策定が求められるため，検討すべきポイントも対象事件に特有の事項が加わることになる。そこで，以下，特に裁判員裁判対象事件を念頭において検討し，非対象事件においても当てはまる事項について，適宜参照されたい。

(2)　具体的ポイント

ア　人証の取調べに関する事項

　否認事件においては，罪体に関する複数の証人尋問が行われることもあるが，その場合，尋問の順序についても，請求者の意向，相手方の意見を踏まえて調整し，反対尋問の所要時間まで確認した上で，具体的な公判日程に当てはめる必要がある。その際，証人の出頭確保に遺漏のないよう，訴訟関係人に十分注意を促す必要がある。特に，裁判員裁判については，裁判員候補者として呼び出す際，裁判員としての職務従事予定期間が示されているのであるから（裁判員法27Ⅲ，裁判員規18），証人の出廷が困難になったから公判期日を変更するといった事態は極力避けなければならない。

　更に，証人尋問に際して，証人の負担軽減措置（法157の2以下）を採る場合のうち，遮へいを行う場合は遮へい板の準備及び設置の必要があるし，また，ビデオリンク方式による尋問の場合は，機材の設置及び当日の機材の使用に当たっての人的配置の考慮のほかに，機材及び専用法廷の使用に当たって，他の部と競合しないように日程調整について配慮する必要があるので，事前に機材及び法廷の使用状況を確認する必要がある。

イ　採否留保の証拠がある場合

　例えば，複数の証人が請求されているが，公判前整理手続では一部の証人のみ採用して残りの証人は採否を留保し，採用した証人の尋問を行ってから，残りの証人の採否を判断するといった事例が見られる。このような場合でも，審理予定としては，残

- 278 -

りの証人を採用するかどうかで場合分けをして，なるべく詳細に審理予定を策定するべきであろう*1。また，公判前整理手続では被告人の供述調書の採否を留保して，公判期日で被告人質問を実施してからその採否を決するという事例もあるが，その場合も，採否保留した供述調書についての採否の場合分けをした審理予定も検討する必要がある。さらに，被告人の責任能力が争われている事案で，被告人の精神鑑定の請求がされている場合，裁判員裁判対象事件であれば，鑑定手続実施決定を経て，公判前整理手続内で鑑定の手続（裁判員法50）が行われることもあろうが，非対象事件にあっては，鑑定請求に対する採否を留保して，公判期日で被告人質問等を行った上で採否を判断するのが通例であろうから，このような場合，特に採用しない場合の審理予定も検討すべきであろう。書記官としても，上述の点を考慮して，具体的な審理予定案策定のため，訴訟関係人との公判期日の日程調整等に当たる必要がある。

ウ　証拠制限（法316の32 I）に触れる証拠請求の扱い

　被害者との示談成立を立証予定としているが，示談交渉が長引くため，公判前整理手続を終了させ，その後示談が成立すれば，公判前整理手続終了後にその点についての証拠請求をするといった事例が見られるが，実際，証拠調べに要する時間はそれほど必要ないであろうが，そのような立証予定があることを審理予定に事実上盛り込んでおくことが相当であろう。書記官としても，そのような証拠調べ請求の準備状況を聴取して，できるだけ詳細に証拠請求予定を把握し，また，証拠請求に対する相手方の意向も，必要に応じて聴取するべきであろう。

エ　公判期日指定（予約）

　複数の公判期日を指定（予約）する場合，法文上，連日的開廷が原則とされ（法281の6 I），特に裁判員裁判にあっては，裁判員の負担軽減の見地から，その要請は強いものといえる。連日的開廷の場合の公判期日の調整にあっては，特に，弁護人との間では十分な打合せを行う必要があろう。また，連日的開廷は，裁判員裁判対象事件に限ったものではないので，非対象事件にあっても，結審まで見通した複数期日を予約し，また，開廷間隔も連日的開廷を意識した調整を行う必要がある。

オ　他の部署との連絡，調整

　公判審理においては，他部署との連絡，調整が必要となる場面が多く見られる。例えば，裁判員等選任手続を行うに当たって，実質的に選任手続を行うことになる刑事訟廷との間で，また，傍聴人など警備関係で配慮が必要な事件であれば総務課等との間で，更に，証人尋問の際に証人の負担軽減措置を採る場合は，必要な機材や法廷確保のために，他の部との間でそれぞれ連絡調整が必要な場面が出てくるので，審理計画を検討するに当たっては，裁判所内部においても，それらの連絡調整を怠らないようにする必要がある。

---

*1　この点，証人については，採用される場合に備えて，請求者に証人の出頭確保を要請する必要がある。上記3(2)アで述べたとおり，特に裁判員裁判対象事件にあってはその必要性が高い。書記官としても，証人の出頭確保について，請求者と十分に連絡調整する必要がある。

第6章　公判前整理手続における進行管理

〈Point〉
○　証人の出頭確保の要請を怠らないこと（278ページ）
○　審理に直接関わらない周辺事務も，円滑な審理につながる（279ページ）

第5　大規模事件等

　大規模事件や複雑困難な事件については，開かれる期日の回数や，訴訟関係人から提出される書面の数も多くなるので，争点及び証拠整理の内容面に関与するよりも，むしろ書面の提出期限管理などの基本的な進行管理事務を確実に行うことがまず重要である。ただ，それに加えて，調書作成事務や進行管理事務を円滑に行うことができるよう，書記官としても，できる限り事件の争点についての理解に努める必要があるし，円滑な公判前整理手続の進行のために，これまで述べてきた進行管理事務を参考にして，可能な限りそれらの事務に取り組む必要がある。

　また，そのような事件では，警備の必要性や報道対応などで配慮が必要な場合が多いであろうから，公判審理に向けて，訴訟関係人から，適宜必要な情報を収集し，関係部署との連絡調整を十分に行う必要がある。

第6　進行メモの工夫

　公判前整理手続における書記官の進行管理事務に関しては，裁判体と書記官との情報共有に基づく連携，協働が重要であることは既に述べたとおりである（本章　238ページ以下）。また，公判前整理手続に引き続く公判審理まで視野に入れた場合，裁判体との連携に加え，部内の職員や刑事訟廷等との連携も必要になることが考えられる。

　この項では，公判前整理手続期日又は打合せを開く場面を前提にして，それらの期日を円滑に進め，かつ，充実したものにするための裁判体などとの連携，情報共有のためのツールとしての進行メモについて検討することにしたい。

　なお，期日の進行に関して作成されるメモについては，幾つかの観点から分類することが可能であると思われる。すなわち，①作成者の観点から，裁判官が作成するものと書記官が作成するものという分類，②記載内容の観点から，事前準備事務の結果を記載したものと審理予定を記載したものという分類，③形式の観点から，紙ベースのものと電子データのものという分類等である。以下では，進行管理に資するメモとはどのようなものであるかという点での検討を加える関係で，②の観点を中心にして検討を進めていきたい。

1　事前準備メモ

(1)　意義と目的

　事前準備事務[*1]は，これまでも公判期日に向けた重要な書記官の進行管理事務の一つ

---

*1　「事前準備」とは，訴訟関係人が行う公判審理に向けた準備のことを指すが，ここでは裁判所が行う訴訟関係人の事前準備の促し，状況確認といった事務を「事前準備事務」と呼称することで，訴訟関係人の行うものと裁判所が行うものを区別する。

として一般的に行われてきた。そして，事前準備事務として訴訟関係人から聴取した訴訟の準備状況や進行予定については，メモにまとめて，これを裁判官への情報伝達等に用いている例が多いものと思われる[*1]。このようなメモ，すなわち，事前準備事務として聴取した訴訟関係人の審理に向けた準備状況や進行予定を整理して記載した書面を「事前準備メモ」と呼ぶことにする。このような事前準備メモについては，一般的に公判審理に向けて広く使われているであろうが，ここでは公判前整理手続期日又は打合せに向けた事前準備事務の内容を記載したメモを念頭において検討を進めたいと思う。

事前準備メモを作成する目的としては，訴訟関係人から聴取した情報の備忘とともに，訴訟関係人の期日に向けての準備状況や進行予定に関する情報を確実に裁判体に伝えることによって，情報共有化を図るということが挙げられる。また，この事前準備メモの情報を基に裁判体が公判前整理手続の進行予定を組み立てるという意味で進行予定を策定するための資料を提供するという目的もあるといえよう。

(2) 事前準備メモに記載することが考えられる事項

事前準備メモを作成する目的や用途が前述のようなものであるとすると，記載すべき内容は，具体的な公判前整理手続期日又は打合せの進行において必要又は有益な情報ということになろう。

ところで，事前準備メモは，訴訟関係人から聴取した事前準備の状況等をメモにしたものであるから，事前準備メモに記載する事項にどのようなものがあるのかを検討することは，書記官が事前準備事務として訴訟関係人からどのような事項を聴取すべきかという検討をすることにほかならない[*2]。そのような観点から検討すると，例えば，期日において述べる予定の主張や証拠意見の内容又は検討状況，提出を求められた書面や検討を求められた事項（宿題）の準備状況，証拠開示請求予定の有無及びそれに対する対応の予定，審理予定策定に向けた事項（冒頭陳述，論告，弁論の方法及び予定時間，証拠調べに要する見込時間，犯罪被害者関係の手続の有無等），その他公判前整理手続又

[*1] この点，訴訟関係人から聴取した情報をまとめたメモとしては，先に言及した「新件聴取メモ」があるが，新件聴取メモは，起訴直後の段階で早期に手続の進行の振り分けをすることに目的があったのに対して，事前準備メモは，おおまかに言うと，手続がある程度進んだ段階での期日等の進行に関する情報の伝達に目的がある点に相違がある。したがって，その違いから記載されるべき内容に違いが生ずることになろう。

[*2] 公判前整理手続における事前準備事務については，これまで行われてきたような公判審理に向けた事前準備とは内容が異なってくることが考えられる。すなわち，公判前整理手続は，その手続自体がいわば公判審理の事前準備であるので，従前，書記官の事前準備事務として行われてきたこと（被告人側の主張，検察官請求証拠の認否，審理の進行予定の聴取等）が，公判前整理手続期日において行われたり，訴訟関係人からの書面提出により行われることから，公判前整理手続における書記官の事前準備事務の内容としては，本文に挙げたような提出予定書面の準備状況の聴取，証拠開示の状況把握，期日を円滑に進めるための訴訟関係人への作業の促しといった進行状況管理により近づくことが多くなることと考えられ，事前準備事務として書記官が行う事務や聴取事項は事案に応じて臨機応変に対応することが必要になってくるものと思われる。

第6章　公判前整理手続における進行管理

は公判審理の進行に関して書記官が訴訟関係人に検討を促した事項及びそれに対する訴訟関係人の対応などが記載事項として挙げられるものと思われ，これらの中から公判前整理手続の進行の段階に応じて必要な事項を聴取し，その結果をメモに記載することになろう。

(3)　**事前準備メモ等を利用した情報共有**

　ア　**裁判体との情報共有**

　　　次に事前準備メモの活用という観点から，事前準備状況に関する情報の共有という点に視野を広げて，その方法について検討してみることにしたい。この点については，既に本章中において裁判官と書記官との認識共通化の重要性の観点から，そのための方策として若干の言及をしている部分もあるが，ここでは，聴取した事前準備情報の具体的な利用方法という観点からアンケートの結果も踏まえて検討することにしたい。

　　　まず事前準備事務の結果として得た情報をどのような形式で管理しているかという点及びそれを裁判体とどのように共有するかという点についてのアンケート結果は次のとおりである。

（アンケート6－7）

　期日前及び期日間準備の状況はどのようにメモ化していますか（回答数85【複数回答】）

　　ア　　　期日進行管理システムなどに入力する方法によりメモ化している　　48
　　イ　　　担当書記官が独自にメモを作っている　　33
　　ウ　　　その他　　10
　　　・　裁判体と共有の合議メモを作成している
　　　・　進行予定表を作成している
　　　・　公判前整理手続チェックリストを作成し，それに付記する

（アンケート6－8）

　事前準備の状況について，裁判官とどのように情報共有していますか（回答数85【複数回答】）

　　ア　期日進行管理システムなどの画面で状況を確認してもらっている　　20
　　イ　事前準備メモをパソコンの共有フォルダに入れて，裁判官からも必要に応じて入力してもらっている　　7
　　ウ　事前準備メモをその都度裁判官に渡し，必要に応じて打合せをしている　　59
　　エ　裁判官室と定期的なミーティングを行っている　　22
　　オ　その他　　12
　　　・　その都度裁判官に口頭で報告している
　　　・　聴取した事項のメモや公判前整理手続チェックリストを記録ポケットに入れておく

第2節　事件類型別進行管理事務処理例

　　アンケート6－7によると，事前準備事務の結果として得た情報の管理については，期日進行管理システム等のシステムを利用しているという回答が最も多かった。確かに刑事部内でシステムを利用するという方針に統一しておけば，裁判体との関係だけでなく，担当書記官以外の部内の書記官等が情報を必要とする場合でも，情報のある場所を確実に把握できるというメリットが考えられる（後述本章　284ページ参照）。

　　一方，事前準備の結果得た情報を裁判体と共有するための方策については，事件ごとに異なる面もあろうし，裁判体又は部の方針にも関わることである。そこで，アンケート6－8の結果から裁判体との情報の共有化のための方策について見ると，事前準備メモそのものを情報共有化の手段にしているもの（アンケート6－8の選択肢のアとイ）と，事前準備メモを媒介として裁判官と書記官の直接のコンタクトにより情報を共有しているもの（選択肢のウとエ）とに分けるとすると，アンケートの結果では，後者の方が多数を占めることになった。先のアンケートとの関係でいうと，アンケート6－7でアと回答したものでも，アンケート6－8ではウ又はエを含む回答をしているものが多く見られ，メモの作成にはシステムを利用しつつも，情報の入力にとどまらず，それをプリントアウトした上，それを媒介にして裁判官に直接情報伝達し，更に打合せをする様子がうかがえる。このように，事前準備メモを利用して裁判体と定期的に又は適宜のタイミングでミーティングを行うなどの方法により，裁判体と書記官が直接情報交換して，訴訟関係人の事前準備状況に関して裁判体と情報を共有することは円滑な公判前整理手続期日の進行につながるものと思われる。その他，裁判体とのミーティングについては，部全体のミーティングにまで拡大すれば，部全体としての情報共有につながるものである（下記イ参照）。

　　これらの情報共有の方法については，裁判体との関係，事件の状況，繁忙度等の事情に応じて適切な方法を採用すればよいものであろうが，要は事前準備の情報の伝達をするルールを決めておくということが重要であり，それによって伝達漏れ，連携ミスを防ぐということが必要であろう。

イ　書記官室内での情報共有

　　訴訟関係人の事前準備状況に関する情報について，裁判体と担当書記官との間だけでなく，書記官室全体で共有する必要がある場合も考えられる。特に今後の裁判員裁判の運営や連日開廷による公判審理等の態勢を考えた場合，公判日程の調整状況，証人尋問を行う見込み，被害者参加の見込みなどの情報は，早い段階で書記官室全体で共有しておく必要性が高く，それに関連する公判前整理手続での検討の進行状況に関する情報共有が有益な場合もあり得る。そこで，事前準備メモの活用も含めた観点で，書記官室での情報の共有について検討してみたい。この点についてアンケート結果は次のとおりである。

（アンケート6－9）

事件情報について，書記官室全体として，どのように情報共有していますか（回答数84【複数回答】）

　ア　期日進行管理システム等を使って，担当者でなくても状況が分かるような内容を
　　　入力している　　**49**

- 283 -

第6章 公判前整理手続における進行管理

> イ メモをパソコンの共有フォルダに入れて，どの係員からも見られるようにしている　10
> ウ 書記官室全体で定期的にミーティングを行っている　38
> エ その他　22
> ・ 公判前整理手続チェックリストや事前準備メモを記録に添付して，記録を見れば進行状況が分かるようにしている

　　アンケートの結果からは，期日進行管理システムを使用する例とミーティングを行う例が多いようである。事件の処理としては裁判官と書記官との間の情報共有で十分な場合であっても，担当書記官以外の職員が事件に関する問い合わせに対応しなければならないという事態は起こりうることであるから，進行管理システム等に事前準備に関する情報を常に入力しておくことは簡便な情報共有の方法として広く行われているところであろう。ただ，上に挙げたような場合など，今後の刑事裁判の状況を考えると，そのような情報共有に限らず，担当書記官から事前準備の状況について積極的に情報を発信して，部内の情報共有を図ることが必要な場面が発生することも考えられる[1]。そのような観点からは書記官室のミーティングを定期的又は必要に応じて行うことで，各書記官の手持ち事件の状況や今後の予定などについて情報を発信する場を設けることが必要になってくることも考えられる。そのために役立つツールとしての事前準備メモの在り方もさらに検討されるべきであろう。

2 期日進行メモ

(1) 意義と目的

　　実務上，公判前整理手続期日や打合せに先立って，当該期日において協議されるべき事項，前回期日における検討課題と期日間の当事者の準備状況，進行に関する見通し，裁判所の対応方針等を記載した書面があらかじめ作成されることが多い。このような期日の進行に関する事項をまとめた書面を，ここでは「期日進行メモ」と呼ぶことにする。先に採り上げた事前準備メモが，訴訟関係人から聴取するなどして収集した期日の進行に関する情報をまとめた報告文書的な色合いが強いものであるのに対して，期日進行メモは，手続を主宰する裁判所が作成する計画文書的な要素が強いものである点で区別される。

　　このようなメモが作成される目的としては，抽象的には充実した公判前整理手続期日を行うためということになろうが，より具体的には，当該期日において協議すべき事項，当該期日までに訴訟関係人が準備することとされた事項及び訴訟関係人に対して釈明すべき事項等を確認すること，それにより協議漏れを防止するとともに期日進行の計画を立てること，これまでの協議経過及び結果を整理すること，期日進行に関する合議のための資料とすること等が考えられる。

---

[1] このことは公判前整理手続に限ったことではなく，刑事事件一般に該当することであろう。

(2) 作成の主体

　　作成の目的が期日の円滑な進行にあることから，一般的に主任裁判官が作成する例が多いものと思われる。ただし，その作成の過程に着目してみると，書記官の事前準備事務の結果得た情報を素材にして進行予定を組み立てるということが通常の事務の流れともいえ，その意味では書記官も一定程度作成に関与しているといえよう。また，事前準備事務の結果，争点等がないことが判明した場合には，事前準備事務の結果を反映させたものとして書記官が期日進行メモまで作成するという運用も考えられる。

　　なお，この点について，進行管理の点から工夫例があることについて後述する。ちなみに，期日進行メモの作成に関するアンケートの結果は次のとおりである。

（アンケート6－10）

整理期日前に，期日の進行について，裁判体と打合せを行うなどした上で，期日進行メモなどを作っていますか（回答数85）

　ア　作成している　　74

　　　　作成者　裁判官　　70

　　　　　　　　書記官　　　6（「否認事件は裁判官，自白事件は書記官」の回答を含む）

　イ　作成していない　　11

---

(3) 期日進行メモの活用

　　ここでは，作成された期日進行メモを書記官サイドとしてどのように活用することが考えられるのかという視点で検討する。

ア　裁判体との認識の共通化のための活用

　　書記官が，適切な調書を作成し，充実した進行管理事務を行うためには，当該事案で何が争点となっているのか，期日で何が協議される予定なのか，さらに進行の見込みはどのようなものかといった手続の進行に関する状況を把握しておくことが重要であるといえる。そして，適切な状況把握のためには，裁判体との認識の共通化が必要になる。

　　期日進行メモには，当該期日の進行の計画はもちろん，それに加えて，裁判体の争点設定についての認識，手続の進行についての計画及び証拠採否の予定等が記載される場合もあることから，これを書記官が裁判体との認識の共通化を図るためのツールの一つとして活用することが可能である。また，これを基に裁判体とともに期日の進行等に関する打合せを行ったり，疑問点を尋ねたりして意見交換を行えば，裁判体との認識の共通化もさらに深まることになるだろう。このように裁判体との認識共通化のためのツールとして期日進行メモを活用することが，その本来的な活用方法といえるだろう。

イ　調書作成事務への活用

　　調書作成の効率化の項でも述べた（第4章　109ページ）とおり，調書作成を効率的に行うためには，まず当該期日で協議される内容を書記官もあらかじめ把握しておくことが必要であると思われるが，そのために，期日進行メモを活用することが考えられる。そこでまず，調書作成のために期日進行メモを活用しているかどうかについ

第6章　公判前整理手続における進行管理

てアンケートした結果を見てみたい。

（アンケート6−11）
　期日進行メモが当該期日の調書作成に役立っていますか（回答数74）
　ア　役立っている　　35
　イ　調書作成を意識したつくりではない　　39

　　　アンケートの結果からは，調書作成事務という観点からは期日進行メモが多くの庁
　で活用されているとまではいえない状況であると思われる。
　　　しかし，期日進行メモに記載された事項を手掛かりにして，事案の争点，期日にお
　ける協議事項，その事項を協議する意味や目的（例えば，その協議事項がどの争点
　（又は証拠）を整理するために行われるのか，その事項を協議することによりどのよ
　うな進行が予想されるのかといった点），協議のポイント等をあらかじめ把握してお
　くことで，調書に記載すべき事項についてあらかじめ目処を立てることができ，それ
　により期日における録取事務にもメリハリがつき，結果として調書作成の効率化につ
　ながることにもなろう。事案によっては，さらに期日前に期日進行メモを基に裁判体
　との打合せを行い，より具体的な進行予定，調書化する事項を協議することにより，
　さらに調書作成の効率化に資することになろう。期日進行メモのこのような活用は，
　調書作成事務にとっては間接的な活用方法ではあるかもしれないが，その効用は大き
　いものと思われる。
　　　また，より直接的な活用の観点からは，期日進行メモの書式を工夫することにより，
　それをそのまま期日立会における手控え用のメモとして活用することも可能であろう
　し，電子データとして管理していれば，期日進行メモの記載を使って調書を作成する
　ことも考えられる（【参考書式6−5】参照）。
　　　このように期日進行メモは，当該期日で予定されている進行が記載されるものであ
　ることから，調書の記載事項につながるものともいえ，これを有用に利用する方策を
　検討することは有益なことであると思われる。
　ウ　進行管理事務への活用
　　　期日進行メモに記載された進行予定にしたがって，訴訟関係人に対して，事前準備
　に遺漏がないかどうか，進行の予定に変更を加える必要がないか等を確認することが
　可能であるが，そのような事務は本来的には書記官の事前準備事務として，期日進行
　メモが示される以前に行っておくべきことであろう。
　　　逆に進行管理事務の観点からは，書記官が期日進行メモの作成に関与することが考
　えられるのではないだろうか。つまり，期日進行メモが事前準備事務により収集した
　情報を反映させた内容を含むものだとすると，「事前準備メモの作成→期日進行メモ
　の作成」というプロセスを踏むよりも，事前準備事務の内容を直接期日進行メモに取
　り入れた方が合理的だとも考えられるのである。具体的には，期日進行メモのファイ
　ルを裁判官室と書記官室とのネットワーク上の共有フォルダに保存しておき，そのファ
　イルに裁判官，書記官が双方向から情報を入力し，メモを作り上げていくという方
　法があり得よう。この方法によると，書記官としても事件の進行を把握しやすくなる

- 286 -

第2節　事件類型別進行管理事務処理例

とともに，裁判官との連携も深まり，さらに自白事件などにおいて書記官が主体的に行う進行管理事務へとつなげていく足掛かりにもなるものと思われる。

　このような方法による期日進行メモの事例を参考までに挙げておく。

　なお，この書式の争点の記載部分や進行予定中の「1　争点の確認」部分の弁護人に対して釈明を求める旨の記載等は，このまま公判前整理手続調書に利用することが可能であると思われる。

第6章　公判前整理手続における進行管理

【参考書式6－5】期日進行メモ

平成○○年(わ)第○○号　住居侵入，窃盗，強盗致傷被告事件

第○回公判前整理手続メモ（完成）[1]

平成○○年○月○○日　10時00分～11時00分

被告人：○○○○

検察官：○○○○　弁護人：○○○○　書記官：○○○○

場　所：第○○号法廷（被告人の出頭の有無：あり）

○月○日　弁護人：予定主張記載書面(3)提出，証拠請求書(2)提出

〔争点〕

　　1　本件各公訴事実中，住居侵入及び窃盗の事実並びに強盗致傷の事実中，被告人が逮捕を免れるために被害者の左顔面を右手拳で殴打した事実は争いがない。

　　2　現時点における本件の争点は次のとおり

　　(1)　被告人が被害者の左側側頭部を殴打した事実の有無。

　　(2)　被告人の暴行が被害者の反抗を抑圧する程度のものであったかどうか。

〔期日の予定・指定〕

　公判期日予約状況

　○月○日　10時00分～10時30分（○○号法廷，指定告知済み）

　○月○日　13時30分～14時00分（○○号法廷，未指定）

〔確認事項等〕

　今回の整理期日において，検察官，弁護人に対して，第1回公判期日の冒頭陳述の際にパワーポイントを使用するかどうか確認する。

> この枠内の部分は裁判官又は書記官が記載

〔進行予定〕

1　争点の確認

　・　弁護人の平成○年○月○○日付け予定主張記載書面(4)の第4の(2)については，…の主張をする趣旨かどうか釈明を求める。

2　証拠の採否の予定

　　甲○号証から甲○号証まで採用予定…

3　次回以降の進行予定

　　できれば次回に整理手続を…

> 枠外については裁判官が記載

＊1　完成すれば，この旨の表示がされることになっているようである。

- 288 -

第2節　事件類型別進行管理事務処理例

第7　具体的進行管理事務処理例

1　**はじめに**

　　これまで，公判前整理手続に付された事件に関する進行管理事務として考えられるものを事件類型ごとに述べてきたが，それぞれの事務処理を詳述する関係で，手続の流れに沿ったものではなく，項目別の記述となっている。そのため，具体的な事例を基に，起訴から公判前整理手続の終了に至るまでの流れに沿って，考えられる進行管理事務を示すことにより，具体的なイメージを共有することが有用であろうと考え，事件類型に応じた以下の3つのパターンを示すこととする。

①　自白事件で公判前整理手続期日を開く場合

②　①で書面のみの公判前整理手続を行う場合

③　中・小規模否認事件の場合

　　これから示すシナリオは，公判前整理手続を円滑かつ迅速に進めるため，各事件類型における書記官の進行管理事務等について，アンケート調査等で得られた各庁の実情を踏まえて検討した成果を一例として示すものでもある。そのような趣旨から，シナリオ1，2については，自白事件における書記官の進行管理事務について，下記2で示すような若干の提言を含む内容となっている。これに対して，シナリオ3は，中・小規模否認事件について，現状における進行管理事務を示すものとして一般的に行われていると考えられる事務の流れに沿って記載した内容となっている。

　　なお，本章第1節（247ページ参照）で述べたとおり，書記官として進行管理事務にどこまで関わっていくかは，裁判体の意向やそれぞれの書記官の経験等によって異なることには留意されたい。

2　**シナリオのポイント**

⑴　**自白事件の平均的スケジュールを踏まえて**

　　第2章（16ページ参照）において，自白事件における公判前整理手続の平均的スケジュールを元に，より円滑かつ迅速な公判前整理手続の進行に向けて考えられる取組を検討し，その結果を踏まえた具体的提言を行ったが，それらを本シナリオにも生かすことにより理解が深まるものと考え，シナリオ1，2については，以下の点の提言も盛り込んでいる。

①　**付決定及び各種書面期限決定を迅速に行う**

　　起訴後の情報収集を兼ねて，付決定及び期限決定のための求意見を早期に行い，求意見後直ちに決定を行うなど，事務処理を効率的かつ迅速に行うことで，公判前整理手続の迅速な進行につながるものである。

②　**検察官への早期の準備の依頼**

　　裁判員裁判対象事件であれば，公判前整理手続は必要的なので，検察官の証拠開示や証明予定事実記載書面の作成については，付決定を待たずに着手してもらうことが可能であろう。具体的には，書面提出期限や請求証拠開示は，「付決定から」ではなく，「起訴から」2週間などという取決めにすれば，提出までの期間が短縮される。

③　**弁護人への早期の準備の依頼**

　　弁護人に情状立証の予定があれば，早期に準備に着手してもらうよう促すことなどである。特に，被疑者段階から選任されている弁護人であれば，早期の準備も要請し

- 289 -

第6章　公判前整理手続における進行管理

やすいものと思われる。

④　**訴訟関係人への早期の促し**

訴訟関係人の提出した書面を早期に内容確認し，必要な求釈明や争点の絞り込み又は証拠厳選に向けた検討の促しを早期に行うことなどである。

⑤　**早期に必要な情報を収集する**

例えば，早期に，審理予定を立てる上で必要な情報収集（証拠調べに要する時間，被害者参加の予定など）や公判日程の調整（特に弁護人に対しては，早期に期日を押さえておく必要性が高い）をすることである。

(2)　**打合せの活用という面を踏まえて**

シナリオ2については，書面のみの公判前整理手続を行った場合でも，裁判員法施行後しばらくの間は，裁判員等選任手続等について訴訟関係人と協議する必要はあるものと考え，その協議の場としての打合せ期日の活用の在り方という観点（前述第2章　31ページ参照）も加味した。すなわち，公判前整理手続終了後，裁判員等選任手続期日の呼出状の発送から同期日まで6週間程度日にちが空くことを生かして，その間に協議できる事項を公判前整理手続終了後の打合せで協議すれば，公判前整理手続は書面のみで行うことができ，また，公判前整理手続で協議すべき事項が絞られるので，公判前整理手続の迅速化につながるのではないかとの考えに基づくものである。

第2節　事件類型別進行管理事務処理例

＜シナリオ１・自白事件（裁判員裁判対象事件で公判前整理手続期日を開く場合）＞

> 　Ａ地方裁判所に，強盗致傷被告事件（家電量販店で万引きをしようとした被告人が，それを見とがめた警備員から逃れるため，同人を突き飛ばし，同人に加療約２週間のけがを負わせたという事案）が起訴され，部に配てんされ，担当書記官が決まった。

	（進行管理事務と本書との関連箇所）
《１月１２日起訴》 （具体的なやりとり） １　１月１４日（起訴後２日） 　　書記官は，起訴状記載内容の点検後，事件情報を収集するため，検察官に電話した。	検察官からの情報収集（248ページ）

書「被告人の弁解や，記録量，追起訴予定の有無等について伺いたいのですが。」

検「自白事件で，記録量は平積みで５センチくらい，追起訴予定はなく，記録開示時期も普通どおり起訴から２週間で良いと思いますよ。」

書「分かりました。それから，部の方針では，自白事件については，付決定の際に，検察官の証明予定事実記載書面等の提出期限を起訴から２週間後，弁護人の予定主張記載書面等の提出期限を検察官期限からさらに２週間後として，これらの期限を一括して定め，併せて，弁護人期限の１週間後を目処に第１回公判前整理手続期日を開くこととされているのですが，ご意見はいかがですか。」	事件の振り分け（252ページ） 求意見の工夫（252ページ）

検「そのスケジュールでいいですよ。」

書「本件は，裁判員裁判対象事件ですから，付決定を待たずに，書面作成等に取り掛かっていただけますでしょうか。」	検察官への早期の準備の依頼（289ページ）

検「分かりました。早速取り掛かります。」

　　なお，被告人には，被疑者段階で選任された国選弁護人がいた。

２　同日 　　引き続き，書記官は，同じく，事件情報の収集等のため，弁護人に電話した。	弁護人からの情報収集（249ページ）

書「被告人の面会時の弁解状況や弁護人の大まかな弁護方針が決まっていれば伺いたいのですが。」

弁「被告人とは何度か面会しており，起訴状の写しももらいましたが，書かれている公訴事実には争いはなく，弁護人立証は情状立証のみになりそうです。また，けがを負わせた警備員の治療費等については，被告人の父親とも連絡を取って，その警備員と早期に支払についての話合いをする予定です。」

書「分かりました。本件は裁判員裁判対象事件ですので，公判前整理手続に付する必要があります。また，検察官の証明予定事実記載書面等	求意見の工夫（252ページ）

- 291 -

第6章　公判前整理手続における進行管理

の提出期限は起訴から２週間後，弁護人の予定主張記載書面等の提出期限を検察官期限からさらに２週間後とし，第１回公判前整理手続期日を弁護人期限の１週間後を目処に開くこととして，これらを付決定の際に一括して定めるのが部の方針で，検察官からもそれで了解を得ているのですが，いかがですか。」

弁「そうすると，検察官の書面提出期限が１月２６日で，私の方が２月９日ですね。分かりました，それで構いません。」

書「第１回公判前整理手続期日は２月１６日ころに開くことになりますが，差し支えの有無はいかがでしょうか。」

弁「２月１７日でしたら，終日空いています。」

書「それでは，２月１７日午前１０時を予約し，決裁後に通知します。また，検察官からは証拠開示時期も起訴から２週間後と伺っていますので，早期の記録閲覧をお願いします。それから，被害弁償関係の立証をお考えなのでしたら，そのご準備も早めにお願いします。」　弁護人への早期の準備の依頼（289ページ）

弁「分かりました。ところで，私は刑事弁護の経験がそれほど無いので，手続面で分からない点があるかもしれません。」

書「部で定めた審理方針を説明した文書を付決定の通知の際に送付しますので，その内容をよく確認して，分からないことがあったら尋ねてください。」

3　１月１５日（起訴後３日）

書記官は，公判前整理手続に付する旨の決定，検察官の証明予定事実記載書面等，弁護人の予定主張記載書面等のそれぞれの提出期限の決定と上記期限に関する検察官，弁護人の意見欄が一体となった様式の書面を使って決定等を起案し，また，第１回公判前整理手続期日指定についても裁判長の決裁を受け，各種決定について訴訟関係人に通知した。　各種決定書（【参考書式３－２】（48ページ））

なお，検察官の証明予定事実記載書面等の提出期限は，期日進行管理プログラムに入力し，他の事件とともに書面提出期限管理を行っている。　期限管理の工夫（254ページ）

4　１月２６日（起訴後２週間）

検察官からは，期限内に証明予定事実記載書面等が提出された。そこで，書記官は，各書面について，形式的事項を確認し，受付を済ませ，記録への編てつ，証拠等関係カードの作成後，裁判官に写しを交付した。その際，主任裁判官からは，「書面の内容について気付いた点があれば，後で教えてください。」と指示を受けた。

引き続き，書記官は，請求証拠の開示状況等を確認するため，弁護人に電話した。

書「検察官の証明予定事実記載書面等はお手元に届きましたか。」

弁「書面はファックスで頂きました。また，開示の連絡もあり，謄写も済ませました。」

書「分かりました。先日ご通知しましたとおり，弁護人の予定主張記載書面等の提出期限が２週間後になっていますので，期限内の提出をお願いします。それから，自白事件については，できるだけ公判前整理手続期日を１回だけ開いて公判前整理手続を終了させるのが部の方針ですので，その前提でご準備をお願いします。また，公判前整理手続期日への被告人の出頭は原則として求めていませんので，面会の際に，公判前整理手続期日への出頭意思を被告人に確認して，ご連絡をお願いします。」

弁「分かりました。」

開示状況把握
（262ページ）

被告人の出頭確認
（53ページ）

5　１月２９日（非開廷日）

書記官は，検察官から提出された証明予定事実記載書面，証拠調べ請求書の内容を相互に対照しながら記載内容を確認したところ，幾つか疑問点を見付け，主任裁判官に報告した。

書「証明予定事実記載書面に引用された証拠の番号が証拠等関係カードと符合していないものがあり，また，被告人の供述調書が４通請求されているのですが，いずれも立証趣旨が『犯行状況等』だけしか記載されていないのですが。」

裁「そうですね。それらの点について，検察官に補正や証拠請求の必要性について検討するよう連絡してください。」

書記官は，担当検察官に裁判官の指示事項を連絡した。

当事者提出書面の
内容確認と任意の
補正の促し
（256ページ）

6　２月５日（起訴後約３週間）

書記官は，期日進行管理プログラムで，弁護人からの証拠意見等の提出期限が４日後になっていることを確認し，まだ書面の提出がなされないため，弁護人に電話連絡した。

書「弁護人の書面提出期限が近いのですが，いかがでしょうか。」

弁「公訴事実については争いはなく，検察官請求証拠についてもすべて同意しますので，証拠意見書は出来ています。ただ，情状証人として予定している被告人の勤務先会社の上司の出廷確認を取っているところで，情状に関する予定主張記載書面と証拠調べ請求書についてはまだできていません。」

書「分かりました。できるだけ期限内に提出していただくようお願いします。また，本件は裁判員裁判対象事件ですので，証人の差し支えで公判期日を変更するのは避ける必要がありますから，必要な証人については，出廷確認を確実にお願いします。」

期限管理の工夫と
その後の対応
（254ページ）

第6章　公判前整理手続における進行管理

弁「分かりました。書面もできる限り期限内に提出します。」

　書記官は，主任裁判官に弁護人からの聴取事項を報告した。

7　2月9日（起訴後4週間）
　弁護人から，検察官請求証拠に対する意見書，予定主張記載書面，証拠調べ請求書が提出されたので，記載事項を確認し，受付を済ませて，記録に編てつし，裁判官に写しを交付した。
　各書面の内容は，以下のとおりであった。
・検察官請求証拠に対する意見は「すべて同意」
・予定主張記載書面は，「公訴事実は争わず，被害者との示談成立，被告人の父親及び妻が被告人を今後監督すること，今後も勤務先会社が継続雇用すること」などの内容
・情状証人（被告人の父親，妻，勤務先会社の上司）及び書証の取調べ請求

　その際，弁護人の証拠調べ請求について気付いた点があったので，主任裁判官にその点を報告した。

書「証拠調べ請求書には，示談関係の書証のほかに，情状証人として被告人の父親，妻，勤務先会社の上司が請求されているのですが，尋問事項書を見ると，証人の数の絞り込みや尋問時間の短縮も考えられるのではないかと思われます。また，被告人質問の主質問の予定時間が60分となっているのですが，これも，時間短縮の余地があるのではないかと思うのですか，いかがでしょうか。」

　弁護人提出書面の内容確認，任意の補正の促し（256ページ）

裁「私も同意見ですので，弁護人にそれらの点について検討するよう伝えてください。」
書「弁護人請求証拠に対する証拠意見の期限や，情状証人の反対尋問，被告人質問の時間を検察官に確認する必要がありますが。」
裁「本件は自白事件ですので，検察官の証拠意見表明期限は事実上の期限とし，また，第1回整理期日で公判前整理手続を終わらせる方針ですので，少なくとも期日の3日前までに回答をもらえるよう検察官と期限を調整してください。」

　書記官は，まず，弁護人に裁判官からの指示事項を連絡した。

8　引き続き・・・
　次に，書記官は，弁護人請求証拠に対する意見の期限などを調整するため，検察官に電話した。
書「弁護人の予定主張記載書面や弁護人請求証拠はご覧になっていますか。」

検「いずれも，今日ＦＡＸで頂きました。」

書「分かりました。人証の数や尋問時間の短縮について弁護人に検討を求めている点がありますが，弁護人請求の書証及び人証についての意見と，被告人質問や証人に対する反対尋問の予定時間を，第１回公判前整理手続期日の３日前までに明らかにしていただけないでしょうか。」

検「そうすると，２月１４日までですね。基本的には，すべて同意ないし，取調べには異議はありませんので，明日までには回答できます。」

書「それから，検察官の証明予定事実記載書面及び証拠調べ請求について，先日検討をお願いしていた点については，いかがでしょうか。」

検「証明予定事実記載書面については補正書を提出し，被告人の供述調書については，撤回できるものは撤回しますが，請求を維持するものについては，請求の必要性を補充した書面を提出します。これらの書面については，早めにご指示を受けていましたから，書面は用意できていますので，これも，弁護人請求証拠に対する意見等と合わせて提出します。」

　書記官は，検察官の回答内容をメモにして，裁判官にそのメモを渡して，回答内容を連絡した。

9　２月１２日（第１回公判前整理手続期日の５日前）

　その後，検察官から，弁護人請求証拠に対する意見（書証についてはすべて「同意」，人証についてもすべて「しかるべく」）及び証人尋問の反対尋問や被告人質問の予定時間を記載した書面と上記の補正書等が提出された。また，弁護人からも証人尋問や被告人質問の所要時間等について再検討の結果が伝えられたので，主任裁判官に書面の写しを交付し，弁護人の検討結果を伝えた。

　部の方針として，公判前整理手続期日の進行予定や争点メモなどを記載した進行メモを，担当書記官と主任裁判官が双方向から入力して作成し，共有フォルダで管理することにしており，主任裁判官からは，審理予定案策定について，書記官に次のような指示がされた。　**メモの工夫**（288ページ）

裁「検察官請求証拠の採否予定については，合議の結果を進行メモに入れておきますので，後で確認してください。また，弁護人請求証拠についてはすべて採用する予定ですので，裁判員等選任手続期日を午前に行い，その日午後及び二日目午前中で審理を終え，二日目午後の評議を経て，三日目午前中に判決言渡予定で，検察官及び弁護人に期日の候補日を検討してもらい，大まかな審理予定案を作ってください。」

書「分かりました。」

第6章　公判前整理手続における進行管理

　そこで，書記官は，検察官及び弁護人に連絡して，公判期日の候補日
並びに書証の取調べ，冒頭陳述，論告及び弁論のそれぞれの予定時間を
第1回公判前整理手続期日までに検討するよう依頼し，連絡の際に聴取
できた事項を基に大まかな審理予定案を起案し，進行メモにその内容を
貼り付け，また，弁護人からは整理期日に被告人が出頭しない旨の連絡
を受けたので，それも進行メモに盛り込んだ。

審理予定案の策定
（267ページ）

進行メモの作成
（288ページ）

　また，刑事訟廷にも連絡し，裁判員等選任手続期日の候補日をいくつ
か伝え，他部との重複がないかどうかなどを確認した。

10　2月15日（第1回整理手続期日の2日前，起訴後約5週間）

　この日は，週1回開かれる，部の定例ミーティングの日だったので，
書記官は，進行メモを元に，整理期日当日の進行予定を裁判官と確認し
た。

（以　下　省　略）

第2節　事件類型別進行管理事務処理例

＜シナリオ２・自白事件（裁判員裁判対象事件で公判前整理手続のみ書面で行った場合）＞

┌───┐
│　　　　　　　　　　事案はシナリオ１と同じ　　　　　　　　　　│
└───┘

《１月１２日起訴》　　　　　　　　　　　　　　　　　　（進行管理事務と本
（具体的なやりとり）　　　　　　　　　　　　　　　　　書との関連箇所）

１　１月１４日（起訴後２日）

　　　書記官は，起訴状記載事項の点検後，起訴状とともに送付される検察　　検察官からの情報
　官からの新件連絡メモにより，公訴事実に対する認否，記録量，追起訴　　収集（248ページ）
　予定，記録開示時期などを確認し，本件は自白事件で，追起訴予定は無
　いことなどを確認した。

　　　そこで，書記官は，検察官の証明予定事実記載書面等の提出期限につ
　いての意見聴取のため，検察官に電話した。

　書「事案の概要は，新件連絡メモで確認できましたが，部の方針として，　　事件の振り分け
　　自白事件であれば，書面のみの公判前整理手続を行い，付決定の際に，　　（252ページ）
　　検察官の証明予定事実記載書面等の提出期限を起訴から２週間後，弁　　求意見の工夫
　　護人の予定主張記載書面等の提出期限を検察官期限から更に２週間後　　（252ページ）
　　として，これらの期限を一括して定めることとされているのですが，
　　これらの点についてはいかがですか。」

　検「そうすると，私の方の期限は，１月２６日ですね。分かりました。
　　期限については，いずれもそれで構いません。」

　書「では，本件は，裁判員裁判対象事件ですので，付決定を待たずに，　　検察官への早期の
　　証明予定事実記載書面等の作成に取り掛かっていただけますでしょ　　準備の依頼
　　うか。」　　　　　　　　　　　　　　　　　　　　　　　　　　　　（289ページ）

　検「分かりました。早速取り掛かります。」

　　　また，被告人には，被疑者段階で選任された私選弁護人がいた。

２　同日

　　　引き続き，書記官は，被告人の弁解状況などの情報収集のため，弁護　　弁護人からの情報
　人に電話した。　　　　　　　　　　　　　　　　　　　　　　　　　　収集（249ページ）

　書「被告人の面会時の弁解状況や弁護人の大まかな弁護方針が決まって
　　いれば，伺いたいのですが。」

　弁「被告人とは何度か面会しており，起訴状の写しももらいましたが，
　　書かれている公訴事実には争いはなく，弁護人の立証は情状立証のみ
　　になりそうです。けがを負わせた警備員の治療費等については，被告
　　人の父親とも連絡を取って，その警備員と早期に支払いについての話
　　し合いをする予定です。」

　書「分かりました。本件は裁判員裁判対象事件ですので，公判前整理手　　求意見の工夫
　　続に付する必要があります。部の方針として，自白事件であれば，書　　（252ページ）

- 297 -

第6章　公判前整理手続における進行管理

面のみの公判前整理手続を行い，付決定の際に，検察官の証明予定事
実記載書面等の提出期限を起訴から2週間後，弁護人の予定主張記載
書面等の提出期限を検察官期限から更に2週間後として，これらの期
限を一括して定める扱いとされているのですが，これらの点について
はいかがですか。」

弁「そうすると，私の方の期限は2月9日ですね。分かりました。それ
で構いません。また，私が遠方に事務所を構えており，さらに，2月
は期日が入りにくいので，書面のみで公判前整理手続を進めていただ
ければと思います。」

書「分かりました。また，検察官からは，証拠開示時期も起訴から2週
間後と伺っていますので，早期の記録閲覧をお願いします。それから，
被害弁償関係の立証をお考えなのでしたら，早めのご準備をお願いし
ます。」

弁護人への早期の
準備の依頼
（289ページ）

弁「分かりました。なお，私は，刑事弁護の経験が余りないので，手続
面で分からない点があるかもしれません。」

書「それでは，当部で定めた審理方針を説明した文書がありますので，
これを付決定等の通知の際に同封します。それに，今後の書面提出期
限などの進行スケジュールの一覧表を添えますので，参考にしてくだ
さい。」

弁「ありがとうございます。また，今回の事件は，裁判員裁判により行
われるとのことですが，裁判員等選任手続などもよく分からない点が
あるのですが。」

書「分かりました。その点については，いずれかの段階で打合せ期日を
設けるなどして協議を行うことを裁判官と相談してみます。」

3　1月15日（起訴後3日）

書記官は，公判前整理手続に付する旨の決定並びに検察官及び弁護人
提出書面の提出期限決定等を起案し，裁判官の決裁を受けた。なお，こ
れらの各書面を決裁に上げる際，書記官は，主任裁判官と以下のような
話をした。

書「弁護人は，裁判員裁判が初めてなので，裁判員等選任手続などがよ
く分からないとのことなのですが。」

裁「分かりました。では，公判前整理手続は書面のみで行いますが，公
判前整理手続終了後，公判期日まで日にちがありますので，その間で，
質問事項などについての打合せの場を設けることも裁判長と相談して
みます。」

打合せの活用
（31ページ）

書記官は，裁判官から決裁を受けた各決定について，訴訟関係人に通
知した。その際，書記官は，訴訟関係人に対し，書面提出期限等を記載
した進行スケジュール表を併せて送付した。

- 298 -

第2節　事件類型別進行管理事務処理例

　　なお，訴訟関係人提出書面の提出期限は，部で利用している提出期限管理ソフトにより管理しているので，それに具体的な期限等を入力した。このソフトは，各自のパソコンを起動すると，期限の1週間前からのものが自動的に表示されるような仕組みになっている。

期限管理の工夫
（254ページ）

4　1月26日（起訴後2週間）

　　検察官からは，期限内に証明予定事実記載書面等が提出された。そこで，書記官は，各書面について，形式的事項を確認し，受付を済ませ，記録に編てつ後，裁判官に写しを交付した。その際，裁判官からは，「内容について気付いた点があれば，後で教えてください。」と指示を受けた。

　　また，それらの書面は，弁護人へは検察庁から直送されることになっていたので，弁護人に各書面を受領したかどうか尋ねた。

書「検察官からの書面はお手元に届きましたか。」

弁「いずれも先程ファックスを頂きました。」

書「開示記録の謄写の方はいかがでしょうか。」

弁「はい，開示の連絡を受けましたので，謄写依頼をし，早急に証拠を
　　検討します。」

開示状況把握
（262ページ）

書「また，弁護人の書面提出期限が2週間後になっていますので，ご準
　　備よろしくお願いします。」

弁「分かりました。」

5　1月29日（非開廷日）

　　書記官は，検察官から提出された証明予定事実記載書面，証拠調べ請求書の内容を相互に対照しながら記載内容を確認したところ，以下の点について疑問が生じたので，主任裁判官に報告した。

書「検察官請求証拠のうち，被告人の供述調書が5通請求されています
　　が，いずれも立証趣旨が『犯行状況等』だけしか記載されていません。」

検察官提出書面の
内容確認，任意の
補正の促し
（256ページ）

裁「そうですね。では，検察官に証拠請求の必要性について検討しても
　　らってください。また，供述調書の取調べは原則全文朗読で行います
　　ので，それを伝えるとともに，それに見合った内容になるように抄本
　　化についても検討してもらい，併せて写真や図面の展示の方法につい
　　ても検討するよう連絡してください。」

訴訟関係人への早
期の促し
（290ページ）

　　書記官は，検察官に裁判官からの指示事項を連絡した。

6　2月2日（起訴後3週間）

　　書記官は，登庁して，パソコンを立ち上げた際に表示された提出期限管理ソフトの画面で，本件について，弁護人からの証拠意見等の提出期限が1週間後になっていることを確認したので，弁護人に電話した。

期限管理の工夫
（254ページ）

第6章　公判前整理手続における進行管理

書「弁護人提出書面の期限が来週になっていますが，進み具合はいかが
　　ですか。」
弁「検察官請求証拠についてはすべて同意予定ですので，証拠意見書の
　　提出は期限内にできますが，被害者との示談交渉が難航しており，示
　　談関係の証拠調べ請求は期限内には間に合いそうにありませんので，
　　それを除いた立証予定についての証拠調べ請求書を提出し，示談関係
　　書証は追加して証拠調べ請求することにしたいと思います。」

　　書記官は，弁護人から聴取した事項を裁判官に伝えた。

7　2月9日（起訴後4週間）
　　弁護人から，検察官請求証拠に対する意見書，予定主張記載書面，証
拠調べ請求書が提出されたので，記載事項を確認し，受付を済ませて，
記録に編てつし，裁判官に写しを交付した。
　　その際，主任裁判官と以下のようなやりとりをした。
書「証拠調べ請求書には，1週間前の連絡のとおり，示談関係の書証は
　　追加請求の予定である旨記載されていますが，進行はどうしましょう
　　か。」
裁「示談交渉が長引くようであれば，公判前整理手続をひとまず終了さ
　　せ，示談関係書証の取調べ請求は公判前整理手続終了後とすることで
　　検察官，弁護人の意向を確認してください。」
書「検察官に意向確認する際，弁護人請求証拠に対する意見や証人尋問
　　の反対尋問，被告人質問などの時間も併せて確認する必要があります
　　ね。また，被害者参加の意向があるかどうかも聞いてみます。」
裁「お願いします。できれば，今日から1週間後を目処に，争点等整理
　　案を訴訟関係人双方に示したいと思いますので，それに合うような準
　　備を双方に促してください。」

8　引き続き・・・
　　次に，書記官は，裁判官からの指示事項の連絡を兼ねて，検察官に電
話連絡した。
書「弁護人提出書面及び弁護人請求証拠はお手元に来ていますか。」
検「いずれもファックスをもらっています。」
書「弁護人請求予定の示談関係書証の扱いについては，示談の進行状況
　　を見ながら，公判前整理手続内で処理するかどうか決めたいというの
　　が裁判体の方針です。それとは別に，弁護人請求の書証及び人証につ
　　いての意見とともに，被告人質問や証人が採用された場合の反対尋問
　　の予定時間を3日以内に明らかにするようお願いしたいのですが。」
検「分かりました。なお，示談関係の書証が公判前整理手続終了後に請
　　求されることは構いませんが，請求されれば，被害者の現在の被害感

- 300 -

情についての電話聴取書をこちらからも証拠請求する可能性があります。それから，先日，検討を求められた被告人の供述調書については，撤回できるものは撤回しますが，請求を維持するものもありますので，それについては，請求の必要性を補充した書面を弁護人請求証拠に対する意見等と合わせて提出します。また，一部の供述調書については，全文朗読に適した内容に抄本化して再請求する代わりに従来の証拠請求は撤回する予定です。」

書「被害者参加の意向については，何か聞いていますか。」

検「特に聞いていませんが，再度確認してご連絡します。」

　書記官は，検察官からの回答を裁判官に伝えた。

9　2月12日

　その後，検察官から，弁護人請求証拠に対する意見（書証についてはすべて「同意」，人証についてもすべて「しかるべく」）及び証人尋問の反対尋問や被告人質問の予定時間を記載した書面と証拠調べ請求の必要性に関する釈明書が提出され，さらに，上記の供述調書抄本が証拠調べ請求された。また，被害者参加の予定はない旨も伝えられた。

　そこで，書記官は，検察官の追加請求証拠についての意見を聞くため弁護人に電話した。

書「検察官からの追加の証拠請求についてのご意見はいかがでしょうか。」

弁「検察官から追加請求された供述調書抄本についてはすべて同意します。なお，被害者との示談交渉はまだまとまらないので，この点についての証拠調べ請求を待たずに公判前整理手続を終了することには異議はありません。」

　書記官が，主任裁判官に検察官提出書面の写しを交付し，弁護人からの聴取事項を伝えた際，主任裁判官から以下の指示があった。

裁「検察官請求証拠の採否予定については合議の結果を後で連絡します。また，弁護人請求証拠については全て採用する予定なので，それらを基に証拠決定を起案してください。また，裁判員等選任期日を午前に行い，同日午後で審理を終え，翌日の評議を経て，同日午後判決言渡し予定で検察官，弁護人と公判期日の日程調整をして，争点及び証拠整理並びに審理予定案を作成してください。」

　　　　　　　審理予定案の策定
　　　　　　　（267ページ）

　そこで，書記官は，訴訟関係人と連絡調整の上，書証の取調べ，冒頭陳述，論告及び弁論の予定時間，並びに書証の取調べ方法については，図面及び写真の展示の方法についての意向などを聴取するため，意向照

　　　　　　　意向照会書（【参

- 301 -

第6章　公判前整理手続における進行管理

会書を検察官及び弁護人にファックス送信した。双方からは2月15日　**考書式6－2】**
に回答があり，弁護人からの示談関係の追加立証が予定されることなど　(271ページ))
を付記した上で，争点及び証拠整理並びに審理予定案を作成し，証拠決
定を起案して，裁判官の決裁を受けた。

10　2月16日（起訴後5週間）
　書記官は，裁判官の内容確認を経た上記整理案について検察官及び弁
護人に求意見し，併せて証拠決定の告知をした。
　整理案についての意見の回答期限は，求意見から3日以内としていた
が，その期限までに双方当事者から「いずれも異議はない」旨の意見書
が送付され，意見書を記録に編てつし，公判前整理手続は終了した。

　書記官は，第1回公判期日の指定書及び被告人への召喚状を起案し，
それらの決裁後，被告人に対して，第1回公判期日の召喚状を送達した。
　なお，期日指定書等の決裁を受ける際，書記官が主任裁判官に進行に
ついて相談した。
書「裁判員等選任手続の進行などを協議する打合せの場を設けることを
　検討されるとのことでしたが，この点はいかがでしょうか。」
裁「はい。打合せ期日を設けることにしますので，適宜な期日で日程調
　整をしてください。」

　書記官は，検察官及び弁護人と打合せ期日の日程を調整した。

11　3月2日（打合せ期日）
　この日の打合せで，裁判員等選任期日における質問事項等について協　**打合せの活用**
議された。　(31ページ)

（以　下　省　略）

- 302 -

<シナリオ3　中・小規模否認事件>

> 　A地方裁判所に，殺人未遂被告事件（被告人が車の運転上のトラブルから被害者と口論になった末，持っていたナイフで突き刺した事案）が起訴され，部に配てんされ，担当書記官が決まった。

《9月1日起訴》 　　　　　　　　　　　　　　　　　（進行管理事務と本
（具体的なやりとり） 　　　　　　　　　　　　　　　書との関連箇所）

1　9月3日（起訴後2日）

　担当書記官は，検察官から送付された新件連絡票を確認したところ，　　検察官からの情報
捜査段階の情報として次のような記載がされていた。　　　　　　　　　収集（248ページ）

・　被告人は殺意を否認する供述を行っている

・　証拠開示は起訴後3週間で行う

・　追起訴予定はない

　そこで書記官は，左陪席裁判官（主任裁判官）に新件連絡票の内容を
伝達した。

　なお，担当書記官の所属する部では裁判員裁判対象事件の否認事件に　　事件の振り分け
ついては，次のような一般的方針が策定されていた。　　　　　　　　　（252ページ）

①　付決定及び検察官の証明予定事実記載書面提出及び証拠調べ請求の　　一般的審理方針
　期限（以下，「検察官期限」という。）決定を同時に行い，検察官期限　　【参考例6－1】
　は原則として起訴後3週間とする。　　　　　　　　　　　　　　　　（245ページ）

②　検察官期限後，速やかに，裁判体と担当書記官とで協議の上，その
　後の進行について判断する。弁護人期限を設定する場合は，検察官期
　限の2週間後の日を目処に弁護人と調整し，打合せを実施する場合に
　は，検察官期限の1週間後の日を目処に打合せの日程を設定する。な
　お，弁護人期限を設定した場合には，第1回公判前整理手続期日を，
　弁護人期限の1週間後の日を目処に指定する。

　主任裁判官から，一般的方針どおりに進行管理事務を行うことで差し
支えないとの指示があったので，書記官は，検察官に電話連絡をして，
検察官期限に関する意見を聴取したところ，起訴後3週間でよいとの回
答であった。

　なお，本事件については，被疑者段階で私選弁護人が選任されていた。

2　9月4日

　書記官が弁護人に次の目的で電話連絡をした。　　　　　　　　　　　弁護人からの情報
　　　　　　　　　　　　　　　　　　　　　　　　　　　　　　　　　収集（249ページ）

・　担当部の連絡

・　検察官請求証拠の開示予定の伝達

・　検察官期限についての意見聴取

・　概括的弁護方針の聴取

第6章　公判前整理手続における進行管理

その結果，弁護人からは次のような回答があった。

弁：検察官の証拠開示時期は了解しました。弁護人としては，本件については被告人の殺意を否認する方針です。おそらく被害者及び目撃者の供述調書は不同意になると思いますが，責任能力については争わない見込みです。また，検察官期限については異存がありません。

　書記官は，弁護人から収集した情報等を主任裁判官に伝達したところ，主任裁判官は，次のような指示をした。

裁：それでは，通常どおり検察官期限は起訴から3週間後に決定しましょう。弁護人には，検察官から請求証拠が開示され次第，速やかに閲覧した上，類型証拠開示請求の有無について検討するよう伝えてください。

　その上で，付決定及び検察官期限の決定が行われた。

　書記官は，弁護人に対して各決定を通知するに際して次のように依頼した。

書：検察官から証明予定事実記載書面等が送付され次第，速やかに証拠を閲覧していただくようお願いします。その上で，証明予定事実記載書面に対する求釈明や，類型証拠開示請求の有無についてご検討願います。

弁：承知しました。

　なお，検察官期限については，進行管理プログラムに入力するとともに，公判前整理手続チェックリストに検察官期限を記載して，記録のビニールポケットに入れておき，期限が把握できるようにしておいた。

> **期限管理の工夫**
> （254ページ）
> **チェックリスト**
> **【参考書式3-1】**
> （40ページ）

3　9月22日（起訴後3週間）

　検察官から証明予定事実記載書面及び証拠調べ請求書が提出された。

　そこで，書記官は，検察官から提出された書面の内容を確認の上，主任裁判官と今後の進行について協議を行った。

書：検察官から証明予定事実記載書面が提出されました。内容については特に問題がないように思いますが，今後の進行はどうしましょうか。

裁：殺意が争点のようですが，証明予定事実記載書面の内容や弁護人の話によると，被告人の犯行態様について争いがあるかもしれませんね。そうすると類型証拠開示請求も考えられますので，打合せを入れて，弁護人の方針を聞いてみてはどうかと思いますが，どうでしょうか。

書：分かりました。それでは，1週間後くらいを目処に打合せを入れるように調整します。

裁：今のところの見込みでは，打合せで弁護人期限を決めた後，できれば第1回公判前整理手続期日までに訴訟関係人双方から主張と証拠請

求をすべて出してもらいたいと思っています。その上で，第1回期日
で証拠の採否を決定して，第2回公判前整理手続期日で公判前整理手
続を終結したいと思います。

書：承知しました。

裁：弁護人には，打合せの際に概括的な弁護方針を述べるように伝えて
ください。それから，求釈明や類型証拠開示請求も遅くとも打合せ期
日までにはするようお願いしてください。

書：了解しました。

そこで，書記官は，検察官に対して，裁判所の方針を伝えた後，弁護
人に対して次のとおり電話連絡をした。

書：検察官の証明予定事実記載書面と証拠調べ請求書は受領しました
か。

弁：いずれも受領しました。検察官からは証拠開示の連絡も受けました
が，まだ閲覧に行ってません。明日には行くつもりです。

書：承知しました。できるだけ速やかに閲覧をするようお願いします。
そこで，今後の進行ですが，公判前整理手続の今後の進行の協議や弁
護人の弁護方針を伺うために，訴訟関係人間の打合せの期日を開きた
いとの裁判体の意向ですが，いかがでしょうか。

弁：承知しました。

書：では，打合せの日程ですが，1週間程度後の日程でいかがですか。

弁：結構です。

書：では，来週の9月29日の午前10時でお願いします。それから，　　開示状況把握
検察官への求釈明や類型証拠開示請求がある場合には，遅くとも打合　　（264ページ）
せ期日までにはお願いします。その際には検察官あての求釈明書や類
型証拠開示請求書を裁判所に参考に御提出いただけないでしょう
か。

弁：分かりました。

4　9月26日

書記官は，打合せのための事前準備事務として弁護人に電話をした。
事前準備として聴取すべき事項としては，次のとおりであると考えた。

・　弁護人期限を決めるに当たって，弁護人の概括的弁護方針

・　検察官の証明予定事実記載書面に対する求釈明及び類型証拠開示請
求の予定

書：検察官の証明予定事実記載書面や証拠請求に対する検討の状況はい
かがでしょうか。

弁：証明予定事実についての求釈明は特に予定していませんが，類型証
拠開示をする予定です。打合せの際に検察官に提出するつもりです。
打合せでは，現時点の弁護方針をお話することはできると思いますが，

- 305 -

第6章　公判前整理手続における進行管理

今のところ，当初の方針どおり，殺意を否認する方針です。

書：打合せでは公判前整理手続の進行についても協議されることになる
　　と思いますが，弁護人にはどのくらいの期間があれば弁護人側の主張
　　等が提出できるのか検討しておいていただきたいのですが。

弁：承知しました。

　そこで，書記官は，以上の聴取結果をメモにして，主任裁判官に交付
した。　　　　　　　　　　　　　　　　　　　　　　　　　　　　　　　事前準備メモ
　　　　　　　　　　　　　　　　　　　　　　　　　　　　　　　　　　（280ページ）

5　9月29日（打合せ）
　・　弁護人から，「主な争点は被告人の殺意の有無であり，また現段階
　　で不同意とする書証は幾つかある。」との発言あり。
　・　弁護人から類型証拠開示請求書の提出あり。
　・　検察官から「類型証拠開示請求については，近日中に回答できる見
　　込み」との発言あり。
　・　弁護人期限を決定（1週間後，10月6日）
　・　検察官に追加の証拠請求がある場合の期限を決定（10月15日）
　・　第1回公判前整理手続期日を指定（10月20日）
※　上記各決定については，決定書を作成。

　なお，打合せの終了後，書記官は弁護人に対して次のような依頼をし
た。

書：被告人と接見する際等に，被告人に公判前整理手続期日に出頭する　　　被告人の出頭確認
　　意向があるかどうか確認して，その結果を裁判所に連絡していただき　　　（53ページ）
　　たいのですが。

弁：了解しました。

　また，書記官は指定された期日を進行管理プログラムに入力した上，
被告人に期日を通知するとともに，被告人が出頭を希望する場合に備え
て法廷を確保した。

6　10月1日
　検察官から，類型証拠開示請求に対する回答書が参考送付された。書　　　開示状況把握
記官が内容を確認したところ，一部のものについて「存在しない。」旨　　　（265ページ）
の回答であったので，書記官は弁護人に電話連絡をしたところ，弁護人
は回答書は先ほど受け取ったが閲覧はこれから行う予定だとのことであ
った。その上で書記官は次のような依頼をした。

書：回答書に一部「存在しない」旨の回答がありますので，取り急ぎ裁
　　定請求をするかどうか，検討をお願いします。また二，三日後に検討
　　の状況を確認させていただいてもよろしいでしょうか。

弁：了解しました。類型証拠については本日中に閲覧します。

7　10月3日

書記官は弁護人に電話連絡をして，予定主張記載書面の準備状況等を
問い合わせた。

弁：裁定請求をする予定はありません。証拠意見は現在検討していますが，やはり，不同意書証が何点かある見込みです。予定主張記載書面等は予定どおり提出できそうです。

8　10月6日（起訴後5週）

弁護人から検察官請求証拠に対する意見書，予定主張記載書面が提出された。書記官が内容を確認したところ，乙号証の証拠意見について，単に「不同意」とのみ記載されているものがあった。主任裁判官に相談したところ，不同意の趣旨を確認するよう指示があったので，弁護人に電話連絡をした。

書：提出された証拠意見書のうち，乙号証の認否について，「不同意」という内容のものがあるのですが，任意性を争う趣旨でしょうか。また，主張関連証拠開示請求をする予定はありますか。

弁：乙号証については信用性を争う趣旨で，任意性を争う趣旨のものではありません。また，主張関連証拠開示請求予定はありません。

　一方，書記官は，検察官に次のような電話連絡をした。

書：弁護人の証拠意見が不同意のものについての対応をご検討願います。証拠請求等がある場合には，打合せの際に決めた期限までにお願いします。また，弁護人の主張に関する求釈明があれば，速やかにお願いします。その際には，弁護人に送付した書面を裁判所にも参考送付していただきたいのですが。

検：釈明を求める事項については，至急検討します。弁護人の証拠意見をざっと見ると被害者及び目撃者の供述調書が不同意となっているので，両名を証人尋問請求することになりそうです。

9　10月7日

検察官から弁護人の予定主張記載書面に対する求釈明書が送付された。書記官は，弁護人に電話連絡をして次のように依頼した。

書：検察官が釈明を求める事項について，至急対応をお願いしたいのですが，よろしいでしょうか。

弁：分かりました。

10　10月10日

弁護人から釈明書が送付されたので，書記官は検察官に電話連絡をした。

書：弁護人から釈明書が送付されたと思いますが，検察官はさらに釈明を求める事項がありますか。

検：これで結構です。10月15日には，追加の証明予定事実記載書面

弁護人からの書面
提出と提出書面の
内容確認，任意の
補正の促し
（261ページ）

第6章　公判前整理手続における進行管理

と証拠請求書を提出できる見込みです。

11　10月15日

　検察官から，追加の証明予定事実記載書面及び証拠調べ請求書が提出された。証拠調べ請求書の内容を確認したところ，被害者及び目撃者の証人尋問請求があった。

　そこで，書記官は検察官提出書面に対する弁護人の対応の予定を聴取するために次回公判前整理手続期日の事前準備事務として弁護人に電話連絡をした。その際には，次回期日に証拠採否の決定まで行う予定であったことから，そのような進行ができる見込みであるかどうかがポイントであると考えた。

弁：追加証拠請求に関する類型証拠開示請求の予定はありません。次回
　　期日には追加された検察官の主張及び証拠請求に対する意見は述べら
　　れると思いますので，弁護人としては，打合せの際に協議したように
　　証拠の採否まで進行できると思います。それから被告人は期日に出頭
　　しないとのことです。

　書記官は，事前準備情報として弁護人から聴取した内容を進行管理プログラムに入力した上，プリントアウトして主任裁判官に交付した。その際に主任裁判官から次のような話があった。

事前準備メモ
（280ページ）

裁：次回期日で証拠の採否決定まですることができそうですね。特に問
　　題がなければ，次々回期日には争点及び証拠整理の結果確認をして審
　　理予定を策定する予定です。

　その後，主任裁判官から同内容の期日進行メモが渡された。

期日進行メモ
【参考書式6－5】
（288ページ）

12　第1回公判前整理手続期日（10月20日・起訴後7週）
- **・　弁護人から検察官の追加主張及び追加証拠請求に対する意見聴取**
- **・　証拠採否決定（証人採用）**
- **・　証人尋問予定時間，被告人質問予定時間聴取**
- **・　次回期日指定（10月31日）**

　期日後，書記官は検察官に対して，証人として採用された被害者について，犯罪被害者保護に関する措置が必要かどうか確認しておいてほしい旨伝えた。

13　10月21日

　主任裁判官から，次のような指示があった。

裁：次回期日を円滑に進めるために，争点及び証拠整理案や審理予定案
　　をあらかじめ作成しておいてそれを次回期日に訴訟関係人に示すこと
　　にしたいと思います。審理予定案については，訴訟関係人から必要な
　　事項を聴取した上，書記官に第1案を作成してもらいたいと思います。

審理予定案の作成
（278ページ）

- 308 -

第2節　事件類型別進行管理事務処理例

そこで，書記官は検察官に次のような依頼をした。

書：裁判体から次回期日に向けて，検察官の予定している進行スケジュールを聴取するよう指示がありました。差し当たって，冒頭陳述の見込時間，書証の取調べに要する時間，証人の取調べの順序，論告の見込時間について教えてください。

検：今検討しているところですので，明日かあさってにはお伝えできると思います。

一方，弁護人にも同様の依頼をした。

14　１０月２２日

検察官，弁護人双方の見込時間が伝えられたので，審理予定の原案を作成し，主任裁判官に提出した。

なお，この際，検察官から次のような話があった。

検：証人採用された被害者が，証人尋問の際に遮へいの措置をとることを希望したので，至急申出をします。

一方，主任裁判官からは争点整理案と評議時間等も含まれた審理予定案が示された。

裁：争点整理案を作成しましたので，書記官も内容を確認していただき，意見があれば教えてください。それから，公判の審理予定について裁判体で合議したところ，期日は評議も含めて３日間必要になりそうです。次回期日前にあらかじめ訴訟関係人などの都合を聞いておいてください。

公判期日指定
（274ページ）

そこで，書記官は，裁判員候補者に呼出状を送付するスケジュールを考慮した上，選任手続に使用する部屋，法廷，遮へいのパネル等使用する機材の空き状況等を確認して仮予約した後，検察官及び弁護人に対して，電話連絡の上，候補日一覧表をＦＡＸ送信し，期日前に返信するよう依頼した。

15　第２回公判前整理手続期日（１０月３１日・起訴後約10週）
・　争点及び証拠整理の結果確認
・　審理予定策定
・　第１回公判期日指定
・　公判前整理手続終結

（注）本シナリオ中，「裁」は主任裁判官，「書」は書記官，「検」は検察官，「弁」は弁護人をそれぞれ示す。

- 309 -

第6章　公判前整理手続における進行管理

第3節　公判前整理手続に付されない事件（一般事件）の進行管理事務

第1　一般事件の進行管理事務

1　はじめに

　　裁判所に係属する刑事事件のうち，公判前整理手続に付される事件の占める割合は小さく[*1]，公判前整理手続に付されない事件（以下「一般事件」という。）は，依然として大多数を占める。

　　このうち，いわゆる自白事件については，合議事件を含めて，書記官の事前準備事務がほぼ確立しているといっても過言ではないものと思われる。

　　一方，否認事件については，争点及び証拠整理の必要な事案であれば，公判前整理手続に付されることが多いであろうが，事案によっては公判前整理手続に付されない事件もあると思われる。ただ，そのような事件についても，計画審理の要請は働き，公判前整理手続の精神を生かした迅速かつ計画的な公判審理に向けた審理計画策定のための事前準備事務を行うことは重要である。

　　そのような一般事件にあっては，公判前整理手続に付される事件とは異なり，第1回公判期日前に裁判体が関わることのできる範囲は限られるため[*2]，書記官の事前準備事務の重要性は書記官事務の指針等においても，これまで述べられてきたところである。

　　今後，裁判員裁判の実施により，裁判官のより多くの注力の方向が裁判員裁判対象事件に向けられることが予想されることから，一般事件における事前準備事務への書記官の主体的な関与の必要性はこれまで以上に高まるものと思われる。

　　これまで，本章において，公判前整理手続に付された事件についての進行管理事務として考えられる事項を，事件類型に応じて検討してきたが，公判前整理手続固有の手続に由来する事務（例えば，類型証拠開示及び主張関連証拠開示の進行状況把握に関する事務など）は，当然除かれるとしても，その性質に反しない限り，これまで本章において記述してきた公判前整理手続に関する進行管理事務は，一般事件においても当てはまるものであり，そのノウハウを一般事件にも生かすことができるものである。

　　以下，一般事件（特に，中・小規模否認事件）における進行管理事務としてどのようなものが考えられるか，各庁の取組状況等を踏まえて記述することとする。

2　具体的事務処理例

　　具体的な進行管理事務の内容等のうち，公判前整理手続に付された事件についてこれまで述べてきたことが，一般事件についてもそのままあてはまるものもある。そこで，以下では，一般事件について特に触れるべき点について付言する。

⑴　起訴後の情報収集とそれを踏まえた事件の振り分け

　　収集する情報及びそれを踏まえた振り分けのあり方等については，特に公判前整理手

＊1　平成19年度に終局した事件のうち，地裁に係属した公判請求事件で公判前整理手続に付された事件は，全体の約2パーセントに過ぎない（前述第2章　8ページの【表2−1】参照）。

＊2　もちろん，予断排除の原則（法256Ⅵ等）は，公判前整理手続に付された事件においても同様に妥当するものである（前述第1章　5ページ）。

第3節　公判前整理手続に付されない事件（一般事件）の進行管理事務

続に付された事件と異なるところはない。

(2)　請求証拠開示の状況把握

　　検察官に対して早期に証拠開示を行い，また，弁護人に対して開示を受けた証拠の検討及び証拠意見の連絡を早期に行うよう働きかけ，必要に応じて，適切な促しを行うことが必要である。一般事件においては，公判前整理手続に付される事件とは異なり，訴訟関係人に対して，証拠調べ請求及び証拠意見表明について期限を設定する（例えば，検察官請求証拠に対する被告人側の意見表明期限（法316の16Ⅱ）など）ことはないが，事実上，具体的な期限を付した上で事前準備に取り組むよう要請する文書を，起訴後早い段階で訴訟関係人に対して送付する取組も見られる。

(3)　公訴事実に対する被告人の認否及びそれを踏まえた弁護方針の確認

　　被疑者段階で選任されている弁護人であれば，起訴後の情報収集で，これらの点についてある程度まで確認することは可能であろうし，起訴後に選任された弁護人についても，(4)の検察官請求証拠に対する意見等を確認する段階では，大まかな弁護方針を確認することもできよう。

(4)　請求証拠に対する意見聴取，必要に応じた補正の促し[*1]

　　聴取する内容及び証拠意見が不明確な場合の補正の促しについては，公判前整理手続に関する進行管理事務の中で述べたことと同様である。

(5)　審理計画の立案

　　否認事件の審理計画について，第1回公判期日を開いた後に，裁判官が主体となった訴訟関係人との協議によりその内容を定めていくということではなく，第1回公判期日までの期間を有効に活用して，訴訟関係人に対して事前準備を促し，第1回公判期日から実質的審理に入ることができれば，公判前整理手続に付した事件と同様に適正かつ迅速な公判審理につながるものである。

　　そのためには，検察官に対して，弁護人の弁護方針及び検察官請求証拠に対する証拠意見から導かれる検察官立証について早期に検討を求め，第1回公判期日から罪体関係の検察官証人を在廷させて取り調べることができるように準備を促し，更に進んで，複数の検察官証人がいる場合は，複数期日を予約した上で，取り調べるべき証人を各期日に振り分けるといった審理計画を立案することが望ましい。そのような方針を裁判体とともに確認し，その一般的方針に基づいて，書記官の事前準備事務として審理計画の立案まで取り組んでいる例も見られる[*2]。

[*1]　なお，証拠厳選に向けた取組は公判前整理手続に付された事件に限られるものではなく，一般事件においても，その精神は生かされるべきであると思われる。この点，一般事件においては，第1回公判期日前に証拠請求はできないので，証拠の絞り込みについては，訴訟関係人との間で協議の場を持つなどして，裁判体の一般的方針について理解を求める必要がある。なお，証拠厳選の意識は，訴訟関係人（特に検察官）にも浸透しつつあるようであり，一般事件においても，請求証拠が以前より絞られてきているとの意見もある。

[*2]　各種被告事件について，否認態様等で類型化した書記官の事前準備事務について具体的に記述したものとして，「否認事件進行管理の研究」があるので，参考にされたい。

第 7 章　新法施行に伴い検討すべき事項

第 7 章　新法施行に伴い検討すべき事項

第 1 節　裁判員法施行に伴い検討すべき事項

第 1　公判前整理手続調書の記載に関して検討すべき事項

1　概説

　本項では，裁判員裁判における公判審理を見据えた公判前整理手続調書の記載事項について検討する。

　裁判員裁判対象事件（以下「対象事件」という。）の公判前整理手続においては，裁判員に分かりやすい公判審理[*1]という観点を踏まえた公判審理の進め方について協議がされると思われる。また，裁判員等選任手続に関しても，公判前整理手続の中で，選任手続等に関する各種決定がされ，さらに，選任等手続期日における質問内容や質問手続の進め方等が協議されることもあろう。

　公判前整理手続調書の記載については，必要的記載事項以外の事項についても，このような観点から，裁判員等選任手続や公判期日の進行上有益な事項であれば，記載することが相当な事項もあるものと思われる。

　そこで，以下，裁判員裁判を見据えた協議事項や各種決定についての公判前整理手続調書への記載について検討を加えることとしたい。

2　具体的記載事項

(1)　裁判員等選任手続に関する記載事項

　公判前整理手続の中での決定事項としては，必要な員数の補充裁判員を置く決定，補充裁判員を置かない決定及び呼び出すべき裁判員候補者数に関する決定（裁判員法26 I，II）並びに裁判員等選任手続期日の指定（同法27 I 本文）など[*2]が考えられるが，いずれも公判前整理手続期日でなされたのであれば，公判前整理手続調書の必要的記載事項となる（規217の14 I ⑯）。

　また，質問手続及びその関連事項として，当日質問票（裁判員法30 I）及び裁判員等選任手続期日当日における質問（同法34 I）の際の質問事項等[*3]が公判前整理手続期日において協議されることもあると思われる。これらの事項は，公判前整理手続調書の必要的記載事項ではないが，裁判員等選任手続期日の進行上重要な事項であるし，また，

＊1　裁判官，検察官及び弁護人は，裁判員の負担が過重なものとならないようにしつつ，裁判員がその職責を十分果たすことができるよう，審理を迅速で分かりやすいものとすることに努めなければならない（裁判員法51）。

＊2　その他，区分審理決定（裁判員法71 I）並びに同決定の取消し及び変更（同法72 I，II），区分事件の審理の順序に関する決定等（同法73 I，II）などについても公判前整理手続で行うことができる（同法75本文）。

＊3　その他，選任手続当日のオリエンテーションにおける事件の概要説明の内容等も協議されることがあろう。

第1節　裁判員法施行に伴い検討すべき事項

　　　裁判員等選任手続については，当該事件の担当部だけではなく，刑事訟廷など他部署と
　　も役割分担をしながら，連携をとって事務を進めていく必要があるので，手続調書に記
　　載することが相当な場合もあろう。

**【参考記載例７－１】公判前整理手続期日において，当日質問票での質問事項，補充裁判員の
員数及び呼び出すべき裁判員候補者数の決定，裁判員等選任手続期日の指定をしたもの（「裁
判員の参加する刑事裁判手続（公判手続等）に関する執務資料」７～８ページから抜粋）**

裁判員等選任手続について
　　検察官及び弁護人
　　　　裁判員等選任手続期日で用いる当日質問票において，別紙〔添付省略〕記載の質
　　　　問事項以外に，質問することを求める事項はない。
裁判員等選任手続に関する決定
　　裁判長
　　　　本件について，２人の補充裁判員を置く。
　　　　本件について，呼び出すべき裁判員候補者の員数を５０人と定める。
指定した裁判員等選任手続期日
　　　　平成○○年○月○○日午前○時○○分
指定した公判期日
　　　　平成○○年○月○○日午後○時○○分

---

(2)　**裁判員に対する配慮事項**

　　　裁判員裁判においては，審理に参加する裁判員にとってできるだけ分かりやすい公判
　　審理を行う必要があり，裁判員にとって分かりやすい立証及び弁論を行うことが訴訟関
　　係人に求められている（裁判員規42）。

　　　これを公判審理の各段階で見ていくと，まず，冒頭陳述に関しては，裁判員裁判にお
　　いて，その役割も従来とは異なったものになると思われるので[1]，主張内容が分かりや
　　すく裁判員に伝達されるよう，プレゼンテーションソフトを活用するなどの工夫が効果
　　的な場合もあろう。

　　　また，証拠調べについても，裁判員が目で見て耳で聞いて分かる公判審理という観点
　　から，書証の取調べ方法に関して，供述調書については全文朗読によることが多くなる
　　であろうし（前述第６章　261ページ参照），カメラを使って写真や図面を展示するなど
　　の工夫をする場面も出てくることが予想される。そこで，訴訟関係人から，証拠調べ手
　　続に際して，上述の観点から，ＩＴ機器を利用することなどの申出がなされることもあ
　　ろうから，これらの申出を踏まえた証拠調べの方法についても，公判審理の進行上重要

---

[1]　前述第４章　194ページ脚注３参照。

- 313 -

第7章　新法施行に伴い検討すべき事項

な情報として公判前整理手続調書に記載することが相当な場合もあろう。さらに，裁判
員にとって難解な法律概念を正確に理解してもらうために，法律概念の説明の工夫とい
った点も協議の対象になることもあろう[1]。

　これらの事項の公判前整理手続調書への記載方法としては，公判審理の予定に関する
事項を記載する箇所に記載する方法もあるし，最終的な審理予定に盛り込むという方法
もあろう（【参考記載例7-2】。その他記載例については，第4章　186ページ参照。）。

**【参考記載例7-2】公判前整理手続期日において，裁判員向けの法律概念の説明方法に関す
るやりとりがなされた例**

> 公判審理の予定に関する事項
> 　「殺意」の説明方法について
> 　　裁判長，検察官及び弁護人
> 　　　　本件の審理においては，「殺意」について，「人が死ぬ危険性（可能性）が高
> 　　　　い行為をそのような行為であると分かって行ったこと」と説明することとす
> 　　　　る。

(3)　**第1回公判期日前の鑑定（裁判員法50）に関する事項等**

　ア　**意義及び概要**

　　対象事件については，公判前整理手続において鑑定を行うことを決定した場合にお
いて，当該鑑定の結果の報告がなされるまでに相当の期間を要すると認めるときは，
検察官，被告人若しくは弁護人の請求により又は職権で，公判前整理手続において鑑
定の手続（鑑定の経過及び結果の報告を除く。）を行う旨の決定（以下「鑑定手続実
施決定」という。）をすることができる（裁判員法50Ⅰ）。

　　そこで，鑑定手続実施決定があった場合には，公判前整理手続において，鑑定の手
続のうち，鑑定の経過及び結果の報告以外のものを行うことができる（同条Ⅲ）。

　　具体的な鑑定の手続として，裁判所は以下のことを行うことができるものとされる。

　①　鑑定人を選任し，刑訴法171条（153条，62条，158条等）の規定により召喚する
　　こと

　②　同法166条の規定により鑑定人に宣誓させること

　③　同法171条（143条）の規定により鑑定人の学識経験について鑑定人に尋問するこ
　　と

　④　同法165条の規定により鑑定人に対し，鑑定事項を告げて鑑定を命ずること

　⑤　同法168条の規定により許可状を発すること

　　また，鑑定人としては，鑑定資料の収集，調査，処分などの鑑定の経過及び結果を

---

[1]　必要とされる法概念の具体的な内容は，事件の事実関係や争点により千差万別であるが，その事案に最も
　ふさわしい説明方法については，公判前整理手続において両当事者との間で共通の理解が得られることが必
　要である（東京地方裁判所公判審理手続検討委員会・同裁判員模擬裁判企画委員会「裁判員が関与する公判
　審理の在り方」（判タNo.1278・6ページ））ものとされる。

- 314 -

第1節　裁判員法施行に伴い検討すべき事項

報告するための鑑定活動が，当事者としては，鑑定活動への立会いが，それぞれ可能であるとされている（以上，裁判員法・同規則解説187ページ以下）。

イ　手続の流れと公判前整理手続調書の記載事項

(ア)　鑑定手続実施決定までの手続の流れ

鑑定手続実施決定をするには，まず，鑑定決定がされていることが前提となるが，鑑定の請求，請求に対する意見，鑑定決定までは，手続及び調書の記載については通常の事件と異なる点はない。

そこで，鑑定決定後，鑑定手続実施決定の判断までに関してであるが，基本的には，以下の流れとなろう。

①　訴訟関係人からの請求（ただし，職権による決定もある）

②　請求に対する相手方の意見（職権による決定の場合は，訴訟関係人双方の意見（裁判員法50Ⅱ，裁判員規41））

③　鑑定手続実施決定又は請求却下決定

(イ)　手続調書への記載の要否

このうち，上記①は，「証拠調べの請求その他の申立て（規217の14Ⅰ⑨）」として，同③は，「決定*¹（同条Ⅰ⑯）」として，それぞれ公判前整理手続調書の必要的記載事項になるものと思われる。また，②も，請求から決定に至る経過が分かるよう，調書に記載するのが相当であろう。

【参考記載例7－3】鑑定手続実施決定が当事者の請求による場合（最高裁判所事務総局「裁判員の参加する刑事裁判手続（公判手続等）に関する執務資料」8ページ）

| 2

精神鑑定

［＿＿＿＿＿＿＿＿＿＿＿＿］
①犯行時における被告人の精神障害の有無及び程度
②①が被告人の心理学的要素に与えた影響の有無及び程度
（　　　　　　　　　）| 前2 | 前2 | しかるべく | 前3 | 決定
鑑定手続実施決定
鑑定人○○○○選任（次回喚問）| 前2　弁護人「裁判員法50条1項により鑑定手続を実施されたい。」
検察官「しかるべく」

鑑定人○○○○尋問調書，鑑定書の取調べは職権カード記載 |
| | | | | 前4 | 鑑定人尋問施行 | |

*1　鑑定手続実施決定は，「証拠調べの順序及び方法に関する決定（法316の5⑧）」には当たらないものとされる（「裁判員の参加する刑事裁判手続（公判手続等）に関する執務資料」6ページ脚注12参照。）ので，公判前整理手続調書の必要的記載事項から除かれる「決定」（特に，規217の14Ⅰ⑯イ）にはあたらない。

第7章　新法施行に伴い検討すべき事項

【参考記載例7－4】鑑定手続実施決定が職権による場合（前同）

2 精神鑑定 [＿＿＿＿＿＿＿＿] ①犯行時における被告人の精神障害の有無及び程度 ②①が被告人の心理学的要素に与えた影響の有無及び程度 （　　　　　　　　　）	前2	前2	しかるべく	前3	決定 鑑定手続実施決定 鑑定人○○○○選任（次回喚問）	前2　検察官・弁護人「裁判員法50条1項により，鑑定手続を実施することにつき，異議なし」
				前4	鑑定人尋問施行	鑑定人○○○○尋問調書，鑑定書の取調べは職権カード記載

　　(ウ)　**鑑定手続実施決定後の鑑定に関する手続**

　　　　上記アで述べたとおり，鑑定手続実施決定後は，鑑定の経過及び結果の報告以外の鑑定の手続を行うことができる。

　　　　具体的な事項のうち，鑑定人の選任，鑑定人尋問期日の指定，鑑定人の召喚及び鑑定人尋問施行の旨は，公判調書と同様，証拠等関係カードに記載すれば足りる（**【参考記載例7－3】**，**【同7－4】**参照。なお，鑑定人の選任，鑑定人尋問期日の指定，鑑定人尋問期日に召喚する旨の決定を期日外で行った場合は，それぞれ，別に決定書を作成する必要がある。）。

　　　　その他，鑑定人尋問を公判前整理手続期日で行った場合は，その内容を公判前整理手続調書に記載することになるが，その場合，公判前整理手続期日に出頭した鑑定人の氏名並びに鑑定人の尋問及び供述が必要的記載事項とされる（裁判員規47）。それらの事項の公判前整理手続調書及び鑑定人尋問調書への記載については，公判調書と同様である（調書講義案123ページ以下参照）。

　　ウ　**裁判員裁判非対象事件について**

　　　　裁判員裁判非対象事件については，第1回公判期日前の鑑定手続を行うことは原則的にできない。しかし，裁判員裁判非対象事件にあっても，対象事件と併合審理される事件（裁判員法4）などは，裁判員が参加する合議体が取り扱う事件となるため，第1回公判期日前の鑑定手続を行うことは可能である（裁判員法・同規則解説185ページ）。

第2　関連事件が係属した場合

　　裁判員裁判対象事件の係属中に追起訴事件が係属した場合，当該追起訴事件を併合して裁判員が参加する合議体で審理するかどうかは，被告人の併合の利益や審理の効率化という面とともに裁判員の負担という面からも考慮が必要なものとされている。それは，主観的併合の場合も同様であろう。

　　併合するか否かの判断は，各裁判体によるが，その前提となる対象事件の関連事件の有無及び併合するか否かの判断資料等に関する情報収集は，公判前整理手続における重要な進行管理事務であるといえる。書記官としても，関連事件が見込まれる場合は，検察官と十分連絡を取り合って，情報収集に努める必要がある。

　　なお，弁論併合することとなった場合の公判前整理手続との関連での具体的な事務処理等

－ 316 －

については，第5章で述べたところと同様であるので，該当箇所を参照されたい。

1 客観的併合の場合

(1) 追起訴事件が非対象事件の場合

　　裁判所は，非対象事件[*1]について，その弁論を対象事件の弁論と併合することが適当と認められるもの[*2]については，決定で，非対象事件について，裁判員の参加する合議体で取り扱う決定をすることができる（裁判員法4Ⅰ）。

　　また，この決定は，弁論の併合決定（法313Ⅰ）とは別個の司法行政上の決定であり，合議体の構成裁判官が行う判断である。なお，この決定をするに当たっては，弁論の併合が前提となるため，この決定をした場合は，弁論の併合決定が義務付けられる（裁判員法4Ⅱ）。

(2) 追起訴事件も対象事件の場合

　　この場合は，弁論併合に関する規定（法313Ⅰ）以外，法文上特に規定がないため，上記規定に従って，併合するか否かを検討することになるが，上述のとおり，被告人の併合の利益とともに，裁判員の負担という面も考慮する必要があるものとされる[*3]。なお，併合した場合の裁判員の負担を考慮して，区分審理制度（裁判員法71以下）が創設された。

2 主観的併合の場合

　　主観的併合がなされた事件についても，被告人の間で争い方が異なる事案などは，書証の認否も被告人ごとに異なることも多く，裁判員にとって，争点や証拠内容の理解がしにくくなるなど審理が複雑化する上に，審理が長期化する可能性も指摘されている[*4]（大型否認事件の研究42ページ）。

　　いずれにしても，公判前整理手続で争点や証拠整理を経ていく中で，審理の在り方を検討する必要が出てくると思われることから，書記官としても，このような観点を常に頭に置いて，進行管理事務を行う必要がある。

[*1]　非対象事件といっても，住居侵入罪とこれと牽連犯の関係にある強盗殺人罪の両罪が起訴されている場合など，複数の訴因が一罪の関係にある場合には事件は1個であり，弁論の分離はありえないので，裁判員法4条1項の決定は不要とされる（裁判員法・規則解説37ページ）。

[*2]　併合することが適当と認められる事案としては，例えば，同一人が，殺人被告事件と当該殺人の被害者についての死体遺棄事件の被告人となっているときのように，事件の内容に関連性がある場合や，深刻な争いのない窃盗など比較的審理の容易な非対象事件の余罪が起訴されている場合などとされる（前同）。

[*3]　複数の事件を併合すると審理の長期化により裁判員の参加が困難になるという面があるし，特に，いずれも否認事件であるような場合は，分離して審理，判決すべき場合が多くなるものとされる。ただ，非対象事件との併合の場合とは異なり，対象事件相互の関連性等から，分離処理を徹底しにくい面もあるものとされる（大型否認事件の研究45ページ）。

[*4]　ただ，被告人全員が事実関係を認めているような事案であれば，あえて分離して審理する必要もないというケースがあることも指摘されている（大型否認事件の研究43ページ）。

第7章　新法施行に伴い検討すべき事項

第2節　被害者参加制度に関して検討すべき事項

第1　はじめに

　犯罪被害者等の権利利益の保護を図るための刑事訴訟法等の一部を改正する法律（平成19年法律第95号）が平成20年12月1日に施行され，被害者参加制度が導入された。この制度により，被害者等が刑事裁判に一定程度関与できることとなったが，そのことにより，公判審理の進行等にも配慮を要する事項が出てくるものと思われる。したがって，被害者等の手続参加に関する事項も，公判前整理手続期日において協議されることもあるものと思われる。

　そこで，以下，被害者参加制度について，公判前整理手続調書の記載及び公判前整理手続の進行管理の面から検討する。

第2　公判前整理手続調書の記載に関して検討すべき事項

　上記第1の法改正により，公判手続[*1]の様々な場面で被害者等が手続参加することが可能となった。以下，公判前整理手続調書の記載との関連について記述する。

1　被害者参加の申出，求意見及び決定（法316の33 I，II）

　本申出は，起訴後，上訴又は確定に至るまでいつでも申し出ることができるものとされる（被害者参加に関する書記官事務の手引2ページ）。したがって，公判前整理手続を行っている間に申出がされ，公判前整理手続において参加許否の決定がなされる場合もあり（決定に関して，法316の5⑪），公判前整理手続期日で決定がされた場合は，調書の必要的記載事項（規217の14 I⑯）となる。なお，検察官からの申出通知は原則として書面でなされることから（規217の32本文），参加の申出から弁護人又は被告人への求意見については，期日外でなされることがほとんどであろうが，申出及び求意見が公判前整理手続期日でなされた場合は，手続の経過が分かるよう，調書に記載することが相当であろう。

【参考記載例7-5】公判前整理手続期日において，被害者参加の申出，弁護人の意見，許可の決定がされた場合（被害者参加に関する書記官事務の手引30ページより）

被害者参加の許可

　　検察官

　　　　本日，被害者○○（の父○○）から被害者参加の申出がありました。検察官としては，相当であると考えます。

　　弁護人

　　　　しかるべく。

　　裁判長[*2]

　　　　申出人の本件被告事件の手続への参加を許可する。

---

*1　ただし，被害者等は公判前整理手続には参加することはできないものと解される（前述第3章　53ページ参照）。

*2　被害者参加の申出に対する決定は，受命裁判官がすることはできない（法316の11，316の5⑪）。

- 318 -

また，被害者参加の許可の取消し（法316の33Ⅲ）がされる場合があるが，その取消決定が公判前整理手続期日でされた場合も，手続調書の必要的記載事項となる。

【参考記載例7－6】公判前整理手続期日において，被害者参加の許可の取消しがされた場合（前掲30ページより）

被害者参加の許可の取消し
　　　裁判長
　　　　　　罰条変更により，本件被告事件が刑訴法第３１６条の３３第１項に掲げる罪に係るものに該当しなくなったので，被害者○○の参加を許す旨の決定を取り消す。

2　被害者参加人等の公判審理への手続参加に関する事項

　　被害者参加人及び被害者参加人の委託を受けた弁護士（以下，これらを併せて「被害者参加人等」という。）は，①公判期日に出席し（法316の34Ⅰ），また，一定の要件の下，裁判所の許可を得て，②証人尋問（法316の36Ⅰ），③被告人質問（法316の37Ⅰ）及び④事実又は法律の適用についての意見陳述（法316の38Ⅰ）などを行うことができる。

　　このうち，上記②ないし④については，検察官を通じて被害者参加人等から申出がなされ，裁判所がその許否を判断することとなるが，公判前整理手続では，これらについての許否の判断はできないので（法316の5各号参照），これらの事項について公判前整理手続で協議されるとしても，あくまで公判期日での予定にとどまるものと思われる。なお，その性質上，これらの申出自体，公判開始後になされることがほとんどであろうと思われる（特に②については，公判における検察官の尋問後でなければ申出はできない（法316の36Ⅱ）。）。

　　ただし，被害者参加人等がこれらの手続を行うかどうかは，公判審理の進行に大きな影響を及ぼすので，これらの申出の有無等についての情報収集は，公判前整理手続においても，重要な進行管理事務といえ，これらの予定が公判前整理手続期日で協議された場合は，公判前整理手続調書に記載することが有益であろうと思われる。

　　それらの事項を公判前整理手続調書に記載する場合は，最終的に定められる公判の審理予定の箇所に適宜記載すれば足りるものと思われるが，最終の公判前整理手続期日よりも前の期日で協議された場合も，備忘的に記載することが有益な場合もあろう。その場合は，公判審理の予定に関する事項を記載する箇所に，「公判の進行について」と見出しを掲げて記載すればよいと思われる。

第 7 章　新法施行に伴い検討すべき事項

【参考記載例７－７】公判前整理手続期日において，被害者参加人による被告人質問等の申出
予定がある旨の陳述があり，その旨を公判前整理手続調書に記載した例

　１　被害者参加人による被告人質問の予定を公判審理の予定中に記載した例
公判審理の予定に関する事項
　公判の進行について
　　　検察官
　　　　　強姦致傷被告事件について，被害者参加人○○が被告人質問をする意向があ
　　　　り，その申出をする予定である。

　２　被害者参加人による法316の38Ⅰの意見陳述の予定を公判審理の予定に関する事項と
　して記載した例
公判の審理予定
　　　裁判長
　　　　　次のとおり審理予定を定める。
　　　　第１回公判期日（○月○○日午後１時３０分から午後４時３０分まで）
　　　　　　　　　　　　　　　　（　中　略　）
　　　　第２回公判期日（○月○○日午前１０時００分から午後零時００分まで)
　　　　　　　　　　　　　　　　（　中　略　）
　　　　　論告（１０分）
　　　　　被害者参加人の意見陳述（１０分）
　　　　　弁論（１０分）・・・（以下省略）

第3　公判前整理手続の進行に関して検討すべき事項
１　はじめに

　　これまで述べたように，被害者等について被告事件への手続参加が許され，被害者参加
人等が手続参加することになれば，公判審理の進行にも大きく影響することになる。ただ，
被害者参加人等は，公判前整理手続期日には出席できず，手続参加するとしても，もっぱ
ら公判期日においてであるので，公判前整理手続における進行管理事務としては，被害者
参加人等が関与することが見込まれる手続を公判審理の予定に盛り込むための情報収集が
中心になるものと思われる。以下，被害者参加に関連した情報収集にあたって留意すべき
事項などを検討する。

２　情報収集に関して留意すべき事項
⑴　必要に応じた情報収集

　　被害者参加の対象事件（法316の33Ⅰ）が係属した際には，起訴後の早い段階から，
被害者等の手続参加の申出の意向などについて，検察官を通じる等して情報収集するこ
とが求められる。また，公判前整理手続の進行状況等に応じて，被害者参加に関連する
事項が協議された場合は，随時情報収集することも必要である。例えば，被害者参加人
等と被告人又は証人らとの間で，示談交渉，謝罪や見舞いがされていることがうかがえ

る場合は，証人尋問の申出がされる可能性のあることに留意する（被害者参加に関する書記官事務の手引18ページ）ことなどである。

(2) 情報収集すべき事項等

収集すべき事項としては，以下のものが挙げられる（前同4ページ）。

① 被害者等又は当該被害者の法定代理人の参加の希望の有無

② 参加が許可された場合に申出を予定している行為の範囲

このうち，情状証人に対する証人尋問や被告人質問に関しては，被害者参加人等が申出の意向を有している事項について，検察官が自ら尋問等を行う予定があるか，また，尋問等を行うのは，委託を受けた弁護士か，被害者参加人か，さらに，尋問事項等の数及び予定時間なども収集すべき情報として挙げられる（前同18，21ページ）。

また，事実又は法律の適用についての意見陳述については，意見陳述に要する時間の見込み及び意見陳述を行うのは委託を受けた弁護士か被害者参加人か，さらに心情に関する意見陳述（法292条の2）の申出をする予定の有無といったことが収集すべき情報としてあげられる（前同23ページ）。

③ 弁護士への委託予定及び委託を予定している行為の範囲，国選被害者参加弁護士の選定の請求予定

④ 付添いの措置，遮へいの措置の必要性

後述3のとおり，法廷の準備の関係で，付添人を含めた着席位置及び遮へいの措置を採る場合の衝立の位置などを事前に検討しておく必要がある。

⑤ 公判期日への出席の有無及び出席者

その他に，被害者参加人等が公判期日に出席する場合は，着席位置の配慮，遮へいの措置を採る場合の衝立の設置などの法廷の準備が必要になるので，出席の有無，出席者，遮へいの要否等を検察官を通じて確認する必要がある。なお，公判期日調整に当たっては，検察官を通じて，被害者参加人等の希望が伝えられることもあるものと思われる（前述第3章　91ページ参照）。

なお，公判期日への出席に関連して，被害者参加人等が事実又は法律の適用についての意見陳述を予定している場合に，当該意見陳述は，検察官の意見の陳述後，速やかに行われること（規217の36）となっており，意見陳述のために公判期日を続行するようなことは相当ではないので，期日通知（法316の34Ⅱ）の機会を通じて，論告が行われる公判期日に意見陳述が行えるよう，検察官を通じて，被害者参加人等に準備を促すことが必要となる（被害者参加に関する書記官事務の手引24ページ）。

3　法廷の準備及び警備の検討

被害者参加人等が出席する公判期日においては，これまで述べたような法廷の準備等をする必要があるが，その準備のために配慮すべき事項についても，検察官を通じて被害者参加人等の意向を確認し，また，訴訟関係人の意見を徴するなどして，公判前整理手続内で必要に応じて検討しておくことが有益であろう。例えば，被害者参加人等の人数に応じて必要な座席を確保し，また，被害者参加人等の着席位置を検討するなどである。さらに，付添いや遮へいの措置を採る場合には，付添人席や衝立等の設置位置も検討する必要がある。その他，被害者参加人等の法廷の出入りについて，移動の手順の確認やそのための要員確保及び法廷内の警備等についても検討しておく必要があろう。

- 321 -

付　　録

公判前整理手続に付された事件における証拠等関係カードの一括記載について

> 平成１９年７月５日高等裁判所事務局長，地方裁判所事務局長，家庭裁判所事務局長あて最高裁判所事務総局刑事局第二課長，同総務局第三課長，同家庭局第二課長事務連絡

　標記の一括記載について，ある庁から下記１の照会がありましたが，これについては，下記２のとおりと考えますので，お知らせします。

　なお，簡易裁判所に対しては，所管の地方裁判所事務局長から連絡してください。

記

１　争いのない自白事件についても公判前整理手続に付される場合が増加していることを踏まえ，公判調書作成の効率化を図るために，同手続に付された事件においても，証拠等関係カードの作成に当たっては一括記載を行う必要があると考えられる。

　その場合の記載としては別紙記載例１ないし４が考えられるが，これらのとおり一括記載を行って差し支えないか。

２　差し支えない。

　なお，公判前整理手続に付された事件については，証拠決定と取調べが別期日で行われることが多いことから，証拠等関係カードの一括記載を行う場合には，「結果」欄を分けて記載する必要が生じる。このように，「結果」欄の記載が複数となる場合には，記載例にあるとおり，カード２枚目以降の一括記載の枠内冒頭に「期日」を記載するなどの方法により，カード１枚目のどの記載に対応するものであるのか，特定する必要があると考えられる。

別紙【記載例１】 公判前整理手続期日で証拠決定まで行われ，全て第１回公判期日で番号順に取り調べられた例

請求者等 検 察 官							平成 ○○ 年(わ)第 ○○○ 号	

証 拠 等 関 係 カ ー ド （甲）　　（No. 1 ）

（このカードは，公判期日，公判前整理手続期日又は期日間整理手続期日においてされた事項については，各期日の調書と一体となるものである。）

番号 標 目 〔供述者・作成年月日，住居・尋問時間等〕 立 証 趣 旨 （公 訴 事 実 の 別）	請求 期 日	意 見 期 日	内 容	結 果 期 日	内 容	取調順序	備 考 編てつ箇所
1 押 〔(員) ○○○○　○.○.○〕 覚せい剤と認められる無色結晶等の押収状況等 （　　　　　　　　）		前1	番号１ないし８請求・同意・決定		第１回公判 番号１ないし８済・取調順序番号順に１番号５領置		
2 報 〔(員) ○○○○　○.○.○〕 上記押収にかかる証拠物の発見状況 （　　　　　　　　）							
3 鑑 嘱 (謄) 〔(員) ○○○○　○.○.○〕 上記押収にかかる覚せい剤と認められる無職結晶の鑑定嘱託 （　　　　　　　　）							
4 鑑 〔○○○○　○.○.○〕 上記鑑定結果 （　　　　　　　　）							
5 覚せい剤　1袋 （ビニール袋入り） 〔平○○東地領○○号の１　　〕 覚せい剤の存在及び形状 （　　　　　　　　）							平○○押○号の1

（被告人一人用）

（被告人 ○ ○ ○ ○　　　）

- 巻末資料 2 -

【記載例１】

請求者等　検察官							平成　〇〇　年(わ)第　〇〇〇　号	

証 拠 等 関 係 カ ー ド （甲）　　(No. 2)

(このカードは，公判期日，公判前整理手続期日又は期日間整理手続期日においてされた事項については，各期日の調書と一体となるものである。)

番号 標　　目 〔供述者・作成年月日，住居・尋問時間等〕 立 証 趣 旨 （公 訴 事 実 の 別)	請求 期 日	意　　見		結　　果		取調順序	備　　考 編てつ箇所
		期 日	内　　容	期 日	内　　容		
6　　員 〔〇〇〇〇　　〇.〇.〇〕 被告人の覚せい剤の使用状況 （　　　　　　）		前1	請求・意見・結果は(甲)(No.1)に記載済		第1回公判 結果は(甲)(No.1)に記載済		
7　　放棄 〔(被)　　　〇.〇.〇〕 押収にかかる証拠物の所有権放棄 （　　　　　　）							
8　　捜照 〔〇〇〇〇　　〇.〇.〇〕 無資格の事実 （　　　　　　）							

- 巻末資料 3 -

【記載例１】

請求者等　検察官									平成　○○　年(わ)第　○○○　号	

証 拠 等 関 係 カ ー ド （乙）　　（No.　1　）

（このカードは，公判期日，公判前整理手続期日又は期日間整理手続期日においてされた事項については，各期日の調書と一体となるものである。）

番号 標　目 〔供述者・作成年月日，住居・尋問時間等〕 立 証 趣 旨 （公 訴 事 実 の 別）	請求 期 日	意　見		結　果		取調順序	備　考 編てつ箇所
		期 日	内　容	期 日	内　容		
1　　　員 〔(被)　　　　○.○.○〕 被告人の身上，経歴等 （　　　　　　　　　）		前1	番号１ないし４請求・同意・決定		第１回公判 番号１ないし４済・取調順 序番号順に２		
2　　　員 〔(被)　　　　○.○.○〕 犯行状況等 （　　　　　　　　　）							
3　　　検 〔(被)　　　　○.○.○〕 犯行状況等 （　　　　　　　　　）							
4　　　戸 〔○○区長　　　○.○.○〕 被告人の身上関係 （　　　　　　　　　）							
（　　　　　　　　　）							

（被告人一人用）

（被告人　○　○　○　○　　　　　）

－ 巻末資料 4 －

【記載例２】 請求，意見，証拠決定がそれぞれ異なる公判前整理手続期日でなされ，全て第１回公判期日で番号順
に取り調べられた例

請求者等　検　察　官				平成　○○　年(わ)第　○○○　号	

証 拠 等 関 係 カ ー ド （甲）　　(No. 1)

(このカードは，公判期日，公判前整理手続期日又は期日間整理手続期日においてされた事項については，各期日の調書と一体となるものである。)

番号　標　　目〔供述者・作成年月日，住居・尋問時間等〕立 証 趣 旨（公 訴 事 実 の 別）	請求 期日	意　　見 期日	内　　容	結　　果 期日	内　　容	取調順序	備　考 編てつ箇所
1　押　〔(員) ○○○○　　○.○.○〕覚せい剤と認められる無色結晶等の押収状況等（　　　　　　　　　）	前1 番号1ないし8請求		前2 番号1ないし8同意		前3 番号1ないし8決定　　　　　　　　　　第1回公判番号1ないし8済・取調順序番号順に1番号5領置		
2　報　〔(員) ○○○○　　○.○.○〕上記押収にかかる証拠物の発見状況（　　　　　　　　　）							
3　鑑嘱（膳）〔(員) ○○○○　　○.○.○〕上記押収にかかる覚せい剤と認められる無職結晶の鑑定嘱託（　　　　　　　　　）							
4　鑑　〔○○○○　　○.○.○〕上記鑑定結果（　　　　　　　　　）							
5　覚せい剤　1袋（ビニール袋入り）〔平○○東地領○○号の1　〕覚せい剤の存在及び形状（　　　　　　　　　）							平○○押○号の1

（被告人一人用）

（被告人　○　○　○　○　　　　　　　　）

- 巻末資料 5 -

【記載例２】

請求者等　検察官								平成　○○　年(わ)第　○○○　号	

証 拠 等 関 係 カ ー ド （甲）　　（No. 2 ）

（このカードは，公判期日，公判前整理手続期日又は期日間整理手続期日においてされた事項については，各期日の調書と一体となるものである。）

番号 標　目 〔供述者・作成年月日,住居・尋問時間等〕 立 証 趣 旨 （公 訴 事 実 の 別）	請求 期日	意　見		結　果		取調順序	備　考 編てつ箇所
		期日	内　容	期日	内　容		
6　　　員 〔○○○○　　　　○.○.○〕 被告人の覚せい剤の使用状況 （　　　　　　　　　）	請求は(甲)(No.1)に記載済		意見は(甲)(No.1)に記載済		前3 結果は(甲)(No.1)に記載済 第1回公判 結果は(甲)(No.1)に記載済		
7　　　放　棄 〔(被)　　　　　　○.○.○〕 押収にかかる証拠物の所有権 放棄 （　　　　　　　　　）							
8　　　捜　照 〔○○○○　　　　○.○.○〕 無資格の事実 （　　　　　　　　　）							

- 巻末資料 6 -

【記載例３】 公判前整理手続期日で証拠決定まで行われ，取調べが第１回公判期日と第２回公判期日に分けて行われた例

| 請求者等 検察官 | | | | 平成 ○○ 年(わ)第 ○○○ 号 |

証 拠 等 関 係 カ ー ド （甲）　　(No. 1)

（このカードは，公判期日，公判前整理手続期日又は期日間整理手続期日においてされた事項については，各期日の調書と一体となるものである。）

番号 標 目〔供述者・作成年月日,住居・尋問時間等〕立 証 趣 旨（公 訴 事 実 の 別）	請求期日	意　見		結　果			備　考
		期日	内　容	期日	内　容	取調順序	編てつ箇所
1　　押 〔(員) ○○○○　　○.○.○〕 覚せい剤と認められる無色結晶等の押収状況等 （　　　　　　　　　）		前1	番号１ないし８請求・同意・決定				
				1	済	1	
2　　報 〔(員) ○○○○　　○.○.○〕 上記押収にかかる証拠物の発見状況 （　　　　　　　　　）				2	済	1	
3　　鑑 嘱 （謄） 〔(員) ○○○○　　○.○.○〕 上記押収にかかる覚せい剤と認められる無職結晶の鑑定嘱託 （　　　　　　　　　）				1	済	2	
4　　鑑 〔○○○○　　○.○.○〕 上記鑑定結果 （　　　　　　　　　）				2	済	2	
5　　覚せい剤　　1袋 　　　　（ビニール袋入り） 〔平○○東地領○○号の１　〕 覚せい剤の存在及び形状 （　　　　　　　　　）				1	済・領置	3	平○○押○号の１

（被告人一人用）

（被告人 ○ ○ ○ ○ 　　　　）

－ 巻末資料 7 －

別紙【記載例3】

請求者等　検察官							平成　○○　年(わ)第　○○○　号	

証 拠 等 関 係 カ ー ド （甲）　　（No. 2 ）

（このカードは，公判期日，公判前整理手続期日又は期日間整理手続期日においてされた事項については，各期日の調書と一体となるものである。）

番号 標 目 〔供述者・作成年月日，住居・尋問時間等〕 立 証 趣 旨 （公 訴 事 実 の 別）	請求 期 日	意 見 期 日	内 容	結 果 期 日	内 容	取調順序	備 考 編てつ箇所
6　　　員 〔○○○○　　　○.○.○〕 被告人の覚せい剤の使用状況 （　　　　　　　）	前1	請求・意見・結果は（甲）（No.1）に記載済		2	済	3	
7　　　放 棄 〔(被)　　　　　○.○.○〕 押収にかかる証拠物の所有権 放棄 （　　　　　　　）				1	済	4	
8　　　捜 照 〔○○○○　　　○.○.○〕 無資格の事実 （　　　　　　　）				2	済	4	

- 巻末資料 8 -

【記載例４】 第１回公判前整理手続期日で請求された書証の一部が不同意とされ，かつ，それに関する証人申請及び証拠決定が第２回公判前整理手続期日でなされ，第１回公判期日で全ての証拠が取り調べられた例

請求者等　検察官								平成　〇〇　年(わ)第　〇〇〇　号	

証　拠　等　関　係　カ　ー　ド　（甲）　　（No. 1 ）

(このカードは，公判期日，公判前整理手続期日又は期日間整理手続期日においてされた事項については，各期日の調書と一体となるものである。)

番号　標　　目〔供述者・作成年月日,住居・尋問時間等〕立証趣旨（公訴事実の別）	請求期日	意　見		結　果		取調順序	備　考編てつ箇所
		期日	内　容	期日	内　容		
1　押〔(員)〇〇〇〇　〇.〇.〇〕覚せい剤と認められる無色結晶等の押収状況等（　　　　　　　　　）		前1	番号1ないし3請求・同意・決定		第１回公判番号1ないし3済・取調順序番号順に1		
2　報〔(員)〇〇〇〇　　〇.〇.〇〕上記押収にかかる証拠物の発見状況（　　　　　　　　　）							
3　鑑　嘱（謄）〔(員)〇〇〇〇　　〇.〇.〇〕上記押収にかかる覚せい剤と認められる無職結晶の鑑定嘱託（　　　　　　　　　）							
4　鑑〔〇〇〇〇　　〇.〇.〇〕上記鑑定結果（　　　　　　　　　）	前1	前1	不　同　意	1	決定（証人〇〇尋問後）・済	4	
（被告人一人用）**5**　覚せい剤　1袋　（ビニール袋入り）〔平〇〇東地領〇〇号の1〕覚せい剤の存在及び形状（　　　　　　　　　）		前1	番号5ないし8請求・同意・決定		第１回公判番号5ないし8済・取調順序番号順に2　番号5領置		平〇〇押〇号の1

（被告人　〇　〇　〇　〇　　　　）

－ 巻末資料 9 －

【記載例４】

請求者等 検察官	平成 ○○ 年(わ)第 ○○○ 号

証 拠 等 関 係 カ ー ド （甲）　　(No. 2)

(このカードは，公判期日，公判前整理手続期日又は期日間整理手続期日においてされた事項については，各期日の調書と一体となるものである。)

番号 標 目 〔供述者・作成年月日,住居・尋問時間等〕 立 証 趣 旨 （公 訴 事 実 の 別）	請求 期日	意　見 期日	内　容	結　果 期日	内　容	取調順序	備　考 編てつ箇所
6　　員 〔○○○○　　　○.○.○〕 被告人の覚せい剤の使用状況 （　　　　　　）			前1　請求・意見・結果は(甲)(No. 1)㊞に記載済 番号5 第1回公判㊞ 結果は(甲)(No. 1)に記載済 番号5				
7　　放　棄 〔(被)　　　　　○.○.○〕 押収にかかる証拠物の所有権 放棄 （　　　　　　）							
8　　捜照 〔○○○○　　　○.○.○〕 無資格の事実 （　　　　　　）							
9　　証人　○○○○ 〔○○区○○○丁目○-○ ○○○科学捜査研究所　20分〕 甲証拠番号4の鑑定書が真正 に作成された事実等 （　　　　　　）	前2	前2	しかるべく	前2	決定(第1回公判同行)		
				1	済	3	

- 巻末資料 10 -

書式索引

注：【　】内に付した番号は，本文中の参考書式の番号を示す。

1　第2章

【2－1】期日外の証拠採否決定　……………………………………………………　33

【2－2】争点及び証拠整理の結果確認のための求意見及び意見書　………………　35

【2－3】訴訟関係人への求意見のための争点及び証拠整理並びに審理予定案（【参考書式2－2】の別紙）　……………………………………………………………　36

2　第3章

【3－1】公判前整理手続チェックリスト　……………………………………………　40

【3－2】付決定及び各種期限決定並びに決定に当たって聴取した意見等が盛り込まれた一覧表形式の書式　…………………………………………………………　48

【3－3】公判前整理手続に付する旨の決定　…………………………………………　49

【3－4】被告人用に手続説明を付加した付決定の通知書　…………………………　51

【3－5】被告人に対する公判前整理手続期日への出頭希望の有無の確認書面（公判前整理手続期日通知を兼ねたもの）　…………………………………………　55

【3－6】公判前整理手続期日通知書（被告人の期日への出頭の意思確認を兼ねていない書式）　……………………………………………………………………　60

【3－7】不出頭の被告人への次回期日の通知を公判前整理手続調書に付記した例　…　61

【3－8】公判前整理手続期日変更命令　………………………………………………　63

【3－9】付決定及び検察官の証明予定事実記載書面等の提出期限決定の通知書　…　67

【3－10】証拠開示裁定申立通知書　……………………………………………………　77

【3－11】証拠の提示命令書　……………………………………………………………　78

【3－12】証拠標目一覧表の提示命令書　………………………………………………　83

【3－13】期日外の受命決定　……………………………………………………………　94

【3－14】期日外の受命決定（次回期日に限ったもの）　……………………………　94

3　第4章

【4－1】冒頭部分をまとめ，一覧性を重視した調書様式例　………………………　115

4　第6章

【6－1】新件聴取メモ　…………………………………………………………………　251

【6－2】審理予定策定のための弁護人への意向照会・回答の書式　………………　271

【6－3】審理予定案　……………………………………………………………………　272

【6－4】証拠整理一覧表　………………………………………………………………　277

【6－5】期日進行メモ　…………………………………………………………………　288

調書記載例索引

注：【 】内に付した番号は，本文中の参考記載例の番号を示す。

1 必要的記載事項としての冒頭部分の記載等

【4−1】受命裁判官が公判前整理手続を行った場合 ……………………… 120
【4−2】折衷説に基づく調書の書記官の交替の記載 ……………………… 120
【4−3】冒頭部分の記載 ……………………………………………………… 121
【4−4】通訳人尋問がなされた場合 ………………………………………… 122

2 証明予定事実その他の公判期日においてすることを予定している事実上及び法律上の主張

【4−5】公判前整理手続期日で弁護人から予定主張記載書面が提出された場合 …… 123
【4−6】期日前に提出済みの予定主張記載書面について期日で補足した場合 ……… 123
【4−7】心神耗弱の主張がなされた場合 …………………………………… 123
【4−8】中止未遂の主張がなされた場合 …………………………………… 124
【4−9】自首が成立する旨の主張がなされた場合 ………………………… 124
【4−10】正当防衛の主張がなされた場合 ………………………………… 125
【4−11】情状事実についての主張がなされた場合 ……………………… 125
【4−12】特定の主張をしない旨弁護人が陳述した場合 ………………… 126
【4−13】個別の証明予定事実に対する否認の主張がされた場合 ……… 126
【4−14】個別の証明予定事実等について，弁護人が争わない旨陳述した場合 …… 127
【4−15】起訴状記載の公訴事実に対する認否とともに検察官の証明予定事実記載書面
記載の事実に対する認否，更に被告人側の主張をまとめて記載した例 …… 127
【4−16】検察官から追加の証明予定事実記載書面が期日で提出され，更に口頭で一部
訂正された場合 ……………………………………………………… 128
【4−17】証明予定事実等を口頭で変更する場合 ………………………… 128
【4−18】証明予定事実等を撤回する場合 ………………………………… 128
【4−19】従前の主張を維持する旨の陳述をした場合 …………………… 129
【4−20】法316の10の意思確認としての被告人に対する質問とそれに対する陳述 …… 129
【4−21】裁判長から訴訟関係人に対し，釈明命令が発せられた場合 ………… 131
【4−22】求釈明に対して，当該期日では回答を留保した場合 ………… 131
【4−23】証明予定事実に関する釈明と，別の証明予定事実に関する陳述を併せて記載
した例 ………………………………………………………………… 131
【4−24】期日でなされた公訴事実に対する釈明 ………………………… 132
【4−25】争点等整理結果確認前に，訴訟関係人双方で争点等について合意した場合 … 132
【4−26】訴訟関係人双方で争点としない点について合意している場合 ……… 133
【4−27】特定の主張について，次回期日までに具体的な内容を明示する旨の陳述がさ
れた場合 ……………………………………………………………… 133
【4−28】特定の主張をするかどうかについて検討する旨の陳述がされた場合 ……… 133

【4-29】公訴事実ごとに項目を立てて記載した例 ………… 134

3　証拠調べ請求，証拠意見等

【4-30】証拠等関係カードの引用 ……………………………… 137

【4-31】裁判長からの釈明命令として記載した例 …………… 140

【4-32】検察官が請求証拠の取調べの必要性について陳述した例（カード部分のみ） ……………………………………………………… 141

【4-33】証拠整理に関するやりとりを手続調書に記載した例 … 141

【4-34】裁判所が訴訟関係人に対して一般的に証拠の厳選を促した例 ………… 142

【4-35】検察官が請求証拠についての証拠調べ方法の工夫（抄本化，統合捜査報告書の使用）の検討をする旨を述べた例 ……………… 142

【4-36】合意書面の作成に関するやりとりについての記載 ……… 143

【4-37】検察官の検討事項を進行に関する予定として記載した例 …… 143

【4-38】証拠請求の予定について，証拠整理に関する記載としてまとめた例 ……… 145

【4-39】証拠請求の予定について，今後の進行として記載した例 …… 145

【4-40】公判前整理手続終了後における証拠請求の予定を記載した例① …… 146

【4-41】公判前整理手続終了後における証拠請求の予定を記載した例② …… 146

【4-42】個別の証拠について証拠調べ請求をしない旨の記載 ……… 147

【4-43】訴訟関係人の証拠請求が終了したことを確認した例 ……… 148

【4-44】証拠意見の予定を記載した例 ……………………………… 149

【4-45】証拠意見について検討する旨の記載 ……………………… 149

【4-46】証拠意見が補足された例 …………………………………… 150

4　法309条の異議の申立て及びその理由

【4-47】法309条の異議の申立て①（乙号証の採否決定を公判における被告人質問後に判断する旨の判断に対する異議申立て（手続調書に記載した例）） ……… 152

【4-48】法309条の異議申立て②（①のケースをカードに記載した例） ……… 152

5　訴因変更等

【4-49】訴因及び罰条の変更請求があった場合の記載 ……… 154

【4-50】起訴状の訂正があった場合 ……………………………… 154

6　証拠開示に関する事項

【4-51】証拠開示の裁定に関する事項 …………………………… 155

【4-52】証拠開示の裁定請求に対して，公判前整理手続期日で棄却した例 ……… 156

【4-53】期日外の証拠開示請求への対応及びこれ以上開示を求めるものはない旨の陳述がされた場合 ……………………………… 158

【4-54】訴訟関係人間で証拠開示が全て終了した旨の陳述がされた場合 ……… 158

【4-55】公判前整理手続期日前になされた証拠開示請求に対する相手方の対応，及びそれを受けた新たな開示請求 ……………………… 159

【4-56】公判前整理手続期日に書面によりなされた証拠開示請求とその内容についての釈明，及びそれに対する相手方の対応，裁定請求の予定の陳述 ………… 159

【4-57】証拠開示請求の予定の陳述を今後の進行等として記載した場合 ………… 160

7 決定及び命令

【4-58】期限を定める決定 ……………………………………………… 161

【4-59】決定と明示せずに事実上の期限を設定した例 ……………… 161

【4-60】期限を変更する決定 ……………………………………………… 162

【4-61】弁論分離決定 ……………………………………………… 163

【4-62】次回公判前整理手続期日の指定 ……………………… 164

【4-63】公判前整理手続期日変更命令 ……………………… 165

【4-64】公判期日の指定 ……………………………………………… 166

【4-65】追起訴事件の付決定を記載した例 ……………………… 167

【4-66】公判前整理手続期日における受命決定 ……………… 167

【4-67】被害者特定事項を秘匿する旨の決定 ……………………… 168

8 争点及び証拠の整理の結果の確認

【4-68】文章形式で記載した例 ……………………………………… 169

【4-69】箇条書きで簡潔に記載した例 ……………………………… 170

【4-70】訴訟関係人双方の重視する量刑事情を記載した例 ……… 170

【4-71】争点のみを簡潔に記載した例①（事実関係には争いがなく，責任能力についてのみ争いがある事例） ……………………… 171

【4-72】争点のみ簡潔に記載した例②（殺意の有無等が争点の事例） ……………… 171

【4-73】争点のみ簡潔に記載した例③（事実関係に争いがある場合） ……………… 171

【4-74】争点ごとに争点に関する訴訟関係人の主張を記載した例 ……………… 172

【4-75】公訴事実ごとに争点を記載した例 ……………………… 173

【4-76】被告人複数名の事件 ……………………………………… 173

【4-77】争点整理結果について引用した例 ……………………… 174

【4-78】争点及び証拠の整理の結果確認の別紙例 ……………… 175

【4-79】争点整理の結果を別紙の一覧表とした例 ……………… 175

【4-80】公判期日で証拠調べ請求を行う予定がある旨の記載 ……… 176

【4-81】公判における証拠調べの方法を記載した例 ……………… 176

【4-82】被告人が出頭して結果確認を行った場合 ……………… 177

9 公判の進行等に関する事項

【4-83】被害者の意見陳述の予定 ……………………………… 180

10 証拠調べの方法等に関する事項

【4-84】証拠調べの方法に関するやりとりを記載した例 ……………………… 182

11 公判前整理手続の進行予定に関する事項

【4-85】裁判所が各訴訟関係人に指示した事項を検察官，弁護人別に記載した例 … 183

【4-86】弁護人が次回期日までに行うことを陳述した形で記載した例 ……………… 184

【4-87】次回期日までに訴訟関係人が行う準備事項を争点整理，証拠整理のそれぞれ
の箇所に記載した例 ……………………………………………………………… 184

【4-88】今後の追起訴予定について記載した例 ……………………………………… 185

【4-89】公判前整理手続期日への被告人の出頭予定について記載した例 …………… 185

【4-90】今後の予定に関する事項を全般的に記載した例 …………………………… 185

12 公判の審理予定

【4-91】一般的な記載例 ………………………………………………………………… 186

【4-92】公判前整理手続において証人等の採否が留保された場合 ………………… 187

【4-93】審理予定を別紙にした例 …………………………………………………… 188

【4-94】審理予定中に被害者等の意見陳述や証人尋問を行う方法を記載した例 …… 188

13 公判前整理手続終了の記載

【4-95】公判前整理手続の終了を記載した例 ……………………………………… 189

【4-96】期日外における公判前整理手続終了の時期を記載した例 ………………… 189

14 決定，命令に際しての事実の取調べの記載

【4-97】被告人の訴訟能力及び精神鑑定の要否判断のために書証を取り調べ，それを
公判前整理手続調書に記載する場合 ……………………………………………… 190

【4-98】証拠開示の裁定請求に対する判断のために，公判前整理手続期日に事実の取
調べとしての証人尋問がなされたが，独立の証人尋問調書を作成しなかった
場合 ………………………………………………………………………………… 191

【4-99】【4-98】と同様の事例で，独立の証人尋問調書を作成した場合 …………… 192

【4-100】鑑定請求の採否判断のために，公判前整理手続期日に事実の取調べとして
被告人質問を行った場合 ………………………………………………………… 193

15 公判前整理手続の結果顕出

【4-101】公判前整理手続の結果顕出に関する記載例 ……………………………… 195

16 証拠等関係カード

【4-102】証拠等関係カードの一括記載 ……………………………………………… 200

【4-103】法316の32Iによる証拠調べ請求がなされ，同条の「やむを得ない事由」の
疎明等をカードに記載した場合 ………………………………………………… 206

17 打合せ調書

【4-104】打合せ調書 …………………………………………………………………… 211

18　裁判員裁判関連事項

【7-1】公判前整理手続期日において，当日質問票での質問事項，補充裁判員の員数
及び呼び出すべき裁判員候補者数の決定，裁判員等選任手続期日の指定をし
たもの　……………………………………………………………………………… 313

【7-2】公判前整理手続期日において，裁判員向けの法律概念の説明方法に関するや
りとりがなされた例　…………………………………………………………… 314

【7-3】鑑定手続実施決定が当事者の請求による場合　………………………………… 315

【7-4】鑑定手続実施決定が職権による場合　…………………………………………… 316

19　被害者参加関連事項

【7-5】公判前整理手続期日において，被害者参加の申出，弁護人の意見，許可の決
定がされた場合　………………………………………………………………… 318

【7-6】公判前整理手続期日において，被害者参加の許可の取消しがされた場合　… 319

【7-7】公判前整理手続期日において，被害者参加人による被告人質問等の申出予定
がある旨の陳述があり，その旨を公判前整理手続調書に記載した例　……… 320

公判前整理手続を中心とする書記官事務の研究

2009年7月　第1刷発行
2015年9月　第3刷発行
2020年2月　第4刷発行

監　　修　　裁判所職員総合研修所

発 行 人　　井　上　　　修

発 行 所　　一般財団法人　司　法　協　会
〒104-0045 東京都中央区築地1-4-5
第37興和ビル7階
出版事業部
電話　(03)5148-6529
FAX　(03)5148-6531
http://www.jaj.or.jp

落丁・乱丁はお取り替えいたします。　　　　　印刷製本／中和印刷(株)
ISBN978-4-906929-40-5 C3032 ¥3810E